장애와 미술사
Disability and Art History

Ann Millett-Gallant
and Elizabeth Howie 편저
홍성두, 류재만 역

교육과학사

Disability and Art History

보이는 것 너머, 시선의 주체를 묻다

존경하는 독자 여러분께,

저는 제 마음 속에서 절실히 필요했던 한 권의 책, 『장애와 미술사(Disability and Art History)』를 소개하게 된 기쁨과 책임감을 마주합니다. 이 책은 장애학과 미술사라는 두 분야를 융합한 최초의 학제 간 연구서라는 점에서 그 존재의 의미가 있습니다.

미술사는 오랫동안 장애를 가진 인물의 이미지를 다루어 왔지만, 그것을 '의료적 문제'나 '비극적 서사'라는 전통적인 렌즈로 해석하는 데 머물러 왔습니다. 그러나 이 책은 그 단단한 관습을 깨고, 장애를 '사회적 모델'과 '문화적 표현'의 관점에서 재구성합니다. 눈에 보이는 장애와 보이지 않는 장애를 아우르며, 고대에서 현대에 이르기까지 장애에 대한 과학적, 인류학적, 토속적 이미지를 탐구함으로써, 독자들은 '정상(the norm)'이라 불리는 경계가 얼마나 유동적이고 사회적으로 구성되어 왔는지 깨닫게 될 것입니다.

특히 이 책은 예술이 장애에 대해 어떻게 반응하고, 상상하고, 때로는 고정관념으로 병리화했는지 깊이 있게 파헤칩니다. 우리는 시각 문화 속에서 '보기(looking)', '응시하기(staring)', '바라보기(gazing)'라는 세 가지 시선의 이론과 의미를 고찰하게 되며, 결국 우리는 단순히 작품을 보는 것을 넘어, '우리가 무엇을 어떻게 보고 있는가'라는 근원적인 질문에 직면하게 됩니다.

번역 작업을 하는 내내, 우리는 이 지적 모험이 한국 사회에 던지는 의미를 고민했습니다. 장애에 대한 이미지가 여전히 동정이나 배제의 프레임에 갇혀 있는 현실에서, 이 책의 통찰력은 미술사학자와 장애학 연구자뿐만 아니라, 장애를 둘러싼 모든 시각적 담론에 참여하는 이들에게 새로운 언어와 비판적 도구를 제공할 것으로 기대합니다. 이 번역이 시각 문화에 대한 우리의 이해를 역사적, 의학적, 문학적 관점에서 맥락화하는 데 기여하기를 간절히 바랍니다.

이 책이 한국의 독자들에게 더 넓고 깊은 성찰의 계기를 마련해 주기를 기대하며, 모든 독자분들의 사려 깊은 독서를 기원합니다.

그리고 접촉했던 모든 출판사가 출판하기를 거부했던 이 책을 출판할 수 있는 기회를 주신 교육과학사에 진심으로 감사합니다.

서리풀 마을 究人齋에서
대표 역자 홍성두

"한 사회가 몇몇 이미지들이 확정적으로 유해하다는 가정을 잠자코 받아들이면, 그 순간 그 사회는 어떤 이미지라도 유해한 것으로 규정할 수 있는 길을 열어준다."

- 데이브 히키(Dave Hickey) -

장애와 미술사(Disability and Art History)

이 책은 미술사와 장애학에 관한 학제 간 연구를 다룬 최초의 책이다. 미술사학자들은 전통적으로 장애가 있는 인물의 이미지와 장애인 예술가의 예술 작품에 대해 기술해 왔지만, 장애학 연구 분야를 통합하지는 않았다. 반면 많은 장애학 연구자들은 예술 작품을 논의하지만 반드시 미술사 연구와 방법론을 통합하지는 않았다. 이 책의 각 장에서는 주로 20세기의 다양한 스타일과 시기에 걸쳐 장애인 인물의 사회적 모델과 표현을 고려함으로써, 미술사에서 종종 철저히 검토되었던 장애의 의료 모델에서 벗어나는 것을 강조한다. 다루는 주제에는 눈에 보이는 장애와 보이지 않는 장애; 장애에 대한 과학적, 인류학적, 토속적 이미지; 그리고 보기(looking)/응시하기(staring)와 바라보기(gazing)[1]의 이론과 의미가 포함된다. 또한 예술이 장애에 어떻게 반응하고, 상상하고, 때로는 고정관념을 가지고 병리화하는지 탐구한다. 이 책에서 제공하는 통찰력은 장애에 대한 이해를 역사적으로, 그리고 의학, 문학, 시각 문화의 관점에서 맥락화한다.

앤 밀릿-갤런트(Ann Millett-Gallant)는 그린즈버러에 있는 노스캐롤라이나 대학교의 교양학문(Liberal Studies) 학사 프로그램의 선임 강사이다. 그녀는 채플힐에 있는 노스캐롤라이나 대학교에서 미술사 박사 학위를 취득했으며, 그녀의 연구는 미술과 시각 문화에서 장애의 표현에 중점을 두고 있다. 그녀는 The Disabled Body in Contemporary Art와 Re-Membering: Putting Mind and Body Back

---

1) 역자주: 보기(Looking)는 가장 기본적인 시각 행위로, 의식적이고 물리적인 관찰을 통해 정보를 수집하고 대상을 객관적으로 인식하려는 행위이며 이성과 관련됨. 반면, 응시하기(Staring)는 대상을 지속적이고 강렬하게 바라보는 행위로, 단순한 관찰을 넘어 위협, 강한 관심, 또는 지배 욕구 같은 감정을 내포하며 긴장과 권력 관계를 형성할 수 있음. 가장 심층적인 개념인 바라보기/응시(Gazing)는 단순히 보는 행위를 넘어 주체와 대상 간의 역동적인 관계 자체를 의미함. 이는 권력, 욕망, 그리고 주체의 분열이라는 주요 이론적 함의를 가지며, 무의식, 타자성, 사회적 통제와 같은 복잡한 심리적/사회적 요소를 내포하는 개념임.

Together Following Traumatic Brain Injury라는 두 권의 책을 썼으며, 학술 저널에 여러 편의 에세이를 기고했다. 이 책 이전에, 그녀는 미술사와 장애 학제 간 연구에 대한 Review of Disability Studies의 특별호를 공동 편집하고 학술회의에서 여러 패널을 주재했다. 그녀는 또한 그림 그리기와 드로잉을 좋아한다. 그녀의 웹사이트는 annmg.com이다.

엘리자베스 하우이(Elizabeth Howie)는 사우스캐롤라이나주 콘웨이에 있는 코스탈 캐롤라이나 대학의 미술사 부교수이다. 그녀는 채플힐에 있는 노스캐롤라이나 대학교에서 미술사 박사 학위를 받았다. 출판물로는 Walter Benjamin and the Aesthetics of Change: An Interdisciplinary Approach에 실린 "Proof of the Forgotten: A Benjaminian Reading of Daguerre's Two Views of the Boulevard du Temple", Love Objects: Emotion, Design, and Material Culture에 실린 "Bringing Out the Past: Courtly Cruising and Nineteenth-Century American Men's Passionate Friendship Portraits", 그리고 Ann Millett-Gallant와 공동 편집한 Review of Disability Studies 특별호(미술사 및 장애 학제 간 연구)가 있다.

아만다 카치아(Amanda Cachia)는 호주 시드니 출신의 독립 큐레이터이며, 현재 캘리포니아 대학교 샌디에이고 캠퍼스에서 미술사, 이론, 비평 분야의 박사 학위를 취득하고 있다. 그녀의 논문은 장애와 현대 미술의 교차점에 초점을 맞출 예정이다. 카치아는 2012년 샌프란시스코의 California College of the Arts에서 시각 및 비평 연구 분야에서 두 번째 석사 학위를 취득했고, 2001년 런던 대학교 Goldsmiths College에서 창의적 큐레이팅 분야에서 첫 번째 석사 학위를 받았다. 카치아는 2007년부터 2010년까지 캐나다 서스캐처원주 레지나에 있는 Dunlop Art Gallery의 디렉터/큐레이터로 재직했으며, 지난 10년 동안 미국, 영국, 호주, 캐나다에서 약 30개의 전시회를 큐레이팅했다. 그녀의 비평적 글은 Canadian Journal of Disability Studies, Disability Studies Quarterly, Journal of Literary & Cultural Disability Studies, Journal of Visual Art Practice, Museums and Social Issues: A Journal of Reflective Discourse, The Review of Disability Studies: An International Journal 등 수많은 전시 카탈로그와 저널에 게재되었다. 카치아는 소인증(Dwarf) 활동가이며 2007년부터 Dwarf Artists Coalition for the Little People of America의 의장을 맡아 왔다.

윌리엄 T. 개서웨이(William T. Gassaway)는 컬럼비아 대학교 미술사 및 고고학과 박사 과정생이다. 그의 연구는 콜럼버스 이전의 시각 문화, 현상학과 예술, 라틴 아메리카 모더니즘, 비평 이론에 중점을 두고 있다. 그는 메트로폴리탄 미술관, 국립 인문학 기금, 덤바튼 오크스 연구 도서관 및 컬렉션에서 수상한 것을 포함하여 미국에서 여러 연구 펠로우십을 수상했다. 개서웨이는 현재 "Extraordinary Bodies: The Art of Deformation in Postclassic Mexico"라는 논문을 쓰고 있는데, 이는 토착 미국 예술에서 비정상적이거나 장애가 있거나 그렇지 않으면 예외적인 신체의 표현과 의미를 조사한다.

니나 하인들(Nina Heindl), MA(독일 루르 대학교 보훔 및 쾰른 대학교)는 미술사와 철학을 전공했다. 그녀는 독일 루르 대학교 보훔 미술사학 박사 과정 학생이다. 그녀의 박사 학위 논문의 주제는 Chris Ware의 작품을 기반으로 한 만화의 예술적 형태에 관한 것이다. 그녀는 독일 쾰른 대학교 미술사학과에서 대학원 조교로 일하고 있다. 그녀의 연구는 만화, 현대 미술, 특히 조각, 장애 표현에 중점을 두고 있다.

티모시 W. 하일스(Timothy W. Hiles)는 테네시 대학교의 부교수이다. 그는 펜실베이니아 주립대학교에서 박사 학위를 받았으며, 그의 연구는 독일과 오스트리아의 초기 근대 운동에 중점을 두었다. 그의 최근 연구는 20세기 미국 사진과 영화 내 시각 인식을 포함한다. 그의 출판물로는 Thomas Theodor Heine: Fin-de-Siecle Munich and the Origins of Simplicissimus (1996), "Klimt, Nietzsche and the Beethoven Frieze", Cambridge Studies in Philosophy and the Arts (1998), "Reality and Utopia in Munich's Premier Magazines", The Oxford Critical and Cultural History of Modernist Magazines (2013), 그리고 "Shifting Perception: Photographing Disabled People during the Civil Rights Era", Review of Disability Studies (2014)가 있다. 그의 가장 최근 연구("The Art of Becoming: The Symbiosis of Time, Space and Film in Pull My Daisy", Gotthold Lessing's Legacy: Space and Time in Artistic Practices and Aesthetics에 수록)는 출판 대기 중이며 2017년에 발매되었다.

엘리자베스 하우이(Elizabeth Howie)는 사우스캐롤라이나주 콘웨이에 있는 코스탈 캐롤라이나 대학교 미술사 부교수이다. 그녀는 채플힐에 있는 노스캐롤라이나 대학교에서 미술사 박사 학위를 받았다. 출판물에는 Walter Benjamin and the Aesthetics of Change: An Interdisciplinary Approach에 실린 "Proof of the Forgotten: A Benjaminian Reading of Daguerre's Two Views of the Boulevard du Temple", Love Objects: Emotion, Design, and Material Culture에 실린 "Bringing Out the Past: Courtly Cruising and Nineteenth-Century American Men's Passionate Friendship Portraits", 그리고 학제간 미술사와 장애학 연구에 대한 Review of Disability Studies 특별호 공동 편집이 있다.

셰이다 카파이(Shayda Kafai)는 캘리포니아 주립 폴리테크닉 대학교 포모나 캠퍼스(California Polytechnic University, Pomona)의 민족 및 여성학과의 강사이다. 그녀는 클레어몬트 대학원 대학교(Claremont Graduate University)에서 문화 연구 박사 학위를 취득했다. 퀴어이자 장애를 가진 유색인종 여성으로서, 그녀는 교차하는 억압 시스템으로부터 우리의 신체를 되찾을 수 있는 수많은 방식을 탐구하는 데 전념한다. 그녀의 연구는 장애학, 젠더 연구 및 행위 예술에 초점을 맞춘다.

안네 마르노(Anne Marno)는 미술사학자, 의학사학자이자 의사이다. 그녀는 하인리히 하이네 대학교 뒤셀도르프(Heinrich-Heine-University in Duesseldorf, 독일) 미술사 연구소 조교이자 의학사 연구소 협력 연구원이다. 그녀는 오토 딕스(Otto Dix)의 판화 연작 전쟁(The War, 1924)에 관한 작업으로 미술사와 의학사의 학제 간 박사 학위를 마쳤다. 그녀의 학업 훈련에는 예술(뒤셀도르프 예술 아카데미), 미술사, 독일어 및 문학 연구, 교육학(뒤셀도르프 대학교), 그리고 인간 의학(뒤셀도르프, 뷔르츠부르크 및 쾰른 대학교) 연구가 포함된다. 그녀의 연구 분야는 오토 딕스의 작품, 제1차 세계대전 이전의 예술, 그리고 현대 예술이다.

앤 밀릿-갤런트(Ann Millett-Gallant)는 노스캐롤라이나 대학교 그린즈버러 캠퍼스(University of North Carolina at Greensboro)의 선임 강사로, 그곳에서 미술학과 학사 연구 프로그램(Bachelor of Studies Program)을 가르친다. 그녀는 노스캐롤라이나 대학교 채플힐 캠퍼스에서 미술사 박사 학위를 취득했다. 그녀의 연구는 예술 및 시각 문화에서의 장애의 표현에 초점을 맞춘다. 그녀는 The Disabled Body in Contemporary Art와 Re-Membering: Putting Mind and Body Back Together Following Traumatic Brain Injury라는 두 권의 책과 다수의 학술 저널 장(chapter)을 저술했다. 이 책을 출간하기 전에, 그녀는 학술회의에서 장애 및 학제 간 미술사와 장애학 연구에 관한 여러 패널을 주재했으며, Review of Disability Studies의 특별호를 공동 편집했다. 그녀는 또한 그림 그리기와 드로잉을 즐긴다.

레베카 R. 스톤(Rebecca R. Stone; Rebecca Stone-Miller라는 이름으로도 출판함)은 예일 대학교에서 미술사 박사 학위를 보유하고 있다. 그녀는 존스 홉킨스 대학교(1987~1988)와 에모리 대학교(1988~현재)에서 가르쳤으며, 현재 교수의 직함을 가지고 있다. 스톤은 또한 에모리 대학교 마이클 C. 카를로스 박물관(Michael C. Carlos Museum)의 아메리카 예술 담당 교수 큐레이터이며, 그곳에서 수많은 전시회와 재설치를 기획했고, 보스턴 미술관에서 1992년 콜럼버스 500주년 기념 쇼를 기획했다(To Weave for the Sun: Andean Textiles from the Museum of Fine Arts, Boston이라는 제목의 카탈로그를 저술했다). 이후의 출판물에는 Art of the Andes from Chavin to Inca (1995, 2002, 2012), Seeing with New Eyes: Highlights of the Michael C. Carlos Museum Collection of Art of the Ancient Americas (2002), 그리고 The Jaguar Within: Shamanic Trance in Ancient Central and South American Art (2011)가 있다. 현재 그녀는 예일 대학교 출판부에서 에콰도르에서 온두라스에 이르는 예술과 문화에 대한 공동 저술 텍스트를 작업 중이다. 그녀의 학문적 관심사는 장애학, 샤머니즘, 직물 예술을 포함한다.

케리 왓슨(Keri Watson)은 센트럴 플로리다 대학교의 미술사 조교수이다. 그녀는 현대 및 동시대 미술과 사진 역사를 전문으로 한다. 그녀는 패트리샤 크로닌의 공공 조각, 유도라 웰티의 사진, 주디 시카고의 페미니스트 교육학을 포함한 주제들에 대해 출판했으며, 사이드쇼 배너와 사진 속의 장애, 시민권 시대의 사진, 앨라배마의 이민 역사, 여성 미술 운동에 대한 전시회를 기획했다. 현재 그녀는 대공황 시대 사진첩에서 텍스트, 이미지, 인종, 장애의 교차점을 연구하고 있다.

이 책에 기여한 주요 인물들에게 감사드립니다. Routledge에서 이 시리즈를 편집한 마크 셰리(Mark Sherry); Ashgate/Routledge의 편집팀인 클레어 자비스(Claire Jarvis), 리앤 셜록(Lianne Sherlock), 섀넌 크니스(Shannon Kneis), 그리고 캐서린 웨첼(Katherine Wetzel); 장애학와 이를 다양한 학문 분야, 활동가, 학생들에게 전파한 레너드 J. 데이비스(Lennard J. Davis), 그리고 Review of Disability Studies(2015)의 특별호에 기여한 메건 콘웨이(Megan Conway)에게 특별히 감사드립니다. 앤(Ann)은 피터(Peter), 자신, 전 세계의 많은 다른 주제와 장소, 그리고 앤(Ann)의 2008년 결혼식에 참석한 등장인물들의 사진을 촬영한 수잔 하바지 페이지(Susan Harbage Page)에게 감사드립니다. 또한 노스캐롤라이나 대학교 그린즈버러(University of North Carolina at Greensboro)의 동료와 학생들에게도 감사드립니다. 엘리자베스(Elizabeth)는 SECAC 및 Society of Disability Studies Conference를 포함한 장소에서 이러한 아이디어의 개발을 촉진한 코스탈 캐롤라이나 대학교(Coastal Carolina University)의 지원에 감사드립니다. 이 프로젝트에 대해 뛰어난 기여를 해주신 저자들에게 감사드립니다.

차 례

그림 차례

〈 1 〉

〈 2 〉

〈 5 〉

〈 6 〉

〈 7 〉

〈 8 〉

〈 9 〉

〈 10 〉

장애와 미술사 개요

Ann Millett-Gallant and Elizabeth Howie

이 책은 문화와 재현(representation)에 대한 연구에 있어서, 이러한 학문 분야들이 공유하는 많은 공통점에도 불구하고 장애학과 미술사 연구 분야의 첫 번째 학제간 연구 도서라는 특징을 가지고 있다.

장애학과 미술사가 가장 설득력 있게 겹치는 부분은 시각적 경험의 측면이다. 시각 문화에서 장애의 출현과 수행은 레너드 J. 데이비스(Lennard J. Davis), 로즈마리 갈랜드-톰슨(Rosemarie Garland-Thomson), 그리고 토빈 시버스(Tobin Siebers)와 같은 장애학 학자들에 의해 분석되었다.[1] 이러한 학자들의 이론은 이 책에서 미술사적 용어로 재검토되고 활력을 되찾았다. 이 책의 일부 장에서는 "응시(the stare)"와 "바라봄(the gaze)"의 관계; 눈에 띄는 장애가 있는 개인과 그들에 대한 재현에 대한 대중의 반응과 때로는 혐오감; 특히 가시성(visibility)[1] 및 시각 문화와 관련된 장애의 사회적 구성, 눈에 보이는 장애(가시적 장애)와 보이지 않는 장애(비가시적 장애)가 있는 개인에 대한 재현과 그 결과를 다룬다.

이 책의 각 장에서는 예술이 장애에 어떻게 반응하고, 장애를 어떻게 상상하고, 때로는 장애를 고정관념화하고 병리화하며, 장애의 가시성에 대한 의문을 제기하

1) 역자주: "visibility"는 "가시성"을 의미하며, 이는 예술 작품이나 시각적 표현이 얼마나 명확하게 보이는지를 다룸. 가시성은 작품의 형태, 색상, 조명, 배치 등 다양한 요소에 의해 영향을 받음. 예술가들은 가시성을 통해 관객의 주의를 끌고, 특정 메시지나 감정을 전달하려고 함. 예컨대, 클로드 모네의 인상파 작품은 빛과 색상의 변화를 통해 가시성을 극대화하여 관객에게 순간의 인상을 전달함. 반면, 추상 미술에서는 형태와 색상의 조합을 통해 가시성을 조절하여 관객의 해석을 유도하려고 함.

는지 살펴본다. 이와 유사하게, 이 장에서는 장애에 대한 기존의 진단 가정, 즉 신체적, 심리적 가정에 대한 의문을 제기한다.

이 책은 포괄적이지는 않지만, 그 간극은 어느 정도 이런 형태 연구의 새로운 측면을 반영한다. 인정하건대, 이 장의 대부분은 신체적, 시각적 장애에 초점을 맞추고 있다. 시각 예술은—물론 전적으로 그런 것은 아니지만—주로 시각적 실제이고, 이 주제에 대한 학문적 총서라면, 예를 들어 시각 장애인을 위한 조각품, 사운드 기반 작품 등을 다루어야 할 것이다.

장애학은 1980년대에 시작된 다학제 학문 분야이자 정치적 운동으로, 여전히 장애를 의학적 문제 또는 파괴나 분열의 은유로 보는 역사적 관념에 맞서는 것을 목표로 한다.[2] 장애를 사회적 측면에서 인정해야 하는 정체성 범주로 인식하는 것은 미국에서 1990년에 장애인법(the Americans with Disabilities Act, ADA)이 통과되면서 촉진되었는데, 이 법은 공공 서비스, 통신, 고용 및 공공시설에서 차별을 금지한다.[3] 장애학은 장애가 치료 또는 해결해야 하는 질병이나 문제이며, 연민을 불러일으키는 불행이나 비극이라는 생각에 기반을 둔 의료 모델에 도전한다.[4] 대신 장애학은 장애를 장애가 있는 사람들을 소외시키는 사회적 구성물로 인식하는 사회적 모델을 주장한다.

의료 모델이 비규범적 신체(non-normative body)2)를 고치는 데 초점을 맞추는 반면, 사회적 모델은 장애인을 억압하는 문화적 구조를 변화시키는 것에 중점을 둔다.[5] 따라서 장애학은 “손상(impairment)”과 “장애(disability)”를 구별한다. 손상은 기능적 제한을 만드는 방식으로 소위 정상적 또는 평균적인 신체에서 벗어난 특정한 육체적(corporeal, 신체적 및 심리적 모두 포함) 방식을 나타내는 용어이다. ‘손상’이라는 용어는 또한 손상이 사고나 질병과 관련되어 있기 때문에 장애가 다른

2) 역자주: “non-normative body”는 전통적인 규범이나 기준에 맞지 않는 신체를 의미함. 이는 사회적, 문화적, 정치적 맥락에서 신체가 어떻게 인식되고 평가되는지를 탐구하는 개념임. 이러한 신체는 종종 사회적 규범에 도전하거나 저항하는 역할을 하며, 다양한 형태의 차별과 배제에 직면할 수 있음. 예컨대, 장애인, 성소수자, 비표준적인 체형을 가진 사람들은 종종 “non-normative body”로 간주됨. 이들은 전통적인 신체 기준에 맞지 않기 때문에 사회적, 문화적, 정치적 맥락에서 다양한 형태의 차별과 배제에 직면할 수 있음. 이 개념은 신체가 단순히 생물학적 존재가 아니라, 사회적, 문화적, 정치적 맥락에서 어떻게 인식되고 평가되는지를 이해하는 데 중요한 역할을 함.

소외된 정체성보다 누구나 거쳐갈 수 있으며 드나들 수 있는 정체성이라는 점을 상기시키는 역할을 한다. 게다가 영향을 받는 개인은 때때로 장애인으로 식별될지 여부를 선택할 수 있다. 이 맥락에서 '장애'라는 용어는 신체뿐만 아니라, 제한을 초래하는 사회적 구성과 관련된 손상의 사회적 결과, 그리고 사회적, 개인적 정체성을 의미한다. 장애학은 또한 장애인에 대한 억압을 다른 소외된 집단의 억압과 일치시키기 위해 "에이블리즘(ableism)"[3]이라는 용어를 만들었다. "에이블리즘"은 인종차별주의, 성차별주의, 계급주의, 동성애 혐오주의 등과 연관성을 전략적으로 제기하여, 지배 문화가 타자성을 소외하는 방식이 장애와 어떻게 관련이 있는지에 주목하게 한다.

다른 형태의 정체성 정치와 마찬가지로, 장애 문화는 다른 분야처럼 예술 분야에서도, 장애 구성원이 다른 사람에 의해 정의받는 것이 아니라 스스로를 식별하고 정의하도록 허용한다. 가능한 한 장애에 대한 관습적이고 병리적인 용어와 장애 문화에서 수용하는 용어를 구별하려고 노력했다. 선호되는 용어에 대한 합의가 반드시 있는 것은 아니다; 겉보기에 폄하적인 용어가 회복되고, 재구성되었다. 장애 문화 및 장애학와 관련하여 정의가 필요한 이러한 용어의 예로는 "freak(괴물, 기형)[4]"과 "crip(절름발이, 불구)[5]"이 있다. "Freak"은 눈에 잘 띄는 손상을 가진 장애인들을 착취적으로 전시하는 것에서 유래된 용어로, 장애를 구경거리(spectacle)라는 개념을 환기시키지만, 동시에 비규범적인 외모의 자발적인 공연, 전시 및 축하를 표현할 수도 있다. "Crip"은 장애 권리(disability rights)와 관련하여 장애 공동체

3) 역자주: "ableism"은 장애차별주의, 장애혐오주의, 장애인 낙인주의, 장애인 정체성주의 등 다양하게 번역될 수 있음. "disablism"은 장애인에 대한 차별을 강조하는 것이라면, "ableism"은 장애가 없는 사람들을 우대하는 차별을 강조한다고도 볼 수 있음. 매우 논쟁적인 주제일 수 있으며, https://en.wikipedia.org/wiki/Ableism 등을 참조하기 바람.

4) 역자주: "freak"은 기형, 괴물, 변덕, 이상한 사람 또는 사물, 광적 애호가 등 다양한 의미가 있음.

5) 역자주: "crip"은 "cripple"이라는 단어의 속어로 장애인들에 의해 되찾아지고(reclaimed) 있는 용어임. 1960년대 장애인 권리 운동(disability rights movement)이 부상하면서 장애인 자부심(disability pride)이라는 개념이 등장했음. 이는 사회가 장애인에게 강요한 수치심을 없애려는 운동이었음. 장애인 자부심 과정의 일부는 장애인 공동체를 수치스럽게 만드는 데 사용된 단어를 되찾는 것이었음. 따라서 crip의 새로운 의미는 장애인 권리 운동 내부의 '내부자(insider)' 용어로 발전했음.

전체를 대표하기 위해 회복된 용어이며, 또한 장애 공동체를 퀴어성(queerness)과 연대시킨다.[6]

장애학 연구는 1980년대에 등장했다고 할 수 있지만, 레너드 J. 데이비스(Lennard J. Davis)는 19세기에 "정상" 대 "비정상" 개인 범주가 어떻게 구성되었는지 철저히 조사했다.[7] 이 책의 장들은 장애가 사회 역사적 맥락과 특별히 관련된 사회적 구성물이라는 개념을 확증한다. 사회적 범주로서의 장애는 적어도 부분적으로 산업 혁명 동안 발생한 신체에 대한 태도 변화의 산물이다. 이 동일한 역사적 시기, 즉 모더니즘 시대는 또한 정체성과 식별에 대한 새로운 표현과 이해를 목격했다. 그 시기에 사진술이 진실을 있는 그대로 기록하는 듯한 능력은 눈에 보이는 타자성(visible otherness), 특히 장애에 대한 대중의 커져가는 매혹을 부추겼다. 장애학 연구 및 여성학 연구 학자인 로즈마리 갈랜드-톰슨(Rosemarie Garland-Thomson)은 장애인들이 일상적인 공공장소에서 받는 "응시(the stare)"와 특히 사진술이 그것을 어떻게 명확히 표현하고 재생산하는지를 가장 철저하게 분석했다.[8]

20세기 후반의 장애학은 시민권과 페미니즘의 정치적 운동을 따랐다. 장애 예술은 제2의 물결 페미니스트 예술가들의 작업에 영향을 받아, 이 책의 셰이다 카파이(Shayda Kafai)와 엘리자베스 하우이(Elizabeth Howie)의 장들에서 논의된 바와 같이, 예술가들이 정체성 퍼포먼스(performance of identity)의 개념을 복잡하게 만드는 새로운 길을 제공했다. 예술사를 통해 장애를 다루는 것은 다양한 지리적 및 역사적 맥락에서 외모, 성격, 정체성을 묶는 미술사적 비유(tropes)에 대해 생각하는 방식을 열어준다. 윌리엄 개서웨이(William Gassaway)와 레베카 스톤(Rebecca Stone)의 장들에서 예시되듯이, 장애학 기반 분석은 현대 및 동시대 서구 예술을 넘어 확장된다.

미술사 역시 학제 간 학문으로서, 예술 작품을 시각적으로 아이디어나 경험을 재현하는 대상으로, 그리고 이는 다시 관객에게 관련되면서도 구별되는 경험을 창조하는 대상으로 생각한다. 미술사는 예술 작품을 개인의 표현 형태, 역사적 문서, 그리고 사회적 소통의 행위로 다룬다. 미학, 제작 방식, 역사적 맥락에 대한 분석을 통해 미술사는 시각 및 물질 문화를 역사적이든 동시대적이든 상관없이,

그것이 원래 가졌던 의미와 그 존재 역사 전반에 걸친 의미의 관점에서 탐구한다. 또한 미술사는 예술이 무엇을 보여주는지뿐만 아니라 어떻게 보여주는지를 지적한다. 즉, 예술 작품이 어떤 대상이나 아이디어를 보여주는지뿐만 아니라, 형태(매체, 구도 등)를 통해 그 주제를 어떻게 재현하는지를 다룬다. 그리고 어떤 경우에는 미술사는 예술 작품이 보여주지 못하거나 심지어 숨기는 것의 관점에서 작품을 해석한다. 많은 미술사학자들은 예술 작품, 특히 구상적인(figurative) 예시들을 예술가와 재현 대상의 정체성이라는 렌즈를 통해 분석한다. 여기서 "정체성"은 미술사가 종종 인종, 젠더, 계급, 국적, 성적 취향에 대한 담론을 통합한다는 것을 의미하지만, 사회적, 역사적 구성물이자 인간 다양성의 필수적인 요소로서의 장애는 아주 최근까지 미술사 분석에서 대부분 간과되어 왔다.

미술사는 때때로 명백한 것을 무시하는 데 뛰어난 것처럼 보인다. 장애인을 재현하는 많은 작품들이 있다. 예를 들어, 라파엘로의 그리스도의 부활(Resurrection of Christ, 1502), 알크마르의 거장의 일곱 가지 자비로운 행위(The Seven Works of Mercy, 1504), 피터 브뤼헐 더 엘더의 거지들(The Beggars, 1568), 렘브란트의 백 길더 판화(Hundred Guilder Print, 1650), 그리고 벨라스케스의 시녀들(Las Meninas, 1656) 등이 있다. 미술사는 장애의 의료 모델이 확고하게 자리 잡은 19세기에 학문 분야로 등장했으며, 따라서 놀랄 것도 없이, 미술사의 장애에 대한 관심은 전통적으로 의료 모델을 따랐다. 그 결과, 이러한 작품들에 대한 분석은 묘사된 장애인 주체들의 사회적, 정치적 지위를 크게 간과해 왔다. 미술사 및 시각 문화에서 장애 재현의 빈도(그 정확성과 적절성은 매우 다양하지만)에도 불구하고, 미술사는 아주 최근에야 이러한 사례들에 초점을 맞추고 재고하기 시작했다.

놀랍게도, 장애를 재현하는 역사적 예술 작품과 이를 다루는 학술 연구는 학술 데이터베이스를 사용해서 추적하기 어렵다. 이러한 작품이나 이를 논하는 에세이들은 "disability(장애)"라는 용어로 색인화되지 않는 경우가 많다. 대신, 연구자는 그러한 예술사적 분석을 찾기 위해 "cripple(절름발이)"과 "lame(절뚝거리는)"과 같은 경멸적인 용어, 혹은 심지어 더 문제가 될 수 있는 "fool(바보)"과 "blind(눈먼)"와 같은 다른 묘사적인 용어를 사용해야 한다. 그리고 그러한 이미지를 찾을 수 있다 하더라도, 2000년대 이전에 작성된 대부분의 미술사 논문들은 장애를 가진 개인의 존재를 그들의 상징적 기능의 관점에서 논한다. 즉, 거지, 절름발이, 나병 환자들 사이의 그리스도 이미지에서처럼 자선과 연민을 받을 가치가 있는 기독교적 인물로서, 혹은 모티프(괴물 같거나 경이로운)로서 도덕화하는 방식으로 논한다.[9] 그들이 역사적 개인으로 식별될 때조차도, 그들은 실제 사회적 주체라기보다는 그림 속의 모티프로 남는 경우가 많다. 이러한 맥락과 조사는 여전히 중요하지만, 그것들은 장애인이 의료적 관심, 도움 및/또는 연민이 필요한 존재라는 고정관념을 되풀이하는 경향이 있다.

제임스 홀더바움(James Holderbaum)이 1956년 벌링턴 매거진(Burlington Magazine)에 발표한 에세이 "지오반니 볼로냐의 청동상과 브론치노의 회화(A Bronze by Giovanni Bologna and a Painting by Bronzino)"는 미술사가 전통적으로 장애를 어떻게 다루어 왔는지 보여주는 한 예시이다.[10] 오래된 논문을 목표로 삼는 것이 비판하기 쉬운 행위처럼 보일지 모르지만, 이 논문이 다른 조사에서는 훌륭함에도 불구하고 미술사의 실패를 보여주는 고통스러운 사례임은 분명하다. 홀더바움의 논문에서 예시된 접근 방식은 미술사나 인문학 전반의 학술 연구에서 결코 유일한 것은 아니다. 홀더바움은 코시모 데 메디치(Cosimo de' Medici) 궁정의 일원이었던 모르간테(Morgante)로 알려진 난쟁이(dwarf)[11] 브라치오 디 바르톨로(Braccio di Bartolo)의 조각적 재현을 분석한다.[12] 볼로냐의 작은 청동 조각 난쟁이 모르간테(The Dwarf Morgante, 1561)를 설명하면서, 이 논문은 이 이미지가 역사적 인물에 기반을 두고 있다는 사실조차 언급하지 않는다. 몇 페이지 뒤에 저자는 이 동일한 "주체"가 다른 예술가인 브론치노(Bronzino)의 관심을 끌었다고 언급하지만, 이 "주체"는 사실적이라기보다는 문학적이거나 신화적일 수도 있었다. 홀더바움은 "이 청동상은 살찌고 활기찬 작은 신체에 대한 놀라울 정도로 객관적인 표현이며, 작가는 캐리커처로 자연의 농담을 강조하지 않았다"라고 적는다.[13] 여기서 문제는 이 묘사가 그의 시각적 해석에 기반을 두고 있으며, 따라서 학문적, 문화적 편견을 지적한다는 것이다. 홀더바움은 모르간테의 실제 모습에 대한 지식이 부족함에도 불구하고 그 재현이 "객관적"이라고 말하는 대담함을 보일 뿐만 아니라,

모르간테를 “자연의 농담(joke of nature)”이라고 부름으로써 그를 비인간화하고 괴물화(enfreaks)한다. 홀더바움은 이 모르간테 조각상을 발레리오 치올리(Valerio Cioli)의 술의 신 바쿠스로서의 모르간테(Morgante as Bacchus, 1560) 조각상과 비교하는데, 이는 캐리커처이다. 그는 “날렵한 작은 청동상과 달리, 여기서는 몸이 둔하고 육중하며, 모든 세부 사항이 질질 끌리듯 조롱된다”라고 쓴다.[14] 홀더바움의 장은 장애의 재현에 대한 두 가지 다른 접근 방식을 비교하는 데는 확실히 유용하지만, 그가 재현된 개인의 사회적 현실에 관여하지 않은 실패는 당시의 학술 연구를 반영한다고 하더라도 끔찍하다(excruciating). 이와 대조적으로, 2013년 투바 가데시(Touba Ghadessi)의 논문은 모르간테를 볼로냐 지방 포조 포르미오네(Poggio Fomione) 출신의 브라치오 디 바르톨로로 식별한다.[15] 가데시는 모르간테의 재현을 신체적 차이에 대한 르네상스 시대의 관념과 관련하여 맥락화한다. 분명히 장애학적 관점에서 그러한 작품들을 식별하고 조사하기 위해 미술사적 작업이 많이 남아 있다.

미술사는 또한 장애인 예술가들의 작품이 주류 예술에 미친 영향의 관점에서 이를 검토해 왔지만, 종종 그 자체의 가치(merit) 측면에서는 검토하지 않았다. 예를 들어, 정신 질환으로 시설에 수용된 사람들의 예술 작품은 문화적 규범을 우회하는 것으로 인식되는 방식 때문에 높이 평가되었지만, 이는 소위 정상적인 예술가들에게 미치는 영향이나 영감으로서만 그랬다. 한 예로 1895년부터 1930년 사망할 때까지 스위스 베른에 수용되어 수천 점의 드로잉을 제작한 아돌프 뵐플리(Adolf Wölfli)의 작품이 있다. 장 뒤뷔페(Jean Dubuffet)에 의해 “아르 브뤼(art brut)[6)]”라고 명명된 그러한 작품은 새로운 형태의 추상적이거나 표현주의적인 회화를 추구하는 추상 예술가들에게 영감을 주었다.[16]

6) 역자주: “Art Brut”는 프랑스어로 “거친 예술” 또는 “원시적 예술”을 의미함. 이 용어는 프랑스의 예술가 Jean Dubuffet가 1940년대에 처음 사용한 것으로, 전통적인 미술 교육이나 예술 시장의 영향 없이 창작된 예술 작품을 가리킴. Art Brut는 창의적 자발성, 비주류 예술, 독창적 표현이라는 특징을 가지고 있음. Art Brut는 종종 아웃사이더 아트(Outsider Art)라고도 불리며, 이는 전통적인 미술계에서 벗어난 독창적이고 자발적인 예술 표현을 의미함.

더 나아가, 미술사학자들은 정전(canonical) 예술가들이 겪은 손상 유발 상태를 평가해 왔다. 예를 들면, 고야(Goya)의 청각 장애; 반 고흐(van Gogh)의 명백한 정신 불안정; 르누아르(Renoir)가 말년에 겪은 류마티스 관절염; 툴루즈-로트렉(Toulouse-Lautrec)의 작은 키를 초래한 유전성 뼈 질환인 피크노디소스토시스(pycnodysostosis, 현재 툴루즈-로트렉 증후군으로 알려짐); 장암 수술 후 노년의 마티스(Matisse)가 겪은 손상; 그리고 척 클로스(Chuck Close)의 부분 마비 등이 있다. 일부 경우에 이러한 예술가들은 장애"에도 불구하고" 경력을 계속하거나 심지어 번창한 영감을 주는 생존자로 분류된다. 다른 경우에는 예술가의 장애가 종종 작품 해석을 채색하여 다른 관련 해석을 가릴 정도로 영향을 미친다. 예를 들어, 프리다 칼로(Frida Kahlo)의 관능적이고, 다채로우며, 때로는 가슴 아픈 그림들은, 칼로가 예술, 사회, 정치에 미친 강력한 영향을 고려하지 않은 채, 전통적으로 자기 탐닉적이며 그녀의 정서적, 신체적 트라우마를 보상하는 것으로 여겨져 왔다. 또한 학계는 20세기 초 멕시코의 장애 여성으로서 칼로가 가졌던 종속적인 지위와 적응 도구, 최신 의족, 이동 장비의 부족을 대체로 무시해 왔다.

장애 이미지(Disability imagery)는 또한 이상화(idealization)와 자연주의(naturalism) 사이의 오랜 학문적 논쟁과 관련된다. 이러한 맥락에서, 비규범적인 신체는 규범적인 신체를 돋보이게 하는 역할을 하거나, 장애를 가진 개인은 다른 그려진 인물들의 이상적인 형태와 대조되는 "괴물"로 제시될 수 있다. 예를 들어, 알론소 산체스 코엘료(Alonso Sanchez Coello)의 이사벨 클라라 에우헤니아 공주와 막달레나 루이스(Infante Isabel Clara Eugenia and Magdalena Ruiz, 1585~1588)와 같이 난쟁이가 동반된 왕족 인물 초상화가 그러하다.[17] 또한, 귀족 초상화는 눈에 보이는 장애의 징후를 가리는 경향이 있는데, 어린 시절 구루병(rickets)을 앓아 다리가 보기 흉하게 여겨져 초상화에서 긴 부츠로 덮여 있던 찰스 1세 국왕의 경우가 그 예이다.[18]

일상생활의 재현에 관심을 둔 모더니즘은 개인들이 더욱 산문적으로(prosaically) 재현될 수 있는 길을 열었다. 동시에, 마네(Manet)의 올랭피아(Olympia, 1863)와 같은 인물은—마네 시대에 그 자연주의가 충격적이었는데—신체적으로 기형이고 심지어 장애가 있는 것으로 인식되었다. 한 비평가는 "그녀는 인간의 형태를 가지고 있지 않다. 마네 씨는 그녀의 관절을 너무 빼버려서 그녀가 팔다리를 움직일 수 없을 것 같다"라고 썼다.[19] 그녀의 외모에 대한 혐오스러운 인식은—여기서 인간의 손상을 언급할 수 있는 용어로 표현되는데—티치아노(Titian)의 작품에서 누드로 처음 묘사된 곡선미 있는 여성의 형태에 미치지 못하는 평범함(ordinariness) 때문이었다. 또한, 마네가 의도적으로 세련되지 않은 회화 기법을 사용하여 관객들이 익숙했던 방식대로 모델을 빛과 그림자로 묘사하지 못한 점과 다른 혁신들 때문에 이러한 인식이 생겼다.[20]

모더니즘은 또한 추상(abstraction)을 도입함으로써 자연주의/이상주의의 이분법으로부터의 이탈을 촉진했다. 고인이 된 장애학 학자 토빈 시버스(Tobin Siebers)는 그의 연구 대부분을 예술 및 시각 문화의 사례 전반에 걸친 "장애 미학(disability aesthetic)"에 집중했으며, 특히 이는 모더니즘의 전형적인 추상과 관련된다. 시버스는 인간 형태의 왜곡이 가시적인 장애와 관련되는 방식을 탐구했다.[21] 시버스는 또한 앤 밀렛-갈란트(Ann Millett-Gallant)의 현대 예술의 장애 신체(The Disabled Body in Contemporary Art)가 미술사와 장애학의 융합이라는 점에서 독특하다고 언급했다.[22] 밀렛-갈란트는 이 책에서 구성된 학술 연구의 길을 열었다.

이 책의 분석 대상은 시간대와 문화 면에서 다양하며, 고대 메소아메리카의 작은 조각상과 남아메리카의 도자 부조 용기에서부터 1920년대 독일 회화, 20세기 초부터 현재까지의 다큐멘터리 및 순수 미술 사진, 그리고 다양한 매체의 수많은 현대 예술 작품과 영화에 이른다. 이 책에 기고하는 학자들은 할 포스터(Hal Foster), 로즈리 골드버그(RoseLee Goldberg), 로잘린드 크라우스(Rosalind Krauss), W.J.T. 미첼(W.J.T. Mitchell), 앨런 트라첸버그(Alan Trachtenberg) 등의 미술사 및 이론 연구를 로버트 보그단(Robert Bogdan), 앨리슨 C. 캐리(Allison C. Carey), 로즈마리 갈란드-톰슨(Rosemarie Garland-Thomson), 데이비드 헤비(David Hevey), 앨리슨 카퍼(Alison Kafer), 페트라 쿠퍼스(Petra Kuppers), 시미 린튼(Simi Linton), 폴 K. 롱모어(Paul K. Longmore), 앤 밀렛-갈란트(Ann Millett-Gallant), 데이비드

T. 미첼(David T. Mitchell), 마사 크레이븐 누스바움(Martha Craven Nussbaum), 캐리 산달(Carrie Sandahl), 톰 셰익스피어(Tom Shakespeare), 토빈 시버스(Tobin Siebers), 샤론 L. 스나이더(Sharon L. Snyder), 애비 윌커슨(Abby Wilkerson) 등의 장애학 연구와 통합한다.

우리가 이 책을 함께 편집하면서 몇 가지 일관된 주제가 나타났으며, 우리는 그 주제들 간의 연결점을 찾기 위해 장들을 배열했다. 앤 밀릿-갤런트(Ann Millett-Gallant)와 니나 하인들(Nina Heindl)은 대중문화에서든 학술적 맥락에서든 장애에 대한 부정적인 편견을 드러내는 이미지에 대한 반응을 검토한다. 또한 부정적인 편견을 다루면서, 레베카 스톤(Rebecca Stone)과 윌리엄 개서웨이(William Gassaway)는 의료 모델에 기반하여 문제가 있게 다루어졌던 고대 아메리카 예술 작품을 재평가한다. 그들의 새로운 해석은 그 주제들을 장애의 사회적 모델 내에서 해석하려고 한다. Keri Watson과 Timothy Hiles 역시 이전에 장애와 관련된 문제가 간과되거나 오해되었던 다큐멘터리 및 저널리즘 사진을 재검토한다. 안네 마르노(Anne Marno)와 아만다 카치아(Amanda Cachia)는 현대 예술가들이 과거의 예술가들(각각 다다와 초현실주의 예술가들)과 대화하는 방식을 검토하며, 이는 초기 예술적 접근 방식이 장애 재현에 대한 당대의 편견을 반영했음을 보여주는 동시에, 현대 예술가들이 그러한 내용을 생산적으로 회복(recuperate)할 수 있는 방식을 보여준다. 엘리자베스 하우이(Elizabeth Howie)와 셰이다 카파이(Shayda Kafai)는 다른 전형적인 억압받는 정체성들과 관련하여 장애의 문제적인 가시성 또는 비가시성의 수행을 포함하는 작업을 하는 현대 예술가들을 다룬다.

앤 밀렛-갈란트(Ann Millett-Gallant)는 현대 예술가 수잔 하바지 페이지(Susan Harbage Page)가 발달 장애가 있는 조카 피터(Peter)를 다섯 살부터 스물다섯 살까지 촬영한 사진들을 분석한다. 밀렛-갈란트는 페이지의 피터 초상화를 다른 시각적 재현물, 즉 서양 회화와 전문적인 아동 초상화, 가족사진, 다이앤 아버스(Diane Arbus)의 무제(Untitled) 시리즈(1970-1971, 공동 거주 시설의 발달 장애인 거주자 사진 초상화), 'freaks(괴물)'와 인간/동물 혼합물의 사이비 인류학적 전시회 및 이 괴물 피사체들의 사진, 그리고 페이지 자신의 자화상을 포함한 아동 및 발달 장애 주제의 다른 시각적 재현물과 비교하고 대조한다. 밀렛-갈란트는 페이지의 사진이 피터의 다차원적이고 인간적인 재현을 만들어낸다고 주장하며, 페이지와 피터의 관계를 예술가와 뮤즈의 관계로 간주하여 그들의 협력적인 예술 작품의 상호주관성(intersubjectivity)[7]을 강조한다.

니나 하인들(Nina Heindl)은 다른 맥락에서 부정적인 편견을 탐구하며, 영국 예술가 제이크 앤 디노스 채프먼(Jake and Dinos Chapman)의 과학자 스티븐 호킹(Stephen Hawking)의 초상 조각 ≪Übermensch≫(1995)와 독일 예술가이자 무대 감독인 크리스토프 슐링엔지프(Christoph Schlingensief)의 TV 시리즈 및 이후 영화 ≪Freakstars 3000≫(2002)을 검토한다. 하인들은 이러한 재현물들을 순수 예술, 프릭 쇼(freak show), 그리고 리얼리티 및 경연 TV 쇼라는 더 큰 맥락 속에 배치하고, 이 맥락들이 신체적, 지적으로 장애를 가진 주체들을 재현하는 방식을 보여준다. 하인들이 주로 논의하는 두 작품 모두 논란에 휩싸였으며, 예술가들은 단지 대중의 관심을 위해 장애인을 착취했다는 비난을 받았지만, 하인들은 이러한 비판 자체가 현대 사회에서 장애에 대한 부정적인 연관성이나 가정에 의해 형성되었고 또한 이에 기여했다고 강조한다. 하인들은 Übermensch와 Freakstars 3000이 관객의 장애에 대한 편향된 태도에 도전하는 두 가지 개념의 논란적 예술(transgressive art)을 나타낸다고 주장한다.

---

7) 역자주: 상호주관성(Intersubjectivity)은 철학과 심리학에서 유래한 개념으로, 두 명 이상의 주체(subject)가 공유하는 공통의 이해, 경험 또는 의미의 영역을 의미한다. 이는 단순히 한 사람이 다른 사람을 '객관적으로' 관찰하는 것이 아니라, 두 주체가 서로의 주관적 경험을 인정하고 영향을 주고받는 상호작용의 영역임. 예술 작품에서 상호주관성은 주로 예술가와 관객(또는 예술가와 재현 대상) 간의 관계에서 나타남. 예) 예술가 ↔ 관객: 예술 작품은 작가의 주관적 경험(의도, 감정)을 담아내지만, 관객은 자신의 주관적 경험과 맥락을 바탕으로 작품을 해석함. 작품은 작가와 관객 사이에서 새로운 의미를 끊임없이 생성하는 대화의 매개체가 됨. 따라서 작품의 의미는 고정된 객관적 사실이 아니라, 두 주체의 상호작용 속에서 공유되고 협상되는 주관성의 결과임. 예술가 ↔ 재현 대상: 특히 초상화나 다큐멘터리처럼 인물을 다루는 경우, 예술가의 시선과 대상 인물의 자아 인식 및 관계가 작품에 복합적으로 투영됨. 수잔 하바지 페이지와 조카 피터의 사진 작업처럼, 예술가는 대상을 단순한 객체(object)가 아닌 또 다른 주체(subject)로 인정하고, 그 관계 자체가 예술적 행위와 작품의 의미를 이룬다고 봄. 결론적으로, 예술 작품의 상호주관성은 작품의 의미가 한 개인의 머릿속에 갇혀 있는 것이 아니라, 경험을 공유하는 주체들 사이의 역동적인 관계 속에서 살아 숨쉰다는 점을 강조함.

레베카 스톤(Rebecca Stone)은 고대 남아메리카의 도자기 부조(effigy) 용기를 “dis”abled의 이미지로 논하는데, 이 용어는 문제적인 의료 모델에 따른 용어인 “disabled(장애를 가진)”와, 여전히 만연해 있는 규범의 외부에, 특히 규범보다 낮은 존재라는 문화적 고정관념을 구별하기 위한 용어이다. 스톤은 이 부조들을 시각 손상을 보이는 높은 지위의 영적 전문가이자 선지자, 즉 샤먼(shaman)으로 식별하며, 이는 그들의 사회 및 영적 전통에서 고양된 지위와 핵심적인 사회-종교적 역할과 상관관계가 있는 특성이라고 주장한다. 그녀는 신체적 이상(anomaly)에 대한 찬양이 아메리카 원주민 사회 전반에 걸쳐 널리 퍼진 현상이었으며, 특히 샤먼의 종교적 역할과 관련하여 중요했다고 주장하며, 문화적 맥락에 따른 장애의 다양한 의미의 사회적 구성에 주목한다.

윌리엄 개서웨이(William Gassaway)는 메소아메리카 예술에서 비정형적인 신체적 특성을 가진 신체 형태의 출현, 해석 및 영적 중요성에, 더 구체적으로는 고대 예술 속 난쟁이 인물의 역할에 초점을 맞춘다. 그는 이 인물들에 대한 과학 기반 분석이 규범으로부터의 신체적 일탈을 식별하고, 비정상적인 장애가 있는 역사적 개인의 존재를 이 공동체들에서 진단하는 경향이 있었다고 주장한다. 대신, 개서웨이(Gassaway)는 그러한 난쟁이 인물들이 원주민 사상에서 태양과 비의 자비로운 힘뿐만 아니라 인류의 지상 죄에 대한 신성한 응징과 관련이 있음을 인식한다. 그는 이 인물들이 권위, 고귀함, 명성의 상징으로 기능했으며, 이는 신세계 엘리트들 사이에서 그들의 높은 가치를 일반적으로 강조한다고 주장한다. 더욱이, 그는 그러한 개인들에 대한 전통적인 의료적 분석은 그들의 예술사적 및 신성한 지위를 폄하한다고 주장한다.

미술사 분석에서 간과되어 온 장애인을 다룬 이미지들을 다루면서, 케리 왓슨(Keri Watson)은 20세기 정치 및 사회 운동에 관한 다큐멘터리 사진으로 세계적으로 알려진 마가렛 버크-화이트(Margaret Bourke-White)의 작업에 초점을 맞춘다. 버크-화이트는 1937년 베스트셀러 당신은 그들의 얼굴을 보았다(You Have Seen Their Faces)와 같이 당대 미국 역사가 빈곤층과 소외된 이들에게 미친 영향을 기록한 영향력 있는 책들에 사진을 기고했다. 왓슨은 이 책에 실린 버크-화이트의 신체 장애인 사진을, 그녀가 덜 알려진 1932년 발달 장애인 시설인 레치워스 빌리지(Letchworth Village) 거주자들을 찍은 사진과 비교한다. 후자의 사진들은 레치워스 빌리지의 효능과 거주자들에 대한 학대 의혹에 관한 논란을 해소하기 위한 출판물에 기고되었다. 왓슨은 이 두 시리즈의 사진 모두 장애 신체를 사회 불안의 희생양으로 만드는 데 기여했던 대공황의 상징으로서 장애 신체를 대중적으로 사용하는 것에 도전했으며, 인종, 젠더, 그리고 비장애 정체성의 사회적 구성에 의문을 제기했다고 주장한다.

또한 20세기 미국 사진이 장애에 대한 관념을 형성한 방식을 다루면서, 티모시 하일스(Timothy Hiles)는 두 차례의 세계 대전 이후 장애에 대한 문화적 인식이 당대의 사진술에 의해 어떻게 기록되었는지와 이 사진들이 사회 내 장애인 역할에 대한 다양한 관념을 어떻게 전달하는지를 조사한다. 하일스는 제2차 세계 대전 이후 시대에 미국 사진의 장애인 재현이 계층적 선입견과 고정관념을 강화하는 묘사에서 재현되는 "정상"의 지배에 의문을 제기하는 묘사로 현저하게 변화했다고 주장한다. 그는 장애인 사진 재현에서 세 가지 구별되는 시각적 구성체를 식별한다. 그것은 장애인을 정상인으로부터 분리하는 것, 규범적 구조 내에서 장애인을 더 포괄적으로 보는 것, 그리고 신체적 차이를 사회의 정당한 측면으로 보여주는 정상의 재정의이다. 랠프 모스(Ralph Morse), 코넬 카파(Cornell Capa), 브루스 데이비드슨(Bruce Davidson), 게리 위노그랜드(Garry Winogrand), 폴 맥도노(Paul McDonough)의 사진을 분석하면서, 하일스는 이 사진들이 그러한 시각적 구성체를 어떻게 보여주는지를 지적하고, 이를 제2차 세계 대전 이후 수십 년 동안 미국에서 장애인에 대한 변화하는 사회적 태도와 장애인을 위한 서비스 및 프로그램의 발전과 연관시키며, 이는 장애가 주류의 "정상적인" 사회로 더 통합되도록 이끌었다고 한다.

현시점에 장애를 조사하는 현대 예술가들은 초기 시대 예술 작품과 대화를 연다. Anne Mamo는 독일 예술가 오토 딕스(Otto Dix)의 다다이스트 회화 ≪The Cripples≫(1920)가 현대 이스라엘 예술가 야엘 바르타나(Yael Bartana)의 영화 ≪Degenerate Art Lives≫(2010)에 미친 영향을 분석한다. 마르노는 멀티미디어적 세부 사항과 기법들을 지적하면서, 바르타나가 딕스의 전쟁으로 인해 장애를 입은 참전 용사들의 재현을 현재의 맥락으로 가져와, 바르타나의 문화적 환경을 둘러싼 20세기 및 21세기 이스라엘의 갈등뿐만 아니라 일반적인 세계 전쟁과 이를 정당화하는 데 사용된 정치적, 경제적 원인까지 비판한다고 주장한다. 나아가, 마르노는 딕스와 바르타나의 작품 모두 장애를 가진 참전 용사들의 존중과 권리, 그리고 아마도 일반적인 장애 권리를 촉구한다고 주장한다.

또한 초기 20세기 예술과 장애를 다루는 현대 예술 작품 간의 관계를 조사하면서, Amanda Cachia는 초현실주의 예술가 한스 벨머(Hans Bellmer), 자크-앙드레 브와파르(Jacques-André Boiffard), 브라사이(Brassaï), 그리고 앙드레 마송(André Masson)의 작품을 현대 장애인 및 비장애인 예술가인 리사 부파노(Lisa Bufano), 춘샨 (샌디) 이(Chun-Shan (Sandie) Yi), 그리고 아르투르 즈미예프스키(Artur Zmijewski)의 장애 주제 공연, 조각, 사진과 병치시킨다. 그녀는 이 예술가들의 장애 신체 재현과 그 함의 및 맥락을 비교하고 대조한다. 카치아는 이 현대 예술가들이 초현실주의의 신체 형태에 참여하지만, 상상력과 정신분석학을 상징하기보다는, 그들의 신체 및 신체 부위 이미지가 세상 속에서의 개인적인 경험과 신체 이미지의 형태로 살과 뼈를 묘사한다고 주장한다. 그들은 초현실주의 도상학을 불안정하게 만들며, 초현실주의 이미지와 도상학을 사용하여 자신의 신체를 통제하고, 무장하고, 장식한다. 카치아는 부파노, 이, 즈미예프스키가 초현실주의의 종종 대상화하고 심지어 학대적인 신체 재현 주제를 변형하여, 그들 자신과 다른 장애인 주체들의 신체에 대한 권한을 부여하고(empowering) 성애화된(eroticized) 이미지를 생산한다고 주장한다.

정체성 퍼포먼스(performance of identity)와 관련하여 장애의 가시성은 엘리자베스 하우이(Elizabeth Howie)와 셰이다 카파이(Shayda Kafai)에 의해 탐구된다. 하위는 동시대 신체장애 예술가인 잉카 쇼니바레(Yinka Shonibare)의 호화롭고, 수행적이며, 매혹적인 사진들을 해체한다. 쇼니바레는 빅토리아 시대 멋쟁이의 일기(Diary of a Victorian Dandy)에서 자신을 19세기 멋쟁이(dandy)로 연출하며, 인종과 장애 측면에서 정체성의 가시성을 탐구한다. 그는 전통적인 빅토리아 시대

상류층 백인 남녀의 화려한 배경 속에서 자신감 있게 포즈를 취하며, 이들은 모두 그들의 아이러니한 귀빈을 둘러싸고 감탄한다. 하위는 쇼니바레의 사진적 미장센이 인종과 장애의 교차점을 수행하기(performing), 패싱하기(passing), 그리고 관객의 응시/바라봄을 조작하기(manipulating the gaze/stare)라는 주제 속에서 어떻게 보여주는지를 입증한다. 마지막으로, 그녀는 이 사진 시리즈가 가시성이 사회적 계층 구성에서 수행하는 역할에 의문을 제기하는 오인된 정체성(mistaken identity) 시나리오를 연출한다고 주장한다.

카파이(Kafai)는 샌프란시스코 기반 예술가 노미 람(Nomy Lamm)의 작업을 분석하는데, 그녀는 청중 앞에서 음악을 연주하고, 성적인 가사(erotic lyrics)를 노래하며, 섹시한 드레스를 입고 도발적으로 움직이며, 의족을 제거하는 퍼포먼스를 한다. 스스로를 뚱뚱하고(fat), 유대인이며, 신체장애를 가진 여성이라고 선언하는 람은 그녀의 성(sexuality)과 다른 소외된 사람들의 성을 회복(reclaims)한다. 카파이는 람의 작업을 에이블리즘(ableism)의 정치적, 사회문화적, 의료적 명령들—특히 장애인들이 성적 주체가 아니라는 관념—을 다시 쓰고자 하는 장애인 퍼포먼스 예술의 틀 안에 둔다. 카파이는 람이 그러한 목소리가 크고 가시적인 방식으로 자신의 성적 회복을 수행함으로써 억압을 해체하고, 수치심의 침묵 효과에 맞서며, 장애 신체가 욕망하며 또한 매력적임을 강조한다고 주장한다.

각 장들은 학제 간 미술사와 장애학 작업에 대한 광범위하지만 확실히 포괄적이지는 않은 접근 방식을 제시한다. 이들은 장애 신체의 재현과 장애 주제를 미술사 방법론을 통해 분석하고, 미술사에서 가져온 이미지를 장애학의 렌즈를 통해 질문하는 것이 예술, 신체, 바라보기, 그리고 두 학문 분야 모두에 대한 혁신적이고 흥미로운 새로운 관점으로 이어진다는 것을 증명한다. 그러나 여기에서 다루지 않은 두 학문 분야의 광범위한 맥락과 주제들이 있으며, 이 책은 이러한 풍부한 주제에 대한 더 깊은 사고, 연구, 글쓰기/말하기를 고취하고 가능하게 하기를 희망한다.

주석(Notes)

[1] 레너드 J. 데이비스(Lennard J. Davis), 『정상성의 강제: 장애, 난청, 그리고 신체(Enforcing Normalcy: Disability, Deafness, and the Body)』 (Brooklyn, NY: Verso, 1995). 데이비스는 또한 『장애학 독본(The Disability Studies Reader)』의 4판 모두를 편집하고 기고했다(New York: Routledge, 1997; 2006; 2010; 2013). 로즈마리 갈란드-톰슨(Rosemarie Garland-Thomson), 『비범한 신체: 미국 문학과 문화 속 장애 형상화(Extraordinary Bodies: Figuring Disability in American Literature and Culture)』 (New York: Columbia University Press, 1996); 편저, 『기형학: 비범한 신체의 문화적 구경거리(Freakery: Cultural Spectacles of the Extraordinary Body)』 (New York: Columbia University Press, 1996); "장애인을 바라보기: 대중 사진 속 장애의 시각적 수사학(Seeing the Disabled: Visual Rhetorics of Disability in Popular Photography)", 『새로운 장애 역사: 미국적 관점(The New Disability History: American Perspectives)』, Paul K. Longmore와 Laurie Umansky 편저 (New York: New York University Press, 2001), 335-374; Sharon Snyder 및 Brenda Jo Bruggeman과 공동 편집, 『장애학: 인문학 활성화(Disability Studies: Enabling the Humanities)』 (New York: MLA Press, 2002); 및 『응시하기: 우리는 어떻게 바라보는가(Staring: How We Look)』 (Oxford University Press, 2009). 토빈 시버스(Tobin Siebers), 『메두사의 거울(The Mirror of Medusa)』 (Oakland: University of California Press, 1983); 『주체와 다른 주체들: 윤리적, 미학적, 정치적 정체성에 관하여(The Subject and Other Subjects: On Ethical, Aesthetic, and Political Identity)』 (Ann Arbor: Michigan University Press, 1998); 『신체 미학: 순수 예술에서 신체 변형까지(The Body Aesthetic: From Fine Art to Body Modification)』 (Ann Arbor: Michigan University Press, 2000); 『장애 이론(Disability Theory)』 (Ann Arbor: Michigan University Press, 2008); 및 『장애 미학(Disability Aesthetics)』 (Ann Arbor: Michigan University Press, 2010).

[2] 장애학을 학문 분야로 보는 정확한 기원을 결정하기는 불가능하지만, 그 첫 번째 탐구는 1970년대에 나타났다. 이 주제에 전념하는 가장 오래된 공식 조직인 장애학 학회(Society for Disability Studies)는 1982년에 설립되었다. Philip M. Ferguson과 Emily Nusbaum, "장애학: 그것은 무엇이며 어떤 차이를 만드는가?(Disability Studies: What Is It and What Difference Does It Make?)" 중증 장애인을 위한 연구와 실제(Research and Practice for Persons with Severe Disabilities) 37권, 2호 (2012): 70-80을 참조.

[3] ADA(미국 장애인법)에 대한 자세한 정보는 http://www.eeoc.gOv/eeoc/history/35th/1990s/ada.html을 참조.

[4] Simi Linton, 『장애 주장하기: 지식과 정체성(Claiming Disability: Knowledge and Identity)』, Michael rub 서문(New York and London: New York University Press, 1998)을 참조.

[5] Ann Millett-Gallant, 『현대 예술의 장애 신체(The Disabled Body in Contemporary Art)』 (New York: Palgrave MacMillan, 2010), 7쪽을 참조.

[6] 예를 들어, Robert McRuer의 『장애 이론: 퀴어성과 장애의 문화적 기호(Crip Theory: Cultural Signs of Queerness and Disability)』 (New York: NYU Press, 2006)를 참조.

[7] Davis, Enforcing Normalcy를 참조.

[8] Rosemarie Garland-Thomson, Extraordinary Bodies; "Seeing the Disabled"; 및 Staring: How We Look을 참조.

[9] 이들은 저명한 저널에 실린 학문적으로 중요한 논문이며, 편집자들은 이 학자들에게 무례함을 의미하는 것이 아니라, 장애 관련 내용을 가진 예술 작품을 다루는 미술사 학술 연구의 사례를 제공하고자 한다. 이 학자들이 수행한 연구는 장애 재현에 대한 향후 조사에 확실히 중요할 것이다. 예를 들어, Larry Silver와 Henry Luttikhuizen, "자비의 질: 초기 네덜란드 예술의 자선 재현(The Quality of Mercy: Representations of Charity in Early Netherlandish Art)", 도상학 연구(Studies in Iconography) 29 (2008): 216-248; Kahren Jones Hellerstedt, "네덜란드 회화의 눈먼 남자와 그의 안내자(The Blind Man and His Guide in Netherlandish Painting)", Simiolus: Netherlands Quarterly for the History of Art 13권, 3/4호 (1983): 161-181; Robert Baldwin, "'지상에서 우리는 그리스도 자신처럼 거지이다': 렘브란트의 빈곤, 장애 및 구걸 이미지의 개신교적 배경('On Earth We Are Beggars, as Christ Himself Was': The Protestant Background of Rembrandt's Imagery of Poverty, Disability, and Begging)", Konsthistorik Tidskrift LTV권, 3호 (1985): 122-153; Erwin Pokorny, "보스의 상해자들과 그의 모방자들의 드로잉(Bosch's Cripples and Drawings by His Imitators)", Master Drawings 41권, 3호 (2003년 가을): 293-304; Sandra Cheng, "괴물의 숭배: 초기 근대 이탈리아의 캐리커처, 관상학, 그리고 괴물들(The Cult of the Monstrous: Caricature, Physiognomy, and Monsters in Early Modern Italy)", 자연 선호: 선험적 연구에 대한 비판적 및 역사적 연구(Prefer nature: Critical and Historical Studies on the Preternatural) 1권, 2호 (2012): 197-231을 참조.

[10] James Holderbaum, "지오반니 볼로냐의 청동상과 브론치노의 회화(A Bronze by Giovanni Bologna and a Painting by Bronzino)", The Burlington Magazine 98권, 645호 (1956년 12월): 439-445.

[11] "난쟁이(dwarf)"라는 용어의 수용 가능성은 평균보다 키가 작은 개인들의 공동체마다 다르다. 자원봉사 및 공동체 구축 조직인 리틀 피플 오브 아메리카(Little People of America)는 1957년에 설립되었으며 많은 "단신자(people of short stature)"가 그 권한을 부여하는 용어로 자신을 식별하도록 장려했다. http://www.lpaonline.org/를 2016년 4월 3일 접속하여 참조하였다. 일부 사람들은 "dwarf"라는 용어를 회복하여 사용하며; 다른 사람들은 왜소증(dwarfism)을 가진 사람으로 묘사되는 것을 선호한다; 또 다른 사람들은 묘사적인 용어인 "short-statured(단신)"를 선호한다. 이 모든 용어는 "midget"보다 훨씬 선호되는 것으로 간주된다. 편집자로서 우리는 가능하면 언제든지 장애인 공동체가 선호하는 언어를 사용하기 위해 노력하며, 이 문제에 대한 통찰력을 공유해 준 Amanda Cachia에게 감사한다.

[12] Touba Ghadessi, "군주와 괴물: 통치의 가시적 상징(Lords and Monsters: Visible Emblems of Rule)", I Tatti Studies in the Italian Renaissance 16권, 1/2호 (2013): 496.

[13] Holderbaum, "Bronze", 439.

[14] Holderbaum, "Bronze", 439.

[15] Ghadessi, "Lords", 496.

[16] Hal Foster, "눈먼 통찰: 정신 장애 예술에 대한 모더니스트의 수용(Blinded Insights: On the Modernist Reception of the Art of the Mentally)", October 97 (2001년 여름): 3-30을 참조.

[17] Janet Ravenscroft, "보이지 않는 친구들: 합스부르크 스페인 궁정 난쟁이의 재현에 의문을 제기하며(Invisible Friends: Questioning the Representation of the Court Dwarf in Hapsburg Spain)", 정상과 비정상의 역사: 규범과 규범성의 사회적 및 문화적 역사(Histories of the Normal and the Abnormal: Social and Cultural Histories of Norms

and Normativity), Waltraud Ernst 편저 (런던 및 뉴욕: Routledge: 2012), 26–52를 참조.

[18] Iris Brooke, 『영국 신발의 역사(A History of English Footwear)』 (London: Saint Giles Publishing Co., 1948), 55.

[19] T. J. Clark, 『현대 생활의 회화(The Painting of Modern Life)』 (Princeton, NJ: Princeton University Press, 1984), 98.

[20] Clark, Painting, 134.

[21] Siebers, Disability Aesthetics를 참조.

[22] Tobin Siebers, "현대 예술의 장애 신체 서평(Review of The Disabled Body in Contemporary Art)", Journal of Literary and Cultural Disability Studies 6권, 2호 (2012): 234–237, 240.

1 예술가와 뮤즈

수잔 하바지 페이지(Susan Harbage Page)의 "피터의 세상"과 다른 사진들

Ann Millett-Gallant

> 나의 조카 피터(Peter)는 장애를 가지고 태어났다. 그는 항상 균형 감각과 운동에 어려움을 겪었다. 그는 14세에 마침내 읽는 법을 배웠고, 항상 동물, 상상의 액션 피규어, 뮤지컬, 그리고 현재는 프로 스포츠에 관심이 있다. 그는 어머니 근처인 펜실베이니아주 피츠버그의 그룹 홈에 거주한다. 이 이미지들 대부분은 가족 모임, 여름휴가, 추수감사절, 크리스마스, 부활절 동안 만들어졌다. 나는 피터가 다섯 살이었을 때 그를 촬영하기 시작했다. 초기 이미지들은 단순히 내가 그에게 반응하는 것이었고, 나는 그것이 그가 누구인지 이해하려고 노력하는 과정이었다고 믿는다. 이미지 제작의 다음 단계는 피터에 의해 전적으로 통제되었다. 그는 이 이미지들을 위해 배경과 의상을 계획하곤 했다. 현재의 이미지들은 더 협력적이다.[1]
>
> 수잔 하바지 페이지(Susan Harbage Page)

카메라는 경험적 판단, 감시, 사회적 기록, 예술적 창조의 도구로 사용되어 왔다. 특히 사진 초상화는 이러한 다양한 맥락을 교차하며, 신체를 전시하는 사진적 관습은 인간을 측정하고, 고정관념화하고, 기념하는 시각적 코드 역할을 한다. 사진술은 반복되는 시각적 관습을 통해 '정상(normal)' 대 '병리학적(pathological)' 인간의 외모, 행동 및 성격 개념에 대한 문화적 코드를 확립했다. 그러나 카메라는 또한 기억과 향수의 도구이자, 사랑하는 사람 또는 뮤즈를 재현하는 매체이기도 했다. 이 장은 이러한 모든 맥락을 숙고하고 비교하면서 신체 사진들, 특히 수잔 하바지 페이지(Susan Harbage Page)가 그녀의 발달 장애 조카 피터(Peter)를 찍은 사진들을 응시한다. 이 사진들은 피터에 대한 다차원적이고 인간적인 재현을 만들어내며, 나는 이것을 아동 및 발달 장애 주제의 다른 시각적 재현물과 비교하고 대조함으로써 입증할 것이다. 페이지의 피터 사진들은 내가 분석하는 다른 이미지들의 요소를 통합하고 있지만, 친밀하면서도 발달장애 주체에 대한 문화적 고정관념에 저항함으로써 이러한 대조 사례들과 강력하게 구별된다. 나는 또한 페이지와 피터의 관계를 예술가와 뮤즈의 관계로 간주하여, 그들의 협력적인 예술 작품의 상호주관성을 강조하고 비장애인 사진작가와 대상화된 장애인 주체 사이의 전통적인 권력 역학을 약화시킬 것이다.

이 도입 단락은 사진작가 수잔 하바지 페이지(Susan Harbage Page)의 미출간 사진집 "피터의 세상 1985~2005(Peter's World 1985–2005)"에서 가져온 것으로, 다섯 살부터 스물다섯 살까지의 피터를 담고 있다. 연대순으로 배열된 이 사진들은 피터의 어머니 집, 그룹 홈, 이웃, 그리고 주변 환경에서의 그의 어린 시절과 초기 성숙을 기록한다. 이 사진들은 일하거나, 놀거나, 여가를 즐기거나, 깊은 생각에 잠긴 피터를 보여주며, 동물, 스포츠, 장난감 액션 피규어에 대한 그의 열정을 선보이거나, 풍경 또는 장르 장면을 배경으로 한 실루엣 속의 피터를 포함한다. 강한 흑백 대비, 거친 질감의 톤, 때로는 흐릿한 배경으로 촬영된 이 사진들은 가족 스냅샷과 역사적으로 사회 개혁을 요구했던 다큐멘터리 사진을 모두 닮았다. 그러나 이 이미지들은 피터를 감상적으로 만들거나 정형화(typecasting)하기보다는, 발달장애와 개인으로서의 피터에 대한 유동적이고, 분류 불가능하며, 심지어 풍부한 묘사를 제공한다. 나는 "발달장애(developmental disability)"라는 용어를 전략적으로 선택했는데, 이는 특정 손상과 그 발현을 특징짓지만, 동시에 특히 집단적이고 추상적이기 때문이다. 이 용어는 여러 지적 및 신체적 장애를 문제적으로 뭉뚱그릴 수 있지만, 나는 그 규정적(prescriptive) 기능이 아닌 묘사적(descriptive) 기능 때문에 이 용어를 선택했다. 이 장은 페이지의 피터 초상화와 마찬가지로, 피터를 그의 특정 손상에 따라 진단하거나 낙인찍는 것을 거부한다. 나는 "피터의 세상"에 대한 이러한 해석을 아동에 대한 미술사적 재현, 다이앤 아버스(Diane Arbus)의 무제 시리즈(1970–1971, 그룹 홈 발달 장애인 거주자 초상화), '괴물(freaks)'과 인간/동물 혼합물의 사이비 인류학적 전시회, 그리고 페이지 자신의 자화상과의 관계 속에서 맥락화함으로써 논증할 것이다. 사진 시리즈로서 페이지의 피터 이미지는 발달 장애 주체를 재현하는 문제적인 역사를 성찰하면서도 모순된다. 피터의 신체와 활동은 "피터의 세상"의 프레임을 가득 채우고(saturate) 넘쳐흐르게(overflow) 하며, 예술가와 뮤즈는 상호주관적으로 등장한다.

"피터의 세상(Peter's World)"의 초상화들은 장르로 분류하기 어렵지만, 공통된 모티프를 공유한다. 사물에 대한 피터의 매료됨은 ≪Peter with Dinosaur Photo≫(1991, 그림 1.1)의 주제이다. 이 사진에서 셔츠를 입지 않은 피터는 심각하고 심지어 열정적으로 보인다. 관객은 흰색 면 브리프 가장자리에서 나오는 피터의 둥근 배를 가진 어린아이 같은 몸을 보게 되는데, 그는 자신이 찍은 공룡 이미지를 가리키면서 구부정한 자세로 몸을 더욱 내민다. 따라서 이 사진은 또한 사진가가 자신의 작업을 보여주는 이미지이다. ≪Peter with a Doll in His Pocket≫(1993)에서 피터는 긴장하고, 심각하며, 어쩌면 고통스러워 보인다. 사진가가 드라마의 요소로 빛과 그림자를 활용함에 따라 그림자가 그의 몸과 얼굴을 가로지른다. ≪Peter with Catwoman Doll≫(1992)은 슈퍼히어로에 대한 피터의 관심을 보여준다. 캣우먼 인형을 든 피터와 같은 옷을 입은 ≪Peter with Back to Camera≫(1992, 그림 1.2)에서 피터는 밝은 스튜디오 조명으로부터 등을 돌리고 있으며, 이 조명은 이미지 왼쪽 프레임 안에서 보인다. 사진 속에서 관찰자(spectator)의 이러한 두드러진 존재는 피터의 포즈를 저항 또는 자기 제거의 한 형태로 만든다. 이와 대조적으로, ≪Peter at Work≫(2005)는 카드와 함께 무엇인지 구별하기 어려운 활동에 집중하며 몸을 숙인, 확실히 더 성숙한 얼굴을 드러낸다.

특히 근대 초기 이후로, 어린이와 아동기에 대한 시각적 재현은 풍부하면서도 종종 모순적이다. 미술사학자 앤 히고넷(Anne Higonnet)은 순수 미술과 상업 이미지, 공식적인 가족 초상화, 일상 스냅샷을 포함한 다양한 시각 문화 매체 속의 그러한 재현들을 분석한다. 히고넷에 따르면, 어린이 이미지는 종종 순수함, 이상주의, 낙관주의를 암시하도록 구성된다.[2] 그러나 그들은 또한 내재된 위험이나 타락을 시사하기도 한다. 히고넷은 이상적인 아동기의 순수함이 현대의 낭만주의적 개념이라고 주장하는데, 왜냐하면 어린이들은 종종 옷차림과 포즈 면에서 작은 성인처럼 재현되어 적절한 남성적, 여성적 이상을 보여주기 때문이다.[3] 유명한 예시로는 토마스 게인즈버러(Thomas Gainsborough)의 푸른 옷을 입은 소년(The Blue Boy, c. 1770)이 있는데, 이 그림에서 멋쟁이 청년은 한 발을 앞으로 내밀고, 승마모를 들고, 그의 소년다운 체격을 압도하는 호화로운 사파이어 직물과 비단 같은 흰색 디테일의 시대 복장을 입고 있다. 그는 소년들과 남성들을 위한 적절한 남성성의 원형으로 연출된다.

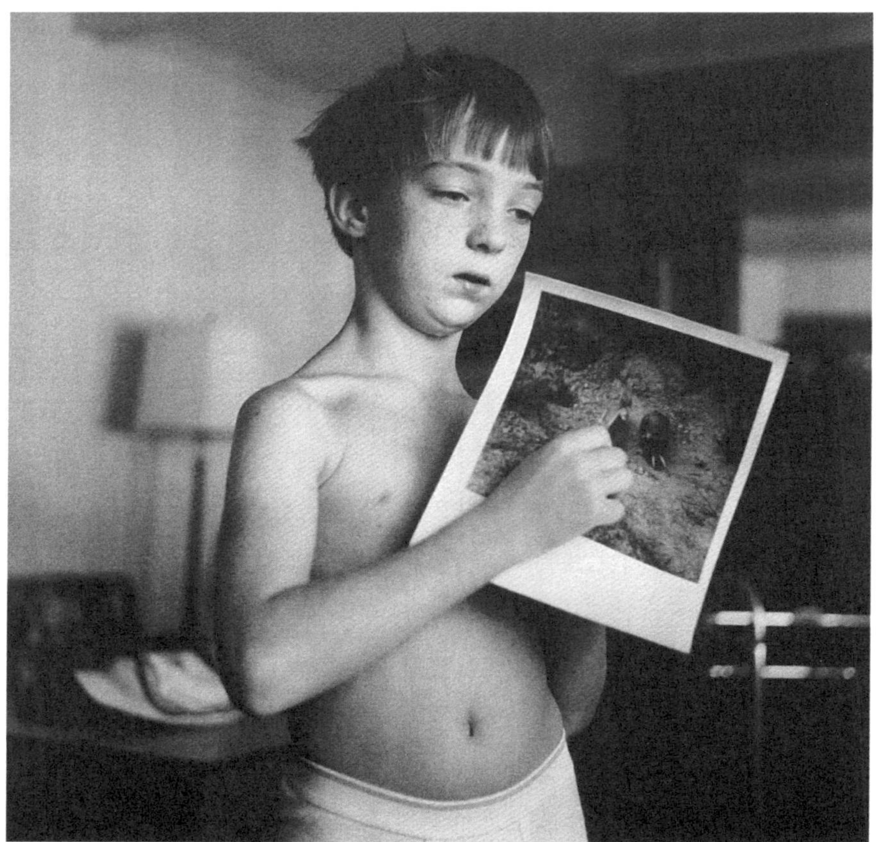

Figure 1.1 Susan Harbage Page, Peter with Dinosaur Photo, 20 × 24 inches, silver gelatin print, 1991.

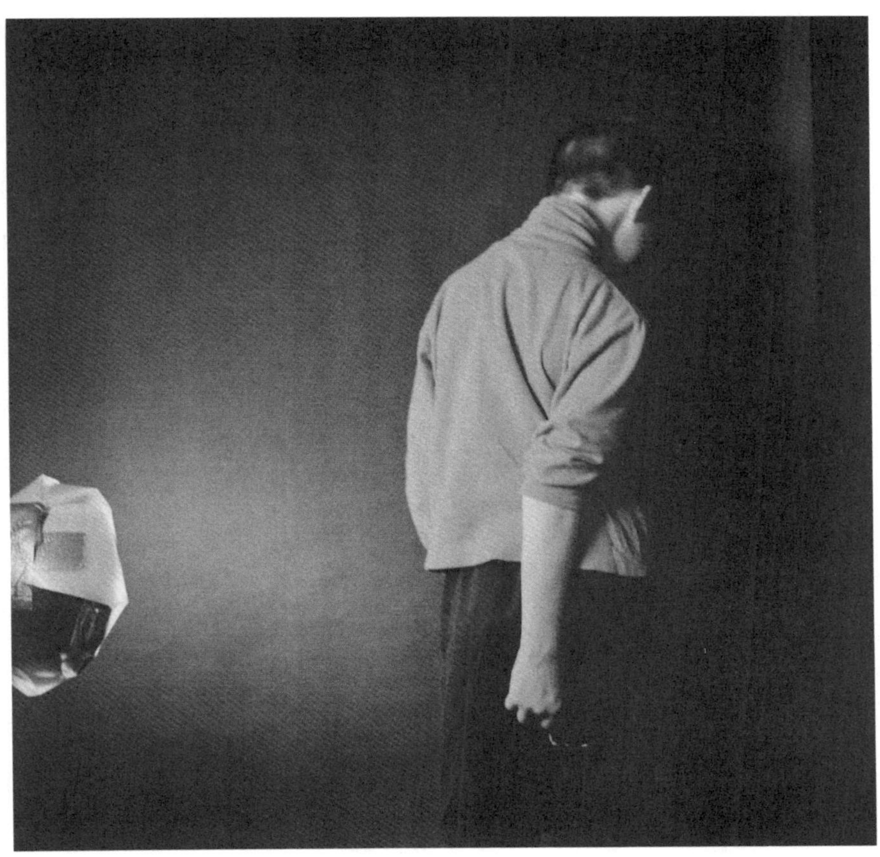

Figure 1.2 Susan Harbage Page, Peter with Back to Camera, 20 × 24 inches, silver gelatin print, 1992.

히고넷(Higonnet)은 그러한 회화 초상화의 예시들을 언급하지만, 사진술이 사실을 암시하면서도 동시에 기만으로도 알려져 있기 때문에 사진에 초점을 맞춘다. 사진은 "실재(real)"를 묘사하지만, 무한한 형태의 변형에 종속된다. 사진술은 또한 장르를 넘나들며 종종 혼란스럽게 한다. 사진은 아마추어들의 취미 활동이자 전문가들의 작품이며, 일상 문화, 순수 예술, 그리고 다양한 대중적 및 상업적 맥락에서 풍부하게 발견된다. 히고넷은 더 나아가 아동 신체의 이미지와 관련하여 사진술이 포르노그래피와 고유한 연관성을 지닌다는 점을 설명한다.[4] 사진은 묘사된 주제와 지표적(indexical)이며 본능적인(visceral) 관계를 가지며, 많은 사진작가들이 벌거벗은 순수함을 묘사한다는 구실로 아이들, 때로는 그들 자신의 아이들을 착취했다는 비난을 받아왔다.[5] 더욱이, 주제가 아동의 신체일 때 동의(consent)와 주체성(agency)의 문제가 뒤얽히게 된다(convoluted).

어린이들은 역사적, 문화적, 시각적 맥락 전반에 걸쳐 어머니와 함께 전통적으로 재현되어 왔으며, 여성 예술가들에게 적절하거나 예측 가능한 주제로 여겨진다. 히고넷(Higonnet)에 따르면, 낭만적인 아동은 전통적으로 어머니의 사랑에 의해 보호받는 것으로 재현되었다.[6] 그러나 피터는 아무도 보호하지 않는다. 하지만 페이지(Page)는 가족이 촬영 현장에 항상 있었다는 것을 기억하며, 실제로 그녀는 피터가 사촌들의 놀이에 참여하거나 심지어 지시하는 수많은 사진을 가지고 있다. 그녀는 자신의 책에 피터를 특징짓고 피터가 프레임을 지배하도록 허용하는 사진들을 포함하기로 선택했다. 페이지의 눈과 그녀의 카메라를 통해, 피터는 전능하다.

페이지(Page)는 피터와의 가족 관계를 통해 대상을 접근하며, 그녀의 이미지들은 이러한 역동성을 암시한다. ≪Peter with Comic Book≫(2000, 그림 1.3)에서 피터는 이모의 시선과 카메라 앞에서 침대에 누워 독서하며 자신의 나체에 대해 부끄러워하지 않는다. 피터의 기댄 상체는 대각선 구도로 촬영되었으며, 부드러운 초점과 흐릿한 디테일을 가지고 있다. 그의 누워 있는 상반신이 이미지의 중심이며, 구부러진 다리가 책 아래로 눈에 띄지 않게 나오면서 그의 하반신은 더욱 추상화된다. 책이 그의 얼굴을 가리고 이미지의 중앙 무대를 차지하며, 그의 다리에 가려진 성기는 사소한 역할을 한다. 페이지는 피터의 활동과 성취에 초점을 맞춤으로써 피터의 대상화(objectifying)를 피하기 위해 의도적으로 이러한 각도를 잡았을 수 있다. 이 이미지는 피터가 청소년기에 습득한 능력인 독서 능력을 기록한다. 이 세미-누드(semi-nude) 초상화에서 피터는 대상화되기보다는 구체적으로 개인화(personalized)된다.

Figure 1.3 Susan Harbage Page, Peter with Comic Book, 20 × 24 inches, silver gelatin print, 2000.

모든 사진은 오직 피터만을 그들의 스타로 초점을 맞추지만, 이러한 특징적인 연출은 피터를 고립시킨다. 특히 명절 축하와 같은 가족 모임에서 촬영된 이미지들에서 피터는 홀로 등장한다. ≪Peter at Christmas≫(2000)는 불이 켜진 크리스마스 트리 앞에서 텅 빈 가족 거실 바닥에 잠든 피터의 고독한 모습을 담고 있다. 시각 역사에서 더 형식적이고 연출된 초상화들은 아이들을 고귀한 혈통의 계승자로 묘사하며, 종종 아이들은 왕족 가족들 내에서 포즈를 취한다. 그들은 그들의 가족의 유산을 대표한다. 히고넷(Higonnet)은 이러한 형식적인 회화 초상화처럼 가족 스냅샷 역시 부모의 욕망, 성공, 라이프스타일을 보여준다고 주장한다.[7] 이와 대조적으로, “피터의 세상”에서는 피터의 가족이 눈에 띄게 부재한다.

페이지(Page)의 피터 초상화는 피터의 관계를 암시하지만 동시에 숨긴다. ≪Peter with Cramer≫(2001, 그림 1.4)에서 전경은 활기차게 점프하는 검은 개의 뒷모습이 지배하며, 개는 웃고 있는 피터의 얼굴을 핥는다. 어린이와 귀엽고, 껴안을 만한, 특히 가축화된 동물들의 짝짓기는 시각 문화에 풍부하다. 그러나 여기에서 개와 피터는 모두 황홀하고 야성적으로 보인다. 피터는 크레머를 통제하거나 지배하지 않으며, 오히려 입가에서 그와 상호작용한다. ≪Peter Talks with His Girlfriend≫(2002)는 가족 차고에 등을 돌린 채 휴대폰으로 이야기하는 피터의 모습을 담고 있다. 피터의 얼굴이 나오는 다른 모든 사진에서 그는 심각하거나 때로는 근엄하게 보이지만, 이 두 사진은 피터의 미소를 엿볼 수 있게 한다. 이러한 우정의 이미지들은 피터가 사랑하는 공동체의 일부임을 암시하지만, 동시에 그가 눈에 띄게 혼자 있음을 보여준다.

피터는 고독한 주연 배우 역할을 열렬히 맡는다. 페이지의 여러 사진에서 재현되듯이, 피터는 할로윈을 사랑한다. ≪Peter with Clown Mask≫(1994)는 강하고 위협적인 미소를 띤 마스크 속의 피터를 보여준다. 이 사진에서 그는 악마 광대이다. ≪Halloween: Peter with Walker the Rat≫(2005)에서 피터는 장난감 쥐와 포즈를 취하며, ≪Peter with Cape≫(1994, 그림 1.5)에서 피터는 야외 벽 앞에 서서 약간 아래로 응시하며 카메라를 노려본다. 이 사진들 속의 피터는 다양한 정체성을 시도하고 환상을 품는다. 더 나아가, 그는 카메라 앞에서 수행(performs)한다. 할로윈 이미지는 피터와 그의 활동을 담은 다른 많은 이미지들처럼 가늘어진 그의 눈, 희고 둥근 그의 이마, 그리고 그의 특징적인 멍한 응시를 강조한다. 그의 얼굴 특징과 표정은 이 이미지들뿐만 아니라 다른 많은 이미지들에서도 그의 발달 장애를 반영하며, 관객에게 문제적으로 특이하게 비춰질 수 있다. 혹은 피터는 단지 전형적이고 초조한 십 대일 수도 있다. 살과 실루엣 속의 피터의 신체는 성인기로 꽃피고 비틀거리는 아이를 보여준다.

Figure 1.4 Susan Harbage Page, Peter with Cramer, 20 × 24 inches, silver gelatin print, 2001.

Figure 1.5 Susan Harbage Page, Peter with Cape, 20 × 24 inches, silver gelatin print, 1994.

사진작가 다이앤 아버스(Diane Arbus)의 ≪무제(Untitled) 시리즈≫(1970-1971)[1]가 생애 마지막에 다양한 발달 장애인 시설에서 촬영되었듯이, 페이지(Page)의 피터 사진들은 진단하기를 거부한다. 아버스의 많은 이미지들은 할로윈 의상을 입은 주제들을 특징으로 하며, 이는 페이지의 피터 할로윈 초상화에 직접적인 영향을 미쳤다. "피터의 세상" 또한 아버스의 시리즈와 발달 장애가 있고 어색한 성인 아이(manchild)의 반복된 이미지를 공유하지만, 청소년기는 필연적으로 누구에게

1) 역자주: Diane Arbus의 Untitled 시리즈의 구체적인 작품 내용에 대해서는 https://www.nytimes.com/2018/11/15/arts/design/diane-arbus-zwirner.html을 참고하기 바람.

나 어색한 시기이다. 아버스는 발달 장애 주체들을 촬영했던 뉴잉글랜드 시골의 여러 시설들을 반복적으로 방문했다. 이 사진들은 페이지의 피터 초상화처럼, 의상과 역동적인 행동 속에서 주제들을 수행적인(performative) 존재로 조명한다.

아버스(Arbus)의 수많은 개별 초상화와 삶의 사진 조각들과는 달리, ≪Untitled≫는 시리즈로서, 그리고 "피터의 세상(Peter's World)" 시리즈처럼 서사(narrative)를 암시한다. 강하게 인쇄된 가장자리는 ≪Untitled≫ 시리즈를 필름 릴 위의 이미지처럼 보이게 한다. 무용 및 때로는 체조와 같은 안무 속에서, 주체들은 자신들의 공간을 지휘하고 그들의 프레임을 압도하는데, 이는 피터와 마찬가지이다. 인물들은 땅 위를 굴고, 손을 잡고, 야외 피크닉에서 뛰놀고, 할로윈 의상을 과시한다. 그들의 나이에도 불구하고, 많은 성인들은 그들의 거의 어린아이 같은, 음식으로 뒤덮인 얼굴과 조악한 장식을 자랑스럽게 보여준다. ≪Untitled≫의 많은 주체들은 웃거나 때로는 침을 흘리면서, 놀이를 멈추고 포즈를 취한다. 페이지의 일부 사진 속 피터처럼, 일부는 헤드라이트에 걸린 사슴처럼 멍한 응시를 되돌려주지만, 다른 일부는 카메라를 향해 유혹하는 표정을 짓는다. 그러나 아버스(Arbus)의 관심으로부터 등을 돌리는 사람은 거의 없으며, 이는 그들이 이미 눈에 띄는 신체와 신체적 전시의 본성상 자신들이 구경거리(spectacles)로 대중에게 보일 것이라는 것을 알았는지에 대한 질문을 제기한다.

아버스(Arbus)의 작업은 형식과 구도 면에서 그녀의 장애인 주체들을 "괴물화(enfreak)2)"**[8]**하고, 따라서 그들을 기형(freak)으로 구성한다는 비판을 받아왔다. 그녀의 발달 장애 주제 사진들은 실제로 프릭 쇼(freak show) 전시물과 담론적, 시각적 유사점을 공유하는데, 특히 자연에 더 가까운 "야생의" 주제로 연출되는 방식에서 그러하다. 19세기에 진화와 인간 발달에 대한 불안감은 프릭 쇼의 신체들에 투사되었다.**[9]** 구체적으로, 인간 발달과 진화에 대한 맥락적인 사회적 가치와

2) 역자주: "Enfreak"는 일반적인 영어 단어가 아니며, 표준 사전에서 찾을 수 없음. "Freak"는 "괴짜" 또는 "이상한 사람"을 의미하는데, 아마도 작가가 "freak"라는 단어의 파생어로, "enfreak"를 그 과정을 나타내는 표현방식으로 사용한 것으로 보임. 예컨대, 어떤 것을 비정상적이거나 기괴하게 만들거나, 일반적인 범주에서 벗어나게 하는 행위를 뜻하는 것으로 보임.

과학 이론이 발달장애 신체에 투영되어, 그들에게 자연에 특정한 은유적 연관성을 부여했다. 프릭 쇼 문헌에서 종종 그렇게 불리는 "정신 지체자들(mentally retarded)"은 일반적으로 야생인으로 전시되었다. 그 예로는 늑대에게 길러진 야생 아동, 핀헤드(microcephaly, 소두증을 가진 개인들), 인간/동물 혼합물, 서구화되지 않은 미개한 민족의 잃어버린 종족(예: "잃어버린 아즈텍 아동"인 바르톨라와 막시모), 그리고 긱(geeks; 이빨로 살아있는 닭이나 뱀을 죽여 먹는 공연자들, 종종 원시적인 것과 식인을 과장하기 위해 "야생" 복장을 함) 등이 있다.[10] 이러한 역할에서 많은 발달장애인들은 가죽과 털 복장을 착용했으며, 외계인 또는 원시 부족의 형태로 홍보되었고, 대체로 유아화되었다. 프릭 쇼 역사가인 레이첼 아담스(Rachel Adams)는 그러한 사이비 인류학적 프릭 쇼 전시가 인종적 및 민족적 고정관념을 과장하는 방식을 지적한다.[11] ≪Untitled≫ 시리즈는 유사한 인류학적 시선/응시를 실행하며, 그들의 규범으로부터의 차이나 일탈을 표시하는 특성을 과장함으로써 "타자(Other)"를 재현한다.

소위 괴물 같은, 야생인과 프릭 쇼 및 아버스(Arbus) 이미지 속 발달 장애 주체 간의 비교는 깊은 재현의 역사를 드러낸다. 한 예로, J. 랭던 다운(J. Langdon Down, 다운 증후군의 이름이 유래된 인물)의 1887년 연구는 다운 증후군을 "아즈텍 유형"으로 특징짓는다.[12] 여기서 그는 1849년에 시작된 전시회, 즉 배경이 불분명한(아마도 멕시코나 산살바도르 출신의 버려진 아이들) 소두증 아이들을 "잃어버린 아즈텍 아동(Lost Aztec Children)"으로 지칭한 것을 구체적으로 언급한다. 이 소위 잃어버린 아즈텍 또는 아즈텍 릴리푸트(Aztec Lilliputians)인 막시모(Maximo)와 바르톨라(Bartola)는 프릭 쇼에 의해 문화적으로 원시적이며 신체적, 정신적으로 지연된 존재로 규정되었다. 그들은 잃어버린 종족의 잔재, 심지어 유럽 식민지 학살의 생존자로 연출되었다(역사적으로 아즈텍은 17세기 에르난 코르테스(Hernán Cortés)의 정복에 의해 패배한 멕시코 인디언 사회였다). "잃어버린 아즈텍"은 크레틴(cretins)이라고 불렸는데, 이는 지능은 대체로 평균이지만 제한된 성 발달을 겪는 단신자들을 묘사하는 용어였다.[13] 막시모와 바르톨라는 처음에는 프릭 쇼 공연을 위해 유럽과 미국을 순회하는 쌍둥이로 소개되었으나, 이후 1867년 홍보 수단으로 결혼했다.[14] 이 암시적으로 근친상간적인 행위는 그들의 동물적이고 원시적인 연관성을 증가시켰지만, 그들의 어린아이 같은 무성(asexuality) 때문에 달콤하고 순수한 것으로 홍보되었다. 그들은 양가적으로 감상화되고 성애화(eroticized)되었다.[15] 이와 대조적으로, "피터의 세상"의 이미지들은 피터가 집 주변 야외 공간에서 뛰노는 모습을 담고 있으며, 그의 장난기 많고 구체적으로 인간화된 활동을 보여준다.

시각적 특성과 의도 면에서 "피터의 세상"과는 다르게, 수집 가능한 기념 사진, 즉 카르트 드 비지트(cartes de visite)[3)]는 프릭 쇼의 서사를 틀에 담아 유포했다.[16] 19세기 소위 아즈텍 아동과 그들의 소유주를 담은 카르트 드 비지트들(이 중 다수는 당대의 사진작가 찰스 아이젠만(Charles Eisenmann)이 촬영했다)은 막시모(Maximo)의 신체를 묘사하는데, 그는 비정상적으로 경직되고 아래로 향한 손짓, 안으로 향한 발, 그리고 약간 구부정한 자세로 비정상적으로 전시된다. 이는 아마도 전략적으로 포즈를 취하게 했을 것이다. 문헌에 따르면, 이 "결혼"은 바르톨라(Bartola)의 성적 미성숙이 아닌 막시모의 성적 미성숙 때문에 결코 완성되지 않았으며, 바르톨라는 미국 및 유럽 관객의 기준에 따라 포즈와 복장에서 "정상적"으로 사진에 나타난다.[17] 그녀는 어두운 피부색으로 인해 통념적인, 혹은 코카서스인 외모와는 다르며, 이는 강한 전면 조명과 그녀의 흰색 드레스 및 진주 목걸이에 의해 강조되는데, 이 공식적인 특성은 아버스(Arbus)의 많은 무제(Untitled) 초상화와 공유된다. 의상 또한 수사적으로 기능한다. 또 다른 카르트 드 비지트의 흰색 빅토리아 시대 크로셰(코바늘 뜨개질) 드레스는 바르톨라의 피부색을 더욱 강조한다. 이에 상응하게, 막시모는 부적절하게 포즈를 취한, 비정상적으로 표식된 신체 위에 적절하고 유행하는 19세기 남성 정장을 입는다. 아이젠만의 사진들은 그들을 전통적인 19세기 가족 초상화 형식으로 아이러니하게 위엄 있는 모습으로

---

3) 역자주: "Cartes de visite"는 프랑스어로 "방문 카드"라는 뜻임. 19세기 중반에서 후반에 걸쳐 유행했던 작은 사진 카드 형식을 의미함. 보통 크기는 약 6×9cm 정도였으며, 앞면에는 인물 사진이, 뒷면에는 사진사의 정보가 인쇄되어 있었음. 사람들은 이를 서로에게 나누어주거나, 앨범에 보관하는 식으로 사용했음. 특히 유명 인사나 가족사진을 이렇게 만들어 교환하거나 소장하는 것이 당시의 중요한 문화 현상 중 하나였음.

연출하는데, 이는 그들의 비서구적, 비인간적 "야만성"—특히 그들의 검고 덤불 같고 엉킨 머리카락의 동물적인 특성—을 더욱 두드러지게 상쇄시킨다. 아동들은 당대의 사이비 과학 이론을 의인화한 미시적 은유로서 의상을 입고 연출되었다. 사진은 시민권 및 인권에 대한 이러한 모욕들을 실행하고 기록했다.

그러한 역사적 모욕들은 아버스(Arbus)의 ≪Untitled≫ 사진들 속과 그 주변에서 유통된다. 아버스 자신이 자신의 주체들을 "지체된 사람들(retarded people), 바보들(idiots), 천치들(imbeciles), 그리고 멍청이들(morons)"이라고 묘사한 것은 발달장애를 가진 개인들에 대한 관습적인 언어와 재현의 부적절함을 지적하기 시작한다.[18] 아버스와 같은 용어들은 이에 따라 발달장애인들을 사회적으로 구성한다. 예를 들어, 가장 대중적인 용어인 "retarded(지체된)"는 일상적인 사용에서 속도를 늦추거나, 발전이나 성취를 방해하거나 저해하거나, 지연시키는 것을 의미하는 동사 "retard(지체시키다)"에서 유래한다.[19] 개인을 지칭하는 꼬리표인 "retarded(지체된)"는 다운 증후군, 자폐증, 뇌 손상, 또는 "다중 장애(multi-handicapped)"의 다소 잡다한 그룹과 같은 다양한 형태의 발달장애를 포괄할 수 있으며, 이 모든 것은 다양한 감각적 및 해부학적 손상을 포함할 수 있다. 개인들을 "retarded"라는 포괄적인 용어로 혼동하는 것(conflating)은 개개인의 삶의 경험, 성격, 교육적 필요, 그리고 일, 자립, 자율성을 위한 능력과 선택권을 특정화하지 못하게(de-particularize) 할 수 있다. 아버스(Arbus)의 주체들을 "지체아(retardees)"라고 언급하는 것은 장애학 이론가 폴 K. 롱모어(Paul K. Longmore)가 제시한 바 있는, 관습적인 장애 언어가 개인들을 정체성과 성격 면에서 다차원적으로 고려하기보다는 그들의 손상이라는 단 하나의 특성으로 축소시키는 방식으로 작동한다는 점을 실행하는 것이다. 롱모어는 장애에 대한 관습적인 언어가 대부분 의료화(medicalizes)하며, 장애를 비극적이고 병리학적인 것으로 구성한다고 주장한다.[20]

그러나 "retarded"라는 단어조차 프레임을 초월한다. "retarded"는 20세기에 "feebleminded", "idiot", "moron"과 같은 다른 공격적인 용어를 대체하기 위해 발명되었다.[21] "retarded"는 사회적으로 선호되기도 하고 그렇지 않기도 하며, 구어적이고 경멸적인 비방(어리석음의 속어)과 아마도 점진적인 언어의 회복, 그리고 종종 임상적이고 전문적인 용어 사이를 오간다.**[22]** 지적 장애와 신경 다양성(neurodiversity)과 같은 대체 용어는 학계와 다른 전문가들에 의해 "retarded"라는 용어의 더 비하적이고 속어적인 사용을 상쇄하기 위해 제기되었다. 스페셜 올림픽과 베스트 버디(Best Buddies)[4)]와 같은 발달 장애인을 위한 조직은 "retarded"라는 용어에 적극적으로 항의했다. 예를 들어, R-Word 웹사이트[5)]는 이 용어의 현대적 의미를 논의하고, 사람들의 고유한 능력에 더 초점을 맞추려는 운동을 지지한다.**[23]** 이 모든 목소리를 고려해 볼 때, "retarded"의 함의는 맥락과 수용에 의해서만 결정될 수 있다.

아버스(Arbus)의 이미지와 마찬가지로, 페이지(Page)의 피터 사진들은 규정하기 어렵다(undetermined). "one particularly moving image #55)"(1970-1971)에서 관객은 지면 밖의 그리고 그들의 경험적 도달 범위를 넘어선 세계로부터의 자신들의 배제를 생생하게 느낀다. 여기서, 다운 증후군을 가진 고독한 젊은 여성(그녀의 특징적인 얼굴 특징으로 드러난다)은 종이로 만든 보닛을 쓰고 야외 피크닉 벤치에서 포즈를 취하고 있다. 선명한 디테일의 매우 생생한 그녀의 신체는 그녀가 수용된 시설의 건물을 모호하게 하는 흐릿한 배경과 대조된다. 그녀는 프레임 너머의 무언가—관객이 볼 수 없거나 아마도 은유적으로 결코 접근할 수 없는—를 강렬하고 다소 당황한 듯한 시선으로 바라보며, 주변 세계에 완전히 무관심한 상태이다. 그녀의 손에 들린 종이와 연필은 학교 공부나 낙서와 같은 일상 활동을 보여줄 수도 있고, 또는 그녀를 자신의 생각을 기록하는 작가로 식별할 수도 있다. 그녀는

---

4) 역자주: Best Buddies International은 지적 및 발달 장애를 가진 사람들과 그들의 가족을 위한 비영리 단체로, 1989년에 안토니 케네디 슈리브너에 의해 설립되었음. 이 단체는 전 세계적으로 2000만 명 이상의 사람들이 사회적, 경제적, 물리적 고립에서 벗어나게 하는 것을 목표로 하고 있음. Best Buddies는 한 사람 한 사람의 우정, 통합된 고용, 리더십 개발, 포괄적인 생활, 가족 지원 등 다양한 프로그램을 통해 지적 및 발달 장애를 가진 사람들과 그들의 친구들을 연결하고, 사회적 기술을 향상시키고, 독립적으로 생활할 수 있도록 돕고 있음. 자세한 것은 https://www.bestbuddies.org/를 참조하기 바람.

5) 역자주: R-Word 웹사이트는 Spread the Word: Inclusion 캠페인의 일부임. 이 캠페인은 지적 및 발달 장애가 있는 사람들을 비하하고 모욕하는 데 사용되는 경멸적인 용어인 R-word의 사용을 종식시키는 것을 목표로 함. 이 웹사이트는 존중하고 포용적인 언어를 장려하기 위한 리소스, 정보 및 도구를 제공함. 자세한 것은 https://www.spreadtheword.global/을 참조하기 바람.

아마도 몽상, 상상, 창의성의 순간에 포착된 것일 수 있다. 불분명한 배경은 그녀가 텔레파시로 이동되었거나, 사회적으로 구속받지 않는 상상력 덕분에 특권을 가진 시간 여행자로 변신한 것처럼 장소 없음(no place), 혹은 어디든(any place)이라는 느낌을 고조시킨다. 다시 말해, 아마도 그녀의 발달 장애와 소위 "특별한 사례"로서의 지위가 그녀를 책임으로부터 해방시키고 자유롭게 환상을 품고 창조하도록 허용하는 것일 수 있다. 사진이 주체의 내면세계를 프레임에 담고 있기 때문에 관객은 그녀의 상상적인 서사에서 배제된다. 그리고 그녀의 넓은 얼굴 특징이 그녀의 장애를 암시할 수 있지만, 그녀의 파악하기 어려운 시선(illusive gaze)은 또 다른 연기적 가면 역할을 한다. 얼굴 특징과 표정으로부터 성격, 특히 병리학을 읽어내는 관상학(physiognomy)의 관습은 이 초상화에서 의미를 전달하는 데 실패한다. 페이지의 ≪Peter the Teenager≫(1999, 그림 1.6)는 아버스의 주체와 유사한 얼굴 특징을 가진 성숙해 가는 피터를 드러낸다. 그는 수줍은 미소를 보이며 자신이 사진 찍히고 있다는 사실을 분명히 인식하고 있다. 그의 특이한 얼굴 특징은 비정상성이라기보다는 사색적인 모습을 만들어내는데, 그의 크게 뜬 눈은 강렬하고 사려 깊은 시선을 보여주고, 그의 입술은 마치 말하려는 듯 벌어져 있다. 아버스의 사진과 페이지의 사진을 비교하는 것은 관객이 각각의 이미지가 담고 있는 젊은이에 대해 자신이 가정하는 것이 무엇인지 다시 한번 바라보고 질문하도록 만든다.

나는 발달장애 주제에 대한 시각적 재현의 역사를 논하기 위해 이러한 예시들을 제기한다. 이러한 비교는 관객이 "발달장애 주제"인 페이지의 사진들에 대해 무엇을 가정할 수 있는지를 암시하지만, 그러한 가정은 단지 표면적인 것일 뿐이다. 페이지(Page)의 사진들은 프릭 쇼 전통의 사진들과는 뚜렷하게 대조적으로, 피터를 인간화하고 심지어 관객로 하여금 애정을 담아 감탄하고 찬탄하게 만든다. 그 사진들은 친밀하고, 가족적이며, 피터를 다차원적인 존재로 보여준다. "피터의 세상" 사진들은 아버스(Arbus)의 ≪Untitled≫ 이미지들과 유사점을 공유하는데, 이는 그들이 발달 장애 주제를 예술적 전시의 대상, 뮤즈, 그리고 중요하게는 독특한 개인으로서 연출하기 때문이다. ≪Peter's Hands≫(1999, 그림 1.7, 그리고 2002)는 피터의 초상화 두 점의 제목이다. 로즈마리 갈란드-톰슨(Rosemarie Garland-

Thomson)은 장애 주제에 대한 관습적인 사진이 손상 부위를 페티시화하여, 장애를 경멸적으로 한 개인의 정체성을 모두 포괄하는 것으로 만든다고 주장한다.[24] 그러나 피터의 손 사진들은 피터의 다차원적인 정체성을 확장한다.

Figure 1.6 Susan Harbage Page, Peter the Teenager, 20 × 24 inches, silver gelatin print, 1999.

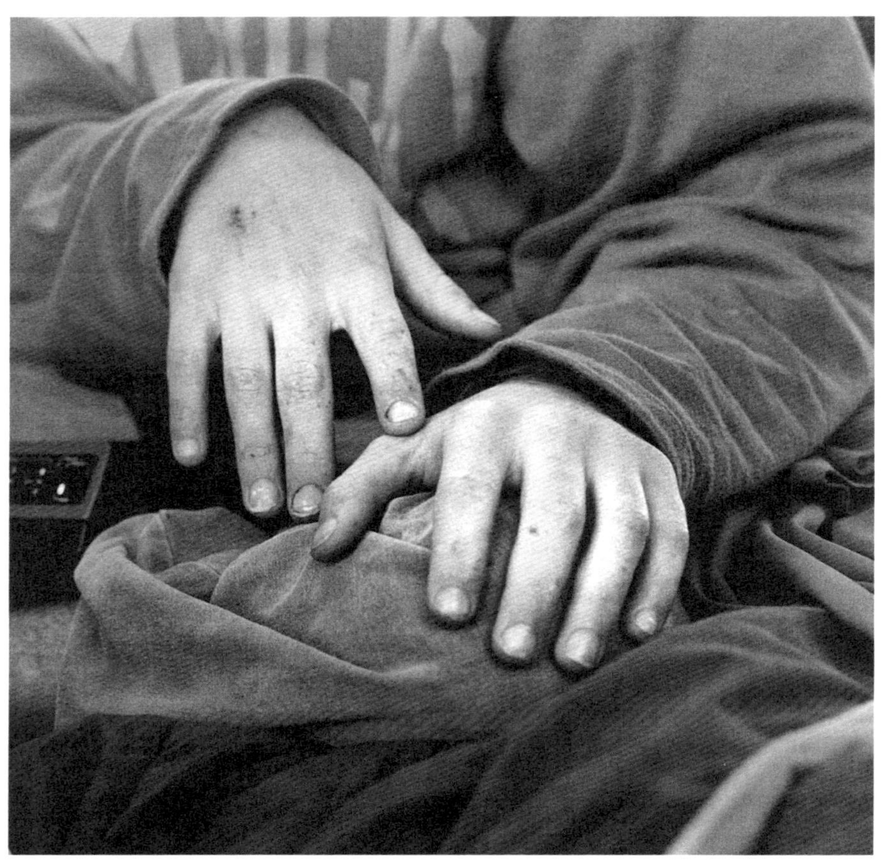

Figure 1.7 Susan Harbage Page, Peter's Hands, 20 × 24 inches, silver gelatin print, 1999.

피터를 페티시화하기보다는, 그의 손 사진들은 그의 손상을 감추고 창의적인 작업 도구로서의 그의 손을 강조한다. 1999년 사진은 그의 청바지 다리에 대고 있는 피터의 손의 클로즈업이다. 그 손은 얼룩지고 흉터가 있는 일꾼의 손이며, 티나 모도티(Tina Modotti)의 ≪Hands Washing≫(1927) 속 가사 노동자의 더럽혀진 손과 유사하다. 모도티는 동시대의 에드워드 웨스턴(Edward Weston)과 함께 멕시코 혁명 운동을 위해 일했으며, 빈곤한 노동자들, 그리그 종종 일하는 그들의 손을 촬영했다. 손 세척에서 밝은 흰색 청소용 천은 노동자의 어두운 피부색의 손을 강조한다. ≪Hands of a Puppeteer≫(1929)에서 모도티는 다시 강한 조명을 사용하며, 줄과 조종 막대에 감긴 손의 그림자와 마리오네트의 그림자가 드라마를 만들어낸다. 피터처럼, 인형극 조종사도 일꾼의 손을 보여주지만, 그의 작업은 예술이다. ≪Peter's Hands≫(2002)에서 피터는 높은 덩굴과 잡초 위로 손가락을 펼친 채 팔을 뻗는다. 강렬한 머리 위 조명은 그의 손이 경외의 대상이자 전시물임을 강조하는데, 그 뒤의 긴 나뭇잎들이 암시하듯이 정물화 오브제와 같다. 위에서 쏟아지는 빛을 받은 피터의 손은 영감을 주며(inspiring) 영감을 받은(inspired) 손, 즉 예술가의 손이다.

손과 눈은 피터가 그녀의 뮤즈 역할을 하는 페이지(Page) 작업의 현장이다. 뮤즈는 시, 역사, 공연 예술을 구현하는 아홉 명의 여성 인물에 대한 그리스 신화에서 유래한다. 그들은 이루어지지 않은 욕망과 두려움의 대상을 상징한다.[25] 뮤즈는 영감과 위험, 자기 포기, 권력 또는 통제의 포기, 그리고 가슴 아프게도 예술적 창조로 이어진다. 그들은 예술가의 가장 큰 취약점을 끌어내고, 약점을 건드리며, 장난, 사회적 일탈, 그리고 종종 창조적 천재성을 선동한다. 예술가와 뮤즈 사이의 관계는 드라마와 긴장으로 가득 찬 관계인데, 뮤즈를 갖는 것은 항상 길을 잃는 불편함과 고통스러운 환멸의 과정을 포함하는 발견으로 이어지기 때문이다. 때로는 뮤즈가 예술가뿐만 아니라 그 이미지의 관객까지도 감동시키고, 변화시키고, 변형시킨다.

전통적으로 예술가/뮤즈 관계는 남성/여성으로 성별화되어 있으며 젠더 권력 역학을 유지하지만, "피터의 세상"은 이 관계를 공생적(symbiotic)으로 만든다. 예술적 창조가 공동체적 활동이 되고 예술가와 뮤즈가 상호 의존적이고 협력적으로 되기 때문에, 다시 말해 예술가와 뮤즈 사이의 관계가 핵심이다. 예술가와 뮤즈로서, 페이지와 피터는 이 장에서 논의된 다른 사진작가 및 주제들의 관계와 극명하게 대비되는 역동성을 카메라 양쪽에서 공유한다. 피터는 페이지의 뮤즈 역할을 수행하며, 피터가 성숙하고 수잔 이모가 성숙함에 따라, 사진작가로서의 페이지도 자신의 기술을 발전시킨다.[26] 페이지의 다른 사진 시리즈들은 유방암에 대한 그녀 자신의 경험과 자신의 신체에 대한 시련을 기록한다. 페이지는 전 세계 여성들(예: 이탈리아의 수녀들과 푸르다(purdah)를 착용한 아랍 여성들)의 베일, 유방 절제술, 또는 자신이 쓴 글과 사랑하는 사람들의 이름이 새겨진 영구적이지 않은 문신을 다큐멘터리 및 사진 퍼포먼스로 제작하는 등 다른 시리즈를 만들면서도 “피터의 세상” 작업을 계속했다. 이 모든 이미지들은 베일로 가리기, 숨기기, 그리고 자기/신체를 드러내기라는 주제를 공유한다. 또한 카메라 뒤와 앞에 있는 주제들 사이의 강렬한 관계를 포함한다.

페이지(Page)의 자화상 ≪A Question of Beauty≫(2000)는 한쪽 유방과 유방 절제술 후의 흉터를 가진 그녀의 나체 상반신을 드러낸다. 항암 치료의 결과인 대머리 아래의 그녀의 얼굴은 거의 표정을 짓지 않으며, 암과 그에 따른 정서적 싸움으로 표식된 그녀의 신체를 향한 관객의 시선을 초대하지도, 저지하지도 않는다. 이 사진이 던지는 질문은 여성성(femininity)과 아름다움을, 특히 여성에게, 심지어 외모의 수용 가능성을 무엇이 정의하는가 하는 것이다. 역으로, 이 이미지는 여성성이 제거되었거나 “손상된” 신체를 무엇이 특징짓는지를 묻는다. 머리카락, 특히 긴 머리카락은 여성의 아름다움과 젊음을 상징하며, 페이지는 머리카락을 잃은 후 사회적으로 남자로 오인되기도 했다.[27] 유방은 여성성과 관련된 훨씬 더 넓은 범위의 특성을 상징한다. 가장 흔하게 이성애자 남성의 시선에 의해 성애화되고 대상화되는 여성 신체의 나체 유방은, 사회적 또는 의료적 정밀 검사를 위해 드러나거나, 여성이 유방의 모양, 크기 또는 부재로 인해 신체적으로 부적절함을 느끼게 되어 매력적이지 않은 것으로 간주될 때 수치심의 근원이 될 수 있다. 페이지와 다른 암 생존자들과 같은 유방이 없는 여성은 마찬가지로 자신의 “병든” 그리고 “훼손된” 신체에 대한 수치심과 낙인에 직면한다. 더 나아가, 여성의 유방은 여러 개인적인 중요성을 지닌다. 페이지는 어렸을 때는 유방이 소녀의 여성성과 성적 매력의 발달을 나타내지만, 나중에는 아이들에게 영양을 공급하고 양육하며, 이후 유방암에 직면했을 때는 유방이 생명을 주는 자에서 생명을 앗아가는 자로 변모한다고 언급했다.[28] 따라서 유방 제거는 동시적인 상실이자 안도이다. 페이지의 자신과 다른 여성들을 담은 사진 속 현재 존재하는 유방과 부재하는 유방 모두 신체의 노화 과정과 피할 수 없는 취약성을 나타내며, 특히 현대 문화에서 젊음에 대한 강박관념과 신체적 “완벽함”에 대한 불가능한 기준에서 여성들이 부끄러워하는 신체 상태를 나타낸다. 모성의 역할은 “피터의 세계”를 둘러싼 이러한 작품에서 나타난다.

소설가 프랜신 프로즈의 ≪뮤즈의 삶; 아홉 명의 여성과 그들이 영감을 준 예술가≫[6]는 관습적이고 성별화된 이야기를 초월하며, 뮤즈가 창조적 열정에 너무 몰입하여 스스로 창조하기 시작하고 예술가가 되는 것과 같은 많은 역전의 이야기를 담는다.[29] 이모와의 작업을 통해 피터는 일련의 드로잉을 창작했다. 그는 또한 자신의 초상화 배경에 대해 페이지에게 조언했다. 페이지가 서문에서 설명하듯이 이 사진들은 협력적인 작업이다.[30] 이들은 예술가와 뮤즈의 작품이며, 피터는 자신을 이렇게 제시하는 것을 돕는 감독이자 연기자로서의 이중 역할을 수행한다. 수잔과 피터의 이미지들은 여러 갤러리와 박물관에 전시되었고 휴스턴 미술관(Museum of Fine Arts, Houston)의 영구 소장품이 되었다. 페이지는 이것이 피터에게 준 흥분과 자부심을 언급한다.[31]

이 논문 전체에서 제시된 나의 예시들은 재현의 충격적인 역사를 지적하며, 이는 페이지의 프레임 내에서 피터 주위에 드리워진 그림자보다 훨씬 더 어둡다. 시리즈로서, "피터의 세상" 사진들은 시간의 흐름을 강조하며, 비록 사진 전시회 카탈로그라는 더 형식적인 형태를 띠지만 가족사진 앨범처럼 보인다. 페이지는 이 작업이 오랫동안 자신의 아내들을 미학적으로 아름답고 감동적인 협력 초상화로 만든 에밋 고윈(Emmet Gowin)과 해리 캘러핸(Harry Callahan)의 사진에서 영향을 받았다고 말한다.[32] 페이지와 이 사진작가들에게 가족 관계는 사진 이미지와 함께 발전했다. 페이지는 자신이 임신하고 어머니로서의 역할을 맡기 시작했을 때 사진

6) 역자주: Francine Prose(2003)의 "The Lives of the Muses: Nine Women and the Artists They Inspired"는 예술가들에게 영감을 준 아홉 명의 여성들의 삶과 그들이 예술에 미친 영향을 다룬 책임. 이 책은 각 뮤즈와 그들이 영감을 준 예술가들의 독특한 관계를 탐구함. 아래는 각 챕터에서 다룬 주요 인물과 예술가들임. 1. Alice Liddell과 루이스 캐럴: "이상한 나라의 앨리스"의 앨리스, 2. Elizabeth Siddal과 단테 가브리엘 로세티: 라파엘 전파의 모델이자 아티스트, 3. Lou Andreas-Salomé와 프리드리히 니체, 릴케, 프로이트, 4. Gala Dalí와 살바도르 달리: 달리의 아내이자 뮤즈, 5. Lee Miller와 만 레이: 초현실주의 사진가이자 모델, 6. Charis Weston과 에드워드 웨스턴: 사진가와 모델, 7. Suzanne Farrell과 조지 발란친: 발레리나와 안무가, 8. Yoko Ono와 존 레논: 예술가와 음악가, 9. Patti Smith와 로버트 메이플소프: 음악가와 사진가. 이 책은 뮤즈들이 단순한 영감의 원천이 아니라, 그들의 독립적이고 창의적인 삶의 중요한 부분임을 강조함. Francine Prose는 소설가이고, 호불호가 매우 강한 책임.

에 발생한 변화를 인식한다. 그녀는 피터를 촬영하고 싶었지만, 동시에 그를 보호하고 싶었다. ≪Peter with Book≫(2000, 그림 1.3)을 촬영한 후, 페이지는 이 시리즈에 대한 자신의 의도에 의문을 제기하기 시작했다. 그녀는 또한 자기 재현에서 피터의 역할을 장려하기 위해 공동의 노력을 기울였다. 피터와 페이지의 관계는 사진의 프레임을 초월한다. 피터는 매년 노스캐롤라이나주 더럼에 있는 이모 수잔을 방문하며, 그곳에서 더럼 불스 야구 경기를 관람한다. 때로는 이러한 방문에 사진 촬영이 포함되지만, 이는 피터가 내킬 때만이다. 이러한 방식으로, 그리고 내가 이 장에서 분석한 다른 많은 예시들과는 현저하게 대비되게, "피터의 세상"은 항상 진행 중인 협력 작업이다.

주석(Notes)

[1] 수잔 하바지 페이지(Susan Harbage Page), "피터의 세상 1985-2005(Peter's World 1985-2005)" (미출간 원고, 2005), 1쪽.

[2] 앤 히고넷(Anne Higonnet), 『순수함의 사진들: 이상적인 아동기의 역사와 위기(Pictures of Innocence: The History and Crisis of Ideal Childhood)』 (London: Thames and Hudson, Ltd., 1998).

[3] Higonnet, Pictures of Innocence, 15–30쪽.

[4] Higonnet, Pictures of Innocence, 159쪽.

[5] 예를 들어, 사진작가 샐리 맨(Sally Mann), 루이스 캐럴(Lewis Carroll), 조크 스터지스(Jock Sturges)의 작품은 아동 사진으로 많은 논란과 비판을 불러일으켰다.

[6] Higonnet, Pictures of Innocence, 31–49쪽.

[7] Higonnet, Pictures of Innocence, 193–226쪽.

[8] 데이비드 히비(David Hevey)는 아버스(Arbus)의 이미지가 재현을 통해 장애인 주체들을 억압하고 "괴물화(enfreak)"한다고 주장하며, 아버스를 "심리적 복화술(psychoventriloquism)"로 비난하는데, 이는 "비정상적인" 신체를 그녀 자신의 파괴적이고 혼란스러운 자아 이미지의 은유로 사용했다는 것이다. 아이러니하게도, 히비는 아버스가 장애 신체를 프레이밍하는 것이 모든 장애인의 사회적 고립을 실행한다고 특징지으면서도, 무제(Untitled) 이미지는 이러한 시나리오에서 벗어난다고 본다. 이는 그 주체들이 이미 그들의 사회적, 시설적 고립이라는 일상 현실에서 촬영되었음에도 불구하고, 그들이 자기 몰두적이며 응시를 거부함으로써 아버스의 그들과 동일시하려는 온정주의적 시도를 물리치기 때문이라는 것이다. David Hevey, "사진의 괴물화(The Enfreakment of Photography)", 『장애학 독본(The Disability Studies Reader)』, 3판, Lennard J. Davis 편저 (New York: Routledge, 2010), 507–521쪽을 참조한다.

[9] 대니얼 P. 매닉스(Daniel P. Mannix), 『괴물들: 우리, 타인 같지 않은 존재(Freaks: We Who Are Not as Others)』 (New York: RE/Search Publications, 1999; 1969); 마이클 미첼(Michael Mitchell), 『괴물들: 미국의 금도금 시대의 인간 기형아들: Chas. Eisenmann의 사진(Monsters: Human Freaks in America's Gilded Age: The Photographs of Chas. Eisenmann)』 (Toronto, Canada: ECW Press, 2002); 레슬리 피들러(Leslie Fiedler), 『괴물들: 비밀스러운 자아의 신화와 이미지(Freaks: Myths and Images of the Secret Self)』 (New York: Simon & Schuster, Inc., 1978). 구체적인 예시로는 호텐토트 비너스, 야생인, 그리고 조 조(개 얼굴 소년), 파이볼드 흑인(또는 표범 소년), 개구리 소년, 거북 소년, 원숭이 여자, 사자 얼굴 소년, 노새 얼굴 여자(Grace McDaniels), 악어 피부 남자와 여동생(성경을 전시하고 판매함), 바다표범 소년 실로(의학 용어로 해표지증(phocomelia)으로 진단됨), 바닷가재 소년(Grady Styles와 그의 가족, 바닷가재 사람들로 알려짐), 그리고 새 소녀 쿠쿠(토드 브라우닝의 컬트 고전 Freaks에 출연했으며 의학적으로 변형되지는 않았지만, 그녀의 칭호는 그녀의 강렬함과 소위 추함을 강조했다)와 같은 다른 소위 변형된 인간/동물 혼합물이 포함된다.

[10] Mannix, Freaks: We Who Are Not as Others, 90쪽.

[11] 레이첼 아담스(Rachel Adams), 『미국 사이드쇼: 괴물과 미국 문화적 상상력(Sideshow USA: Freaks and the American Cultural Imagination)』 (Chicago: University of Chicago Press, 2001), 25–59쪽.

[12] 존 L.H. 다운(John L.H. Down), "아동기 및 청소년기의 일부 정신적 고통에 관하여(On

Some of the Mental Afflictions of Childhood and Youth)", 런던 의학회에서 발표된 렛소미안 강연(The Lettsomian Lectures Delivered Before the Medical Society of London) (London: J. A. Churchill, 1887).

[13] 이는 Buddie Thompson이 수행하고 Mannix, Freaks: We Who Are Not as Others, 29쪽에서 인용된 단신 형태에 대한 광범위한 연구에 따른 것이다.

[14] 로버트 보그단(Robert Bogdan), 『프릭쇼: 오락과 이익을 위한 인간 기이함 재현(Freakshow: Representing Human Oddities for Amusement and Profit)』 (Chicago: University of Chicago Press, 1988), 131쪽.

[15] 막시모와 바르톨라에 대한 정보는 Bogdan, Freakshow, 127-134쪽에서 가져왔다.

[16] 프릭 쇼 공연자들의 카르트 드 비지트(cartes de visite)의 많은 예시는 Bogdan, Freakshow에서 찾을 수 있다.

[17] 이 이미지는 Bogdan, Freakshow, 128쪽에 포함되어 있다.

[18] 이 진술은 아버스가 1968년 12월경 런던 기반 편집자 피터 크룩스턴(Peter Crookston)에게 쓴 편지에서 가져왔으며, Diane Arbus: Revelations (New York: Random House, 2003), 196쪽에 재인쇄되었다.

[19] 이는 Merriam-Webster's Collegiate Dictionary, 10판 (Springfield, MS: Merriam-Webster, Inc., 1994)의 "retard" 항목에서 가져온 것이다.

[20] 로버트 롱모어(Robert Longmore), "언어와 장애인의 사회적 정체성에 대한 노트(A Note on Language and the Social Identity of Disabled People)", American Behavioral Scientist 28 (1985년 1월/2월): 419-423.

[21] 태미 레이놀즈(Tammy Reynolds), C. E. 주파닉(Zupanick), 마크 돔벡(Mark Dombeck), "지적 장애에 대한 낙인찍는 이름의 역사(History of Stigmatizing Names for Intellectual Disabilities)", Community Counseling Services, Inc 웹사이트에 게시됨, 2015년 4월 7일 접속, http://communitycounselingservices.org/poc/view_doc.php?type=doc&id=10355 &cn=208.

[22] Robert Longmore, "A Note on Language", 419-423쪽.

[23] 이 조직들의 웹사이트는 다음과 같다: http://www.specialolympics.org/; http://www.bestbuddies.org/; 및 www.r-word.org. R-word.org는 또한 전 세계 200개 이상의 조직의 후원을 받으며, 이는 http://r-word.org/r-word-supporting-organizations.aspx에 나열되어 있다.

[24] Rosemarie Garland-Thomson, "장애인을 바라보기: 대중 사진 속 장애의 시각적 수사학(Seeing the Disabled: Visual Rhetorics of Disability in Popular Photography)", 새로운 장애 역사: 미국적 관점(The New Disability History: American Perspectives), P. K. Longmore와 L. Umansky 편저 (New York: New York University Press, 2001), 335-374쪽.

[25] Francine Prose, 『뮤즈들: 여성과 그들이 영감을 준 예술가들(The Muses: Women and the Artists They Inspired)』 (New York: HarperCollins Publishing, 2002), 16쪽.

[26] Susan Harbage Page, 저자와의 논의, 2008년 1월.

[27] Susan Harbage Page, 저자와의 논의, 2008년 1월.

[28] Francine Prose, The Muses (New York: Harper Perennial, 2003).

[29] Susan Harbage Page, "Peter's World 1985-2005" (미출간 원고, 2005), 1쪽.

[30] Susan Harbage Page, 저자와의 논의, 2008년 1월.

[31] Susan Harbage Page, 저자와의 논의, 2008년 1월.

[32] Susan Harbage Page, 저자와의 논의, 2008년 1월.

2 착취, 폄하, 혐오

장애에 대한 현대 미술의 편향된 해석에 저항하기

Nina Heindl

서론

> 당신이 이제껏 본 예술 작품 중 가장 혐오스럽고(detestable), 가장 역겹고(repellent), 가장 무의미한(pointless) 작품은 무엇인가? 이번 주에 나는 가장 증오스러운(hateful) 현대 영국 예술 작품, 그리고 어쩌면 현대 시대의 가장 혐오스러운(repugnant) 작품 후보를 떠올렸다.[1]
>
> Jonathan Jones, The Guardian

> 상황을 명백히 평가할 수 없는 사람들이 전체 "국민" 앞에 노출될 때, 그것은 매우 변태적(perverse)이며 더 이상 그 예술적 성격으로 정당화될 수 없다.[2]
>
> user SnooP, online community xpbulletin.de

이러한 진술들은 두 가지 현대 미술 작품, 즉 조각과 예술 프로젝트와 관련하여 언급되었다. 그것은 각각 영국 예술가 제이크와 디노스 채프먼(Jake and Dinos Chapman)의 조각 ≪Übermensch≫(1995)와 독일 예술가이자 무대 감독인 크리스토프 슐링엔지프(Christoph Schlingensief)의 TV 시리즈 및 이후 영화 ≪Freakstars 3000≫[3](2002)이다. 두 작품 모두 논란에 휩싸였으며, 서론 인용문이 보여주듯이, (두 명 모두 비장애인인) 예술가들은 단지 대중의 관심을 위해 장애인을 착취했다는 비난을 받았다. 그러나 이러한 예술 작품들을 단지 충격 요인에만 초점을 맞추어 분석하는 것은 충분하지 않다. 물론 도발이 의도된 것임은 분명하지만 말이다. 나의 목적은 ≪Übermensch≫와 ≪Freakstars 3000≫과 같은 예술 형식에 대한 착취적, 저속하며, 혐오스러운 해석이 대부분 관객의 개별적인 인식과 그들의 사회문화적 각인에 기반하고 있음을 보여주는 것이다. 나는 ≪Übermensch≫와 ≪Freakstars 3000≫과 같은 작품들이 장애에 대한 관객 자신의 편향된 태도를 드러내며, 그렇게 함으로써 장애 및 소위 정상으로부터의 일탈에 대한 사회적으로 주어진 고정관념을 성찰할 수 있는 공간을 열어준다고 주장한다.

먼저, 나는 현대 미술의 논란성(transgressiveness)과 모호성에 대해, 특히 장애와 관련된 예술에 초점을 맞추어 짧게 소개할 것이다. 다음 두 부분은 이미 언급된 ≪Übermensch≫와 ≪Freakstars 3000≫에 할애될 것이다. 거기에서 나는 비장애인 예술가들이 선택한 작품들이 신체적 및 지적 장애를 어떻게 다루는지, 그리고 이러한 작품들의 편향될 수 있는 해석에서 관객이 어떤 역할을 하는지를 보여줄 것이다.

장애 관련 현대 미술의 논란성(Transgressiveness)과 모호성

서론 시작 부분의 인용구들(epigraphs)에서 나타난 정서는 소위 논란적 예술(transgressive art)에 대한 현재 논쟁에서 매우 일반적이다. 이러한 종류의 예술은 도덕적 경계를 넘어서는(overstepping) 점에서 공격적이고, 충격적이며, 불쾌감을 주는 것으로 설명될 수 있다.[4] 예술 철학자 키어런 캐셀(Kieran Cashell)은 그의 저서 ≪Aftershock)≫(2009)에서 이 현대 예술 형태의 윤리적 차원을 검토한다. 캐셀은 규범 위반 예술이 단지 충격의 가치를 위해 보수적인 견해와 도덕적 문제들을 침해한다는 일반적인 가정을 넘어선다고 주장한다. 캐셀에게 관람자의 반응은 이러한 종류의 예술을 이해하는 데 필수적이다.[5] 논란적 예술이 감수성을 해치고 관람자에게 도덕적 반응을 유발하기 위해 만들어내는 짜증과 충격의 순간을 캐셀은 "여파(aftershock)"라고 부른다.[6]

장애에 대한 현대 미술은 크게 두 가지로 나눌 수 있다. 장애를 가진 예술가들이 만든 예술("장애 예술, disability art")과 비장애인 예술가들이 장애에 대해 만든 예술이다. 종종 이 비장애인 예술가들은 도덕적, 윤리적으로 부당한 목적이나 단순히 자신들의 이익을 위해 장애인을 착취했다는 의심을 받는다.[7] 캐셸의 비판적 개념인 여파(aftershock)를 비장애인 예술가들이 만든 장애 측면을 다루는 논란적 예술의 하위 분야에 적용함으로써, 새로운 분석 및 검토 방법이 가능해진다.

내가 보여주듯이, 이 예술가들이 대중의 관심을 위해 장애인을 착취했다고 비난하는 것은 너무 편협한 시각을 취하는 것이다. 이는 장애를 문제로 인식하고 해석하는 것에 기반을 둔다. 사회 과학자 마사 크레이븐 누스바움(Martha Craven Nussbaum)과 장애학자 토빈 시버스(Tobin Siebers)는 사회적, 공공적 맥락에서 장애인들이 여전히 비극이나 상실과 같은 부정적인 함의와 씨름하고 있음을 지적한다.[8] 장애학자 로즈마리 갈란드-톰슨(Rosemarie Garland-Thomson)이 주장하듯이, "장애 신체의 사회적 해독 불가능성(the social illegibility of the disabled body)"의 결과로, 이러한 부정적인 함의는 장애인을 대면했을 때의 불편함으로 확대될 수 있다.[9] 하지만 이러한 부정적인 함의는 어디에서 오는 것일까? 한 가지 중요한 설명은 신체의 맥락에 있다. 시버스와 갈란드-톰슨에 따르면, 신체의 인식은 상당 부분 사회적으로 구성되고 문화적으로 각인된다.[10] 인간은 자신의 활동과 상호작용을 자신의 신체, 신체적 조건, 그리고 사회적으로 구성된 신체의 이상과 관련하여 이해한다. 그 규범에서 벗어난 사람들은 필연적으로 부정적인 함의(connotations)[1]와 싸워야 한다.

---

1) 역자주: Connotation은 denotation과는 다른 개념으로, 언어와 의미론에서 중요한 개념임. 이 두 용어는 단어와 그 의미를 이해하는 데 중요한 역할을 함. Denotation(명시적 의미)은 단어의 직접적이고 문자 그대로의 의미를 나타냄. 사전에서 찾을 수 있는 정의와 같은 것임. 예컨대, "사과"라는 단어의 denotation은 "과일의 일종으로, 보통 빨간색이나 초록색이며, 먹을 수 있는 과일"임. Connotation(함축적 의미)은 단어가 내포하고 있는 추가적인 의미나 감정을 나타냄. 이는 문화적, 사회적, 개인적 경험에 따라 다를 수 있음. 예컨대, "사과"라는 단어는 건강, 유혹(에덴동산의 이야기), 혹은 교사에게 주는 선물과 같은 다양한 connotation을 가질 수 있음. 예술철학에서 connotations(함축적 의미)는 예술 작품의 의미와 해석에 중요한 역할을 함. 단순히 작품이 직접적으로 전달하는 의미(denotation) 외에도, 작품이 내포하고 있는 추가적인 의미나 감정을 포함함. 예술 작품에서 함축은 다음과 같은 요소들을 통해 나타날 수 있음: 1. 색상: 특정 색상은 문화적, 역사적 배경에 따라 다양한 감정을 불러일으킬 수 있음. 2. 형태: 작품의 형태나 구성이 특정한 상징적 의미를 가질 수 있음. 3. 맥락: 작품이 만들어진 시대적, 사회적 배경이 작품의 함축적 의미에 영향을 미칠

사회 과학자 타냐 티츠코스키(Tanya Titchkosky)와 로드 미찰코(Rod Michalko)는 이러한 상황을 "장애-문제 프레임(disability-as-problem frame)"이라고 부른다.[11] 이는 규범으로부터의 일탈, 즉 신체적 또는 심리적 타자성이 소위 규범에 적응하거나 부합한다고 보이는 사람들로부터 편견과 편향된 태도를 유발할 수 있음을 의미한다. 이러한 무시는 인간 상호작용을 위한 참조 시스템을 제공하는 사회적, 문화적 조건의 한 증상이다. 장애학 학자들은 사회적으로 구성된 규범과 우리의 사회문화적 각인이라는 이 연결 고리에 초점을 맞춘다. 갈란드-톰슨이 결론 내리듯이, "장애학은 능력과 장애가 신체의 능력과 한계의 문제라기보다는 특정 순간과 장소에서 우리가 신체에 기대하는 것에 더 가깝다는 점을 지적한다."[12] 이러한 의미에서 장애학은 장애를 고립되고 개별적인 문제로 보기보다는, 장애를 인식하고 재현하는 사유를 자극하는 "방식(how)"에 초점을 맞춘다.

다음 섹션에서 보여주듯이, 예술 작품들은 이러한 기대들에 대한 틀을 제공하고, 그리하여 작동하는 편견의 메커니즘을 정확히 지적함으로써 자기 성찰을 유발할 수 있다.[13] 앞서 언급된 예술의 논란성 개념에 대한 생각을 포함하여, 나는 비장애인 예술가들의 장애 관련 예술에 대한 태도에 의문을 제기하고 관람자의 사회문화적으로 각인된 편견에 도전한다.[14] 먼저, 나는 제이크와 디노스 채프먼(Jake and Dinos Chapman)의 ≪Übermensch≫(1995)를 검토할 것이다. 이 섬유 유리와 혼합 매체 조각은 신체장애를 가진 물리학자 스티븐 호킹(Stephen Hawking)이 절벽 끝의 휠체어에 앉아 있는 모습을 묘사한다. 내가 분석할 두 번째 작품은 크리스토프 슐링엔지프(Christoph Schlingensief)의 프로젝트 ≪Freakstars 3000≫(2002)이다. 프릭스타즈 3000은 지적 장애를 가진 사람들을 포함한 텔레비전 시리즈이자 이후 영화였다.

이 두 작품이 가능한 편견을 다룰 수 있는 중요한 이유는 그들의 모호성(ambiguity)이다. 미술역사가 베레나 크리거(Verena Krieger)는 예술 작품과 예술 프로젝트를 모호하다고 부르는 것이 흔한 일이라고 말한다. 그러나 크리거는 단지 모호하다고 진술하는 것만으로는 충분하지 않다고 주장한다. 더 나아가, 모호한 측면들

수 있음. 4. 상징: 작품에 사용된 상징물이나 아이콘은 다양한 해석을 가능하게 함.

은 예술 작품 내에서 그것들의 구조와 기능의 맥락에서 분석되어야 한다.[15] 비평가들이 이 작품들을 단일 차원적이라고 비난함에도 불구하고, 그들의 해석은 하나의 단일한 의미에 고정되지 않는다.[16] 이 예술 작품들은 서로 다른 형태와 맥락의 모호성을 대비시킬 기회를 제공한다. 크리거는 그녀의 "명백한 것과의 전쟁—모호성의 문화(At War with the Obvious—Kulturen der Ambiguität)"에서 예술 작품의 다양한 형태와 수준의 모호성에 대한 광범위한 목록을 제공하는데, 예를 들어 시각적 내용 및 구조적 디자인 또는 수용의 역사(시간을 통한 재해석 과정)와 관련하여 그러하다.[17] 다음에서 크리거는 시각적 모호성(visual ambiguity)이라고 부르는 예술 작품의 시각적 내용과 구조적 디자인의 애매한 측면에 초점을 맞출 것이다.[18] 도상학적 불명확성(특정 모티프의 상징적 내용이 여러 의미를 가질 수 있음) 외에도, 크리거는 ≪Übermensch≫와 ≪Freakstars 3000≫ 분석에 중요한 두 가지 다른 형태의 시각적 모호성을 정의한다. 그것은 묘사된 대상이나 인물과 그들이 묘사되는 방식 사이의 모순뿐만 아니라 상이한 관점을 통한 상충되는 정보의 매개이다.[19]

≪Übermensch≫의 시각적 모호성은 첫 번째 유형, 즉 내용(묘사된 인물)과 묘사 유형의 불일치로 설명될 수 있다. 이는 그 제목, 재료, 구조, 구성 면에서 미술사적 맥락뿐만 아니라 일반적인 재현의 역사와도 관련된다. 텔레비전 시리즈와 이후 영화를 포함하는 예술 프로젝트 ≪Freakstars 3000≫은 더 광범위한 현대 미디어와 특히 엔터테인먼트 맥락에 초점을 맞춘다. 그 제목, 도입부 내레이션, 그리고 영화의 예시들을 검토함으로써, 프릭스타즈 3000은 상충되는 정보를 전달하는 시각적 모호성으로 분류될 수 있다. 이는 특히 지적 장애를 가진 출연자들이 연출되는 방식과 우리가 일반적으로 텔레비전 및 미디어 맥락에서 장애인을 보는 방식에 적용된다. ≪Übermensch≫와 ≪Freakstars 3000≫은 모두 양가적인 메커니즘에 대한 성찰의 공간을 연다. 시각 문화에서 사회문화적 각인 분야와의 역사적, 현대적 관계를 통해 이 작품들은 장애에 대한 현대 예술의 편향된 해석을 이해하는 데 기여한다.

Übermensch[2]: 정신적으로 우월하고 신체적으로 장애가 있음

제이크와 디노스 채프먼(Jake and Dinos Chapman)의 ≪Übermensch≫에서, 스티븐 호킹(Stephen Hawking)을 상징하는 휠체어 속 인물은 가파른 경사면의 가장자리에 위치해 있다(그림 2.1). 이는 인물에게 상당히 위험한 위치이다. 실제로 바퀴 하나가 절벽 밖으로 튀어나와 있다. 총 높이가 366cm인 이 조각은 또한 관람자의 머리 위로 우뚝 솟아 있어 호킹 인물의 발밑에 머무는 것이 상당히 위험하다는 느낌을 전달한다. 그의 머리는 오른쪽으로 돌아가 있고, 얼굴 오른쪽은 주름져 있으며, 입은 벌어져 이빨을 드러내고 있다. 그의 오른쪽 다리는 구부러져 있으며, 발이 발 받침대 밖으로 튀어나와 있다. 이러한 튀어나옴은 휠체어 전체가 경사면 위로 약간 돌출된 방식과 유사하며, 이로써 인물이 매우 불안정하고 위험한 위치에 있다는 인상을 뒷받침한다. 이 효과는 호킹의 질병에 대한 관람자의 지식으로 인해 강화된다.

스티븐 호킹은 1942년에 태어났다. 21세에 그는 근육 제어 뉴런이 죽어가는 질환인 근위축성 측삭 경화증(amyotrophic lateral sclerosis, ALS)이 서서히 진행되고 있다고 진단받았다. 결과적으로 영향을 받은 사람은 움직이고 말하고 삼키는 데 점점 더 어려움을 겪는다. 현재 호킹은 휠체어를 사용하며 단 하나의 뺨 근육을 사용하여 컴퓨터를 통해 소통한다. 이론 물리학자이자 우주론자로서, 호킹은 잘 알려진 공인일 뿐만 아니라 우리 시대의 가장 중요하고 영향력 있는 과학자 중 한 명이다.

---

2) 역자주: Übermensch는 독일 철학자 프리드리히 니체(Friedrich Nietzsche)가 제안한 개념으로, 영어로는 "Overman" 또는 "Superman"으로 번역됨. 니체의 저서 "Also sprach Zarathustra(차라투스트라는 이렇게 말했다)"에서 처음 등장한 이 개념은 인간이 스스로의 가치를 창조하고, 전통적인 도덕과 종교적 가치에서 벗어나 새로운 삶의 의미를 찾는 것을 목표로 함. Übermensch는 단순히 초인적인 능력을 가진 존재가 아니라, 기존의 도덕적, 종교적 가치가 붕괴된 세계에서 새로운 가치를 창조하고, 자신의 운명을 스스로 개척하는 존재를 의미함. 이는 니체가 "신은 죽었다"라고 선언한 맥락에서 이해할 수 있음. 전통적인 가치가 무너진 세계에서 인간은 새로운 의미와 가치를 찾아야 하며, Übermensch는 그러한 목표를 상징함. 이 개념은 인간이 기존의 사회적, 도덕적 규범을 초월하여 자신의 삶을 주도적으로 살아가는 것을 강조함. Übermensch는 자신의 삶을 긍정하고, 모든 도전에 "예스"라고 말하며, 자신의 가치를 스스로 결정하는 존재임.

Figure 2.1 Jake and Dinos Chapman, Übermensch, 366 × 183 × 183 cm, Fiberglass, resin and paint, 1995, private collection. © Jake and Dinos Chapman. All Rights Reserved, DACS / SACK, Seoul, 2026.

미술 평론가 조나단 존스(Jonathan Jones)는 ≪Übermensch≫ 조각에 대한 신랄한 비판에서 호킹의 중요성을 맥락화한다. "호킹의 이야기는 진정으로 인간 정신의 장대한 승리이다. 그의 질병에 대한 저항은 매우 감동적이며, 그것에도 불구하고 우주를 정신적으로 탐험하는 그의 능력은 우리 시대와 다가올 시대에 대한 영감이다."[20] 존스는 호킹을 모든 역경을 극복한 영웅으로 묘사한다. 결과적으로 그에게 채프먼 형제의 호킹 묘사는 그러한 중요한 인물에게 전혀 적절해 보이지 않는다. 그의 비평에서 존스는 이 작품을 "캐리커처"이자 "비웃는 조각"이라고 부르며, 이것이 "분명히 비꼬려는 의도"라고 본다.[21] 더욱이 그는 ≪Übermensch≫가 "현대의 슈퍼맨인 호킹이 병든 신체의 포로임을 암시하는 듯하다. 이는 그의 육체적 약점을 강조하고 그의 정신이 어떻게든 물질을 정복했다는 생각을 조롱한다"고 덧붙인다.[22] 존스는 이 조각에 대한 해석을 제공하는데, 그는 이것이 보편적이고 유일하게 타당한 해석일 것이라고 기대한다. 즉, 채프먼 형제가 신체장애로 고통받는 비극적인 천재를 조롱한다는 것이다.

반면에 미술 평론가 로버트 루스(Robbert Roos)는 완전히 다른 해석을 제시한다. "고통받는 신체에 갇힌 호킹의 빛나는 정신이 우리 위에 자랑스럽게 우뚝 솟아 있는데, 이는 그의 분석적인 두뇌 능력과 우주에 대한 비전적인 이론에 기반한 우월한 위치이다."[23] 존스가 이 조각을 거부하고 혐오감으로 묘사하는 반면, 루스는 이 작품을 극찬한다. 그는 '자랑스럽게 우뚝 솟아 있다'고 쓰는데, 이는 내 생각에 조각의 외관의 일부가 아니라 해석자 자신의 해석의 일부이다. 호킹 인물의 얼굴 표정이나 신체적 외관 어디에서도 전통적인 자부심의 신호를 볼 수 없다(예: 들린 머리나 인물의 캡슐화와 결합된 곧추선 신체).[24] 단지 가파른 경사면의 가장자리에 노출되고 고립된 그의 위치만이 이러한 종류의 자랑스러운 묘사에 해당한다. 그러나 그 위치는 또한, 우리가 존스의 비평에서 보았듯이, ≪Übermensch≫의 모욕적인 대상이기도 하다.

존스(Jones)의 비난과 루스(Roos)의 찬사는 모두 이 조각에 대한 정당한 해석이다. 나는 이 조각에 대해 명확하고 모호하지 않은 해석은 없으며, 오히려 감정적인 반응을 유발하고 질문을 던져, 개인적 및 사회적 편견에 대한 성찰의 공간을 연다고 주장한다.[25] 이러한 성찰의 공간은 조각의 제목, 재료, 다루는 방식, 구성에 내재된 해당 작품의 모호성의 결과이다.

철학자 프리드리히 니체(Friedrich Nietzsche)는 ≪차라투스트라는 이렇게 말했다(Also sprach Zarathustra)≫(1883-1885)에서 "위버멘쉬(Übermensch)"의 개념을 스스로를 능가하려는 인간의 노력으로 초안을 잡는다.[26] "위버멘쉬"가 된다는 것은 인간이 단순한 인간의 욕망이 아닌 더 높은 목표를 따르는 자신의 필요에 대한 의식을 개발하고, 그 결과 사회가 만든 규범을 포기해야 함을 의미한다. 니체의 견해로는, 이것은 신체와 영혼이 화해할 때만 가능하다. 후대에 "위버멘쉬"의 개념은 단순화되어 심각하게 왜곡되었다. 용어의 현재 이해에 따르면, 그것은 "초인(superman)"과 같은 의미이며 뛰어난 지적 및 생물학적 능력에 초점을 맞춘다. 이러한 일반적인 함의와 관련하여, 호킹의 장애 신체를 "초인적인"이라고 부르는 것은 어느 정도의 냉소주의가 부족하지 않은 것처럼 보인다. 그러나 아마도 이 조각은 그 제목과 니체의 이론에서의 원래 의미에 비추어 볼 때, 신체적 기준에 대한 사회적 고착에 대한 논의를 불러일으킬 수도 있다. 그 사람이 자기 자신 및 자신의 신체적 조건과 편안하다면, 뛰어난 인간적 자질이 더 이상 신체적 조건에 얽매이지 않는 것이 가능하지 않을까?

그러나 ≪Übermensch≫라는 제목만이 언뜻 보기에 부정적인 연상을 불러일으키는 것은 아니다. 이는 마크 퀸(Marc Quinn)의 ≪Alison Lapper Pregnant≫(그림 2.2)와 비교할 때 분석할 수 있는 재료적 특성에도 적용된다. 높이 355cm의 이 대리석 조각은 2005년 런던 트래펄가 광장 제4대 좌대(Fourth Plinth)에 임시로 세워졌으며, 짧은 다리와 팔 없이 태어난 예술가 앨리슨 래퍼가 임신 8개월인 모습을 보여준다. 둘 다 비장애인 예술가가 살아있는, 신체장애를 가진 인물을 조각으로 재현한 작품이다. 그러나 작품의 수용 및 해석에 중요한 영향을 미치는 재료와 묘사의 명확한 차이점이 있다.

퀸은 자신의 조각에 대리석을 사용하는데, 이는 미술사에서 오랜 전통을 가지며 종종 이상화된 재현에 사용되는 천연 재료이다.[27] 또한 조각의 표면 구조는 매우 매끄럽고 규칙적이며, 이는 신고전주의의 미적 규범에 해당한다.[28] 퀸은 고전 로마 및 그리스 고대를 부활시킨 18세기와 19세기 초의 특히 유럽적인 예술 양식을 참조한다. 계몽주의 시대의 신고전주의 이상은 ≪Alison Lapper Pregnant≫에서도 볼 수 있듯이 명확성과 표면 구조의 특정 평이함으로 특징지어진다. 재료와 다루는

Figure 2.2 Marc Quinn, Alison Lapper Pregnant, 355 × 180.5 × 260 cm, Marble, 2005, Trafalgar Square, London. Photo: Marc Quinn Studio.

방식 모두 퀸의 조각이 값비싸고 가치 있다는 인식으로 이어진다. 이와 대조적으로, 채프먼 형제는 산업 생산에 기원을 둔 꽤 새롭고 저렴한 합성 재료인 섬유유리(fiberglass)를 사용한다. 미술역사가 모니카 바그너(Monika Wagner)가 지적하듯이, 이러한 종류의 재료는 가소성(malleability) 때문에 비역사적이고 무시대적(ageless)으로 보인다. 플라스틱은 모든 표면을 모방할 수 있지만, 그 기원에 대해서는 아무것도 드러내지 않는다.[29] 위버멘쉬의 불균일한 구조는 모델링 점토의 질감을 닮았고, 반짝이고 광택이 나는 부분을 가진 채색은 퀸의 대리석 인물과는 대조적으로 덜 가치 있는 효과를 뒷받침한다.[30] 미술 평론가 데이비드 바렛(David Barrett)이 지적하듯이, 산업적이고 저렴한 재료와 결합된 이러한 측면들은 키치(kitsch)의 인상을 만들어낸다.[31]

더 나아가, 퀸(Quinn)이 장애 신체를 묘사하는 방식은 채프먼 형제(Chapman brothers)의 접근 방식과 크게 다르다. 래퍼(Lapper)는 똑바로 앉아 편안한 모습이며, 눈은 하늘을 향하고 있다. 매체(대리석) 외에도 구도는 ≪Alison Lapper Pregnant≫에서 래퍼를 영웅적이고, 우아하며, 빛나는 모습으로 보이게 한다. 이와 대조적으로, 호킹은 불편하고 위험한 위치인 심연(abyss) 앞에 묘사되며, 긴장된 얼굴 표정으로 휠체어에 묶여 있다. 이러한 종류의 표정은 적어도 1990년대 중반 이후 호킹에게 드문 일이 아니라는 점을 주목하는 것이 중요하다. 예를 들어, 1995년 일레인 메이슨(Elaine Mason)과의 결혼식 사진 초상화와 보도 사진에서 볼 수 있듯이, 이러한 표정은 그의 외모의 일부이다.[32] 호킹의 모습은 비사진 재현에서 종종 그렇듯이 더 정상화되거나 이상화되도록 변형되지 않았다.[33]

호킹의 긴장된 위치는 묘사의 혐오스럽고 충격적인 성격에 추가적인 측면을 더한다. 예술사에서 인물을 위험하거나 긴장된 상황에 보여주는 것은 드문 일이 아닌데, 예를 들어 자크-루이 다비드(Jacques-Louis David)의 ≪Bonaparte franchissant le Grand Saint Bernard≫(그림 2.3, 1801)에서와 같다. 보나파르트는 말 등에 왕처럼 앉아 있고, 왼손에는 고삐를 쥐고, 오른팔은 뻗어 산 위를 가리키고 있다. 말은 뒷다리로 서 있으며, 몸은 경련하고 입은 크게 벌어져 있다. 말의 발굽이 경사진 바위에서 불과 몇 센티미터 떨어져 있고 말이 상당히 불안하고 긴장해 보이기 때문에 이 자세는 매우 위험해 보인다. 반면에 보나파르트는 자신감 있는 표정을 짓고, 침착해 보이며, 상황을 매우 평온하게 통제한다.

Figure 2.3 Jacques-Louis David, Bonaparte franchissant le Grand Saint Bernard, 272 × 232 cm, oil on canvas, 1801, Musée national des châteaux de Malmaison et de Bois - Préau, Malmaison. © bpk | RMN—Grand Palais | Daniel Amaudet.

말 위에 위태롭게 배치된 보나파르트의 위치는 휠체어 속 호킹 인물의 위험한 위치와 유사점을 가진다. 그러나 보나파르트의 위험해 보이는 배치가 영웅적이고, 길을 개척하며, 계몽적인 것으로 해석되는 반면, 호킹 조각은 흔히 묘사된 인물에 대한 모욕으로 간주된다. 이러한 재현들 사이의 결정적인 차이는 그들의 신체적 외관—더 정확히는 기능과 능력 측면에서 그들의 외관이 함축하는 바—인 것 같다.

보나파르트는 자신의 신체적 존재로 위험한 상황을 관리할 수 있는 반면(그는 겁먹은 말을 통제하고 무엇을 해야 할지 보여준다), 호킹은 운명의 희생자인 것처럼 보이고 이 상황에서 스스로 벗어날 수 없다.

신체적 존재와 밀접하게 연관된 것은 지능의 귀속이다. 그의 힘과 신체적 우월성 때문에 보나파르트는 또한 뛰어난 지성을 가진 사람이자 국가의 지도자로 해석된다. 미술역사가 마틴 바른케(Martin Warnke)가 지적하듯이, 통치자의 재현에서 신체성은 그의 성격과 정신 상태를 나타내는 지표이다.[34] 이러한 재현의 전통은 고대로 거슬러 올라가며 오늘날까지도 유효하다. 더 일반적으로 공식화하면, 뛰어나게 정상화되었거나—다비드의 보나파르트 초상화에서 볼 수 있듯이—심지어 이상화된 신체적 존재는 묘사된 인물의 지적 자질에 대한 긍정적인 결론을 가능하게 한다.[35] 호킹의 경우, 우월한 신체와 우월한 지성의 이러한 문화적으로 각인된 상관관계는 맞지 않으며, 따라서 ≪Übermensch≫ 조각에 대한 부정적인 판단을 야기한다.

미술사를 되돌아볼 때, 재현의 전통은 우리의 인식이 사회문화적 배경에 의해 어느 정도까지 영향을 받는지를 보여준다. 제이크와 디노스 채프먼의 ≪Übermensch≫는 우리에게 이러한 상황을 인식하게 할 잠재력을 가지고 있다. 이 조각은 잘 알려진 공인을 이상화된 방식으로 묘사하는 대신, 그 제목과 저렴하고 키치적인 매체를 통해 가치에 대한 관습적인 귀속에 도전한다. 조각에 대한 관습적인 기대에 대한 이러한 도전들의 상호작용은 의미의 명확성을 흐리게 하고, 각 요소와 전체 조각에 대한 다양한 해석을 열어준다. 이러한 방식으로, 이 조각은 관람자들이 사회문화적으로 각인된 규범과 그들 자신의 태도에 대해 생각하게 만든다. ≪Übermensch≫는 신체장애를 가진 인물의 재현에 대한 관람자의 기대를 도전하며, 관람자 자신의 편향된 태도를 드러낼 수 있는 도덕적 반응을 유발한다.

Freakstars 3000: 지적장애 배우들의 열광(freaking out)

크리스토프 슐링엔지프(Christoph Schlingensief)[37]가 감독한 ≪Freakstars 3000≫[36] (2002)(그림 2.4)은 주로 신체장애가 아닌 지적 장애를 다룬다. 이 텔레비전 시리즈와 이후 영화는 다양한 텔레비전 쇼 형식의 조합으로 구성된다. 여기에는 홈 쇼핑 시리즈, 포크 음악 프로그램인 ZDF Hitparade, 날씨 프로그램, 그리고 인질극에서의 짧은 실사 리포트 등이 포함된다. 경연 참가자들은 모두 장애인이며, 다른 각 텔레비전 형식에 모두 참여한다. 또한, 그들 중 한 명인 아힘 폰 파첸스키(Achim von Paczensky)는 슐링엔지프와 함께 이 텔레비전 시리즈의 감독을 맡았다. 따라서 참가자들은 카메라 앞뿐만 아니라 비하인드 신에서도 제작 과정에 관여하는 모습으로 보인다.

시리즈와 영화 모두 노래 경연 형식에 초점을 맞추는데, 여기에는 모든 관습적인 구성 요소가 포함된다. 대규모 캐스팅 및 오디션 과정, 보컬 및 댄스 코칭, 앨범 제작, 그리고 마침내 새로 결성된 밴드 ≪Mutter sucht Schrauben≫의 첫 라이브 공연이다. 이 모든 과정은 해당 노래 경연 롤 모델인 ≪Deutschland sucht den Superstar≫(*American Idol*의 독일 버전)에서처럼 인터뷰와 비하인드 신 시퀀스(예: 두 참가자 사이의 러브 스토리)로 중간중간 삽입된다.

≪Freakstars 3000≫의 장애인 참가자들은 모두 지적 장애인들을 위한 거주시설인 베를린-리히텐라데의 틸레 빙클러 하우스(Tiele Winckler House)에 거주한다. 전체 영화에서 참가자들의 장애에 대한 언급과 질문은 인터뷰 시퀀스에서 거의 나타나지 않는다.[38] 또한 참가자들에 대한 추가 정보는 ≪Freakstars 3000≫ 웹사이트를 통해서도 이용 가능하며, 여기서 참가자들과 이후 밴드 멤버들의 초상화를 찾을 수 있다. 이 사이트는 그들의 생년월일 및 출생지, 경력 선호도, 취미를 제공한다. 이러한 온라인 묘사 중 어디에서도 참가자들의 장애는 전혀 언급되지 않는다. 그들의 장애가 이 경연에서 아무런 역할을 하지 않는 것처럼 보인다.

텔레비전 시리즈, 영화, 웹사이트가 장애 문제를 신중하게 다루는 것과 대조적으로, ≪Freakstars 3000≫ 웹사이트의 방명록 게시물(현재는 접근 불가)과 (서론에서 인용된 바와 같이) 온라인 토론 게시판의 진술들은 이 쇼를 가혹하게 비판하며, 일부 사용자들은 슐링엔지프(Schlingensief)가 리얼리티 텔레비전 형식으로 장애인을 보여주고, 과시하고 착취하는 것에 대한 파렴치함에 분노를 표출한다.[39] 일부 방명록 게시물을 분석한 독일학자 니나 오르트(Nina Ort)는 이러한 방명록 작성자들이 장애인 참가자들을 굴욕으로부터 보호하려는 목적을 가지고 있다고 설명한다. 그러나 오르트는 더 나아가 그러한 진술들이 사실은 차별적이며, 그들의 공적 생활로부터의 배제에 기여한다고 결론짓는다.[40]

Figure 2.4 Christoph Schlingensief, Freakstars 3000, six-part television series (2002) and film (2003). Photo: Thomas Aurin.

그러나 경멸적인 댓글 외에도, 쇼를 시청하는 동안 자신의 불편함을 소통하고 그로써 자신의 편향된 태도를 성찰하는 사려 깊고 성찰적인 게시물들과 ≪Freakstars 3000≫에 대한 긍정적인 반응들도 많다.[41] 학자들 또한 이 텔레비전 시리즈/영화를 긍정적으로 해석한다. 예를 들어, 오르트는 ≪Freakstars≫ 참가자들을 일반적인 리얼리티 텔레비전 형식의 참가자들과 대조적으로 상쾌하게 진정성 있고 믿을 만한 존재로 묘사한다.[42]

이러한 주장들에 내재된 편향된 태도는 역사 및 장애학자 폴 K. 롱모어(Paul K. Longmore)의 텔레비전에서 장애 재현에 대한 분석 결과와 비교될 수 있다. 롱모어에 따르면, 공공 및 문화적 맥락에서 장애의 부정적인 함의는 관람자의 불편함과 장애인에 대한 낙인으로까지 확대될 수 있다.[43] 장애학자 콜린 반즈(Colin Barnes)와 지오프 머서(Geof Mercer)가 미디어의 장애 재현에 관한 다양한 연구 결과를 요약하듯이, 그 고정관념은 가엽고, 가련하며, 영웅적인 모습에서부터 사회에 대한 부담에 이르기까지 확장된다.[44] 소위 "연민-영웅의 덫(pity-hero-trap)"의 양극—장애인을 주변 환경으로부터 보호되어야 할 비극적인 인물로 해석하거나, 혹은 규범으로부터의 비극적인 일탈을 극복하고 "정상적인" 삶을 살기 위해 노력하는 영웅적인 인물로 해석하는 편향된 해석—사이에는 텔레비전에서 장애를 고정관념화하는 모든 측면이 포함된다. ≪Freakstars 3000≫에 대한 댓글들은 반즈와 머서가 설명한 연민-영웅의 덫의 양극을 반영한다.[45] 더욱이, 이 댓글들은 슐링엔지프가 지적장애인들과 함께 쇼를 제작했기 때문에 직면해야 했던 강렬하고 감정적인 공개 토론을 반영한다. 나는 이러한 사실을 특히 중요하게 고려하는데, 왜냐하면 무력함, 정신적 무능, 심지어 생존 불가능성의 속성은 지적 장애를 가진 인간에게 전형적으로 귀인되는 특성이기 때문이다.[46] 슐링엔지프는 언뜻 보기에는 이러한 고정관념을 조장하는 듯하지만, 제목과 영화의 오프닝 크레딧에 대한 논의는 ≪Freakstars 3000≫의 해석이 우리의 대중 매체, 특히 리얼리티 쇼에 대한 인식과 텔레비전 및 미디어 맥락에서 장애 재현의 고정관념에 의해 크게 영향을 받는다는 것을 보여준다.

≪Freakstars 3000≫이라는 제목은 "프릭 쇼(freak show)"라는 용어를 참조한다. 프릭 쇼는 19세기와 20세기에 인기를 끌었으며, 이익을 위해 그리고 그들을 바라보는 관객의 오락을 위해 비범한 신체를 가진 사람들을 전시했다. 독일학자 모건 코너(Morgan Koerner)가 보여주듯이, 갈란드-톰슨(Garland-Thomson)이 분류한 프릭 쇼의 서사와 슐링엔지프(Schlingensief)의 ≪Freakstars 3000≫ 사이에는 엄청난 유사점이 있다.[47] 갈란드-톰슨에 따르면, 동시에 경이롭고, 이상하며, 무서운 것을 바라보는 오락 외에도, 관람자들은 시각적으로 기존 신체 규범에서 더 많이

벗어난 전시된 인간들과 비교하여 정상화되었다고 느꼈다.[48]

갈란드-톰슨은 이러한 종류의 비교를 응시(staring)의 가능하고 자연스러운 개념 중 하나로 설명한다. "우리는 일반적인 시각이 실패할 때, 더 알고 싶을 때 응시한다. (...) 눈은 읽을 수 없는 듯한 것을 인식하고, 다루기 힘든 듯한 것을 질서 잡고, 낯선 듯한 것을 알기 위해 매달린다."[49] 응시하는 자와 응시받는 자의 직접적인 대면에서, 우리는 다른 사람을 응시해서는 안 된다는 사회적 관습(이는 무례하기 때문)에 직면한다.[50] ≪Freakstars 3000≫에서는 이러한 불편한 응시의 느낌이 남아 있지만, 우리의 응시는 익명이므로 응시받는 자들이 시선을 되돌려 줄 수 없다. 따라서 관람자들은 특별한 위치에 놓인다. 그들은 사적으로, 그리고 응시하는 대상의 반응 없이 응시할 수 있다. 그럼에도 불구하고, 일부 방명록 게시물은 그러한 응시가 여전히 불편함과 불안감을 초래한다는 것을 나타낸다.[51]

≪Freakstars 3000≫의 오프닝 크레딧은 제목이 암시하는 프릭 쇼에 대한 참조를 강조한다. 내레이션이 화면에 표시된 텍스트를 읽는다:

> 친애하는 영화 팬 여러분! 재능과 100%의 헌신으로 위대한 음악 경력의 꿈을 실현하는 멋진 젊은이들을 보러 앞으로 나오십시오. 노래하는 동안 비장애인의 큰 문제를 무심하게 지적하는 독일의 괴짜들을 들으러 앞으로 나오십시오. 촬영 중에 배우들은 지속적으로 학대당하고 장애를 연기하도록 강요받았습니다. 따라서 모든 발작과 모든 붕괴는 진정성이 보장되며 반복될 수 없습니다.[52]

이 음성 텍스트는 서커스, 박람회, 프릭 쇼에서 사용되던 호객꾼들의 특징적인 스타일을 암시한다. 그러나 호객꾼들이 광고하는 쇼를 찬양하는 반면, 우리는 매우 아이러니한 소개에 직면한다. 참가자들은 장애인으로 언급되지 않고, 괴짜 독일인으로 불린다. "괴짜(eccentric)"라는 용어는 대부분의 사람들과는 다르고 특이한 방식으로 행동하거나 보이는 사람을 묘사한다. 이로써 배우들이 소위 규범에서 벗어난 정도는 명확하게 정의되지 않고 모호하게 남는다. 또한 다음 문장들에서 장애는 그 반대인 비장애인 내에서만 암시되거나, 장애인으로 연기하는 것의 맥락에서만 언급된다("장애를 연기하도록 강요"). 내레이션이 장애인 참가자들이 비장애인의 문제를 처리할 것이라고 설명함에 따라, 그 "큰 문제"는 참가자들에게서 발견되는 것이 아니라 장애인 배우들을 보는 것이 불편한 비장애인들에게서 발견된다. ≪Freakstars 3000≫ 방명록이나 온라인 토론 게시판의 앞서 언급된 인용문은 누군가가 이 시리즈/영화에 대해 가질 수 있는 "큰 문제"를 보여줄 수 있다. 마지막 두 문장에서 우리는 장애인 배우들이 학대받고 착취당했다는 것을 알게 된다. 더 나아가, 그들은 어떤 많은 사람들도 보아서는 안 되는 상황—배우들의 장애와 관련될 수 있는 실제적이고 독특한 발작과 정신적 붕괴—에서 보인다. 이는 슐링엔지프가 텔레비전 시리즈 시작부터 직면했던 비난들이다. 영화 시작 부분에서 이러한 비난을 언급함으로써, 관람자들은 자신의 태도에 의문을 제기해야 한다. 나는 장애에 문제를 느끼는 비장애인 중 한 명인가? 나는 장애에 직면했을 때 고정관념을 가지고 행동하는가?

오프닝 크레딧에서 언급된 진정성(authenticity)과 고유성(uniqueness)은 노래 경연 형식에 대한 암시이다. 이러한 종류의 제작은 소위 리얼리티 텔레비전 원칙의 일부이다.[53] 사회학자 이름힐트 자케(Irmhild Saake)와 베로니카 마이어(Veronica Maier)가 지적하듯이, 노래 경연과 일반적인 리얼리티 텔레비전은 상당 부분 연출된다. 동시에 실제 인물들이 특정 목표(유명한 가수, 댄서 또는 둘의 조합이 되는 것)를 달성하기 위해 경연 참가자 역할을 수행한다.[54] 연출된 경연 틀 속에서 참여하는 캐릭터들은 진정성을 더하고 암시한다. 더 나아가, 음악학자 랄프 폰 아펜(Ralf von Appen)이 지적하듯이, 경연 쇼는 심사 및 탈락 과정과 자신의 특성, 재능, 태도에 열심히 노력하는 것에서 계층, 규율, 순응의 원칙과 이상을 나타낸다.[55] 커뮤니케이션 이론가 요 라이헤르츠(Jo Reichertz)는 대부분의 젊은 참가자들이 이러한 쇼에서 자신의 능력에 대해 평가받고 있다는 것을 인식하고 있으며, 자신이 누구인지, 무엇을 할 수 있는지 알아내고 싶어 한다고 시사한다.[56]

≪Freakstars 3000≫라는 제목과 프릭 쇼와의 밀접한 연결, 그들의 오락적인 성격 그리고 응시하고자 하는 우리의 욕망에 직면하면서, 우리는 우리의 사회문화적 각인과 통상적인 행동에서 도전을 받는다. 다시 말해, 슐링엔지프(Schlingensief)는

금지된 응시를 다루는 다른 규범 위반 예술 작품에 관하여 캐셀(Cashell)이 언급했듯이, 바라보고 응시하며 "문화 관광객"이 되는 것에 대해 우리에게 수치심을 느끼게 한다.[57] 문화 관광객은 일상생활의 책임과 도덕적 의무에서 일시적으로 벗어나 기념물, 도시 경관, 문화적 인공물을 응시하면서도 그것들과 관련된 도덕적 문제를 고려하지 않는 사람이다. ≪Freakstars 3000≫은 관습적인 텔레비전에서 친숙한 노래 경연 형식을 보여준다. 그러나 장애인 참가자를 추가함으로써 슐링엔지프는 윤리적으로 도전적인 질문을 던진다. 참가자들이 지적 장애인일 때 노래 경연을 시청하는 것이 적절한가?

지적 장애인 참가자들을 위한 쇼에 프릭 쇼에 대한 제목의 언급을 관습적인 노래 경연과 결합함으로써, 슐링엔지프는 의도적으로 관람자에게 충격을 주려 한다. 영화 평론가 게오르크 제블렌(Georg SeeBlen)이 지적하듯이, 슐링엔지프는 그의 공연과 제작에서 다른 방식으로는 이해되지 않고 남아 있는 것을 가시화한다.[58] 이 경우, 이는 슐링엔지프가 주류 텔레비전 제작의 고정관념과 규범뿐만 아니라 장애 및 "규범"으로부터의 일탈에 대한 관람자의 태도를 드러내고 있음을 의미한다. 고정관념과 계층을 명백하게 드러내는 첫 번째 측면은 노래 경연의 극 구성에서 발견될 수 있다. 경연 과정과 이후 밴드에는 슐링엔지프와 다른 제작에서 이미 함께 작업한 장애인들이 일부 있지만,[59] 관람자들은 이러한 연결을 인식하지 못한다. 슐링엔지프는 이전에 알려진 참가자들을 새로운 참가자들과 동일한 방식으로 다룬다. 이 사실은 형식과 참가자의 진정성에 의문을 제기하고 불확실성을 초래한다. 노래 경연은 조작된 것인가? 다른 장애인들은 밴드의 일원이 될 기회가 처음부터 없었던 것인가? 이러한 질문들을 염두에 두면, 우리는 겉보기에 불공평해 보이는 제작 과정뿐만 아니라, 이러한 비난이 반복적으로 제기되는 대중 매체 리얼리티 텔레비전 쇼에 대한 언급에도 의문을 제기하게 된다.[60]

슐링엔지프(Schlingensief) 작품의 이러한 불확실성에 대해 독일학자 수잔 호흐라이터(Susanne Hochreiter)는 "모호하게 만들기(VerUneindeutigung)"[3]라는 용어

---

3) 역자주: "VerUneindeutigung"은 독일 철학, 특히 미학과 문학 이론의 맥락에서 뿌리를 둔 개념임. 용어 자체는 대략 "명확성의 선언 해제" 또는 "명확성 제거"로 번역될 수 있음. 그것

를 사용한다. 이는 겉보기에는 명확한 것을 해석에 더욱 개방적으로 만드는 것을 의미한다. 슐링엔지프의 “모호하게 만들기” 개념을 통해 계층 및 권력의 메커니즘뿐만 아니라 정상화의 사고 패턴을 회피할 수 있다.[61] 이것은 관람자의 성찰을 위한 공간을 만들고, 슐링엔지프의 참가자들이 밴드의 일원이 되기를 원하는 실제 참가자들인지에 대한 질문을 제기한다. 나의 관점에서는, 장애인들이 단지 경연에서 경쟁자 역할을 연기하고 있으며 밴드의 일원이 되는 것을 전혀 원하지 않는다고 가정할 충분한 증거가 있다.

≪Freakstars 3000≫에 통합된 다른 부분들에서 배우 마리오 가르차너(Mario Garzaner)는 기상 캐스터나 기자를 흉내 내며, 텔레비전 시리즈 초연에서는 배우 케르스틴 그라스만(Kerstin Grassmann)이 독일 기독민주연합(CDU)의 주요 정치인이자 2005년부터 독일 총리였던 앙겔라 메르켈(Angela Merkel)을 연기한다. 이러한 묘사된 인물들은 다양한 텔레비전 형식에서 잘 알려져 있으며, 이러한 부분들에서 장애인 참가자들이 역할을 연기하는 배우라는 것은 명백하다. 그러나 일반적으로 슐링엔지프의 작업에 관여하는 학자들과 비평가들은 리얼리티 텔레비전 형식이나 장애인의 진정성에 의문을 제기하지 않는다. 사회문화적으로 각인된 장애에 대한 함의가 특히 이러한 연결이 간과되도록 유발하는 책임이 있다. 결국, 코너(Koerner)가 지적하듯이, 우리는 얼마나 많은 연기와 얼마나 많은 진정성이 제작의 일부인지 결정할 수 없다.[62] 그러나 바로 이러한 “모호하게 만들기”의 개념 속에 (지적) 장애에 대한 편향된 태도를 인식하고 그에 도전할 가능성이 놓여 있다.

은 관객에게 다층적이고 복잡한 경험을 만들기 위해 예술과 문학에서 모호함과 불확실성을 의도적으로 사용하는 것을 말함. VerUneindeutigung을 사용한 작품은 명확하고 단일한 해석을 제공하는 대신 독자나 관객이 더 깊이 참여하고, 다양한 의미를 해석하고, 개인적인 통찰을 이끌어 내도록 초대함. 본질적으로, 모호함의 풍요로움을 포용하고 하나의 작품 내에서 다양한 관점과 해석을 허용하는 것임. 이 개념은 명확한 의미 또는 진리의 개념에 도전하여 이해의 유동성과 주관성을 강조함.

결론

≪Übermensch≫와 ≪Freakstars 3000≫은 장애에 대한 관람자의 편향된 태도에 도전하는 규범 위반 예술의 두 가지 개념을 나타낸다. 내가 보여주었듯이, 두 작품 모두에 대한 매우 부정적이거나 매우 긍정적인 해석이 있으며, 이는 소위 "연민-영웅의 덫(pity-hero-trap)"의 양극 중 하나에 할당될 수 있다. 한편으로, 장애인은 비장애인 예술가에 의한 착취로부터 보호되어야 하는 사람으로 보일 수 있다. 다른 한편으로, 장애인은 자신의 장애로 인해 영웅적이고 존경할 만한 존재로 보일 수 있다. 두 해석 모두 가능하며, 그들의 모호한 구조 때문에 ≪Übermensch≫와 ≪Freakstars 3000≫에 동일한 정도로 내재되어 있다. 예술가들은 서로 다른 의미를 가질 수 있고 정반대 방향의 해석을 위한 공간을 제공하는 제목, 모티프, 재현 전략을 사용한다. 그러나 문제의 핵심은 이러한 해석이 관람자 자신의 사회문화적 각인과 강하게 관련되어 있으며, 이러한 예술 작품에 단 하나의 타당한 의미만을 부여하는 데 우리 자신이 어떤 역할을 하고 있는지 알아내기 위해 성찰해야 할 잠재적으로 편향된 태도로 이어진다는 것이다.

주석(Notes)

[1] Jonathan Jones, "Thin Line Between Art and Hate: Is this the Most Repellent Work of Modern Art?", The Guardian, 2015년 4월 29일 접속, http://www.theguardian.com/artanddesign/jonathanjonesblog/2012/jan/12/art-hate-repellent-work -modern.

[2] "상황을 명백히 스스로 평가할 수 없는 사람들이 여기에 이끌려 '국민' 앞에 노출될 때, 그것은 이미 상당히 변태적(pervers)이며, 내 생각엔 더 이상 예술적 성격으로 정당화될 수 없다." SnooP, 2002년 6월 30일 (오후 10:47), 스레드 "Freakstars3000"의 14번 게시물, 2015년 4월 29일 접속,
http://www.xpbulletin.de/gesellschaft-f10/freakstars3000-t1383.html.

[3] 게다가, 텔레비전 시리즈와 이후 영화로 구성된 예술 프로젝트의 일부로 웹사이트가 있다: http://www.Freakstars3000.de. 시청자들은 방명록에 댓글을 쓰거나 노래 경연 우승자에 대한 예측을 남길 수 있었다. 이 텔레비전 시리즈는 미국/캐나다에서는 방영되지 않았지만, 영화는 구매할 수 있다. DVD(멀티 리전 PAL/NTSC DVD 플레이어 필요)에는 영어 자막이 있다.

[4] 충격적인 예술에 관한 일반적인 가정에 대해서는 Dave Beech, "Shock: A Report on Contemporary Art", in Jake and Dinos Chapman. Bad Art for Bad People, Christoph Grunenberg와 Tanya Barson 편저 (Liverpool: Tate Liverpool, 2006), 99-110쪽, 특히 104-106쪽을 참조.

[5] Kieran Cashell, Aftershock: The Ethics of Contemporary Transgressive Art (런던 및 뉴욕: I. B. Tauris, 2009), 12쪽.

[6] Cashell, Aftershock, 12쪽.

[7] 예를 들어, 이러한 상황은 미술사가 Ann Millett-Gallant에 의해 지적된다. Millett-Gallant, The Disabled Body in Contemporary Art (New York: Palgrave Macmillan, 2010), 16쪽을 참조한다. 특히 본 장에서 분석하는 예술 작품에 대해서는, Übermensch와 관련된 Jonathan Jones의 비난(Jones, "Thin line")과 Freakstars 3000에 대한 논의를 검토한 독일 학자 Nina Ort의 연구(Nina Ort, "'Ihr seid krank!'—'Ihr seid schon jetzt alle Gewinner!'" Medienobservationen, 2004년 8월 16일, 2015년 4월 29일 접속, http://www.medienobservationen.de/artikel/gesellschaft/ort_freakstars.html)를 참조.

[8] Martha Craven Nussbaum, Hiding from Humanity: Disgust, Shame, and the Law (Princeton: Princeton University Press, 2004), 305쪽 및 127쪽, 그리고 Tobin Siebers, Disability Theory (Ann Arbor: The University of Michigan Press, 2008), 10쪽.

[9] Rosemarie Garland-Thomson, Staring: How We Look (Oxford: Oxford University Press, 2009), 38쪽.

[10] 예를 들어, Tobin Siebers, "Disability in Theory: From Social Constructionism to the New Realism of the Body", American Literary History 13호, 4집 (2001), 737-754쪽, 특히 737쪽, 740쪽, 그리고 Rosemarie Garland-Thomson, "Staring back: Self-Representations of Disabled Performance Artists", American Quarterly 52호, 2집 (2000), 334쪽을 참조.

[11] Tanya Titchkosky와 Rod Michalko, "The Body as the Problem of Individuality: A Phenomenological Disability Studies Approach", in Disability and Social Theory: New Developments and Directions, Dan Goodley, Bill Hughes와 Lennard Davis 편저

(New York: Palgrave Macmillan, 2012), 127–129쪽.

[12] Rosemarie Garland-Thomson, "Disability and Representation", PMLA 120호, 2집 (2005), 524쪽.

[13] 사회문화적 각인을 성찰하는 데 있어 예술의 역할에 대한 이전의 고찰은 Nina Heindl, "Becoming Aware of One's Own Biased Attitude: The Observer's Encounter With Disability in Chris Ware's Acme Novelty Library No. 18", Review of Disability Studies: An International Journal 10호, 3/4집 (2014), 40–51쪽에서 찾을 수 있다.

[14] 이 점에서 나는 Ann Millett-Gallant와 근본적인 목표를 공유하며, 그녀는 자신의 책에서 이를 명확히 설명한다. Millett-Gallant, Disabled Body, 6, 17, 19쪽을 참조.

[15] Verena Krieger, "At war with the obvious—Kulturen der Ambiguität: Historische, psychologische und ästhetische Dimensionen des Mehrdeutigen", in Ambiguität in der Kunst: Typen und Funktionen eines ästhtetischen Paradigmas, Verena Krieger와 Rachel Mader 편저 (Cologne, Weimar, and Vienna: Böhlau, 2010), 13쪽, 45쪽을 참조.

[16] 단일 차원성에 대한 비난에 대해서는, 예를 들어 Jones, "Thin line"과 Morgan Koerner가 자신의 장 각주 13에서 수집한 진술들(Morgan Koerner, "Subversions of the Medical Gaze: Disability and Media Parody in Christoph Schlingensiefs Freakstars 3000", in Cinema and Social Change in Germany and Austria, Gabriele Muller와 James M. Skidmore 편저 (Waterloo: Wilfried Laurier University Press, 2012), 74쪽)를 참조한다.

[17] 전체 목록에 대해서는, Krieger가 언급했듯이 배타적이지 않은 목록에 대해서는 Krieger, "Kulturen der Ambiguität", 22–24쪽을 참조한다.

[18] Krieger, "Kulturen der Ambiguität", 23–24쪽.

[19] Krieger, "Kulturen der Ambiguität", 24쪽.

[20] Jones, "Thin line."

[21] Jones, "Thin line."

[22] Jones, "Thin line."

[23] Robbert Roos, "Dinos & Jake Chapman", in Difference on Display: Diversity in Art, Science & Society, Ine Gevers 편저 (Rotterdam: NAi Publishers, 2010), 111쪽.

[24] 예를 들어, Marcus Aurelius (121–180), Heinrich VIII (1491–1547), Louis XIV (1638–1715) 또는 Queen Elizabeth (Queen Mum, 1900–2002)와 같은 시대별 군주의 회화 및 조각 전신 재현을 참조.

[25] 이 점에서 나는 Jake와 Dinos Chapman의 작품의 문자 그대로의 그리고 겉보기에 명백한 의미를 입증하는 Kieran Cashell에 반대한다. Cashell, Aftershock, 113쪽.

[26] Friedrich Nietzsche, "Also sprach Zarathustra", in Friedrich Nietzsche: Samtliche Werke, 4권, Giorgio Colli와 Mazzino Montinari 편저 (Munich, Berlin and New York: dtv, 1980), 특히 14–19쪽.

[27] Nina Heindl, "temporar bespielt. Die plastischen Werke auf der Fourth Plinth zwischen Intervention und Denkmalsetzung", Kunsttexte.de Sektion Gegenwart 4집 (2014), 21쪽, 2015년 4월 29일 접속, http://edoc.hu-berlin.de/kunsttexte/2014-4/heindl-nina-4/PDF/heindl.pdf. 또한 Monika Wagner, "Reinheit und Gefahrdung: WeiBer Marmor als Ästhetische und ethnische Norm", in Material of Sculpture: Between Technique and Semantics, Aleksandra Lipinska 편저 (Wrocław: Wydawn. Uniwersytet Wroclawskiego, 2009), 243쪽을 참조.

[28] Millett-Gallant, Disabled Body, 56–57쪽.

[29] Monika Wagner, Das Material der Kunst. Eine andere Geschichte der Moderne (Munich: Beck, 2001), 190쪽.

[30] Monika Wagner가 18세기 이후의 미술 이론 및 제작에 대해 지적하듯이, 채색된 조각은 흰색 대리석 조각만큼 가치 있게 여겨지지 않는다. Wagner. "Reinheit und Gefahrdung", 242–243쪽을 참조.

[31] David Barrett, Jake & Dinos Chapman (London: Royal Jelly Factory, 2007), 44쪽.

[32] 예를 들어 Hans Hoyng, "Ehe vor Schwarzen Lochern", Spiegel 34집 (1999), 119쪽을 참조한다. 이 기사의 이미지는 1995년 스티븐 호킹과 일레인 메이슨의 결혼식에서 Übermensch에 묘사된 것과 동일한 휠체어에 앉아 있는 모습을 보여준다. 또한 1994년 처음 전시된 런던 마담 투소 박물관의 왁스 조각상으로 호킹이 재현된 방식을 참조.

[33] 종종 그는 현재 상태로, 그러나 이완된 얼굴 특징, 의미심장하게 들어 올린 눈썹, 약간 기울인 머리를 가진 그래픽 묘사로 나타난다. 예를 들어, Tamiart 작가의 디지털 회화(2015년 4월 29일 접속, http://tamiart.deviantart.com/art/Stephen-Hawking-194025707) 또는 Kevinbolk (K-Bo)의 만화 스타일 인물(2015년 4월 29일 접속, http://kevinbolk.deviantart.com/art/Stephen-Hawking-Art-Card-by-K-Bo-445137690)을) 참조.

[34] Martin Warnke, "Herrscherbilinis", in Handbuch der politischen Ikonographie, 1권, Uwe Fleckner, Martin Warnke와 Hendrik Ziegler 편저 (Munich: C.H. Beck, 2011), 481–490쪽.

[35] Gerrit Walczak, "David, der General, Carteux und sein König: Über Bonaparte am Grossen St. Bernhard", Wallraf-Richartz-Jahrbuch 73집 (2012), 211–212쪽.

[36] Freakstars 3000은 2002년 독일 음악 채널 VIVA Plus에서 각 30분짜리 6부작 텔레비전 시리즈로 처음 방송되었다. 2003년에는 전체 시리즈의 클립을 모은 영화 버전 Freakstars 3000 (75분)이 뒤따랐다. 나의 다음 설명은 영화를 참조.

[37] Christoph Schlingensief (1960–2010)는 잘 알려진 독일 공연 예술가이자 연극 및 영화 제작 감독이었다. 그의 많은 공연은 현재의 정치, 문화 및 대중 매체와 밀접하게 연결되어 있다. 1998년에 그는 "실패는 기회다(Failure as an opportunity, Scheitern als Chance)"라는 선거 슬로건으로 Chance 2000 당을 결성했다. 그의 당을 통해 그는 관습적인 정당들의 메커니즘을 드러내고 선거 운동을 무의미하게 만들었다. 2000년에 Schlingensief는 공연 Please love Austria (Bitte liebt Österreich)를 위해 Wiener Festwochen의 일부로 컨테이너를 설치했다. 망명 신청자로 소개된 12명의 참가자가 이 컨테이너에 살면서 내내 촬영되었다. 대중의 투표를 통해 어떤 참가자가 컨테이너와 나라를 떠나야 하는지 결정할 수 있었다. Schlingensief는 이 공연을 통해 사회의 정치적, 도덕적 책임을 다루었다. 더 많은 정보는 예를 들어 Solveig Gade, "Putting the Public Sphere to the Test: On Publics and Counter-Publics in Chance 2000", in Christoph Schlingensief: Art without Borders, Tara Forrest와 Anna Teresa Scheer 편저 (Bristol and Chicago: Intellect, 2010), 89–103쪽, 그리고 Susanne Hochreiter, "Den Skandal erzeugen immer die anderen: Überlegungen zu kunstlerischen und politischen Strategien Christoph Schlingensiefs", in Der Gesamtkunstler Christoph Schlingensief, Pia Janke와 Teresa Kovacs 편저 (Vienna: Praesens Verlag, 2011), 444–448쪽을 참조.

[38] 한 인터뷰에서 Schlingensief는 참가자 Kerstin GraBmann에게 이야기한다. "'Kerstin은 정신분열증이었지만, 더 이상 그렇지 않지.' Kerstin이 대답한다. '나는 여전히 그래요.'" Freakstars 3000 (2003), 11:00–11:08분. 다른 인터뷰 부분은 Achim von Paczensky를 보여주며 Schlingensief가 묻는다. "'Achim, 당신은 장애인입니까? 정말로?' 그리고 '어디가 장애입니까?'" Achim은 아이러니하게 "네, 엉덩이요"라고 대답한다. Freakstars 3000

(2003), 14:25-14:28분. Morgan Koerner가 주장하듯이, "참가자들을 개인으로 대하고 그들의 특정 장애를 정확히 집어내기를 거부하는 방식을 통해, 이 영화는 장애에 대한 의학적 개념에 저항하고 조롱한다." Koerner, "Medical Gaze", 72쪽.

[39] 예를 들어, Tara Forrest, "Productive Discord: Schlingensief Adorno, and Freakstars 3000", in Christoph Schlingensief: Art Without Borders, Tara Forrest와 Anna Teresa Scheer 편저 (Bristol and Chicago: Intellect, 2010), 131쪽 및 Koerner, "Medical Gaze", 69쪽, 74쪽, 각주 13을 참조한다.

[40] Ort, "Ihr seid krank."

[41] 예를 들어, 방명록의 27번 항목(2004년 8월 10일)을 참조한다. "도덕에 대해 생각하지 않고 웃다 죽을 수 있을지, 아니면 거기에 조작된 것이 심각한 것인지 알고 싶습니다. [...] 하지만 정말 심각하게 혼란스럽습니다. 불행히도 그것이 무엇인지 전혀 모르겠습니다." Forrest, "Productive Discord", 131쪽에서 인용됨. 또한 스레드 "Freakstars 3000"의 일부 게시물을 참조한다. 예를 들어: "이 텔레비전 시리즈는 절대적으로 필요하다! 그것은 고통스럽고, 불편하며, 시끄럽고 히스테리컬하며, 결코 기분 좋은 텔레비전이 아니다! Freakstars 3000은 대부분의 다른 사람들이 무시하고 싶어 하는 바로 그 사람들을 보여준다." ("Diese Sendung ist absolut nötig! Sie tut weh, sie ist unbequem, sie ist laut und hysterisch und alles andere als Wohlfuhlfernsehn! [...] Freakstars 3000 setzt genau die Leute in Szene, bei denen achsoviele lieber zur Seite schauen, wenn sie die Strassenbahn betreten."). Yog-Sothoth, 2002년 7월 18일 (오후 04:44), 스레드 "Freakstars 3000"의 24번 게시물, 2015년 4월 29일 접속, http://www.xpbulletin. de/gesellschaft-f10/freakstars3000-t1383.html.

[42] Ort, "Ihr seid krank."

[43] Paul K. Longmore, "Screening Stereotypes: Images of Disabled People in Television and Motion Pictures", in Why I Burned My Book: And Other Chapters on Disability, Paul K. Longmore 편저 (Philadelphia: Temple University Press, 2003), 특히 132쪽.

[44] Colin Barnes와 Geof Mercer, Exploring Disability: A Sociological Introduction, 2판 (Cambridge and Malden: Polity Press, 2010), 193쪽.

[45] Übermensch의 상반된 해석은 장애 고정관념화에서 유사한 경향을 보여준다. 이는 Longmore뿐만 아니라 Barnes와 Mercer의 텔레비전 및 미디어에 관한 연구 결과가 문화적 맥락에서 장애 재현의 더 넓은 분야로 확장될 수 있다는 단서를 제공한다.

[46] Koerner, "Medical Gaze", 71쪽.

[47] Koerner, "Medical Gaze", 69쪽.

[48] Rosemarie Garland-Thomson, "Introduction: From Wonder to Error—A Genealogy of Freak Discourse in Modernity", in Freakery: Cultural Spectacles of the Extraordinary Body, Garland-Thomson 편저 (New York and London: New York University Press, 1996), 5쪽.

[49] Garland-Thomson, Staring, 3쪽.

[50] Garland-Thomson, Staring, 5쪽, 13-14쪽.

[51] 예를 들어 Ort, "Ihr seid krank"을 참조한다.

[52] Freakstars 3000 (2003), 00:00-00:28분, Morgan Koerner의 번역, Koerner, "Medical Gaze", 59쪽.

[53] Morgan Koerner는 Freakstars 3000의 카메라 관점과 사용법을 분석하고, 영화적 수준에서도 Schlingensief가 리얼리티 TV 형식을 채택하고 있다는 결론에 도달한다. Koerner,

"Medical Gaze", 65쪽.

[54] Irmhild Saake와 Veronica Maier, "Gefuhlte Kritik: Casting Shows als Visualisierung des moralischen Diskurses", Soziale Systeme 16호, 1집 (2010): 177쪽.

[55] Ralf von Appen, "Die Wertungskriterien der Deutschland sucht den Superstar-Jury vor dem Hintergrund sozialer Milieus und kulturindustrieller Strategien", in Keiner wird Gewinnen: Popular Musik im Wettbewerb, Dietrich Helms 편저 (Bielefeld: Transcript, 2005), 206쪽.

[56] Jo Reichertz, Die Macht der Worte und der Medien (Wiesbaden: VS Verlag, 2007), 96쪽.

[57] Cashell, Aftershock, 26쪽.

[58] Georg SeeBlen, "Radikale Kunst: Uber Schlingensiefs Asthetik der Offhung", in Der Gesamtkunstler Christoph Schlingensief, Pia Janke와 Teresa Kovacs 편저 (Vienna: Praesens Verlag, 2011), 76쪽.

[59] Harald Muhlbeyer, "Freakstars 3000—Christoph-Schlingensief-Edition #11", Screenshot. Texte zum Film, 2015년 4월 29일 접속, http://screenshot-online.blogspot.de/2008/04/christoph-schlingensief-edition-l 1 .html.

[60] Muhlbeyer, "Freakstars 3000."

[61] Hochreiter, "Den Skandal erzeugen immer die anderen", 447쪽.

[62] Koerner, "Medical Gaze", 64쪽.

3 결합은 없다

시각 장애인 모체(Moche1)) 샤먼의 영적 고양

Rebecca R. Stone

아메리카 원주민 또는 퍼스트 네이션스(First Nations) 사람들[1]은 통계적 규범으로부터 벗어난 인간의 신체적 차이에 대해 유난히 높은 존중을 유지해 온 것으로 보인다. 아메리카 원주민의 문화적 및 예술적 전통은 비정상적인 신체를 가진 사람들이 어떤 근본적인 방식으로 다른 사람들보다 "열등하다"는 광범위한 "규칙"에 대한 중요한 예외 역할을 한다. 본 장은 "다름(different)", "특이함(unusual)", "비정상적임(anomalous)"2)과 같은 용어를 상호 교환적으로 사용하며, 비정상적인 신체를 가진 개인에 대한 긍정적이고 고양된 관점의 증거로서 예술의 한 예를 탐구할 것이다. 나는 고대 남아메리카의 도자 인물상 하나를 아메리카 대륙 전역에서 발견되는 "장애를 가진('dis'abled)" 범주의 이미지로 논의할 것이다.

---

1) 역자주: Moche 문명은 기원전 100년부터 800년까지 남아메리카의 페루 지역에 존재했던 고대 문명임. 이 문명은 주로 현재의 페루 북부에 위치한 La Libertad 주와 Lambayeque 주에 걸쳐 번영했음. Moche 문명은 특히 예술과 건축에서 뛰어난 것으로 알려져 있는데, 그들은 고급 도자기, 금속 세공, 벽화, 조각 등 다양한 예술 형태를 발전시켰음. Moche 도자기는 특히 풍부한 색상과 복잡한 디자인으로 유명함. 또한, Moche 문명은 농업과 물 관리 시스템에도 뛰어난 기술을 보유하고 있었음. 그들은 과수원과 물 공급 시스템을 통해 농업을 발전시켰으며, 이는 그들의 번영을 가능하게 했음. Moche 문명은 신앙과 숭배에도 중점을 두었음. 그들은 신성한 지형과 천문학적 현상을 숭배하며, 이를 기반으로 한 행사와 제사를 열곤 했음. 이 문명은 기원전 8세기부터 10세기까지 번영했으나, 이후에는 내부 분쟁과 환경 변화로 인해 점차 쇠퇴하게 되었음.

2) 역자주: "Unusual"은 평소와 다르거나 일반적이지 않은 상황이나 사건을 묘사할 때 사용됨. 이는 흔히 발생하지 않거나 특별한 경우를 의미함. "Anomalous"는 자연스럽지 않거나 비정상적이라는 더 강한 의미를 담고 있음. 이는 통계적, 과학적 맥락에서 자주 사용되며, 어떤 것이 기준에서 벗어나 있음을 나타냄.

여기서 'dis'에 작은따옴표를 붙이는 것[3]은 차이가 더 수용되는 경향이 있는 아메리카 원주민의 가치 체계 내에서 우리의 용어 "장애인(disabled)"이 관련이 없을 수 있음을 강조한다.[2] 우리의 현재 용어는 적어도 대중적인 의미에서는 무언가가 부족하다는 생각을 강조한다. 시각적 증거가 능력을 그 반대(무능력)가 아닌 능력을 주장한다면, "장애인"이라는 용어는 오해의 소지가 있게 된다. 긍정적으로 다름으로 정의되는 "특별함(special)"은 아메리카 원주민의 인물상과 관련하여 적용 가능한 개념으로 남는다.

나는 시각 장애를 가진 이 개인(그림 3.1)을 현대 용어로 고위층의 영적 전문가, 즉 샤먼으로 식별할 것이다. 페루 북부 해안(서기 약 300년경) 출신의 이 모체(Moche) 인물상은 완전히 흰 눈을 가진 남자를 보여준다. 이는 나중에 논의하겠지만, 아마도 진행성 백내장의 효과를 나타내는 것일 수 있다. 게다가, 인물의 복장과 자세에 따르면, 그는 고양된 지위를 누렸으며 핵심적인 사회 종교적 역할을 수행했다.

이처럼 아름답게 조각되고, 구워지고, 무덤에 보존된 귀한 물건들은 고인의 영혼이 사후 세계로 가는 여정의 동반자 역할을 하는 것으로 보인다. 이는 규범으로부터 신체적 차이를 가진 개인이라는 주제에 예술성이 아낌없이 쏟아졌음을 시사한다. 더욱이, 이는 시각 장애인에게 힘을 부여하는 것을 구현하며, 아메리카 원주민 지역 전역에서 발견되는 수백, 어쩌면 수천 개의 '장애를 가진' 개인의 다른 이미지들과 궤를 같이한다.[3]

샤먼[4]은 아메리카 원주민의 공유된 종교 체계에서 핵심적인 영적 중재자이자 선지자였으며 현재도 그러하다.[5] 샤머니즘은 변성 의식(trance-based)[4]에 기반한

3) 역자주: 저자는 본문 내내 disabled를 'dis'abled로 표현하는 방법을 통해 원주민이 생각한 'dis'abled의 개념이 현재와 많이 다를 수 있음을 지속적으로 강조하였음.

4) 역자주: "Trance-based practice"는 사람이 의식 상태를 변화시키고 심리적으로 깊이 몰입하는 상태에 들어가는 기법이나 방법을 의미함. 이 상태에서 사람은 일상적인 인식과는 다른 깊은 수준의 주의 집중과 심리적 경험을 할 수 있음. 이러한 트랜스 상태는 다양한 문화와 전통에서 영적, 치료적 또는 의식적인 목적으로 사용됨. 트랜스 상태를 유도하는 방법에는 명상, 춤, 음악, 호흡법, 반복적인 움직임, 신체 감각 자극 등이 있음. 이러한 방법을 통해 사람들은 평소와는 다른 의식 상태에 들어가고, 그 상태에서 다양한 심리적, 영적 경험을 하게 됨.

관습으로, 환영적인 유체이탈 경험이 신체적, 사회적, 그리고/또는 정치적 인간의 질병을 치유하고, 미래를 예측하고 공간적으로 멀리 있는 것을 헤아리며, 사냥감에서부터 출산, 풍부한 비에 이르기까지 모든 지상의 풍요에 영향을 미치는 것으로 간주된다. 샤먼은 산파, 약초 전문가, 점쟁이이며, 그들의 역할은 우리의 의사, 심리학자, 영매, 몽상가의 역할을 교차한다. 나는 비정상성(anomalousness)이 샤먼이 되기 위한 전제 조건이었으며, 샤먼은 필연적으로 사회와 그 규범 밖에 있는 사람이라고 주장해 왔다.[6]

평범한 신체 경험을 덜 강조하는 것은 샤먼의 환영의 기초를 이루며, 비정상성과의 이러한 상관관계를 위한 무대를 마련한다. 스스로가 다른 존재로 변모한다고 느끼는 사람들과 그 경험의 타당성을 장려하는 그들의 문화는 "정상적인" 인간의 외모에 특권을 부여하지 않는다. 동물-자아로의 변모는 아메리카 원주민의 환영 보고서에서 흔하다. 재규어, 독수리, 카이만, 뱀, 또는 사슴이 되어 그들의 힘, 지각, 지혜, 특성에 접근하는 것은 샤먼의 변성 의식(trance)의 주요 구성 요소이다. 이는 샤먼이 성공했음을 나타내는 지표이다. 대부분의 스타일의 예술가들은 인간과 (다른) 동물의 특징을 무수히 많은 방식으로 혼합함으로써 샤먼을 그들의 동물-자아로 묘사한다.[7] 이는 동물과 닮는 것이라는 중요하지만 다소 까다로운 주제로 이어진다. 서구에서는 사람들을 동물이라고 부르는 것이 매우 경멸적이었다. 동물처럼 보이는 것에 대한 서구의 부정적인 함의는 인간과 동물 사이의 유대-기독교적 분리에 기반한다. 성경은 인간에게 동물을 지배할 것을 권고하며, 동물을 본질적으로 열등한 존재로 만든다. 그러나 샤먼 사회에서는 그 반대이다. 고대 열대 지방에서는 동물이 지배적이다. 샤먼적 관점에서 동물처럼 보이는 것은 당신의 동물-자아에 대한 강하고 본질적으로 긍정적인 지표이다.[8] 고대 열대 지방에서는 동물이 종종 지배적이기 때문에, 동물 같은 인간의 신체는 특히 샤먼들 사이에서 수용 가능하게 된다.

Figure 3.1 Moche effigy of a vision-impaired man. 17.8 × 10.5 cm (7 × 4 1/8 in.). Ceramic, c. 300 ce . Michael C. Carlos Museum, accession number 1989.8.71. © Michael C. Carlos Museum. Photo by Bruce M. White, 2011.

Figure 3.2 Moche effigy of a man wearing espingo seeds. 24.7 × 14 cm (9 3/4 × 5 1/2 in.). Ceramic, c. 300 ce . Michael C. Carlos Museum, accession number 1989.8.68. © Michael C. Carlos Museum. Photo by Michael McKelvey.

더 나아가, 단순한 공감 이상으로, 돕는 자와 고객 사이에는 형태의 유사성(isomorphism)이 존재하며, 이들 모두는 "상처 입은(wounded)" 존재이다. T.S. 엘리엇(T.S. Eliot)[9]에서 차용한 "상처 입은 치유자(wounded healer)"라는 구절의 논리는 트라우마, 질병 또는 유전적 상태에서 살아남은 사람이 유사한 상황에 있는 다른 사람들을 더 잘 도울 수 있다고 전제한다.[10] 물론 이 생각은 일반적이고 상식적이며 보편적인 호소력을 가지고 있다. 그러나 아메리카 원주민에게 이 연결에는 더 많은 것이 있다. 질병과 비정상성은 영적인 기원을 가지고 있다고 믿어지며, 할리팩스(Halifax)가 주장하듯이, 도전을 극복한 사람에게는 영적인 힘이 귀속된다.[11] 마찬가지로, 그러한 생존자는 다른 샤먼과 영혼들의 도움을 모을 성향이 있다고 여겨지며, 그의 힘은 배가된다.

이러한 힘을 부여하는 신념 체계에도 불구하고, "상처 입은"이라는 용어는 의문시되어야 한다. 그것은 해(harm)를 암시하지만, 또한 그 사람이 영구적인 상처 입음의 상태를 지니고 있음을 시사한다. 따라서 그것은 손상, 무언가의 결핍, 또는 온전함의 부족에 초점을 맞춤으로써 다시 부정적인 상태를 암시한다. 아마도 "생존자-치유자(survivor-healer)"가 원주민의 관점을 더 잘 전달할 수 있을 것이다. 이러한 세계관에서 다른 신체를 가짐으로써 증명되는 특별함은 영적인 축복으로 간주된다.[12] 다음 모체 예시에서 이루어진 예술적 선택은 이 가설에 대한 시험 사례 역할을 할 것이다.

모체 문명

모체(Moche) 도자 인물상은 가장 잘 알려져 있고 쉽게 접할 수 있는 안데스 작품 중 하나이다. 그들의 사실주의적 정도는 추상화 경향이 있는 안데스 재현 전통 내에서 특이하다. 모체 토기는 점박이 개, 공물을 바치는 인물, 잠든 것처럼 보이는 남자, 광석을 제련하는 야금술사를 묘사한다. 그러나 자연주의가 반드시 지상에서의 외관에 대한 관심만을 의미하지는 않는다. 모체 예술의 겉보기에는 일상적인 측면에도 불구하고, 그것은 문화의 백과사전을 구성하기보다는,

종종 깊은 영적 내용을 가진 특정 주제를 강조한다. 예를 들어, 여성이 요리하는 모습, 아이들이 노는 모습, 농부가 밭을 파는 모습을 보여주는 알려진 이미지는 없다. 산 정상에서의 희생, 의식 춤, 해골, 환영 식물 목걸이를 착용한 남자(그림 3.2), 그리고 인간 피를 바치는 의식은 모체의 의례적 이미지의 전형이다. 또한 모체 사람들의 일반적인 이미지의 큰 그룹이 있는데, 이들은 전신 버전으로만 나타나며 지위가 낮다(반복되는 얼굴, 미분화된 신체, 그리고 왕실 무덤 지도자들과 관련된 품목의 부족에 따름). 그들은 의도적으로 그리고 거의 상호 교환 가능하다.[13]

이러한 "평범한 사람" 인물상과 대조적으로, 약 700점의 모체 모방 초상화는 중요한 남자들의 독특한 인상을 명확하게 전달하며, 각 사람은 다음 사람과 뚜렷하게 다르다.[14] 비록 이 숫자가 많아 보일 수 있지만, 적어도 15만 점 이상의 현존하는 모체 도자가 있으며, 아마도 더 많을 것이다. 얼굴 윤곽에서 주름, 그리고 삽입된 안구에 이르기까지 사실적인 요소가 총망라되어 있다. 일부 인상 초상화는 전신이지만, 대부분은 머리에만 초점을 맞춘다. 일부 얼굴은 우아하고, 다른 얼굴은 잘생겼거나, 찌그러졌거나, 통통하거나, 말랐거나, 젊거나, 중년이거나, 노인이다. 그림 3.3의 주제는 성숙한 남성으로, 이중턱이 될 조짐(nascent jowl), 입가 주름, 바깥쪽으로 기울어진 눈, 강한 코를 가지고 있다. 일부 초상화 시리즈는 평생 동안 동일한 개인을 추적하는데, 특히 입술에 흉터가 있는 소년이 노년까지 살았던 모습이나 눈꺼풀이 부어오르고 눈썹이 높은 다른 사람의 모습이 그러하다.[15] 일부 초상화에는 버섯 모양의 발산물이 있는 노골적으로 환상적인 머리 장식이 포함되어 있어 그들이 중요한 샤먼이었음을 강력하게 시사한다.[16] 많은 이들이 무릎에 손을 얹은 명상 자세로 앉아 있는데, 이는 그들이 변성 의식 상태의 영적 중재자였음을 의미한다.

여기서 흥미로운 것은, 초상화에 불멸화된 일부 사람들은 한쪽 또는 양쪽 눈이 없거나, 양쪽 눈이 움푹 들어가 있거나 또는 떠 있지만 완전히 흰색이다. 입술, 눈꺼풀, 코끝이 없는 얼굴도 있는데(모래파리가 옮기는 기생충에 의해 얼굴이 파먹히는 질병인 리슈마니아증의 증거 [그림 3.4]), 얼굴에 갈라짐과 흉터를 보이는 일부도 있다.[17] 단 하나의 발, 팔, 다리 또는 그 조합을 가진 신체와 연골 무형성증(achondroplasia, 개인이 큰 머리와 단축된 몸통 및 사지를 보이는 난쟁이의 한 형태)을 묘사하는 것처럼 보이는 신체도 있다. 이러한 특이한 신체는 매우 정확하게 묘사됨으로써 고양되며, 그들의 초상화는 다른 초상화만큼 자세하고 인상적이다. 이러한 오래전에 사망하여 불멸화된 샤먼들의 "진단"이 반드시 관련성이 있는 것은 아니며 장애의 의학적 모델이 잠재적으로 반대할 만하더라도,[18] 모체인들이 다양한 특이한 상태를 구별하기 위해 노력했다는 사실은 중요하다. 이 경우의 가상 진단은 X 상태를 가진 사람이 성공적인 샤먼이 되는 데 무엇이 기여했을지를 결정하는 데 도움이 되며, 모체 예술가들이 이 개념을 어떻게 전달하기로 선택했는지를 탐구할 수 있게 한다.

샤머니즘이 변성 의식 상태의 환영(trance visions)에 크게 의존하기 때문에, 일부 머리와 신체 초상화 토기들이 지상 영역에서 시각 장애를 가진 사람들을 묘사한다는 것은 중요하다. 일반적으로 눈의 변화는 내가 주장했듯이 변성 의식 상태(trance state)를 종종 나타낸다.[19] 다양한 "변성 의식의 눈(trance eyes)" 중에는, 동물-자아를 직접적으로 전달하기 위해 인간의 눈을 대체하는 둥근 눈이 있으며, 환영가들이 보고하는 공포, 흥분, 그리고 눈이 불거져 나오는 듯한 감각을 보여주기 위해 과장되게 크게 뜬 아몬드 모양의 인간의 눈이 있다.[20] 크게 뜬 눈은 이 인물(모체 샤먼)의 눈과 같다. 또 다른 유형의 "변성 의식의 눈" 묘사는 의도적으로 눈을 세게 꽉 감은 모습인데, 이는 눈을 잃었거나 눈이 전혀 기능하지 않아 눈을 감고 있는 시각 장애인과 관련된다.

이러한 "눈을 감고 보는 것(eyes-closed seeing)"은 변성 의식 상태(trance)를 전달하는데, 이는 환영가들이 물리적인 눈을 통해 동시에 어떤 지각도 들어오지 않을 때 그들의 환영이 더 명확하다고 보고하기 때문이다.[21] 이는 매우 중요한 지점으로 이어진다. 환영은 눈이 아닌 머리(우리가 말하자면 뇌)에서 일어난다. 따라서 환영을 갖기 위해 눈이 전혀 필요하지 않다. 실제로, 육안의 시력(seeing)이 환영(visions, Seeing)을 방해한다면, 시각 장애인이 이 영역에서 이점을 가진다. 우리는 "환영(Seeing)"(예: 영적 환영)과 "시력(seeing)"(예: 물리적으로 기능하는 눈)을 구별할 수 있다. 샤먼 사회는 환영(Seeing)을 훨씬 더 가치 있게 여긴다. 샤먼적 관점에서 시각 장애인에게는 아무것도 "결여된 것"으로 간주되지 않는다.

그림 3.1의 인물이 환영(Seeing)을 보고 있는 샤먼임을 주장하기 위해, 우리는 먼저 그가 특정 인물의 초상화라는 것을 확립해야 하며, 다음으로 샤먼임을, 그리고 마지막으로 그의 완전히 흰 눈을 환영 및 가능한 동물-자아와 관련하여 고려해야 한다. 그는 일반적인 남성들처럼 둥글고, 고르게 생긴, 좌우 대칭인 얼굴을 보이지 않는다(그림 3.1과 3.2를 비교한다). 옆모습으로 볼 때, 그의 아래 얼굴은 튀어나와 있고 코는 위로 들려 있는데, 이는 평범한 사람의 편평한 옆모습과 곧은 코와 대조된다. 정면 모습은 그의 눈이 아래로 처지고 입이 바깥쪽으로 내려가 있음을 전달한다. 다시 말하지만, 이러한 자연주의적으로 불규칙한 특징은 이 얼굴이 초상화임을 나타낸다.

이 인물은 목 주위에 장식적인 사각형 요소 또는 구슬을 끈에 꿰어 착용하고 있으며, 이는 연결된 선으로 명확하게 칠해져 있다. 이 사각형들은 조각된 스폰딜루스[5](Spondylus, 가시굴 조개 껍질)**[22]** 또는 금속 명판(plaques)[6]을 나타낼 수 있다. 둘 다 고위층 재료이다. 가장 좋은 단서는 뒷모습에 있는데, 마지막 두 사각형이 연결되어 있지 않아, 목을 조르는 초커(choker)[7]처럼 목을 감싸고 있는 것이 아니라 예복의 목선에 꿰매어져 있음을 시사한다. 시판(Sipán)[8] 유적 등에서 발견

---

5) 역자주: Spondylus는 고대에 널리 알려진 바다 생물임. 이들은 두 개의 큰 조개껍데기를 가진 진주조개의 한 종류로, 주로 열대 및 아열대 바다에 서식함. Spondylus의 껍데기는 색깔이 다양하고, 아름다운 패턴을 가지고 있어서 고대 문명에서는 보석처럼 취급되었음. 특히 중남미의 고대 문화, 예컨대, 잉카 문명에서는 Spondylus 껍데기를 신성하게 여겨 주술적, 종교적 의식에 사용하기도 했음.

6) 역자주: 기념판(plaque)은 특정한 장소, 사람, 사건 등을 기념하거나 표시하기 위해 사용되는 금속이나 돌로 만든 평평한 판을 의미함. 예컨대, 건물 외벽에 붙여진 동판으로, 역사적인 사건이 그 장소에서 발생했음을 기념하는 경우 등이 있음.

7) 역자주: 초커(Choker)는 주로 여성들이 착용하는 목걸이 형태의 액세서리임. 초커는 목에 밀착하여 착용하는 짧은 길이의 목걸이로, 다양한 재질과 디자인으로 만들어질 수 있음. 예컨대, 벨벳, 가죽, 금속, 레이스, 보석 등이 사용될 수 있음. 초커는 오랜 역사 동안 여러 문화에서 사용되어 왔으며, 특히 빅토리아 시대와 1990년대에 인기를 끌었음.

8) 역자주: 중남미에 있는 시판(Sipán) 유적지는 페루의 북부에 위치한 고고학 유적지임. 시판은 주로 모체(Moche) 문명과 관련이 있으며, 1987년에 발견된 시판 왕의 무덤이 특히 유명함. 이곳에서 발굴된 금, 은, 보석 등 많은 유물은 모체 문명의 부유함과 고도의 기술을 보여줌.

Figure 3.3 Moche portrait head cup. 14.8 × 10.6 cm (5 13/16 × 4 3/16 in.). Ceramic, c. 300 ce . Michael C. Carlos Museum, accession number 1999.3.115. Ex coll. William S. Arnett. © Michael C. Carlos Museum. Photo by Bruce M. White, 2012.

Figure 3.4 Moche effigy of a survivor of leishmaniasis. 21.4 × 13.8 cm (8 7/16 × 5 7/16 in.) Ceramic, c. 300 ce . Michael C. Carlos Museum, accession number 1989.8.72. © Michael C. Carlos Museum. Photo by Michael McKelvey.

된 호화로운 모체 매장에는 원래 천에 꿰매어져 있던 수백 개의 금속 조각이 포함되어 있어 이것이 더 가능성 있는 참조 대상이다.[23] 그의 어깨 위에 걸쳐진 교차된 직조 띠는 또 다른 의례복 품목인 것으로 보인다. 뒷모습은 특히 띠의 가늘어지는 끝부분이 그의 어깨뼈 아래로 늘어져 있는 방식을 보여준다. 돈난(Donnan)의 고대 페루의 모체 초상화[9]를 대략적으로 훑어보면 알 수 있듯이, 이는 다른 초상화 머리 및 전신 이미지와 다른 고도로 개별화된 목 장식과 띠의 조합이다.[24]

또한 그의 얼굴에 비대칭적으로 새겨진 자국(marks incised)도 개별화되어 있다. 만약 지상 영역의 무언가를 나타낸다면, 이는 최근 라 세뇨라 데 카오(La Señora de Cao)[10]로 알려진 모체 여왕에게서 발견된 문신을 나타낼 수 있다.[25] 그러나 이것은 더 가능성 있게 흉터 자국(scarification)을 나타내는데, 이는 흉터가 살을 베는 것처럼 진흙에 새겨진 의도적인 3차원성 때문이다. 몸에 그림을 그리는 것은 일반적으로 칠해진 더 어두운 슬립(slip) 페인트로 표시되기 때문에(그림 3.3), 바디 페인트일 가능성은 낮다. 조각(Incisions)은 모체 초상화와 전체 도자 유물군에서는 흔하지 않지만, 다른 시각 장애 샤먼의 인물상에서는 발견된다.[26]

그러나 새겨진 패턴이 실제 얼굴 표시를 사실적으로 모사하지 않을 수 있다는 점을 고려할 가치가 있다. 오히려, 그것들은 시각 장애를 가진 환영가들이 환영 속에서 보는 기하학적 형태를 상징할 수 있다. 기하학적 패턴은 변성 의식(trance consciousness) 중에 경험되는 첫 번째 이미지로 보편적으로 보고되며, 종종 환영 전체에 걸쳐 지속된다.[27] 사실, 이 인물의 코, 윗입술, 턱에 있는 격자무늬는 전형적인 기하학적 도입 이미지이다.[28] 게다가, 안데스 예술과 문화에서는 외부로

9) 역자주: 이와 관련해서는 Christopher B. Donnan의 Moche Portraits from Ancient Peru(2004)를 찾아보길 추천함.

10) 역자주: La Señora de Cao (Lady of Cao)는 페루의 El Brujo 유적지에서 발견된 고대 모체 문명의 무덤 속 여성임. 이 무덤은 2006년에 페루 고고학자인 Regulo Franco Jordán과 그의 팀에 의해 발견되었음. La Señora de Cao는 약 450년경에 사망한 것으로 추정되며, 그녀는 약 20대 중반에서 25세 사이였음. 그녀는 많은 티타노와 보석이 장식된 복잡한 무덤에서 발견되었으며, 이는 그녀가 고위 성직자 또는 모체 문명의 지도자였음을 시사함. 이 발견은 모체 문명에서 여성이 고위직을 맡을 수 있었음을 보여주며, 이전에는 이 문명에서 고위직은 남성만이 가졌다고 여겨졌음. 또한, 그녀의 무덤에서는 죽은 청년 여성의 유체도 발견되었으며, 이는 인질 희생일 가능성이 있음. La Señora de Cao는 모체 문명의 부유함과 문화적 중요성을 잘 보여주는 중요한 발견 중 하나로 평가받고 있음.

표출되는 내부의 자질에 가치가 부여된다. 잉카어 ukhu[11]는 “숨겨진 것이 드러남”을 의미한다.[29] 다시 말해, 이러한 겉보기에는 실제적인 외부 얼굴 패턴은 샤먼이 변성 의식 세계에서 보고 있는 것을 단순히 드러낼 수 있다. 종종 변성 의식에서 얻는 시각 유형이기도 한 엑스레이처럼,[30] 이 패턴들은 그의 환영적 경험을 보여주고, 그것을 외부로 표출하여 관람자가 그의 특별한 의식 상태를 이해할 수 있게 한다. 샤먼에게 그리고 샤먼의 이미지 속에 존재하는 현실은 복잡하고 비선형적이지만, 샤먼 예술은 그것들을 지상 세계의 용어로 소통해야 하는데, 이는 많은 해결책을 가진 매혹적이고 창의적인 역설이다.

그림 3.1에 묘사된 남자가 환영(Seeing)을 보고 있다는 생각은 그의 다리가 몸 아래로 접혀 있고 손이 무릎 위에 놓여 있는 자세로도 강조된다. 일반적인 인물들은 이 자세를 취하지 않지만, 벤치에 앉아 있거나, 치유 의식에 참여하거나, 다양한 유형의 변성 의식의 눈을 보여주는 인물들은 이 자세를 취한다. 이것은 오랫동안 샤먼적 명상의 자세로 확인되어 왔다.[31] 리슈마니아증으로 얼굴이 파먹힌 남자 역시 이 자세를 취한다(그림 3.4). 주장건대, 또 다른 관련된 샤먼적 특징은 이 시각 장애 남자가 확대된 귀를 가지고 있다는 것인데, 이는 환영이 극적인 청각적 및 다른 감각 경험으로 가득 차 있기 때문에 향상된 청각을 나타내는 것일 수 있다.

이 시각 장애 샤먼의 특정한 시각 장애 역시 개별적이다. 완전히 흰 눈은 유물군에서 흔하지 않다. 일반적인 인물들의 눈은 조각의 전반적인 적갈색으로 남아 있는 경향이 있으며(그림 3.2), 비시각 장애인의 초상화는 흰자 속에 홍채가 사실적으로 떠 있는 모습으로 칠해져 있다(그림 3.3, 3.5). 특이한 완전히 흰 눈에 대한 가장 가능성 있는 설명은 그 남자가 진행된 백내장, 즉 수정체의 혼탁을 앓았다는 것이다.[32] 단백질이 막으로 응고되어 망막에 이미지 초점이 맺히는 것을 방해한다. 눈이 흐려지고, 노르스름해지며, 시야가 흐려진다. 백내장은 노화와 강하게 연관되

11) 역자주: Ukhu는 잉카어(케추아어)에서 “내부” 또는 “안쪽”을 의미하는 단어임. 이 단어는 잉카 건축과 문화에서 중요한 개념으로, 잉카 건축물의 구조와 설계에서 내부 공간의 중요성을 강조함. 예컨대, 잉카 사원이나 건물에서 외부보다 내부가 더 중요하고 신성시되는 경우가 많음.

어 있으며, 특히 60세 이후에 흔하지만, 장기간의 빛 노출, 눈 외상, 또는 당뇨병의 결과일 수도 있다. 일부 경우에는 선천적이다.

이 인물과 관련하여 모체인들은 페루 북부 해안의 매우 햇볕이 잘 드는 환경에 살았으며, 햇볕 노출이 원인일 수 있다. 눈의 노르스름한 기운은 크림색 슬립 페인트로 표현되는데, 이는 두 가지 색상 팔레트에서 흔히 사용되는 밝은색 슬립이지만, 이 경우 백내장과 일치한다. 이 특정 인물은 노년이라기보다는 성숙한데, 다른 모체 모방 인물들은 주름을 가지고 있다(그림 3.5). 그는 여전히 나이와 관련된 발병을 겪었을 수도 있고, 언급된 다른 이유로 백내장을 앓았을 수도 있다. 샤먼 사회에서 겉보기에 시력 없는 눈을 가지고 태어나는 것은 특별한 시력, 즉 환영을 가질 미래 잠재력의 극적인 표시일 수 있다. 시력 없는 눈은 정의상 다르며, 비정상적이고, 변성 의식 경험 동안 저승을 보는 것이 지상 세계를 보는 것보다 덜 중요하게 여겨짐에 주의를 집중시킨다. 시력에 영향을 미친 사고나 공격에서 살아남은 것 또한 앞서 논의된 상처 입은 치유자에 따라 특별한 능력을 나타낼 것이다.

여기서는 명백한 동물-자아가 확실히 표시되지는 않는다. 샤먼 이미지가 일반적으로 인간에서 동물, 그리고 그 사이의 모든 것에 이르는 연속체를 따르기 때문에 이는 특이한 일이 아니다.[33] 그러나 눈이 주기적으로 하얗게 변하는 관련 샤먼적이고 환영적인 동물이 있는데, 바로 허물을 벗기 시작하는 뱀이다.[34] 눈 막이 분리되어 우윳빛 흰색이 되며, 머리 껍질이 벗겨지기 시작하고 허물벗기가 진행될 때까지 뱀은 시야가 흐릿해진다. 이것은 단순히 흥미로운 사실일 수 있지만, 뱀은 지속적으로 성장하고 허물벗기를 통해 다시 태어나기 때문에 생명, 재생, 다산을 강력하게 상징하며, 모든 보고에 따르면 변성 의식 상태에서 가장 흔하게 보는 동물이다.[35] 이것은 뱀을 샤먼적 경험에서 강하게 충전된 동물로 만들며, 흰 눈을 가진 사람을 치유 노력에 필요한 힘인 재생과 연결시킬 수 있다. 모체의 다른 시각장애 환영(Seeing) 샤먼의 인물상에는 묘사된 동물 영혼이 있다. 한 인물은 이구아나 머리 장식을 착용하고 있다.[36] 얇은 피부로 덮여 있지만 여전히 볼 수 있는 이구아나는 이마에 문자 그대로 제3의 또는 정수리 눈(parietal eye)을 가지고 있다.[37] 숨겨진 눈의 존재는 환영을 경험하는 시각 장애 샤먼을 암시하는 데 가장 적절할 것이다. 이러한 허물을 벗거나 여분의 눈을 가진 동물들, 그리고 신체 부위를 재생하는 동물들(예: 도마뱀은 새로운 꼬리를 재생할 수 있다) 또는 쉽게 치유되는 동물들(예: 고래상어)은 자가 치유를 강력하게 구현하며, 따라서 "상처 입은 치유자"의 논리에 논리적으로 참여한다. 모체 도상학에는 도마뱀[38]으로 알려진 핵심 치유 인물이 있으며, 약간 후대의 찬카이(Chancay) 양식의 고래상어-여인 샤먼 인물상이 좋은 예가 된다.[39]

요약하자면, 논의 중인 샤먼 인물상은 모체 유물군에 있는 적어도 40점 이상의 시각 장애 초상화 중 하나일 뿐이다. 다른 인물상들 역시 큰 귀, 명상 자세, 얼굴의 새김(incisions), 그리고 높은 지위의 의복과 장신구를 포함하여 그의 특성 대부분을 공유한다. 조각가들은 그들의 주제에 세심한 주의를 기울였으며, 그들을 개인으로서뿐만 아니라 환영가(Seers)로서 가치 있게 여겼고, 다른 사람들이 가장 중요한 것을 보도록 돕는 능력을 부여했을 가능성이 높다.

Figure 3.5 Moche effigy of an older man. 27.3 × 13.3 cm (10 3/4 × 5 1/4 in.) Ceramic. c. 300 ce . Michael C. Carlos Museum, accession number 1989.8.69. Gift of William C. and Carol W. Thibadeau. © Michael C. Carlos Museum. Photo by Michael McKelvey.

결론

오늘날에는 문제적인 의학적 상태로 간주될 수 있는 많은 신체적 이상들이 고대 아메리카 예술에서 기념되며 무수히 많은 양식으로 나타난다.[40] 예를 들어, 코스타리카 예술에서는 간성(intersexed), 척추후만증(khyphotic), 척추측만증(scioliotic)을 가진 개인들뿐만 아니라 골연화증(osteomalacia)에서 살아남은 사람들도 알려져 있다.[41] 신체적 이상을 찬양하는 것은 아메리카 원주민 지역에서 광범위하게 퍼진 현상이며, 특히 샤먼의 종교적 역할과 관련하여 중요하다.

이러한 예시는 "장애인(disabled)"이라는 현대적 함의가 아메리카 원주민 예술과 문화, 특히 고대 시대의 그것에 적용될 때 부적절한 명칭일 수 있음을 시사한다. 그러한 개인이 신성하게 여겨졌고 이 인물상 재현에서 샤먼적 역할을 수행한 것으로 보이기 때문에, 모든 문화와 시간대에 걸쳐 설명하는 데 "장애인"이라는 용어의 유용성은 지지되지 않는다. 그러므로 나는 규범으로부터의 다름에 대한 인식을 유지하면서도 현대적인 범주로부터 거리를 두는 데 도움을 주기 위해 '장애를 가진('dis'abled)'이라는 표기를 제안한다. 이 고대 남아메리카 인물상들은 지상 영역에서는 무언가를 결여하고 있다고 여겨졌을지 몰라도, 영적 영역에서는 오히려 더 많은 힘을 가진 것으로 묘사된 사람들을 보여준다. 세계 예술 및 문화사, 장애 연구, 그리고 종교 연구에서 이 다양하고 놀라운 도자 인물상들은 대화에 긍정적인 아메리카 원주민의 목소리를 더한다.

주석(Notes)

[1] 용어 문제: 콜럼버스가 대륙의 원주민을 "인디언(Indian)"으로 잘못 식별하면서 용어 사용은 어려움을 겪었다. "아메리카 원주민(Native American)"이 흔히 사용되지만, 많은 이들에게 이는 북미 대륙 사람들만을 의미한다. "퍼스트 네이션스(First Nations)"는 캐나다에서 사용되는 문구이며, 현재 그 나라의 국경과 일치하는 집단을 구체적으로 지칭하는 것으로 인식된다. 그러나 이러한 용어들은 모두 모든 아메리카 원주민에게 확장될 수 있다. 고대에 그들 자신을 지칭하는 용어가 없었고 유럽 용어가 집단을 인위적으로 통합하기 때문에, 이러한 광범위한 범주 중 어떤 것도 만족스럽지 않다. 그러나 일반화를 위해서는 어떤 종류의 포괄적인 용어가 사용되어야 한다.

[2] 비정상성 수용의 예: 예를 들어, 북극과 미국 남서부(나바호족)에서는 트랜스젠더가 수용된다. Bernard Saladin D'Anglure, "Rethinking Inuit Shamanism through the Concept of 'Third Gender'", in Shamanism: A Reader, Graham Harvey 편저 (New York: Routledge, 2003), 235-241쪽을 참조한다. 그리고 Maijorie Mandelstam Balzer, "Sacred Genders in Siberia: Shamans, Bear Festivals, and Androgyny", 역시 Shamanism: A Reader, 252쪽을 참조한다. 나바호족에 대해서는 Joseph Campbell, Where the Two came to their Father: A Navajo War Ceremonial Given by Jeff King (Princeton: Princeton University Press, Mythos Series, 1991), 78쪽을 참조한다. 2010년 노벨 문학상 수상자인 페루 소설가 마리오 바르가스 요사(Mario Vargas Llosa)는 그의 거장적 민족지학 소설 The Storyteller에 리슈마니아증으로 얼굴이 파먹힌 등장인물을 포함시키는데(여기 그림 3.4 참조), 이 인물은 공동체에서 수용된다. Vargas Llosa, The Storyteller, Helen Lane 번역 (New York: Farrar, Strauss, and Giroux, 1989)을 참조한다. 이것들은 이러한 광범위한 아메리카 원주민의 포용적 세계관의 많은 예들 중 일부이다.

[3] Gassaway, 본 권 4장; Rebecca R. Stone, The Jaguar Within: Shamanic Trance in Ancient Central and South American Art (Austin: University of Texas Press, 2011)를 참조한다. 문화적으로는 더 멀지만 그럼에도 불구하고 관련성이 있는, 긍정적인 차이에 대한 나바호족의 예는 Joseph Campbell, Where the Two came to their Father, 78쪽에서 찾을 수 있다. 더 오래된 출처로는 Juan B. Lastres, Abraham Guillen, Jorge C. Muelle, and J. M. B. Tarfan, Representaciones Patoldgicos En La Ceramica Peruana: Texto Medico (Lima, Peru: Museo Nacional, 1943)가 있다. 주요 미개척 출처는 페루 리마의 라파엘 라르코 에레라 고고학 박물관(Museo Arqueologico Rafael Larco Herrera)에 있는 약 300점의 모체 예시로 구성되어 있다. 그들의 온라인 카탈로그 주소는 http://www.museolarco.org/coleccion/catalogo-en-linea/이며, 검색어는 예상대로 "병리학(pathology)"이다.

[4] "샤먼(shaman)"이라는 용어는 시베리아 알타이 지역의 퉁구스어에서 유래되었는데, 이곳은 초자연적인 존재에 대한 이 초기, 널리 퍼지고 오래 지속되는 접근 방식의 세계적인 발상지 중 하나이다. 유전 연구에 따르면 아메리카 대륙은 바로 이 아시아 지역에서 이주한 사람들로 채워졌다 (James Shreeve, "The Greatest Journey", National Geographic 209호, 3집 (2006): 60-69쪽을 참조한다). 이로 인해 퉁구스어 이름이 관련성이 있지만, 아메리카 원주민 언어에서는 많은 다른 용어들이 사용된다. Stone, The Jaguar Within, 2쪽, 211쪽, 각주 1을 참조.

[5] Jeremy와 Francis Huxley Narby, Shamans through Time: 500 Years on the Path to

Knowledge (New York: Thames and Hudson, 2001).

[6] Stone, The Jaguar Within, 54-55쪽.

[7] Stone, The Jaguar Within, 54-55쪽.

[8] 성경, 창세기 1:27: "하나님이 자기 형상 곧 하나님의 형상대로 사람을 창조하시되 남자와 여자를 창조하시고. 1:28 하나님이 그들에게 복을 주시며 하나님이 그들에게 이르시되 생육하고 번성하여 땅에 충만하라, 땅을 정복하라, 바다의 물고기와 하늘의 새와 땅에 움직이는 모든 생물을 다스리라 하시니라."

[9] 엘리엇의 실제 용어는 "상처 입은 외과의사(wounded surgeon)"였지만, 현재 외과의사는 치유하는 사람이 아니라 수술하는 사람을 더 구체적으로 지칭한다. T. S. Eliot, Four Quartets (London: Faber and Faber, 1944), 20쪽.

[10] Joan Halifax, Shaman: The Wounded Healer (New York: Thames and Hudson, 1982), 10쪽.

[11] Halifax, Shaman.

[12] Halifax, Shaman.

[13] Walter Alva와 Christopher Donnan, Royal Tombs of Sipan (Los Angeles, CA: Fowler Museum of Cultural History, University of California, 1993).

[14] Christopher B. Donnan, Moche Portraits from Ancient Peru (Austin, TX: University of Texas Press, 2004).

[15] Donnan, Moche Portraits, 144-156쪽.

[16] Donnan, Moche Portraits, 57쪽.

[17] Stone, The Jaguar Within, 96-97쪽, 171-176쪽.

[18] 예를 들어, Simon Brisenden, "Independent Living and the Medical Model of Disability", in The Disability Reader: Social Science Perspectives, Tom Shakespeare 편저 (London: Continuum, 1998), 20-27쪽을 참조한다.

[19] Stone, The Jaguar Within, 78쪽 이하.

[20] Stone, The Jaguar Within, 87-90쪽.

[21] Stone, The Jaguar Within, 15-18쪽, 89-91쪽.

[22] 스폰딜루스(Spondylus sp.) 이매패류는 카리브해와 태평양의 따뜻한 물에 서식하며, 그 붉은색, 주황색, 적갈색, 보라색 내부 안감은 고대 아메리카 전역에서 귀한 예술 재료였다. http://scholarblogs.emory.edu/blackjaguar, 2013; Rebecca Stone-Miller, Seeing with New Eyes: Highlights of the Michael C. Carlos Museum Collection of Art of the Ancient Americas (Atlanta: Michael C. Carlos Museum, 2002), 40-41쪽과 194-197쪽을 참조.

[23] Alva, Royal Tombs of Sipan, 76쪽.

[24] Donnan, Moche Portraits를 참조.

[25] Rebecca R. Stone, Art of the Andes from Chavin to Inca, Thames & Hudson World of Art (New York, NY: Thames & Hudson, 2012), 109쪽.

[26] Stone, The Jaguar Within, 155-160쪽.

[27] Stone, The Jaguar Within, 34-39쪽.

[28] Stone, The Jaguar Within, 36쪽.

[29] Stone, Art of the Andes from Chavin to Inca, 19쪽.

[30] Stone, The Jaguar Within, 27쪽, 192쪽.

[31] Armand Labbé, Shamans, Gods, and Mythic Beasts: Colombian Gold and Ceramics in Antiquity (New York: American Federation of Arts, 1998), 50-57쪽.

[32] National Eye Institute, https://www.Nei.Nih.Gov/Health/Cataract/(2015). Cataract _Facts.

[33] Stone, The Jaguar Within, 93쪽 이하.

[34] Stone, The Jaguar Within, 81쪽.

[35] Stone, The Jaguar Within, 39-44쪽 이하.

[36] Stone, The Jaguar Within, 174쪽, 175쪽.

[37] Melissa Kaplan, Herp Care Collection, http://www.Anapsid.Org/Parietal.Html.

[38] Christopher B.와 Donna McClelland Donnan, "The Burial Theme in Moche Iconography", in Studies in pre-Columbian art and archaeology (1979), 1-46쪽.

[39] Stone, The Jaguar Within, 157-164쪽.

[40] Gassaway, 본 권 4장을 참조한다.

[41] Sarah V. Parks, "'Dis'abilities as Divine: Bodily Anomalies and Shamanic Power in Ancient Costa Rican Ceramic Effigies" (Honors Thesis, Emory University, 2013). Rebecca Stone와 Sarah V. Parks, "Transcending Gender, Transforming Bones", Journal of Disabilities, Art, and Culture, 출간 예정.

4 신성한 장애

메소아메리카 미술사에서 진단(diagnosis)[1)]에 대한 비평

William T. Gassaway

서론[1]

고대 아메리카 예술에 나타나는 곱사등, 마비된 사지, 뒤틀린 척추 및 기타 신체적 특징의 많은 수에 근거하여, 다수의 선(先)히스패닉 역사학자들은 장애와 소위 "신체적 기형"이 한때 신세계 인구 사이에서 풍토병처럼 만연했다고 주장한다.[2] 이들 고고학자와 미술사학자들은 주로 현대 서구 의학 병리학과 관련하여 수행된 예술 작품의 시각적 분석에 의존해 왔으며, 그 결과 이분 척추, 안면 마비, 매독, 그리고 광범위한 연골 무형성증(가장 흔한 형태의 난쟁이증) 진단을 포함한 해석을 낳았다.[3] 그러나 그러한 분석은 장애를 부과된 사회적, 문화적, 또는 정치적 정체성이 아닌 "병리학" 또는 "질병(enfermedad)"으로 명확히 표현하기로 선택함

1) 역자주: 진단(diagnosis)에 관하여 실재론 관점(Realism)과 구성론 관점(Constructivism)을 이해하는 것은 본 장을 이해하는 데 도움이 될 것임. 실재론 관점에서 진단은 객관적인 실체로서 존재하는 질병이나 건강 상태를 식별하는 과정임. 이 관점에서는 질병이 물리적이고 독립적으로 존재하며, 진단은 이러한 질병을 정확하게 규명하기 위한 과학적이고 객관적인 방법론으로 여겨짐. 구성론 관점에서는 질병과 진단이 사회적, 문화적으로 구성된 개념으로 여겨짐. 이 관점에서는 질병이 단순히 생물학적 실체로 존재하는 것이 아니라, 사회적 맥락과 문화적 배경에 따라 다르게 이해되고 해석된다고 봄. 이를 비교해 보자면, 객관성 vs. 주관성: 실재론은 진단의 객관성을 강조하며, 과학적 검증을 중시함. 반면에 구성론은 진단 과정에서 주관적인 해석과 사회적 맥락의 중요성을 강조함. 보편성 vs. 문화적 특수성: 실재론은 질병과 진단이 보편적으로 적용될 수 있다고 봄. 구성론은 질병과 진단이 문화적 배경에 따라 다르게 이해될 수 있다고 주장함. 치료와 관리: 실재론은 진단을 통해 객관적으로 질병을 규명하고, 적절한 치료와 관리를 제공할 수 있다고 봄. 구성론은 진단이 환자의 경험과 사회적 맥락을 고려하여 이루어져야 한다고 주장함.

으로써, 가장 비범한 비서구 예술의 예시들 중 다수가 신체 이상에 대한 문자 그대로의, 심지어 평범한 예시를 모델로 했다고 가정한다. 결과적으로, 이러한 조각 인물상들은 예술적 창의성의 대상이라기보다는 식별 가능한 질병의 역사적 기록으로 간주되게 되었다. 이는 특히 메소아메리카 학문에서 "난쟁이(the dwarf)"로 알려진 단신 인물이라는 메소아메리카 예술 모티프에 대한 학술적 논의에서 그러하다.[4]

지난 수십 년 동안 연구자들은 메소아메리카 세계에서 비정형 조각 유형이 만들어지고, 배치되고, 보이는 사회적, 종교적 맥락을 재구성하는 데 엄청난 진전을 이루었다. 주로 이러한 발견은 토착민이 신체적 구별을 지구의 다산성, 매일 떠오르는 태양, 계절의 규칙적인 진행에 필수적인 것으로 여겼다는 것을 분명히 보여준다.[5] 그러나 동시에 유럽인의 역사적 기록은 비정형 신체가 인간의 세속적 죄에 대한 처벌 또는 신의 보복의 한 형태였다고 확언한다.[6] 이러한 비정형 신체는 미덕과 불의의 다중적 지표로서, 따라서 히스패닉 이전 과거에 대한 우리의 현대적 조사에 상당한 도전을 가하는 여러 가지 개념적 역설을 제기한다.

접촉 이전 우주론(pre-contact cosmologies)[2] 내에서 특징적인 신체가 갖는 초자연적이고 정서적인 역할에 대한 조사들은, 장애 연구 학자 시미 린튼(Simi Linton)이 "탐구를 위한 생산적인 인식론적 기반"이라고 부르는 것을 위한 근거를 제공했음에도 불구하고,[7] 메소아메리카 학문 내에는 여전히 장애를 의학적 문제로 간주하는 경향이 남아 있다. 본 장이 입증하듯이, 과거 예술에서 나타나는 가장 비범한 형태적 특징들의 자연주의적인 외관은 먼 과거의 사람들이 오늘날 우리가 신체적 손상, 척수 장애, 머리와 사지의 부상, 그리고 다른 유형의 장애와 연관시키는 관찰 가능한 특징들을 문자 그대로 복제했다는 믿음을 조장해 왔다.[8] 이와 같이, 특징적인 신체 유형이 병인론적 용어로 설명될 수 있으며, 더 나아가 병리학적 상태의 명확한 증거를 담고 있다고 문제가 있는 방식으로 제안되어 왔다. 이러

---

2) 역자주: "Pre-contact cosmologies"는 초기 인디언 족들이 유럽인들과의 접촉 이전에 가진 천문학적, 철학적, 그리고 종교적 체계와 관념을 의미함. 이러한 체계는 자연 세계, 우주의 기원, 그리고 인간의 위치와 역할에 대한 이해를 포함함. 이들 체계는 주로 전통적인 지식과 신화를 통해 전해졌으며, 각 족의 문화적, 지리적 환경에 따라 다양한 형태를 띠었음.

한 일반화를 수정하고자 하는 여러 장애 이론가 중 한 명인 페미니스트 장애학자 앨리슨 카퍼(Alison Kafer)는 다음과 같이 지적한다: "장애의 의학적 모델은 비정형적인 신체와 정신을 일탈적이고, 병리학적이며, 결함이 있는 것으로 틀짓고, 의학적 용어로 가장 잘 이해하고 다루어야 한다고 본다."[9] 실제로, 나는 우리가 먼 과거의 사람들을 개념화—또는 오히려 재해석—해 온 용어가 바로 이러한 용어들이라고 주장한다. 그러나 장애 연구 분야의 최근 발전을 통합함으로써, 나는 비순응적인 신체에 대한 이러한 환원주의적 관점이 재활성화될 수 있으며, 장애 재현에 대한 새로운 설명과 가능성을 수용할 수 있게 되리라 믿는다.

예술은 단순한 과학적 사실을 넘어서는 표현력을 가지며, 과거의 예술가들이 항상 인간 해부학의 다양성을 노예처럼 충실하게 묘사하지는 않았다는 점을 고려하는 것이 중요하다. 따라서 접촉 이전의 아메리카 대륙에서 장애의 역할에 대한 더 공평한 평가를 제시하기 위한 노력으로, 나는 우리가 예술을 해석하기보다는 "진단"하려는 우리의 경향을 먼저 인식해야 한다고 제안한다. 이를 위해, 다음 장에서는 고대 예술에서 나타나는 난쟁이증(dwarfism)의 외양과 의미에 특별히 초점을 맞출 것이다. 나는 이 문제에 대한 현대의 초점이 원주민 조각가들의 관심사보다는 오히려 학자들 자신의 선입견을 더 많이 드러낸다고 믿기 때문이다. 나는 여기서 마련된 기반을 통해, 미래의 연구들이 고대 및 현대 메소아메리카 종교적, 사회적 관습과 관련하여 장애를 인종, 젠더, 섹슈얼리티에 대한 다른 논의들과 유사하게 억압받는 정체성 범주 중 하나로서 역사화하는 중요한 작업을 맡아주기를 희망한다.[10]

크기 혹은 관점의 문제?

콜럼버스 이전의 멕시코와 중앙아메리카 예술에는, 작은 키와 짧고 살집 있는 팔다리가 현대 용어로 "난쟁이"라고 불리는 개인들의 신체와 유사하다고 여겨지는 독특한 범주의 인물들이 존재한다.[11] 맨가슴에 단순한 허리띠를 착용하고 있는 이 인물들은, 그들의 화려한 머리 장식만큼이나 엘리트 맥락 및 초자연적인 현상과의 상습적인 연관성이 눈에 띈다. 그들이 거의 모든 예술 매체에 등장함에 따라, 메소아메리카 예술 유물군 내에서 그들의 존재는 적어도 3천 년과 광대한 범위의 문화에 걸쳐 있다.

선(先)히스패닉 예술 전체에서 가장 초기이자 가장 유명한 작품 중 하나는 포트레로 누에보 기념비 2호(기원전 1800~1200년)로, 한 쌍의 작은 크기 인물이 돌판을 머리 위로 높이 들어 올리고 있는 돌 단상을 특징으로 한다(그림 4.1). 그들의 단단하고 근육질의 체격, 큰 머리, 짧아진 사지, 그리고 납작한 얼굴 특징을 통해, 이 두 웅크린 개인은 메소아메리카 예술에서 나타나는 난쟁이 유형의 가장 두드러진 특징들 중 다수를 구현한다. 그러나 이 예술 작품에서 그들의 역할은 무엇이라고 말할 수 있을까? 한 가지 해석은 그들이 아틀라스와 같은 "하늘을 짊어진 자(sky-bearers)"를 나타낸다는 것이다. 인류학자 수잔 밀브래스(Susan Milbrath)와 칼 타우베(Karl Taube)가 지적했듯이, 그들이 지탱하는 모놀리스는 상단 모서리에 천상의 뱀의 입을 개략적으로 표현한 것이다.[12] 더욱이, 증거는 이 기념비가 오래전에 올멕 족장의 왕좌로 사용되었을 가능성이 있음을 시사한다. 따라서 우주적 및 정치적 질서의 기둥으로서, 이 개인들은 한때 엄청난 중요성을 지닌 인물로 여겨졌음이 분명하다.[13]

마야 예술에서도 왕들과 나란히 묘사되는 난쟁이들은 권위, 고귀함, 그리고 명성의 상징으로 계속해서 표현되는데, 이는 신세계 엘리트들 사이에서 그들의 높은 가치를 전반적으로 강조한다(그림 4.2).[14] 사실, 아즈텍 통치자 목테수마(Moctezuma)가 난쟁이들을 그토록 높이 평가했던 것은 그들의 지혜와 뛰어난 자신감 때문이었다. 식민지 기록들은 전자가 다른 연예인들에게 싫증이 났을 때, 오직 궁궐의 난쟁이만이 남아 국가와 종교 문제에 대해 최고 통치자에게 조언하도록 요청받았음을 확인한다.[15] 중요하게도, 그들이 마야 예술에서 가장 자주 묘사되는 역할(또는 모습)이 바로 이 역할(고문)이다(그림 4.3-4.5).[16] 귀중한 돌 부적, 발목 길이의 치마, 그리고 의례적인 사슴 또는 새 모양의 머리 장식으로 장식된 난쟁이들은 호화로운 물품에 대한 특권적인 접근을 가지며, 이는 그들을 공식적인 고문, 유행을 따르는 궁정인, 그리고 궁정 신비주의자로서 구별한다.

Figure 4.1 Potrero Nuevo Monument 2 ("Atlantean altar"), Olmec, Early Preclassic (1800–1200 bce), stone, H. 37 in. (94 cm). Museo de Antropologla, Xalapa, Veracruz, 04019 (after Diehl 2004: fig. 14).

이러한 고귀한 의상에도 불구하고, 난쟁이들과 그들의 이미지가 실제로 어떤 역할을 수행했는지에 대해서는 여전히 상당한 불확실성이 있다. 예를 들어, 그들은 역사적 인물의 초상화였는가? 만약 그렇다면, 이 초상화들은 경의를 표하기 위한 것이었는가, 아니면 풍자적인 것이었는가? 그들은 악을 물리치는 힘을 가졌는가, 아니면 종종 제안되었듯이 강우를 장려했을 수도 있는가?[17] 아니면, 미술사학자 캐롤린 테이트(Carolyn Tate)가 최근 주장했듯이, 그들은 아마도 역사상 가장 오래 살아남은 의학 삽화의 예시를 나타낼 수도 있는가?[18] 이러한 가능한 기능들 각각은 제기되고 방어되었으며, 때로는 대부분 기각되기도 했다.

그렇다면 풍부하면서도 변덕스러운 이 비정형 신체의 방대한 기록물(archive)을 어떻게 다루어야 하는가? 미술사학자들과 최근에는 의학사학자들이 난쟁이들의 역사적 중요성을 명확히 하기 위해 먼저 그들의 신체적 특성을 분류학적으로 식별하고 분류하고자 했다. 미술사학자 버지니아 밀러(Virginia Miller)가 주장하듯이,

마야에서는 난쟁이증이 다른 어떤 형태의 신체적 다양성보다 더 자주 표현된다. 그녀는 이러한 묘사들 대부분이 "작은 키, 비정상적으로 짧고 살집 있는 팔다리, 튀어나온 복부, 그리고 돌출된 이마, 움푹 들어간 얼굴, 처진 아랫입술을 가진 불균형적으로 큰 머리"와 같은 공통적인 특징들을 공유한다고 계속해서 주장하며, 이러한 조합을 "가장 흔한 유형의 난쟁이증, 일반적으로 연골 무형성증(achondroplasia) ... [또는] 짧은 사지 난쟁이증을 진단하는 것"으로 간주한다(예: 그림 4.3-4.5).[19] 이 하위 집합 외에도, 밀러는 압축된 몸통, 술통 모양의 가슴, 곱사등을 가진 인물들과, 균형 잡힌 또는 불균형적인 난쟁이증이 발생하는 것으로 알려진 200가지가 넘는 다른 사례들 중 어떤 것이든 추가적인 재현물을 식별한다.[20] 밀러의 다음 논리적인 질문은 그러면 "이러한 대상들이 어떤 기능을 수행했을 수 있는가?"가 된다. 이 질문에 답하기 위해, 고대 아메리카 학자들은 예술 작품의 형식적 분석, 민족지학적 유추, 그리고 유럽인들에 의해 기록된 원주민 관행에 대한 목격자 진술을 포함하여 많은 다른 자료들을 활용한다.

Figure 4.2 Enthroned elite looking into mirror held by dwarf with another dwarf sipping an unknown liquid from a large vessel, Maya, Late Classic (ce 600-900), ceramic with polychrome, H. 9.5 × Diam. 6.7 × Circum. 19.4 in. (24 × 17 × 49.2 cm). National Museum of Australia, 82.22.92 (photograph K1453 © Justin Kerr, www.mayavase.com).

Figure 4.3 Dwarf figurine whistle, Maya (Jaina), Late Classic (ce 600–800), ceramic with red and white pigment, H. 4 1/2 in. (11.43 cm). The Los Angeles County Museum of Art, gift of Constance McCormick Fearing, AC 1992.134.20 (art work in the public domain; photograph © Los Angeles County Museum of Art, www.lacma.org).

Figure 4.4 Dwarf figurine whistle, Maya (Jaina), Late Classic (ce 600–800), ceramic with red and white pigment, H. 3 13/16 in. (9.53 cm). The Los Angeles County Museum of Art, gift of Constance McCormick Fearing, AC 1992.134.21 (art work in the public domain; photograph © Los Angeles County Museum of Art, www.lacma.org).

Figure 4.5 Dwarf wearing a deer headdress and holding a mirror, Maya (Jaina), Late Classic (ce 600–800), ceramic, H. 6 1/8 × W. 3 3/16 in. (15.6 × 8.1 cm). Ethnologis ches Museum, Berlin/SMB, IV Ca 50146 (photograph by the author).

원주민 생활에 대한 가장 직접적인 접근점은 정복(c. 1521) 이후 정복자와 스페인 및 메스티소 사제들이 편집한 인구 조사 및 민족지학적 조사이다.[21] 이 기록들은 의례적 관행의 구조, 달력 관찰, 언어적 행동, 식습관을 포함하여 선(先)히스패닉 신념 체계와 사회 조직에 대한 풍부한 시야를 제시하며, 이는 현재 콜럼버스 이전 시대 사람들을 연구하는 데 필수적이다. 그러나 이러한 출처 중 어느 것도 편향성이 없는 것은 아닌데, 이러한 조사 대부분은 종교적 개종과 경제적 착취를 목적으로 스페인 왕실 또는 신성 로마 교회에 의해 의뢰되었기 때문이다.[22] 게다가, 많은 기록들은 이전 저작들의 모순을 포함하고 있어, 귀중한 만큼이나 문제적이다.[23] 마지막으로, 이러한 저술들이 때때로 아즈텍 예술에 대한 우리의 이해를 놀라울 정도로 확증해 주지만, 그 동일한 정보가 아즈텍인들보다 수세기, 심지어 수천 년 앞서 살았던 사람들의 창조적 노력에 대한 통찰력을 얻을 수 있는지에 대해서는 의문이 있다.

1519년 스페인 정복자들이 테노치티틀란(오늘날의 멕시코시티)에 도착했을 때, 그들은 아즈텍 통치자 목테수마(Moctezuma)의 음악가, 코미디언, 그리고 다른 궁정 연기자들로 구성된 인상적인 수행원들을 보고 기뻐했다. 그 당시 많은 유럽 왕실 궁정에서처럼, 이 잡다한 연기자 집단은 공중 곡예사, 죽마 타는 사람, 곡예사, 그리고 광대들로 구성되었는데, 그들 중 다수는 명백한 신체적 손상의 징후를 보인다고 전해졌다.[24] 병사 베르날 디아스(Bernal Díaz)가 왕궁에서의 시간을 회상하듯이, "때때로 몇몇 작은 곱사등 난쟁이들이 [목테수마의] 식사에 참석했는데, 그들의 몸은 거의 중간에서 부러진 것처럼 보였다."[25] 다른 곳에서는 도미니크회 수사 디에고 두란(Diego Durán)이 1486년 티속(Tizoc) 군주가 사망했을 때, "많은 노예와 곱사등이들, 그리고 난쟁이들이 살해되었다... 그래서 단 한 명도 남지 않았으며 그들이 다른 세계에서 왕을 모시도록 동행했다. 그의 모든 보석과 부는 그의 재와 함께 묻혔다."[26] 아즈텍의 종교적 및 궁정 생활에 대한 이 두 가지 간략하지만 서술적인 기록은 정복 직전 장애를 가진 신체의 양가적인 사회적 지위에 관한 중요한 세부 사항을 드러낸다.[27]

주로, 앞선 구절은 현저하게 다른 신체를 가진 개인들이 노예와 유사한 사회적

(그리고 아마도 징벌적인) 지위를 가졌음을 시사한다. 총사령관 에르난 코르테스(Hernán Cortés)는 다음과 같이 회상한다:

> 또한 이 집에는 태어날 때부터 얼굴과 몸이 하얗고, 머리카락, 눈썹, 속눈썹이 흰 남성, 여성, 아이들이 머무는 방이 있었다. ... 또 다른 집도 있었는데, 그곳에는 많은 기형의 남성과 여성이 살았으며, 그중에는 난쟁이와 곱사등이 및 다른 기형을 가진 이들이 있었다. 그리고 각기 다른 종류의 괴이함(monstrosity)마다 그들만의 방이 있었고, 마찬가지로 그들을 돌보는 사람들도 있었다.[28]

사회로부터 격리되었지만 다른 이들에게 "보살핌"을 받았다는 점에서, 코르테스(Cortés)가 용어로 사용한 "괴이함(monstrosity)"은 아즈텍인들 사이에서 반드시 저주받을 만한 상태는 아니었으나, 그럼에도 불구하고 격리—또는 적어도 면밀한 감독—를 받을 가치가 있었던 것으로 보인다. 두란(Durán)의 기록에서도 유사한 양가성(ambiguity)이 드러나는데, 그 기록에서는 비슷한 신체를 가진 사람들이 왕의 세속적 부와 함께 그의 시신을 사후 세계로 운반하는 책임을 맡았다. 왕의 영원한 동반자로 계속 지내기 위해 자신의 목숨을 희생하도록 요구받았던 난쟁이들은 위험하면서도 영예로운 여정에 직면했다.[29]

만약 앞선 기록들이 사실이라면, 난쟁이와 곱사등이는 아즈텍의 정치적 및 종교적 사상에서 분명히 중요한 인물이었다. 더욱이, 이 시기에 스페인 왕실 궁정이 난쟁이들에 대한 오랜 관심을 가졌다는 점을 고려할 때, 연대기에 그들에 대한 언급이 포함되는 것은 놀라운 일이 아니다.[30] 그럼에도 불구하고, 앞선 구절들에서 묘사된 사람들이 오늘날 우리가 인식하는 난쟁이증의 특징을 진정으로 보였는지는 알 수 없다. 결국, 디아스(Díaz)는 정규 교육을 거의 받지 못한 용병이었으므로, 그의 지적 성실성과 조사 엄격성은 결코 논박할 수 없는 것이 아니다. 두란(Durán)의 장례 행렬 이야기 역시 신뢰성에 있어서 비슷하게 문제적인데, 이는 티속(Tizoc) 왕이 사망한 지 거의 한 세기 후에 기록되었기 때문에, 그나 그의 정보제공자 중 누구도 그러한 사건의 목격자가 아니었기 때문이다. 게다가, 16세기에 난쟁이증에 대한 표준화된 정의가 없었기 때문에, 관련된 당사자들—스페인 사람이나 그들의 원주민 정보 제공자—중 누구라도 같은 시기에 (즉, 의도적으로) 같은 신체에 대해 이야기하고 있었는지 알기 어렵다.

이와 같이 식민지 기록들이 부족함을 드러내자, 학자들은 다음으로 민족지학적 유추(ethnographic analogy)를 통해 과거의 흥미로운 점들을 밝히려고 노력한다. 민족지학적 유추는 현대 사람들의 민족지학적 현실과 그들의 조상들의 고고학적 유물 사이에 상관관계가 존재한다고 가정한다.[31] 식민지 출처와 매우 유사하게, 민족지학적 유추는 민족사학자 루이스 M. 버크하트(Louise M. Burkhart) 등이 언급하는 "민족지학적 현재(ethnographic present)"[3]의 냄새를 풍긴다. 버크하트는 다음과 같이 지적한다:

> 정복 이전의 문화를 재구성하기 위해 식민지 출처를 사용하는 것은, 인류학 내에서 다른 문화를 정적이고 자가 영속적인 체계로 묘사하는 "민족지학적 현재(ethnographic present)" 속에 위치시키려는 일반적인 경향을 보여준다. ... 조사자가 광범위한 개인적 접촉을 가졌던 살아있는 사회는 시간과 공간에서 분리된 것처럼 보이게 되고, 객관화된다. 개별적인 사람들과의 조사자의 대화는 이제 동질적인 단위로 제시되는 "문화"에 대한 그 또는 그녀의 독백이 된다.[32]

예를 들어, 현대의 마야인이나 나우아인(아즈텍인)들이 난쟁이가 수호신적인 땅

---

3) 역자주: Ethnographic present는 문화인류학에서 사용하는 개념으로, 연구자가 특정 사회나 문화의 관찰과 기술을 현재 시제로 서술하는 것을 의미함. 이는 해당 사회나 문화가 연구되는 시점에서 시간적으로 변하지 않는 것처럼 기술하는 방식임. 이는 독자에게 생생한 현장감을 주기 위한 목적이 있음. 연구 대상인 사회나 문화를 일정한 시간대에 고정시키는 방식으로 기술하여, 이는 해당 문화가 시간적으로 변하지 않고 계속해서 동일한 특성을 유지하는 것처럼 보이게 함. Ethnographic present를 사용하면 특정 문화가 역사적으로 어떻게 변해왔는지에 대한 맥락이 생략될 수 있음. 이는 연구자가 특정 시점에서 관찰한 내용을 중심으로 기술하는 데 초점을 맞추기 때문임. 생생하고 직관적인 묘사와 현장감 강화의 장점이 있으나, 역사적 변화 무시와 단순화 위험이라는 단점이 있음. 예컨대, 한 부족 사회를 연구하는 인류학자가 그들의 생활 방식을 현재 시제로 서술하는 경우를 생각해 볼 수 있음. 이는 독자에게 마치 그 부족의 생활 방식이 현재에도 변하지 않고 유지되고 있는 것처럼 느껴지게 함.

의 정령으로 기능한다고 믿는다면, 수많은 세기 전 그들의 조상들에게도 동일하게 적용되었다고 합리적으로 가정할 수 있는가? 과거와 현재 사이의 그러한 수준의 일치를 추론하는 것은 고대와 현대 사람들 사이에 막대한 수준의 이념적 통일성을 가정하도록 요구하며, 이는 신뢰하기에는 너무나 미약한 통일성이다.[33]

민족지학적 기록이 너무 많은 것을 가정하고 식민지 텍스트가 문제적일 때, 미술사학자들은 다음으로 그 대상들의 기능이나 의미에 관한 생산적인 결론을 도출하기 위해 대상들의 형태학적 분석으로 눈을 돌린다. 이 분야의 기초적인 방법인 시각적 분석(Visual analysis)은 특정 예술 작품의 구조적 논리를 해체함으로써 원주민 표현의 방식과 이유에 대한 무언가를 밝혀내는 데 도움이 되며, 종종 놀라운 정도에 이른다. 그러나 형식 분석(formal analysis)의 문제점은 그것이 매우 주관적이고 깊이 사변적인 탐구 방식이라는 것이다.[34] 이는 메소아메리카 학문의 일부 사례에서 분명하게 나타나는데, 이는 학자들이 커다란 분류적 도약을 하거나, 예를 들어, 난쟁이증의 신체적 특성이 다소 정확하게 묘사되었다고 주장하도록 용기를 북돋아 주기 때문이다. 시각적 (형식) 분석을 사용하여 학자들은 특정 작품이 초상화의 예시로 기능한다고까지 주장할 수 있다. 그러나 그러한 주장을 하기 위해서는, 학자로서 우리는 메소아메리카 예술가들이 처음에 역사적 개인을 기반으로 묘사를 했다고 주장해야 한다. 하지만 현재로서는 메소아메리카 난쟁이의 물리적 유해가 고고학적으로 알려진 바가 없기 때문에 어떤 인류학자도 그것을 조사할 기회를 가진 적이 없다.[35] 그리고 이러한 유해가 없이는, 난쟁이에 대한 원주민의 묘사나 식민지 기록 중 어느 것도 확정적으로 증명될 수 없다.[36]

그러한 불일치를 인정하면서, 훨씬 더 시급한 질문들이 수면 위로 떠오른다. 예를 들어, 인간 유기체에 대한 독특한 메소아메리카 개념—원주민들이 그것에 부여했을 수 있는 형태, 기능, 그리고 모든 의례적 의미를 포함하여—이 과학적이고 (분명히 서구적인) 탐구 방식을 돕도록 만들어질 수 있는가? 이러한 두 가지 예술 작품 접근 방식이 언제 상응하며, 누가 그들의 적절성을 결정하는가? 그러한 주장을 품고 있는 학자들이 스스로 의학 전문가가 아니라는 점에 주목하는 것이 중요하다. 인류학자, 고고학자, 그리고 미술사학자로서, 그들은 사회적, 문화적, 또는 신체적 손상을 특징으로 하는 특성을 인식하거나 분류할 수 있는 학위나 경험을 가지고 있지 않다. 그러나 이것이 종종 그들의 명시된 목표이다.[37] 즉, 고대인들 사이에서 그들의 현대적 관점에서 혐의가 있는 장애를 "진단하는 것"처럼 보이는 특이한 특성들을 식별하는 것이다.

올멕 문명[4]의 초기 예술 전통 중에서, 인류학자 카슨 머디(Carson Murdy)는 선천적 특이성의 한 부류를 식별했는데, 그는 이것이 올멕 예술의 소위 재규어 인간(were-jaguar) 모티프[5]에 의해 부분적으로, 전적으로는 아니지만, 설명된다고 믿는다.[38] 1960년대에 개발된 재규어 인간 이론은 선구적인 고고학자 매튜 스털링(Matthew Stirling, 1955)이 베라크루즈 해안의 올멕 사람들이 만든 크지만 매우 파편화된 세 개의 석조 조각상을 발견한 것에 기반을 두었다.[39] 스털링은 이 기념물들을 인간 여성이 수컷 재규어와 교미하는 모습으로 해석하면서, 올멕인들이 스스로를 이 부자연스러운 결합의 후손이라고 믿었다고 제안했다. 그에게는 그러한 신화의 존재가 왜 그렇게 많은 올멕 인물들이 고양잇과 동물 자아(feline alter egos)로 변신하는 것처럼 보이는지를 설명하는 데 도움이 되었다. 머디는 "극단적인 형태에서, 이 재규어 인간 모티프는 둥근 아기 같은 얼굴로 구성되며, 종종 갈라진 이마를 가지고 있고, 모서리가 아래로 향한 살집 있는 입술과 송곳니가

---

4) 역자주: 올멕 문명(Olmec civilization)은 기원전 1200년경부터 기원전 400년경까지 중앙아메리카에 번성했던 고대 문명임. 이 문명은 메소아메리카의 모체로 여겨지며, 다양한 예술적, 문화적, 종교적 특징을 가지고 있음. 올멕 문명은 거대한 돌로 조각된 두상으로 유명한데, 이러한 두상은 주로 특정 인물의 얼굴을 묘사하며, 크기와 정교함으로 인상적함. 올멕인들은 재규어와 같은 동물 신을 숭배했음. 이들은 종교적인 의식과 제사를 통해 신을 찬양했음. 올멕인들은 고급 도기와 석각 예술을 발전시켰음. 특히, 재규어와 같은 동물의 형상을 담은 작품들이 많음. 올멕 문명은 후속 중앙아메리카 문명에 큰 영향을 미쳤음. 이들의 예술적, 종교적, 사회적 특징들은 후대 문명에 계승되었으며, 올멕 문명의 전통과 문화는 중앙아메리카의 다양한 문명에 영향을 미쳤음.

5) 역자주: 올멕 예술에서 위어 재규어 모티프는 인간과 재규어의 특징이 결합된 상징임. 이 모티프는 종종 인간의 몸에 재규어의 머리나 얼굴 특징을 가진 모습으로 묘사되며, 다양한 형태로 나타남. 위어 재규어 모티프는 상징성, 문화적 의미, 예술적 표현 등의 특징을 가짐. 상징성: 위어 재규어는 인간이 재규어로 변신하는 모습을 나타내며, 재규어의 힘, 권력 및 영적 의미를 상징함. 문화적 의미: 이는 올멕 사람들이 자연과의 깊은 연결을 표현하며, 동물이 신화와 의식에서 중요한 역할을 했다는 것을 보여줌. 예술적 표현: 이 모티프는 아몬드 모양의 눈, 아래로 향한 입, 갈라진 머리와 같은 재규어의 특징을 가지고 있음. 위어 재규어 모티프는 올멕 사람들의 예술적 창의성과 복잡한 영적 믿음을 보여주는 상징으로, 고고학자와 미술사가들 사이에서 계속해서 많은 관심을 받고 있음.

때때로 돌출된 엄니로 나타나는 벌어진 입을 특징으로 한다"고 상세히 설명한다.[40] 이 중기 선고전기(기원전 900년~500년)의 비취 마스크가 보여주듯이(그림 4.6), 이 인물들은 보통 기울어지고 약간 곁눈질하는 눈, 두 갈래로 갈라진 눈썹, 그리고 고도로 대칭적인 찡그린 표정을 하고 있으며, 이 모든 것이 두드러진 고양잇과 동물의 특징을 이끌어낸다.

학자들은 올멕 예술에서 인간-동물 혼종의 존재를 할인하지는 않지만, 대부분은 더 이상 이 인물들이 어떤 "신성하게 승인된 형태의 수간(獸姦)"에 대한 원주민의 믿음을 표현한다고 생각하지 않는다.[41] 그럼에도 불구하고, 머디(Murdy)와 몇몇 다른 학자들은 대체로 단념하지 않고 있다. 만약 재규어 인간 모티프가 현대 사유의 조작으로 판명된다면, 그는 대안적인 "자연적" 설명만은 기꺼이 양보하는데, 즉 이 조각상과 마스크들이 "다요인성 신경관 결함"을 나타낼 수 있다는 것이다.[42] 그가 열거하는 다른 특정 손상들 중에서, 머디는 뇌가 두개골의 구멍을 통해 돌출될 수 있는 신경관 상태인 뇌류(encephaloceles)에 특별한 주의를 기울인다.[43] 따라서 머디는 갈라진 입술을 재규어 조상의 흔적이라는 해석을 기꺼이 거부할지라도, 그러한 특징들이 그러한 결함의 증상을 나타낼 수 있다는 가능성은 포기할 수 없다.

머디(Murdy)가 용어로 사용한 "결함(defects)" 목록을 열거한 후, 그는 이어서 고고학자이자 금석학자인 마이클 코(Michael Coe)가 식별한 또 다른 유형의 신경관 결함인 두개골 이분증(cranium bifida)—두개골이 수직으로 갈라지는 원인이 되는 질환—에 대한 연구를 발전시킨다.[44] 이와 유사하게 다양한 다른 신체적 손상이 제기되는데, 예를 들어 "얼굴의 봉와직염(광범위한 종기), 그리고 심지어 말기 전이성 암종증의 외부로 보이는 암성 종양... [게다가] 말단 비대증(손, 얼굴, 발의 뼈와 연조직 확대), 난쟁이증(크레틴병 등에 의해 유발되었을 수 있음)... 또는 나병..." 등이 있다.[45] 이러한 심각한 손상들의 결합은, 물리적 유해에 대한 어떠한 검토 없이, 올멕인들이 거의 초과할 정도의 풍부한 인간 신체적 다양성에 시달렸거나—아니면 올멕 예술가들이 적어도 몇몇 희귀한 사례에 집착했음을 시사한다.

Figure 4.6 Mask, Olmec, Middle Preclassic (900–500 bce), jadeite, H. 6 3/4 × W. 6 5/16 in. (17.1 × 16.5 cm). The Metropolitan Museum of Art, bequest of Alice K. Bache, 1977.187.33 (artwork in the public domain; photograph © The Metropolitan Museum of Art, www.metmuseum.org).

그러나 만약 질병과 장애의 (외견상) 집적이 예술에 나타난 잘 발달된, 심지어 신비로운 자연주의의 표현에 근거해야 한다면, 이는 옛날의 예술가들이 세상을 그들이 구상한 대로가 아니라 그들이 본 대로 묘사했다는—즉, 예술이 삶을 절대적으로 모방했다는—결론으로 이어진다. 그러나 중기 선고전기(기원전 800~400년)에 마야인들이 만든 것과 같은 비취 마스크는 단순한 현실의 반영 그 이상이다(그림 4.7). 환상적인 주제의 통합, 형태의 자발성, 그리고 뛰어난 완성도를 통해, 그러한 작품들은 그들의 창작자들이 가진 엄청난 상상력을 증언한다. 이러한 작품들은 의심할 여지없이 자연 현상에 대한 언급에 기반하고 있지만, 그럼에도 불구하고 어떤 원시적인 기초를 뛰어넘어 날아가, 대신 초자연적인 무언가를 묘사하려고 노력한다.

Figure 4.7 Mask, Olmec, Middle Preclassic (800–400 bce), jadeite, H. 8 1/8 × W. 7 × D. 41/4 in. (20.64 × 17.78 × 10.8 cm). The Dumbarton Oaks Research Library and Collection, PC.B.020 (photograph © Dumbarton Oaks, Pre-Columbian Collection, Washington, DC).

자연이 한 민족의 예술에 대한 벗어날 수 없는 참조점을 형성한다는 제안은 앞선 페이지들에서 언급된 진단들이 혹시 예술 자체의 핵심 요소를 간과한 것은 아닌지 의문을 제기한다. 철학자 마르틴 하이데거(Martin Heidegger)가 한때 한탄했듯이, "미술사 연구는 작품을 과학의 대상으로 만든다. 그러나 이 모든 바쁜 활동 속에서 우리는 작품 자체를 마주하는가?"[46] 특히 콜럼버스 이전 시대 예술의 경우, 나는 시각적 분석이 너무 자주 과학적 탐구의 시녀로 기능하며, 예술은 단순히 고고학적 추측의 삽화적인 증거로 간주된다고 주장한다. 왜 이러한 상황이 발생하는지 이해하기 위해, 신세계 고대 유물의 기원을 검토하는 것이 아마도 도움이 될 것이다.

과학과 인문학: 형제인가 먼 사촌인가?

고대 연구는 이탈리아 르네상스 동안 인문학적 추구로서 시작되었다. 고전 예술, 문학, 철학의 "재탄생"에 자극을 받아, 16세기 열성가들은 역사의 위대한 텍스트들을 구체화하고, 뒷받침하며, 신뢰성을 부여하기를 희망하면서 땅 속과 땅 위의 물질적 유물을 찾기 시작했다. 따라서 오늘날 우리가 "고고학(archaeology)"이라고 부르는 것은 원래 일종의 문헌학적 오락으로 구상되었으며, 거기서 조각 파편, 동전, 그리고 건축 유적들은 과거의 상상적인 재구성을 위한 재료로 사용되었다. 결과적으로, 고대 기념물들은 그저 시, 철학, 드라마와 같은 우월한 예술의 더 내구성이 있고 용감한 토대로 간주되었다.[47]

18세기에 아메리카 대륙에 소개되었을 때, 새로운 과학은 매우 다른 세계의 현실을 수용하기 위해 필연적으로 수정되었다. 당시 아메리카 사람들 사이에는 알려지거나 (그러한 것으로 인식된) 위대한 아메리카 원주민 기념물이 없었을 뿐만 아니라, 그러한 보물들과 비교할 만한 문학 작품도 없었다. "미국 고고학의 아버지"로 불리는 토머스 제퍼슨(Thomas Jefferson) 전 대통령이 버지니아주 피드몬트 지역의 인디언 매장 언덕에 대한 고고학적 탐사를 유명하게 수행하고 나서야 비로소 분명한 미국적 색채의 고고학이 발전했다.[48] 비록 제퍼슨은 인간 유해만을 발견했지만, 다른 아마추어 고고학자들은 곧 이전 아메리카 원주민 공동체가 남긴 온갖 종류의 뼈, 도자기, 그리고 도구들을 발굴하기 시작했다. 이 물리적 유물들은 이후 시간이 지남에 따라 점점 더 전문적인 방식으로 수집되고 정밀하게 조사되었다.

가장 초기의 발견물들은 유형학(특정 전통과 관련된 일련의 대상) 또는 층서학(지구 내에서의 상대적 위치에 기반한 연대 추정)에 의해 정리되었고, 곧 고고학자들은 이 잔해들을 분류하기 위해 광범위한 연대 범위를 제시할 수 있었다.[49] 그들의 발견에 고무되고 사회 계층 및 경제의 구성에 대한 더 많은 사실을 갈망했던 최초의 고고학자들은 미술사학자 조지 쿠블러(George Kubler)에 따르면, 예술 작품을 "표현적인 현실로서가 아니라 정보의 원천"으로서 활용하려고 노력했다.[50] 따라서 고고학이라는 "과학"은 결국 인문학과 결별하고 사회 과학 및 자연 과학에서 동료를 찾기 시작했으며, 특히 인류학, 사회학, 언어학, 그리고 결국 생물학 분야에서 그러했다. 시간이 지나면서, 문헌학은 더 이상 유용하지 않게 되었고, 그래서 버려지게 되었다.[51]

원주민들이 문자나 알파벳 기록이 부족했기 때문에 고대 아메리카의 물질적 유물이 대부분 해독 불가능하다고 믿었던 19세기 학자들은 고대의 표현 방식에 의해 종종 혼란을 겪었다.[52] 그리고 이러한 대상들이 역사적 문서를 사용하여 해독될 수 없었기 때문에, 그들의 해석은 당시 고고학에서 사용되던 동일한 과학적 경향을 자유롭게 활용했다. 그 결과, 쿠블러(Kubler)는 "오늘날 아메리카 유적지에 대한 고고학 보고서는 증명되고 반복 가능한 결론에 도달하려고 주장하는 도표, 통계, 그리고 비인격적인 언어로 이루어진 '과학적' 산물"이라고 지적했다.[53] 나는 이러한 상황이 개탄스럽다고 주장하는데, 이는 그것이 고대 아메리카 예술에 대한 인문학적 접근을 고고학적이고 과학적인 관점에 부차적으로 만들기 때문이다.[54] 그리고 그 결과, 후자의 도구와 기술이 때때로 불균형적인 정도로 논의를 지배하게 되었다. 이와 같이, 과학과 인문학 사이의 분열은 흐트러지게 되었고, 이는 내가 "조각의 병리학(pathology of sculpture)"이라고 부르는 것, 즉 외견상(또는 주장된) "의학적 질병"이 그들의 예술적 표현의 예시를 통해 분류되는 관행이라는 결과를 낳았다. 나는 극단으로 치닫는 그러한 접근 방식이 예술적 표현을 의학화할 뿐만 아니라, 장애인에 대한 역사적 억압에 기여할 잠재력도 있다고 믿으며, 그것의 더 완전한 파급 효과는 다른 곳에서 상세히 논의한다.[55]

소위 난쟁이와 다른 특징적인 신체를 가진 인물의 재현물이 어떻게 그러한 것으로 식별될 수 있는지에 대한 우리의 초기 질문으로 돌아가서, 신체적 손상이 미학보다는 생물학과 역학의 영역에 자주 속해 왔다는 것은 놀라운 일이 아닐 것이다. 흥미롭게도, 최근 몇 년 동안 "이열치열(fight fire with fire)", 즉 과학에 대항하여 과학을 사용하려는 매우 유망한 연구들이 발표되었다. 예를 들어, 캐롤린 테이트(Carolyn Tate, 미술사학자)와 고든 벤더스키(Gordon Bendersky, 소아 심장 전문의이자 의학 역사가)는 최근 올멕 예술에서 난쟁이증에 대한 이전의 분류를 수정하고자 노력했다.[56] 그들은 머리 대 몸의 비율에 대한 많은 비교와 올멕 예술가들이 일상적으로 적용한 특정 신체 뒤틀림에 대한 분석을 통해, 많은 인물들을 배아(embryonic) 또는 태아(fetal) 상태를 묘사한다고 보고된 새로운 조각 유형에 속하는 것으로 재구성할 수 있었다. 이는 고대 세계 예술에서는 이전에 알려지지 않은 주제였다(그림 4.8). 저자들이 지적하듯이:

> 태아 조각상에 묘사된 특정 이상 중에서 무악증(agnathia) 또는 소악증(micronathia)이 가장 명백하다. 태아는 일반적으로 몸에 비해 머리가 크기 때문에, 모든 이미지에는 상대적으로 큰 머리가 있다. 그러나 대두증(macrocephaly)이 아마도 몇몇 작품에 묘사되었을 것이다. 이러한 이상은 조산과 태아 사망으로 이어진 선천적 기형의 증상일 수 있다.[57]

그들의 주장의 타당성을 실제로 입증하기 위해, 저자들은 태아학자를 포함하여 산부인과 의사, 신생아학자, 주산기 전문가 등 해당 분야 전문가 11명으로 구성된 그룹을 초대하는 추가적인 조치를 취했다. 이 전문가들은 16점의 조각상 사진을 독립적으로 검토하도록 요청받았다.[58] 이 전문가들은 그 조각상들이 인간 태아나 신생아의 외양과 너무나 강력하게 일치하여 임신 주령을 추정하고 병리학적 증상을 시사하는 특성을 식별할 수 있다고 결론지었다.[59] 결과적으로, 이러한 연구 결과는 유물군에 대한 재해석을 요구한다. 왜냐하면 그들이 이 신체들을 난쟁이 이미지로 옹호하는 데 필요한 시대착오적인 추론에 의해 제한되지 않는 새로운 방식으로 개념화할 것을 시사하기 때문이다. 그러나 동시에, 나는 테이트와 벤더스키의 주장에 이의를 제기한다. 왜냐하면 그들이 이 조각상들을 반드시 물질적 현실을 반영하지 않는 표현물이라기보다는, 주로 의학적 중요성을 가진 대상이라는 의견에 계속해서 굴복하고 있기 때문이다. 이와 같이, 이 난쟁이-겸-유아들의 중요성에 관한 모든 주장은 이 특정 작품들의 "예술성"에 대해서는 비교적 사소한 관심을 갖는 방대한 의학 전문가 집단을 사용하여 문제가 있는 방식으로 주장되고 유지되어야 한다.

Figure 4.8 Diminutive figurine resembling purported "fetal typology", Olmec, Middle Preclassic (1000-800 bce), volcanic stone, dimensions unknown. Museo Nacional de Antropologia, Mexico City (photograph by the author).

결론

미술사학자들이 자격을 갖추었다고 추정되는 사람들(예: 고고학자 및 기타 숙련된 과학자)의 의견에 의존하는 것은 고무적이다. 그럼에도 불구하고, 너무나 명백한 미적 감각을 가진 대상들을 분석하기 위해 다양한 의사, 도구, 기구, 장치, 그리고 이론에 의존하는 것은 다소 불안정하고 약간 굴욕적이다. 실제로, 이는 한 민족의 예술—더 나아가 이 예술 작품들이 묘사한다고 알려진 개인들은 말할 것도 없이—을 다루는 다소 기계론적인 방식으로 보인다.

그렇다면 여기서의 목표는 고대 아메리카에 대한 과학적 연구와 보다 인문학적인 연구 사이에 말뚝을 박는 것이 아니다. 그러한 오만함은 각 접근 방식에 내재된 해석의 가능성을 궁핍하게 만들 뿐이다. 오히려, 과학사가와 미술사가는 각자의 방법론이 가진 특정 예리함—뿐만 아니라 그 한계—을 더 잘 인식하도록 동등하게 촉구된다. 미셸 푸코(Michel Foucault)를 의역하자면, 역사는 정말로 "자르기 위해 만들어진 것"이며, 학자들이 시간의 흐름을 가로질러 대상과 사람들 사이에 만드는 의도적이고 인위적인 구분은 특정하고, 종종 미리 결정된 목적에 기여하는 선택으로 인식되어야 한다.[60]

머디(Murdy)의 신경관 결함 이론에 관하여, 테이트(Tate)는 그의 주장이 "대상들의 형식이나 [그것들의] 가능한 기능을 다루지 않았다. ... 대신, 그것은 자신의 목적에 맞는 이미지를 선택하고 나머지는 무시했다"고 관찰한다.[61] 이러한 방식으로, 테이트는 인류학자들이 역사에서 만든 구분(cuts)이 때로는 예술 연구에 보완적이고 분명한 통찰을 제공하지만, 그럼에도 불구하고 미술사학자들이 만든 구분과는 다르다는 사실에 주의를 환기시킨다.[62] 따라서 과학 분야에서 얻은 결론이 인문학 분야의 결론과 결코 양립 불가능한 것은 아니지만, 과거 연구 내에서 그들의 완전한 (하지만 특정한) 중요성을 이해하는 데는 그들의 본질적인 한계를 인식하는 것이 중요하다.

그러한 구분을 더 명확하게 하지 않음으로써, 해석은 때때로 그 경계를 넘어설 수 있으며, 미술사적 탐구가 과학으로 위장하도록 허용하는 것은 후자에게 미술사로서의 행위를 자유롭게 할 권한을 부여한다. 그러나 학자들이 상이한 학문 분야가 작동하는 자의적인 단절과 연결점에 대해 솔직할 때, 역사는 더욱 수월하게 진실을 드러낼 수 있게 된다. 어떤 면에서, 이로 인해 대상은 우리에게 더 잘 "저항"할 수 있게 되며, 심지어 우리의 모든 들쑤심과 꼬치꼬치 캐물음으로 때때로 가해지는 피해로부터 스스로를 보호할 수 있게 된다.

일반적인 용어로 표현하자면, 이러한 대상들의 목적은—아마도 모든 예술이 그렇듯이—미술사학자 에스더 파스토리(Esther Pasztory)가 지적하듯이, "실제적인 수준에서 다룰 수 없는 문제들을 상징적인 수준에서 다루는 것"이다.[63] 예술을 항상 사회-과학적 맥락 내에 담아두려 하거나, 단순히 모방적이거나 설명적인 것으로 치부하여 설명하려 할 때, 역사가들은 실제로 예술의 우아함, 자발성, 그리고 추상에 대한 친화력을 빼앗는다. 물론 과학은 제자리가 있으며, 메소아메리카 예술에 대한 과학의 관여는 두 분야 사이에 멋진 대화를 촉발했다.[64] 그러나 방대한 장비, 기관, DNA 샘플, 그리고 의학 용어의 컬렉션이 과거에 대한 이러한 취약한 진단들을 지속적으로 저글링하고 유지하는 데 영구적으로 필요하게 될 때, 예술의 본질이 어느 정도 상실된 것이다.

미래에는 역사가와 과학자들이 고대인들이 왜 특정 신체를 다른 신체보다 더 짧고, 덜 "균형 잡히거나", 더 마법적으로 묘사했는지를 설명할 다른 이론들이 있을 수 있는지 고려하는 것이 유익할 수 있다. 예를 들어, 아마도 오늘날 "장애"라고 불리는 것의 특징들이 메소아메리카인들에게는 태양, 비, 옥수수 등과 같은 더 신성한(numinous) (그리고 의인화된) 힘을 묘사하는 유일하게 적절한 방식이었을 수 있다. 이러한 방식으로, 초점은 그 신체의 내재적인 병리학이 아니라 신체가 발생하거나 존속하는 종교적 및 사회정치적 맥락에 놓인다—비록 어느 쪽이든 조사 대상은 본질적으로 동일하게 남아 있지만 말이다. 이 두 관점 사이의 차이는 상당히 미묘하다: 고대 아메리카인들은 신체가 장애를 가졌기 때문에 초자연적이라고 간주했는가? 아니면 특정 궁정인, 고문 또는 사제의 신비하고 박식한 깊이가 결과적으로 그 신체를 오직 예술 작품 내에서만 "기형"으로 만들었는가?—마치 그것이 그러한 초자연적인 힘을 표현하는 유일하게 적절한 방식인 것처럼 말이다.

이 후자의 질문이 출발점이 될 때, 장애 연구 담론과 가장 관련이 있는 선천적 및 후천적 상태는 장애의 의학적 모델을 포괄하고 초월하는 존재론적 지위를 부여받는다. 다시 말해, 난쟁이증, 절단, 그리고 척추후만증(곱사등)과 같은 신체적 손상은 단순히 의학적 상태로 논의되는 것이 아니라, 초자연적인 힘과 신성한 인격의 결정론적 표식으로 논의된다.

주석(Notes)

[1] 이 장의 초안은 뉴욕시립대학교 대학원(City University of New York) 및 프린스턴대학교 미술고고학과(Princeton University Department of Art and Archaeology)의 연례 대학원 심포지엄에서 발표되었다. 나는 동료 패널들과 참석자들의 사려 깊은 통찰력과 질문에 감사한다.

[2] "기형(defbmation)"이라는 용어는 여러 이유로 문제가 되며, 특히 유로-아메리카 식민주의 및 현대 대중의 비서구 문화 취급에서 (의도적이든 아니든) 자주 경멸적이고 폄하적인 함의를 내포한다는 점에서 그러하다. 다른 곳에서, 나는 스페인 정복자들의 신세계 문화 기록 내에서 그러한 용어 사용을 분석하고, 콜럼버스 이전 예술에서 "섬뜩함(macabre)"과 "기괴함(grotesque)"에 대한 빅토리아 시대 인식을 통해 그 궤적을 추적한다("Extraordinary Bodies: The Art of Deformation in Postclassic Art", PhD diss., Columbia University, forthcoming). 그러나 동시에, 나는 인간 및 신의 신체 묘사에서 예술가들이 다양한 재료—예를 들어, 도자기와 돌을 "형태 속으로 (또는 밖으로) 구부리는" 행위—를 의도적으로 조작하는 것을 논의하기 위한 가변적이고 실용적인 수단으로서 이 용어의 나 자신의 사용을 한정한다. 이러한 관행들은 물질의 가소성, 해부학, 그리고 형이상학에 대한 고유한 문화적 이해에 따라 수행되었다. 이러한 방식으로, 나는 "기형"을 비서구 예술 활동을 설명하는 데 유용한 몇 가지 변증법적 방식 중 하나로 다루려고 시도하며, 특히 전자가 후자의 역사적, 종교적 동기를 물질적 수준에서 설명하는 데 도움이 되는 한 그러하다. (다른 방식으로는 "미형(the unformed)", 즉 의도적으로 해체되고 분산된 유물을 설명하는 데 사용되는 용어와, 일반적으로 현대 개념 예술적 관행을 논의하는 데 사용되는 "비정형(the informe)" [또는 형태 없음]이 포함된다.) 이 주제에 대한 관련 문헌으로는, Michael D. Coe, Mexico (New York: Praeger, 1962), 85; Virginia E. Miller, "The Dwarf Motif in Classic Maya Art", in Fourth Palenque Round Table, 1980, ed. Merle Greene Robertson and Elizabeth P. Benson (San Francisco: Pre-Columbian Art Research Institute, 1985), 141-153; and Carson M. Murdy, "Congenital Deformities and the Olmec Were-Jaguar Motif", American Antiquity 46, no. 4 (1981): 861-871 등을 참조.

[3] 더 명시적인 출처 중 일부는 Hasso Von Winning, Portrayal of Pathological Symptoms in Pre-Columbian Mexico (Carbondale, IL: The Pearson Museum, Southern Illinois University School of Medicine, 1987), 및 Eduardo Matos Moctezuma, Paralisis facial prehispanica, Departamento de Investigaciones Antropoldgica, vol. 25 (Mexico: Instituto Nacional de Antropologia e Historia, 1970)를 포함.

[4] 나중에 논의되듯이, 메소아메리카 문화 학자들은 일반적으로 단신 개인의 묘사를 설명하기 위해 "난쟁이(dwarf)"라는 용어를 단일하고 보편화하는 의미로 흔히 사용한다. 결과적으로, "작은 사람들(little people)"(아마도 더 적절하거나 인간적인 용어, 작은 사람들이 스스로를 칭하거나 되찾을 수 있는 용어)은 문헌 전체와, 상응하게, 본 장에서는 완전히 부재한다.

[5] 도상학적 및 역사적 증거는 아즈텍인들이 다른 메소아메리카인들과 마찬가지로 테픽토톤(tepictoton)이라고 불리는 작은 크기의 사람들이 강우를 시작하거나 (또는 박탈하는) 책임이 있다고 믿었으며, 전쟁의 신은 그의 작고 손상된 발로 식별되었다는 것을 확인한다. 고고학적 조사에 따르면 뼈 병변과 충치를 가진 개인들이 비와 바람의 신들에게 일상적으로 희생되었다는 사실도 밝혀졌다. Juan Alberto Roman Berrelleza, "A Study of Skeletal Materials from Tlatelolco", in To Change Place: Aztec Ceremonial Landscapes, ed.

David Carrasco (Boulder: University Press of Colorado, 1991), 14-15를 참조.

[6] 민족사학자 루이스 버크하트(Louise Burkhart)가 제공하듯이, "나우아 신들은 악행을 저지르는 사람들을 질병, 오물, 그리고 빈곤뿐만 아니라 실명, 불구, 그리고 마비로 벌했다... [그리고] 나쁜 통치자의 '공적'은 누더기와 쓰레기뿐만 아니라 실명과 마비였다." Burkhart, The Slippery Earth: Nahua-Christian Moral Dialogue in Sixteenth-Century Mexico (Tucson: University of Arizona Press, 1989), 176.

[7] 활동가 시미 린튼(Simi Linton)이 장애에 대한 "교정적" 또는 "의학화된" 접근 방식을 넘어설 것을 호소한 것은 이 현상의 사회정치적 및 문화적 구성에 대한 인식론적 접근 방식의 필요성을 가장 웅변적으로 명확히 한다. Linton, Claiming Disability: Knowledge and Identity (New York: New York University Press, 1998).

[8] 주목할 만한 예외는 미술사학자 레베카 R. 스톤(Rebecca R. Stone)의 페루 모체 문화(Moche culture)의 콜럼버스 이전 주술적 관행에 관한 최근 저작이다(본 권의 3장 참조). 미발표된 학회 논문("Disability as Divine: Special Bodies in Ancient American Art", presented at the Ninety-fifth Annual Conference of the College Art Association, New York, February 2007)에서 스톤은 다음과 같이 결론짓는다: "특별한 신체는 많은 고대 아메리카 문화에서 장애의 관점이 아니라 신성과의 영적 연결로서 변혁적인 상처 입은 치유자에게 부여된 중간에서 높은 지위의 관점에서 표현되었다. 신체적 이상은 명백히 특정 개인들이 규범을 초월하는 신성한 책임을 맡도록 미리 정했다." 장애의 의학적 모델에 대한 비판으로는, 예를 들어, Paul Abberley, "The Concept of Oppression and the Development of a Social Theory of Disability", Disability, Handicap & Society 2, no. 1 (1987): 5-19; Steven E. Hyler, Glen O. Gabbard, and Irving Schneider, "Homicidal Maniacs and Narcissistic Parasites: Stigmatization of Mentally Ill Persons in the Movies", Psychiatric Services 42, no. 10 (1991): 1044-1048; and Michael Oliver, "The Social Model in Context", in Understanding Disability (London: Macmillan Education, 1996), 30-42 등을 참조.

[9] Alison Kafer, Feminist, Queer, Crip (Bloomington: Indiana University Press, 2013), 5. 카퍼(Kafer)가 사회적/의학적 모델 이분법에 대한 통찰력 있는 요약을 제공하지만, 그녀의 작업의 더 넓은 관련성은 그것이 여성주의 및 정체성 정치를 환경 윤리 및 생식 정의와 병치한다는 점에 있다. 그녀의 완전히 새로운 장애 이론 모델의 공식화는, 여성주의/퀴어/불구 동맹에 기반을 두고 있으며, 본 연구에서 논의된 징계적 구분(disciplinary divisions)의 통합 및/또는 초월을 위한 유용한 패러다임을 제공한다.

[10] 예를 들어, Cecelia Klein, "None of the Above: Gender Ambiguity in Nahua Ideology", in Gender in Pre-Hispanic America, ed. Cecelia Klein, 183-253 (Washington, D.C.: Dumbarton Oaks Research Library and Collection, 2001), 및 Sharisse D. McCafferty and Geoffrey G. McCafferty, "Alternative and Ambiguous Gender Identities in Postclassic Central Mexico", in Que(e)rying Archaeology: The 15th Anniversary Gender Conference, (Calgary: University of Calgary, 2009), 196-206을 참조.

[11] 예를 들어, Michael J. Asplan, "Dwarfism as Indicative of Shaman Status", Ancient American: Archaeology of the Americas before Columbus 14, no. 89 (Dec. 2010): 41-44; and Carolyn E. Tate, "The Colossal Fetuses of La Venta and Mesoamerica's Earliest Creation Story", in Imagining the Fetus: The Unborn in Myth, Religion, and Culture, ed. Vanessa R. Sasson and Jane Marie Law (Oxford; New York: Oxford University Press, 2009)를 참조. 마요 클리닉(Mayo Clinic)의 보고서는 난쟁이증에 대해 다음 정의를 제공한다: "난쟁이증은 유전적 또는 의학적 상태로 인해 발생하는 작은 키이다.

난쟁이증은 일반적으로 성인 키가 4피트 10인치(147센티미터) 이하로 정의된다. 난쟁이증을 가진 사람들의 평균 성인 키는 4피트(122cm)이다." Mayo Clinic Staff, "Diseases and Conditions: Dwarfism", last modified September 2014. http://www.mayoclinic.org/diseases-conditions/dwarfism/basics/definition/con-20032297.

[12] Susan Milbrath, A Study of Olmec Sculptural Chronology (Washington, D.C.: Dumbarton Oaks, Trustees for Harvard University, 1979), 15; Karl A. Taube, "The Olmec Maize God: The Face of Com in Formative Mesoamerica", RES: Anthropology and Aesthetics 29/30 (Spring-Autumn 1996): 53.

[13] Karl A. Taube, Olmec Art at Dumbarton Oaks (Washington, D.C.: Dumbarton Oaks Research Library and Collection, 2004). Richard A. Diehl, The Olmecs: America's First Civilization (London: Thames & Hudson Ltd, 2004), Fig. 14는 난쟁이들이 지탱하는 띠 모양의 요소를 "올멕 용의 위턱"이라고 언급하지만, 대부분의 학자들은 이를 메소아메리카 "하늘 띠(sky band)" 모티프로 인식한다. 유사하게 배열된 다른 한 쌍의 난쟁이는 산로렌조 기념비 18호에서 발견된다(Taube, Olmec Art, Fig. 32a).

[14] 고고학자 제임스 A. 도일(James A. Doyle)은 그의 학회 논문 "Un mundo desaparecido: Materiales perecedores y una pieza olvidada de los mayas de la época Clásica", (presented at the Museo Nacional de Antropologia, Mexico City, November 13, 2014)에서 마야 궁정 예술 전반에서 보이는 난쟁이, 거울 운반자 및 기타 일반적으로 작은 인물들의 묘사에 대한 통찰력 있는 논의를 제공한다.

[15] Mary E. Miller and Karl Taube, The Gods and Symbols of Ancient Mexico and the Maya: An Illustrated Dictionary of Mesoamerican Religion (London: Thames & Hudson Ltd, 1993), 82.

[16] 예를 들어, Stephen D. Houston, "The Name Glyph for Classic Maya Dwarfs", in The Maya Vase Book: A Corpus of Rollout Photographs of Maya Vases, vol. 3, eds. Barbara Kerr and Justin Kerr (New York: Kerr Associates, 1992), 546을 참조.

[17] 예를 들어, Asplan, "Dwarfism", 41-44를 참조.

[18] 최근 출판물에서 Carolyn E. Tate, Reconsidering Olmec Visual Culture: The Unborn, Woman, and Creation (Austin: University of Texas Press, 2012)은 이전에 난쟁이로 언급되었던 올멕 조각상 다수를 재평가하며, 그녀는 이제 그것들이 배아, 태아, 그리고 신생아의 대규모 묘사를 나타낸다고 믿는다. 이것이 사실이라면, 테이트는 이 출생 전후 조각들이 역사상 알려진 가장 오래된 "의학 삽화"의 예시를 나타낼 것이라고 주장한다. 또한 Gordon Bendersky, "Tlatilco Sculptures, Diprosopus, and the Emergence of Medical Illustration", Perspectives in Biology and Medicine 43, no. 4 (2000): 477-501을 참조하라.

[19] Miller, "Dwarf Motif", 141.

[20] 밀러는 약 100가지의 뚜렷한 난쟁이증 유형이 있다고 언급하지만, 마요 클리닉 스태프의 최근 보고서 "Diseases and Conditions"는 그 숫자의 두 배 이상을 식별한다. 중요하게도, 이 후자의 보고서는 난쟁이증을 "질병(Diseases)"이라는 제목 아래 분류하며, 이를 "유전적 또는 의학적 상태로 인해 발생하는 작은 키"로 정의한다.

[21] 프란치스코회 수사 베르나르디노 사아군(Bernardino Sahagun)의 General History of the Things of New Spain, ed. J. O. Anderson and Arthur C. Dibble (Santa Fe: School of American Research, 1950-82)은 접촉 이전의 멕시코에 대한 가장 포괄적인 식민지 시대 기록으로 간주된다. 사아군이 그의 기록을 편찬하는 데 고용한 원주민 정보 제공자에 대해 더 읽으려면, Jeanette Favrot Peterson, "The 'Florentine Codex': Imagery and the

Colonial 'Tlacuilo'", in The Work of Bernardino de Sahagun: Pioneer Ethnographer of Sixteenth-Century Aztec Mexico, ed. J. Jorge Klor de Alva, H. B. Nicholson, and Eloise Quinones Keber (Albany: Institute for Mesoamerican Studies, University of Albany, and State University of New York, 1988), 272-293을 참조.

[22] Michael E. Smith, The Aztecs, 2nd edition (Malden, MA: Blackwell Publishing, 2003), 15.

[23] Eduardo Matos Moctezuma, The Great Temple of the Aztecs: The Treasures of Tenochtitlan (London: Thames and Hudson Ltd, 1988), 10.

[24] Miller and Taube, Gods and Symbols, 82.

[25] Bernal Diaz del Castillo, The Conquest of New Spain, trans. J. M. Cohen (New York: Penguin Books, 1963), 226-230.

[26] Diego Dur Tyn, The History of the Indies of New Spain, trans. Doris Heyden (Norman: University of Oklahoma Press, 1994), 307.

[27] 아즈텍 제국 궁정에서 난쟁이들의 역할에 대한 스페인 기록으로는 Diaz del Castillo, Conquest of New Spain, 226-227, 230; Durán, History of the Indies, 295-296, 307, 356, 466, 483-489; Sahagun, Florentine Codex, 1978, Bk. 3:46, fn. 13; 1979, Bk. 8:30, 49; and Hernan Cortes, Letters from Mexico, trans. A.R. Pagden (New York: Grossman Publishers, 1971), 111을 참조.

[28] Cortés, Letters from Mexico, 111.

[29] Durán, History of the Indies, 295.

[30] 비서구 지역에 대한 유럽 탐험 역사에서 난쟁이들의 이국적인 "타자(Others)"로서의 역할에 대한 흥미로운 개요는 Betty M. Adelson, The Lives of Dwarfs: Their Journey from Public Curiosity toward Social Liberation (Piscataway, NJ: Rutgers University Press, 2005)를 참조.

[31] Peter Furst, "The Olmec Were-Jaguar Motif in the Light of Ethnographic Reality", in Dumbarton Oaks Conference on the Olmec, ed. Elizabeth P. Benson (Washington, D.C.: Dumbarton Oaks Research Library and Collection, 1968), 143, fn. 1. 실제로 사용된 민족지학적 유추의 예로는 Terry Rugeley, ed., Maya Wars: Ethnographic Accounts from Nineteenth-Century Yucatan (Norman: University of Oklahoma Press, 2001); Alan R. Sandstrom, Corn Is Our Blood: Culture and Ethnic Identity in a Contemporary Aztec Indian Village (Norman: University of Oklahoma Press, 1991)를 참조.

[32] Burkhart, Slippery Earth, 5.

[33] 다시 말하지만, 나는 이것이 의학 역사가들과 일부 미술사학자들이 장애 분석에서 하려는 것처럼 보이는 것, 즉 역사를 통틀어 그것을 정적으로 만들려는 것이라고 주장한다. 미술사학자 조지 쿠블러(George Kubler)는 "민족학적 유추는 불완전한 귀납의 한 형태"라고 경고하며, 이는 궁극적으로 "매우 고대적인 상징적 행동의 고립된 파편 위에 전체 덩어리의 후기 민족사적 세부 사항을 고정하거나 부과함으로써" 과거를 왜곡한다. George Kubler, The Art and Architecture of Ancient America: The Mexican, Maya and Andean Peoples (Middlesex, UK; New York: Penguin Books Ltd, 1984 [1962]), 166.

[34] Richard Shiff, "Regarding Art and Art History: Unexplained", Art Bulletin XCIV, no. 3 (2012): 339-343.

[35] 고고학자 윌리엄 해빌랜드(William Haviland)와 하툴라 모홀리-나기(Hattula Moholy-

Nagy)는 다음과 같이 지적한다: "만약 중요한 혈통의 구성원들이 근친결혼하는 경향이 있었다면, 그들은 내혼적인 카스트를 구성했을 것이다. 이러한 영향에 대한 힌트는 [티칼의] 북부 아크로폴리스 무덤에서 난쟁이의 존재, 현재 알려진 특정 척추 이상이 엘리트 계층에 국한되었다는 사실, 그리고 유전적으로 설정된 잠재력이 관련될 수 있는 워미안 뼈들(wormian bones)이 다른 사람들보다 이 사람들에게 더 자주 나타난다는 사실에서 얻을 수 있다. 이를 종합해 볼 때, 시간이 지나면서 가족 혈통에 선천적 기형이 나타났음을 시사할 수 있다... 만약 일부다처제의 관행이 이것이 암시하듯이 왕실 특권이었다면, 우리는 티칼에서 이를 확인하는 고고학적 증거를 발견하지 못했다." William A. Haviland and Hattula Moholy-Nagy, "Distinguishing the High and Mighty from The Hoi Polloi at Tikal, Guatemala", in Mesoamerican Elites: An Archaeological Assessment, ed. Diane Z. Chase and Arlen F. Chase (Norman: University of Oklahoma Press, 1992), 58-59. 그러나 해빌랜드가 밀러에게 ("Dwarf Motif", 141) 주장된 "난쟁이" 해골이 실제로는 보존 상태가 좋지 않아 그러한 것으로 확인될 수 없었다고 밝혔다는 점에 주목해야 한다.

[36] 물론, 문제의 일부는 우리가 장애 재현의 역사적 형태를 분석하기보다는 신뢰할 수 있는 증거를 찾고 있다는 것일 수 있다. 사실이든 아니든, 이러한 표현들은 창조 당시의 장애에 대한 사회의 믿음을 반영한다. 따라서 역사가의 임무의 어려움은 그녀가 그들의 현실과 그녀의 현실, 그리고 두 현실이 겹치는 부분을 동시에 염두에 두어야 한다는 것이다. 스페인 연대기에 대한 분석에서 역사가 메르세데스 데 라 가르자(Mercedes da la Garza)는 이 점을 더 잘 명확히 할 수 있다: "[그] 식민지 책들은... 코덱스 및 일반적으로 복잡한 상징들로 가득 찬 선(先)히스패닉 유물에 대한 이해에 도달하려고 시도하는 사람에게 가장 유용한 지침이다. 동시에, 유물들은 기록된 출처의 데이터를 확인하거나 무효화하는 데 도움이 된다. 두 출처 모두 선(先)히스패닉 사람들을 연구하는 데 필수적이다." Mercedes de la Garza, "Time and World in Maya and Nahuatl Thought", in Cultural Relativism and Philosophy: North and Latin American Perspectives, ed. Marcelo Dascal (Leiden: E. J. Brill, 1991), 108.

[37] 미술사학자 에스더 파스토리(Esther Pasztory), "Still Invisible: The Problem of the Aesthetics of Abstraction for Pre-Columbian Art and Its Implications for Other Cultures", RES: Anthropology and Aesthetics 19/20 (1990/1991), 112는 선(先)콜럼버스 시대 과거에 대한 두 가지 뚜렷하지만 상호 보완적인 접근 방식—인문학적 및 과학적—에 대해 다음과 같이 언급하며 상세히 설명한다: "[그] 과학적 은유와 모델은 서구 문명의 산물이며, 그 자체로 가치 중립적이지 않다. 그럼에도 불구하고, 인간 이외의 존재에 대한 분석은 자연 과학자들에게 인류학자와 역사가에게 덜 가능한 정도의 객관성을 허용해 왔다."

[38] Murdy, "Congenital Deformities", 861-871을 참조하라. 소위 "웅크린 턱 없는 난쟁이(crouching chinless dwarf)" 모티프를 묘사하는 이미지의 광범위한 참조 목록은 Taube, Olmec Art, 57을 참조하라.

[39] Matthew W. Stirling, "Stone Monuments of Rio Chiquito, Veracruz, Mexico", Bureau of American Ethnology Bulletin 157 (1955): 1-23.

[40] Murdy, "Congenital Deformities", 861.

[41] "재규어 인간(were-jaguar)" 모티프가 올멕인들이 원래 가졌던 생각이라기보다는 20세기 추론과 사변의 산물이었다는 증가하는 증거가 있다. 걸프 연안 지역에서 일하는 인류학자들 사이에서 수년 동안 유포된 이 모티프는 다음 몇십 년 동안 수많은 저명한 학자들에 의해 연속적으로 옹호되고 성문화되었다가 1990년대에 대부분 기각되었다. 모티프에 대한 영향력 있는 초기 설명으로는 George Metcalf and Kent Flannery, "An Olmec 'Were-Jaguar' from the Yucatan Peninsula", American Antiquity 31 (1967): 109-111; and Nanette Pyne, "The Fire-Serpent and Were-Jaguar in Formative Oaxaca: A Contingency

Table Analysis", in The Early Mesoamerican Village, ed. Kent V. Flannery (New York: Academic Press, 1976), 272-280을 포함한다. 재규어 인간 제안에 대한 비판적 반박으로는 Whitney Davis, "So-Called Jaguar-Human Copulation Scenes in Olmec Art", American Antiquity 43, no. 3 (1978): 453-456을 참조.

[42] Murdy, "Congenital Deformities", 862.

[43] Murdy, "Congenital Deformities", 863. 신경관 결함은 다양한 심각도의 손상을 초래한다. 예를 들어, 척수 기형인 이분 척추(spina bifida)는 많은 사람들이 안고 사는 손상이다; 그러나 신경관 결함은 또한 미발달된 뇌와 두개골과 같은 훨씬 더 심각한 문제를 초래할 수도 있다.

[44] Murdy, "Congenital Deformities", 863; 또한 Coe, Mexico, 85를 참조.

[45] Murdy, "Congenital Deformities", 862.

[46] 마르틴 하이데거(Martin Heidegger), "The Origin of the Work of Art", in Poetry Language Thought, trans. Albert Hofstadter (New York: Harper & Row, 1971), 40.

[47] 신세계 고고학의 역사 편찬에 대한 통찰력 있는 개요는 Joanne Pillsbury, ed., Past Presented: Archaeological Illustration in the Ancient Americas (Washington, D.C.: Dumbarton Oaks Research Library and Collection, 2012)를 참조.

[48] "Jefferson's Excavation of a Burial Mound", The Jefferson Monticello, accessed June 1, 2015, https://www.monticello.org/site/research-and-collections/jeffersons-excavation-indian-burial-mound.

[49] 고고학자 조지 바일런트(George Vaillant)는 층서학적 데이터 사용을 기반으로 고대 메소아메리카 문화의 광범위한 연대기를 처음으로 확립했다. 특히 바일런트의 발견과 층서학적 분석 전반에 대한 논의는 George Kubler, "Period, Style, and Meaning in Ancient American Art", New Literary History 1, no. 2 (Winter 1970): 142를 참조하라.

[50] Kubler, Art and Architecture, 33.

[51] James Lockhart, "Introduction: Background and Course of the New Philology" (2007), http://whp.uoregon.edu/Lockhart/Intro.pdf를 참조하라.

[52] 예를 들어, 린다 셰이(Linda Scheie)와 메리 E. 밀러(Mary E. Miller)가 설명하듯이: "[19세기] 말 무렵, 조각된 기념물과 비문의 의미를 결정하는 데 거의 진전이 없었기 때문에 평화로운 마야 문명이라는 개념이 커지기 시작했다... [이] 비문들은 감탄할 수는 있지만 아마도 결코 읽을 수 없는 추상적이고 아름다운 텍스트인 것처럼 보였다. 날짜들은 마야인들의 산술적 및 달력적 기술에 대한 명확한 증거였고, 이는 그들이 시간과 숫자의 철학자라는 생각으로 이어졌다." Linda Scheie and Mary E. Miller, The Blood of Kings: Dynasty and Ritual in Maya Art (Fort Worth: Kimbell Art Museum, 1986), 20-21.

[53] Kubler, Art and Architecture, 33.

[54] 미국 학자들의 메소아메리카 시각 문화에 대한 담론은 인문학적 조사와 사회 과학적 관심사를 자주 혼합하지만—이는 매년 선(先)콜럼버스 미술사와 고고학 분야에서 수여되는 높은 수의 고급 학위로 쉽게 입증되는 사실이다—예를 들어, 라틴 아메리카 대학과 학술 출판물은 '순수한' 미학을 인류학적, 민족지학적, 그리고 국가주의적 관심사에 부차적인 것으로 자주 간주한다. 실제로, 선(先)콜럼버스 학문의 후자 노드들 내에서는 미국 및 유럽 연구에서 매우 인기 있는 대상의 존재론적 "현존(presence)"이 훨씬 덜 논의된다.

[55] Gassaway, "Extraordinary Bodies", forthcoming.

[56] Carolyn Tate and Gordon Bendersky, "Olmec Sculptures of the Human Fetus", Precolumbian Art Research Institute (PARI) Online Publications, no. 30 (1999),

http://www.mesoweb.com/pari/publications/news_archive/30/olmec_sculpture.html (no pagination). 또한 Gordon Bendersky, "Tlatilco Sculptures, Diprosopus, and the Emergence of Medical Illustration", Perspectives in Biology and Medicine 43, no. 4 (2000): 477-501을 참조.

[57] Tate and Bendersky, "Olmec Sculptures of the Human Fetus", no pagination.

[58] Tate and Bendersky, "Olmec Sculptures of the Human Fetus", no pagination.

[59] Tate and Bendersky, "Olmec Sculptures of the Human Fetus", no pagination.

[60] Michel Foucault, "Nietzsche, Genealogy, History", in The Foucault Reader, ed. Paul Rainbow (New York: Pantheon Books, 1984), 88.

[61] Tate, Reconsidering Olmec Visual Culture, 28.

[62] 미술사와 인류학 사이의 학문적 분열에 대해 더 알아보려면 Kubler, Studies in Classic Maya Iconography, 74-75; and Pasztory, Still Invisible, 108을 참조.

[63] Esther Pasztory, Teotihuacan: An Experiment in Living (Norman: University of Oklahoma Press, 1997), 72.

[64] James Elkins, "The Question of the Body in Mesoamerican Art", RES: Anthropology and Aesthetics 26 (1994): 113-124.

5 마가렛 버크-화이트의 사진에서의 차이와 장애

Keri Watson

20세기 사진 역사에서 주요 인물인 마거릿 버크-화이트(Margaret Bourke-White)는 현대 산업, 대공황, 그리고 정치 · 사회 운동 장면으로 잘 알려져 있다.[1] 1929년, 그녀는 ≪Fortune≫ 잡지에 고용된 최초의 전속 사진작가가 되어 독일, 러시아, 그리고 더스트 볼(Dust Bowl)[1]을 취재했으며, 1936년에는 ≪Life≫ 잡지의 창립 사진작가 중 한 명이 되어 1937년 창간호 표지 이미지를 제공했다.[2] 그녀의 경력 전반에 걸쳐, 그녀는 스페인 내전 피해자 구호 활동에 적극적이었고, 나치 강제 수용소 해방을 기록했으며, 수감 중인 마하트마 간디를 촬영했고, 남아프리카 노동 착취를 취재했다.[3] 사회 정의를 위해 자신의 작업을 사용하겠다는 헌신으로, 버크-화이트는 미국 예술가 회의(American Artists' Congress), 평화와 민주주의를 위한 미국 연맹(American League for Peace and Democracy), 그리고 미국 청소년 회의(American Youth Congress)의 회원이었다. 그녀의 삶과 작업은 상당한 주목을 받았지만, 장애인을 촬영한 그녀의 사진들은 그렇지 못했다.[4] 본 장은 버크-화이트의 1937년 베스트셀러 사진집 ≪You Have Seen Their Faces≫에서 발견되는 장애인 이미지와, 1934년 뉴욕 티엘스에서 1911년부터 1996년까지 운영되었던 장

1) 역자주: 더스트 볼(The Dust Bowl)은 1930년대 미국 중서부 지역에서 발생한 심각한 환경 재해를 의미함. 이 기간 동안 미국의 그레이트 플레인즈(Great Plains) 지역에서는 극심한 가뭄과 함께 강한 바람이 불어, 토양이 흙먼지로 변하며 농작물이 큰 피해를 입었음. 이러한 상황은 농부들에게 큰 경제적 어려움을 안겨주었고, 많은 사람들이 고향을 떠나야 했음. 더스트 볼은 미국 역사상 가장 심각한 생태적, 경제적 재난 중 하나로 기억되고 있음.

애인을 위한 주립 주거 시설인 레치워스 빌리지(Letchworth Village)에서 찍은 이미지들을 검토한다. 나는 이 사진들—눈에 보이는 신체장애를 가진 빈곤한 사람들을 담은 일부 사진과 지적 또는 발달장애를 가진 시설 수용자들을 묘사한 일부 사진—이 대공황의 징표로서 장애 신체를 둘러싼 불안에 도전했을 뿐만 아니라, 인종, 젠더, 그리고 신체 능력에 따른 정체성 해체를 위한 담론적 공간을 열었다고 주장한다.[5] 버크-화이트의 이미지를 동시대의 다른 사진, 영화 및 문학과 비교하고, 장애 연구를 사용하여 이 이미지들을 역사적으로 맥락화함으로써, 나는 레치워스 빌리지 사진들이 시설 수용의 효능과 자비심에 도전하는 동정적인 초상화를 제공하며, 그녀의 ≪You Have Seen Their Faces≫ 사진들이 뉴딜 프로그램의 배타성에 도전하고, 노동의 도덕적 의무를 비판하며, 체계적인 억압을 다룰 확대된 연방 보호를 주장하기 위해 신체 장애인 이미지를 포함했음을 입증할 것이다.

1930년대 동안, 장애인들은 격리와 억압에 직면했다. 의료 및 정치 체제에 의해 사회의 정상적인 역할에 "부적합"하다고 간주된 장애인들은 뉴딜 정책의 공공사업 진흥국(Works Progress Administration, WPA) 프로그램에서 제공하는 일자리에서 배제되었다. WPA 노동자 핸드북에 따르면, 이 일자리는 "지역 기관에 의해 인증된 '건강한 신체'를 가진 미국인들을 위해 예약되었다."[6] "추악한 법(Ugly laws)"—눈에 보이는 장애를 가진 사람들이 대중 앞에 보이는 것을 불법화한 법—이 전국적으로 통과되었고, 많은 법이 1970년대 중반까지 폐지되지 않았다.[7] 28개 주는 장애인에 대한 불임 수술, 결혼 제한, 그리고 시설 수용을 추구하는 법령을 채택했으며, 우생학자들은 장애 영아에 대한 안락사를 옹호했다.[8] 장애인들은 체계적으로 투옥되었을 뿐만 아니라, 이민법에 따라 추방 대상이기도 했다.[9] 편견적인 의료 진단과 대중의 차별로 인해 야기된 격리된 주거 공간에 대한 증가된 요구에 따라, 주들은 레치워스 빌리지와 같은 주거 시설을 빠른 속도로 건설하기 시작했다.

1911년에 뉴욕의 "정신박약자(feeble minded)"를 위한 최고 학교로 설립된 레치워스 빌리지(Letchworth Village)는 코티지[2] 계획(cottage plan)의 모범적인 사례

2) 역자주: "cottage"는 주로 소형 주택 또는 시골집을 의미함. 특히, 도시나 교외 지역이 아닌 시골 지역에 위치한 작은 단층집을 가리키는 경우가 많고, 종종 아늑하고, 소박하며, 전통적

였다.[10] 19세기 후반에 개발되었으며 종종 시골 환경에 위치했던 코티지, 즉 콜로니 계획은 대규모 다목적 정신 병원을 대체하여, 환자를 성별 및 장애 유형별로 분리하는 더 작은 개별 건물들의 캠퍼스로 구성되었다. 레치워스의 2,084에이커 부지는 선도적인 조경 건축가인 프레더릭 로 오름스테드(Frederick Law Olmsted)가 계획했으며, 수많은 기숙사, 레크리에이션 공간, 행정 건물은 신고전주의 양식으로 설계되었다.[11] 비록 "정신 결함자들을 위한 주정부 치료 및 훈련의 계몽된 정책을 이끌고자 하는 뉴욕주 주민들의 의지를 실질적으로 표현한 것"으로 구상되었지만, 개원 초기부터 논란의 대상이었다.[12] 주의회는 이 시설을 완전히 지원하기에 충분한 자금을 결코 할당하지 않았으며, 1948년 알버트 도이치(Albert Deutsch)의 주거 시설에 대한 가혹한 비판서인 ≪Shame of the States≫에도 포함되었다.[13] 방치, 학대, 강간을 포함한 과밀 및 부적절한 거주자 관리에 대한 보고서는 1920년대로 거슬러 올라가지만, 뉴욕주 발달 장애인 사무국(New York State Office for People with Developmental Disabilities)은 레치워스 빌리지가 환자들에게 배려심 있고 동정적인 집을 제공한 진보적인 기관이었다고 주장한다.[14] 오늘날 레치워스는 뉴욕주 발달 장애인 사무국의 허드슨 밸리 지역 사무소로 대체되었으며, 이 사무소는 인지적 및 신체적 손상을 가진 사람들에게 지역사회 기반 서비스를 제공한다.

1932년, 레치워스 이사였던 메리 애버럴 해리먼(Mary Averell Harriman)은 당시 상업 사진 작업으로 잘 알려져 있던 버크-화이트를 고용하여 레치워스 프로그램의 효과를 사진으로 기록했다.[15] 찰스 S. 리틀 원장과 함께 이사회는 교육과 직업 훈련을 통해 레치워스의 많은 환자들이 재활되어 가석방될 수 있다고 옹호했으며, 레치워스의 홍보 자료는 기관의 선행, 자립, 성공을 입증하도록 설계되었다.[16] 버크-화이트는 이러한 주장을 설명하고 시각적으로 입증하기 위해 사진을 의뢰받

인 스타일의 집을 상징하기도 함. 뉴딜 정책(New Deal Policy)과 관련된 "cottage"는 주로 "Cottage Industry"를 의미함. 이는 뉴딜 정책 시기에 도입된 개념으로, 작은 가정에서 생산 활동을 하는 것을 말함. Cottage Industry는 작은 가정에서 생산되는 제품을 지역 사회나 국가 전체로 판매하는 것을 포함하고, 이는 농업과 관련된 작업뿐만 아니라, 가정에서 직접 제작되는 다양한 제품을 포함함. 뉴딜 정책 시기에는 이러한 작은 산업들이 경제 회복에 중요한 역할을 했음.

았으며, 그녀의 이미지들—주로 포즈를 취한 클로즈업 초상화—은 기관의 연례 보고서 여러 곳에 실렸기 때문에 이사회가 만들고자 했던 이미지를 지지하는 것처럼 보인다.[17] 사회학자이자 장애 연구 학자인 로버트 보그단(Robert Bogdan)이 주장했듯이, 버크-화이트의 사진들은 "깨끗하고 잘 차려입은 수용자들이 행복하게 노동에 종사하는 모습"을 보여주며, 이는 "시설에 수용된, 어쩌면 위험하고 분명히 무능력한 장애인들이라도 길들여지고, 심지어 훈련될 수 있다는 메시지를 홍보했다."[18] 나체로 방치된 환자들이 일광실에 붐비는 모습을 보여준 1940년대 후반의 어빙 하버만(Irving Haberman)의 선정적인 사진과는 상당히 다르지만, 일하는 소녀와 소년들을 특징으로 하는 버크-화이트의 사진들은 기관을 긍정적인 시각으로 제시하는 듯 보인다. 그러나 자세히 들여다보면, 그녀의 이미지에는 전복적인 요소가 있다.[19] 나는 버크-화이트의 레치워스 빌리지 사진들이 신체 및 인지 장애를 가진 사람들이 체계적으로 소외되고 억압받은 방식을 보여주는 중요한 통찰력을 제공할 뿐만 아니라, 사회 정의에 대한 버크-화이트의 헌신에 대한 증거를 제공한다고 주장한다.[20]

버크-화이트가 환자들이 새 부츠를 받는 모습을 찍은 사진(그림 5.1; 1933년)은 이 점을 보여준다. 표면적으로는 주 정부의 관대함과 레치워스의 감사하는 거주자들의 고마움을 보여주기 위해 연출된 것처럼 보이는 이 사진은 레치워스 이사회의 요구를 충족시키는 것처럼 보이지만, 버크-화이트가 소녀들을 줄 세운 방식은 그들이 입고 있는 스타킹에 나 있는 많은 큰 구멍들을 드러낸다. 더욱이, 버크-화이트는 소녀들을 서로 바짝 붙여 그들이 사진의 잘린 프레임 밖으로 넘쳐나게 함으로써, 레치워스가 끔찍하게 과밀했으며 이는 미흡한 계획과 증가된 수요의 결과임을 암시한다. 소녀들은 미소를 짓고 있지만, 그들의 드레스는 구식이고, 더럽고, 잘 맞지 않으며, 들쭉날쭉한 옷단과 밧줄로 만든 임시 벨트를 하고 있다. 버크-화이트가 인공조명을 사용하여 사진의 대비를 높인 것은 소녀들 드레스의 거친 질감에 있는 모든 주름을 보이게 한다. 게다가, 버크-화이트는 소녀들을 세 개의 뚜렷한 줄로 배열했으며, 소녀들은 모두 같은 페이지보이(pageboy) 헤어스타일을 하고 있어 시설 생활의 규율화된 성격을 암시한다. 레치워스에서 환자들(또는 그들이 불렸던 대로 수용자)은 성별과 장애 정도에 따라 "무능력자(infirms)"부터 "고급자(high-grades)"에 이르기까지 격리되었다.[21] 버크-화이트의 사진은 이러한 구분이 환자들이 의학적으로 규정되고, 사회적으로 제한되며, 신뢰를 잃은 역할에 순응하는 방식을 더욱 강화했음을 강조한다.

Figure 5.1 Margaret Bourke-White, Girls Lined Up without Shoes, Letchworth Village, 1933. Photo © Estate of Margaret Bourke-White / Licensed by VAGA, New York, NY.

리틀 원장은 "중급 또는 고급"으로 분류된 환자들이 대부분의 시간을 "최소한의 정신노동과 최대한의 수작업"을 하며 보내는 것이 매우 중요하다고 주장했다.[22] 관심사나 능력에 관계없이, 소녀와 여성들은 화장실 청소, 울타리 다듬기, 세탁소 일, 직조 등을 하도록 기대되었고, 남성과 소년들은 농사, 축산업, 광업 등에 종사했다.[23] 레치워스의 작업 환경은 고되었으며, 이는 버크-화이트가 괭이를 어깨에 멘 두 남자를 클로즈업한 사진(그림 5.2; 1933년)에 의해 입증된다. 어깨를 나란히 하고 걷는 모습으로 보이는 오른쪽 남자는 희미하게 웃고 있으며, 산들바람이 다른 남자의 머리카락을 헝클어뜨렸다. 언뜻 보기에는 쾌활해 보일 수 있지만, 자세히 살펴보면 남자들의 셔츠는 더럽고 얼룩져 있으며, 그들이 걷는 밭은 돌투성이이고 황량하며 지나가기 어려워 보인다. 버크-화이트가 인공조명을 사용하여 사진의 대비를 높인 것은 풍경의 윤곽을 강조한다. 레치워스는 미니세옹고 크릭(Minisceongo Creek)을 따라 위치해 있으며, 이 개울이 부지를 둘로 나눈다. 동쪽에는 능선이 있는데, 환자들은 이 고르지 않은 지형에서 농사를 짓는 책임이 있었으며, 여기서 그들 자신의 음식 대부분을 재배하고 닭, 돼지, 소를 돌보았다.[24] 리틀은 "시설의 일상 업무에 필요하지 않은 남성과 여성은 이 격리된 공동체가 소비하는 모든 것을 가능하다면 야외에서 바쁘게 기르는 것이 마땅하다"고 주장했다.[25] 이 점에서 그들은 성공적이었는데, 레치워스 거주자들은 자신들의 식량을 재배했을 뿐만 아니라 잉여 생산물도 만들어냈다. 뉴욕주 정신 지체 및 발달 장애 사무국에 따르면, 1930년대 동안 레치워스의 농장은 100만 달러 이상의 작물을 생산했다.[26]

Figure 5.2 Margaret Bourke-White, Men with Hoes, Letchworth Village, 1933. Photo © Estate of Margaret Bourke-White / Licensed by VAGA, New York, NY.

거주자들은 놀이, 교육 활동, 또는 의미 있는 직업 훈련에 참여하는 대신, 숙식 제공 외에 아무런 보상 없이 일했다. 농업 작업 외에도, 남성 환자들에게 할당된 일자리에는 수천 톤의 석탄을 저장 시설에 싣는 것과 도로를 건설하는 것이 포함되었다.[27] 어린아이들 역시 고된 육체노동에서 벗어나지 못했는데, 이는 도랑을 파는 소년들의 사진(그림 5.3; 1933년)에서 볼 수 있다.[28] 딱딱한 흙을 옮기려 애쓰는 일부 소년들이 곡괭이와 삽을 다루는 것을 보면, 도구들이 소년들만큼이나 커 보인다. 버크-화이트는 레치워스와 그 거주자들을 찬양하는 사진을 찍기 위해 고용되었고, 그녀의 일부 사진에는 깨끗한 제복을 입은 환자들의 모습이 담겨 있지만, 여기서 논의된 사진들처럼 그녀의 많은 사진들은 레치워스의 이상적이지 못한 환경과 무보수 노동에 대한 의존을 드러낸다. 더욱이, 버크-화이트의 레치워스 거주자 사진들은 시설 생활의 억압을 폭로하고, 그녀의 피사체들에 대한 개별적인 동정심을 보여주며, 그 당시 흔했던 장애인에 대한 다른 표현들과는 상당히 다르다.

Figure 5.3 Margaret Bourke-White, Boys Digging in a Trench, Letchworth Village, 1933. Photo © Estate of Margaret Bourke-White / Licensed by VAGA, New York, NY.

1930년대 동안, 시각 및 대중문화는 장애인에 대한 차별을 강화했다. 가장 두드러지게는, 농업 안정국(Farm Security Administration, FSA)의 후원 하에 찍힌 사진들이 손상된 사람들을 무시했다.[29] 1935년에 재정착 관리국(Resettlement Administration)으로 설립되었다가 1937년에 FSA로 재편된 이 뉴딜 프로그램은 국가의 가장 가난한 농민들을 돕기 위해 고안되었지만, 그 가장 지속적인 유산은 역사 섹션 국장 로이 스트라이커(Roy Stryker)에 의해 모아지고 현재 유명한 사진작가들(아서 로스스타인, 벤 샨, 도로시아 랭, 워커 에번스, 마리온 포스트 월컷 포함)이 찍은 광범위한 사진 파일이다.[30] 그들의 임무는 농촌의 가난한 사람들에 대해 국민을 교육하고 뉴딜 프로그램을 홍보하는 것이었으며, 문학사가 제임스 귀몽(James Guimond)이 American Photography and the American Dream에서 지적하듯이, "FSA 사진가들은 이상하거나 기괴하게 보이는 사람들을 촬영하는 것을 피하는 것처럼 보였다."[31] 어렸을 때 소아마비를 앓았던 랭(Lange)조차도 장애인들을 무시했으며, 종종 자신의 사진에서 비장애 신체를 찬양하여, An American Exodus (1939)의 독자들에게 강한 손과 건장한 등의 이미지를 제시했다.[32] 예를 들어, Spring Plowing에서 근육질의 벌거벗은 노동자의 등이 프레임을 가득 채운다(그림 5.4; 1937년). 그의 얼굴 없는 신체는 랭의 작업을 예시하는데, 그녀는 정기적으로 노동계급 전체를 대표하는 고귀해진 신체 일부를 제시했기 때문이다.[33] FSA 사진의 전형인 이 이미지는, 스트라이커가 자신의 사진가들에게 동정심을 불러일으키기 위해 여성과 어린이의 모습이나, WPA 프로그램의 효과를 강화하고 공리주의, 자유주의적 개인주의, 그리고 "노동의 도덕적 의무"라는 미국 이데올로기를 지지하는 "일하는 남자들"의 모습을 제시하도록 요구했던 그의 지시 사항을 잘 보여준다.[34]

장애인들이 FSA에 의해 무시당하는 동안에도, 대중 영화와 문학은 장애인들을 타락한 악당 또는 의존적인 피해자로 묘사하며 고정관념을 강화했다.[35] 예를 들어, 론 채니(Lon Chaney)는 The Blackbird (1926)와 Tell It to the Marines (1926)와 같은 영화에서 신체적 차이가 내면의 정신 이상을 암시하는 일련의 역할에 출연했다. 유사하게, 윌리엄 포크너(William Faulkner)와 존 스타인벡(John Steinbeck)을 포함한 작가들은 장애인 캐릭터를 경제적 어려움의 암호로 사용했다. 문학사가

토머스 페이(Thomas Fahy)가 주장했듯이, 대공황 시대 작가들은 "손상된 신체를 참을 수 없는 상실에 대한 은유—끊임없는 빈곤, 굶주림, 실업의 침식적인 영향에 대한 유형의 징표—로 만들었다."[36] The Sound and the Fury (1929)에서 포크너는 지적 장애가 있는 흑인 남성 벤지(Benjy)를 사용하여 컴슨(Compson) 가문의 몰락 이야기를 전하게 했다.[37] 벤지의 장애는 가족과 구 남부의 쇠퇴에 대한 은유로 작용한다. 사회학자 앨리슨 C. 캐리(Allison C. Carey)가 주장했듯이, "가난한 사람들은 정신박약(feeblemindedness)과 연관되었고, 정신박약 및 인종적, 민족적 소수자에 대한 고정관념이 결합하여 정신박약자에 대한 부정적인 이미지를 강화했다."[38] 대중의 상상 속에서 인종, 빈곤, 장애가 혼합된 것에 기반하여, Of Mice and Men (1937)에서 스타인벡은 레니(Lennie), 크룩스(Crooks), 캔디(Candy)와 그들의 장애를 국가의 경제적 좌절의 상징으로 사용했다. 스타인벡은 발달장애가 있는 백인 남성 레니를 동물에 비유하며, "곰이 발을 끄는 방식처럼 발을 약간 끌고... 말처럼 콧김을 뀌며 긴 모금으로 마시는" 것으로 묘사했다.[39] 레니의 장애가 있는 정신과 동물 같은 신체는 그가 더 나은 삶을 얻는 것을 방해한다. 유사하게, 구부정한 등을 가진 흑인 캐릭터 크룩스(어렸을 때 말에게 채인 결과)는 신체장애와 인종 모두에 의해 제한되었으며, 이는 그를 억압적인 환경에 갇히게 하여 다른 마을로 이동하여 더 나은 삶을 건설할 수 없게 했다.[40] 마찬가지로, 나이 많고 기형인 백인 캐릭터 캔디는 한 손이라는 이유로 다른 노동자들로부터 고립된다. 그의 신체장애는 자신의 유용성과 자존감이 자신의 신체에 묶여 있다고 보는 다른 목장 노동자들의 두려움을 자극한다.

랭, 채니, 포크너, 스타인벡과는 달리, 버크-화이트는 신체 전시의 전통적인 정치학에 도전했으며, 관람객들에게 장애인에 대한 섬세한 묘사를 제공했다. 그녀는 그 시대의 정형화된 틀을 따르는 대신, 레치워스 빌리지 사진들을 통해 시설 수용을 비판하는 동정적인 초상화를 제공했으며, 내가 입증하듯이, 그녀의 ≪You Have Seen Their Faces≫ 사진들은 장애를 은유로서가 아니라 체계적인 억압에 도전하기 위해 신체 장애인들의 이미지를 포함했다.

Figure 5.4 Dorothea Lange, Spring Plowing. Guadalupe, California. Cauliflower Fields, March 1937. FSA-OWI Collection, Prints and Photographs Division, Library of Congress.

1936년 여름과 1937년 봄 동안, 버크-화이트는 작가 어스킨 칼드웰(Erskine Caldwell)과 함께 여행하며 대공황 시대의 가장 잘 알려지고 상업적으로 성공한 사진집 중 하나인 ≪You Have Seen Their Faces≫를 위한 사진을 찍었다.[41] 출판 당시, 칼드웰은 남부 생활에 대한 두 편의 베스트셀러이자 논란이 된 소설인 Tobacco Road (1932)와 God's Little Acre (1933)로 유명했지만, You Have Seen Their Faces를 통해 그는 "담배길(Tobacco Road)에 카메라를 가져가... 그가 썼던 사람들과 조건의 진정성을 보여주었다."[42] 그의 에이전트 막심 리버(Maxim Lieber)가 당시 포춘(Fortune) 잡지의 부편집장이자 전속 사진작가였던 버크-화이트를 그에게 소개했고, 그들은 이 프로젝트를 공동 작업했으며, 이는 이후 20년 동안 농촌 빈곤에 대한 모범적인 사진-텍스트 묘사로 간주되었다.[43] FSA의 파일에서 사진을 발췌한 1930년대의 사진집에 불만족했던 버크-화이트와 칼드웰은 빈곤이 초래하는 파괴적인 신체적, 정서적 결과를 드러내고자 했다. 문학 학자 나탈리 윌슨(Natalie Wilson)이 지적하듯이, "[칼드웰]은 업튼 싱클레어(Upton Sinclair)와 유사한 방식으로 기괴함의 충격적인 힘을 활용했으며, 그렇게 함으로써 정치화된 기괴함이 소설과 비소설 모두에 도움이 된다는 것을 드러냈다."[44] 버크-화이트는 그녀의 광고 배경과 사진 전문 지식을 활용하여 강렬한 시각 자료를 만들었다. 사진과 텍스트는 결합하여 자본주의 농장 시스템이 인종 갈등과 풍토적인 빈곤을 어떻게 조장했는지 보여주며, 인종 간 협력, 교육, 노동조합 결성, 그리고 가장 중요하게는 정부 지원 수당을 포함한 해결책을 제시한다. 이 책의 75장 사진 중 10장은 눈에 보이는 장애를 가진 사람들을 특징으로 하지만, ≪You Have Seen Their Faces≫는 상당한 학문적 주목을 받았음에도 불구하고, 장애 이미지의 포함은 주목받지 못했다. ≪You Have Seen Their Faces≫는 1937년 베스트셀러였지만, 1960년대 이래로 남부의 모습을 지나치게 동정적이고 진부하게 포착했다는 이유로 폄하되어 왔다.[45] 문학사가 앨런 트랙턴버그(Alan Trachtenberg)가 1995년 재발행본 서문에서 지적했듯이, "칼드웰의 산문은 이제 단순하고 냉담하게 보였고, 워커 에번스(Walker Evans)의 엄격한 시선에 비추어 볼 때, 버크-화이트의 사진은 지나치게 연극적이고 조작적으로 보였다."[46] 비록 버크-화이트가 피사체를 지나치게 극화했다는 비판을 받아왔지만, 그녀의 레치워스 이미지는 그녀의 미묘한 능력과 후원자의 기대를 충족시키면서도 사진에 전복적인 함의를 불어넣는 그녀의 능력을 보여준다. 더욱이, 모든 사진은 구성물이며, 버크-화이트만이 다큐멘터리 이미지를 연출한 것이 아니었는데, 이는 당시에 흔한 관행이었다. 사실, 문학사가 제임스 커티스(James Curtis)와 마일스 오벨(Miles Orvell)이 보여주었듯이, 워커 에번스, 아서 로스스타인, 도로시아 랭 모두 정도의 차이는 있지만 그들의

"다큐멘터리" 사진을 구성하거나 조작했다.[47] 버크-화이트의 You Have Seen Their Faces 사진들을 그녀의 레치워스 빌리지 이미지들과 비교하는 것은 그녀가 메시지를 전달하기 위해 사려 깊고 의식적으로 이미지를 구성했다는 방식을 드러낸다. 이는 그녀가 이 사진들을 찍기 위해 백인 전문 예술가로서의 자신의 권력과 특권을 이용하지 않았다는 의미는 아니며, 단지 그 사진들을 통해 그녀가 장애인에 대한 시청자들의 선입견을 불안정하게 만들 수 있었고, 타인에 대한 돌봄에 대한 사회의 역할과 책임에 주의를 환기시킬 수 있었다는 것이다. 이 점에서 그녀는 당대의 진보적인 인물이었다.

사회 정의에 대한 그녀의 헌신을 입증하면서, 버크-화이트는 ≪You Have Seen Their Faces≫를 통해 관람객들에게 가난한 사람들의 "얼굴을 보도록" 요구하고, 국가에서 가장 취약한 시민들의 경제적 어려움과 신체적 고통에 맞서도록 요구했다. 따라서 ≪You Have Seen Their Faces≫에 포함된 여러 사진들은 눈에 보이는 신체장애를 가진 사람들을 특징으로 한다. 예를 들어, 책의 마지막 이미지 중 하나는 아기를 안고 있는 여성을 보여준다(그림 5.5; 1937년). 그녀는 왼쪽 다리가 없는 것으로 보이며, 오른쪽 뺨에는 어떤 종류의 자국이 있고, 얼굴의 왼쪽은 마비로 인해 쪼그라들어 보인다. 버크-화이트는 레치워스 초상화에서 그랬듯이, 스트로브 조명을 사용하여 어둡고 밝음의 강렬한 대비를 만들어 환경을 불안정하게 만들고, 빈곤과 장애의 트라우마를 젊은 여성과 그녀의 아이의 예속된 신체 위에 시각적으로 투사한다. 가족의 경제적 궁핍의 정도를 강조하듯이, 매트리스에서는 속이 튀어나와 있고 널빤지 벽은 쪼개져 있다. 이 풍부한 질감의 이미지 속의 모든 것은 극심한 고난을 나타내지만, 젊은 여성의 아이에 대한 사랑은 분명하며, 버크-화이트는 이 이미지를 마돈나와 아기 예수의 기독교 상징을 환기시키도록 구성했다. "해피 할로우, 조지아. '가끔 남편에게 우리가 노력해도 이보다 더 나쁠 수는 없을 거라고 말해요.'"라는 캡션은 가족 그룹의 중요성을 언급함과 동시에, 피사체가 자신의 삶의 환경에 대해 통제력이 부족함을 보여준다.[48] 버크-화이트는 이러한 유형의 이미지에서 몸을 사리지 않고 렌즈를 그들에게 집중시키며, 관람객들이 자신의 장애인 피사체들을 보도록 강제하고 차별적인 정책의 신체적 결과를 인정하도록 한다.

버크-화이트는 레치워스 거주자들에 대한 동정적인 초상화를 구성했던 것처럼, 혁신적인 공식 사진 기술에 대한 그녀의 광범위한 지식을 적용하여 ≪You Have Seen Their Faces≫를 위한 강렬한 이미지를 만들었는데, 플로리다주 벨몬트에서 찍은 어린 소녀와 그녀의 오빠를 담은 이 사진(그림 5.6; 1937년)에서 볼 수 있다. 소년은 직접 만든 흔들의자에 기대어 있고, 그의 위축된 팔과 다리는 너무 큰 청바지와 스웨터 밖으로 살짝 보인다. 그의 눈은 천장에 초점이 맞춰진 것처럼 보이며, 그의 마비는 얼굴에 내려앉은 두 마리의 파리에 의해 강조된다. 그의 여동생은 그 뒤에 서서, 보호적이고 애정 어린 태도로 왼손을 의자 등받이에 얹고 있다. 거칠게 지어진 방은 신문지로 도배되어 있으며, 해진 커튼의 옷단은 유리가 없는 열린 창문 밖으로 나부낀다. 어린 소녀의 목소리인 것처럼 보이는 캡션은 독자에게 "어린 오빠(남동생)가 11년 전에 시들기 시작했다"고 알린다. 황폐해진 땅에 대한 언급이자 남부 농업 시스템에 의해 부서진 모든 사람들의 상징인, 어린 소년의 장애 신체의 물질성은 관람객에게 정부의 구호 프로그램의 한계를 상기시킨다. 부와 빈곤, 그리고 신체 능력과 장애 사이의 격차를 강조하기 위해, 버크-화이트는 소비문화의 상징들을 포함하도록 장면을 연출했다. 방의 벽은 잡지와 신문 광고로 도배되어 있으며, 장애와 매끈한 광고의 세계 사이에 놀라운 병치(juxtaposition)를 만들어낸다. 버크-화이트는 다음과 같이 회상한다:

> 우리가 남부의 더욱 궁핍한 지역으로 깊이 들어갈수록, 나는 내가 두고 왔다고 생각했던 광고의 세계에 대한 빈번한 상기물(reminders)들을 발견하고 충격을 받았다. 이곳 사람들은 광고들을 정말로 사용하고 있었다. 그들은 바람을 막기 위해 그것들을 자신의 집 위에 직접 도배했다. 일부 소작농 오두막들은 마법의 진통제와 버터컵 코담배(Buttercup Snuff)를 광고하는 거대한 빌보드 포스터로 너무나 단단히 둘러싸여서, 집 자체가 시야에서 사라지기도 했다.[49]

Figure 5.5 Margaet Bourke-White, Happy Hollow, Geogia, You Have Seen Their Faces, 1937. Photo. © Estate of Margaret Bourke-White / Licensed by VAGA, New York, NY.

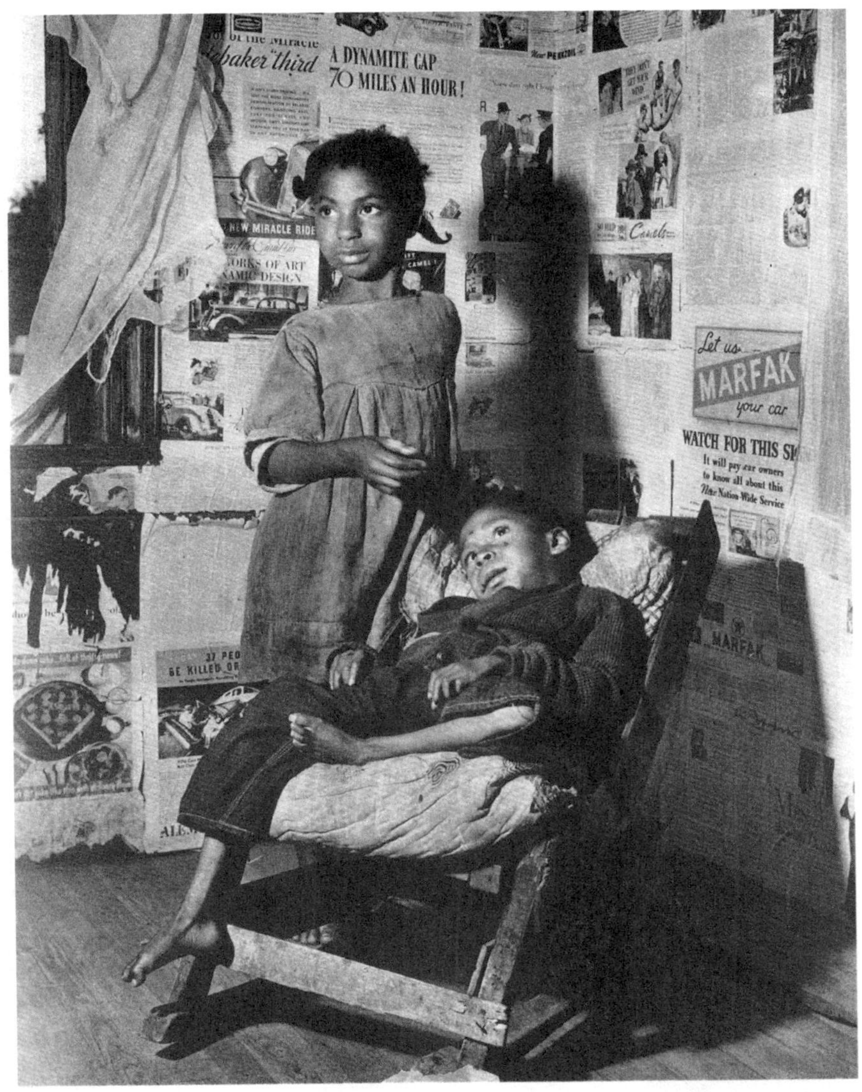

BELMONT, FLORIDA. "Little brother began shriveling up eleven years ago."

Figure 5.6 Margaret Bourke-White, Belmont, Florida, You Have Seen Their Faces, 1937. Photo © Estate of Margaret Bourke-White / Licensed by VAGA, New York, NY. 92

카멜 담배(Camel Cigarettes), 프린스 앨버트 파이프 담배(Prince Albert Pipe Tobacco)와 같은 제품들, 그리고 666, 브로모 퀴닌(Bromo Quinine), 그로브스 해열제(Grove's Chill Tonic) 같은 만병통치약들을 노점하는 이 광고판들은 또한 소비주의, 장애의 의료화, 그리고 제약 산업 복합체를 상기시킨다. 이러한 의심스러운 치료제들을 사용한 결과는 영양실조에 걸리고 장애를 가진 신체들을 보여주는 첨부된 이미지들에서 볼 수 있다.

SWEETFERN, ARKANSAS. "Poor people get passed by."

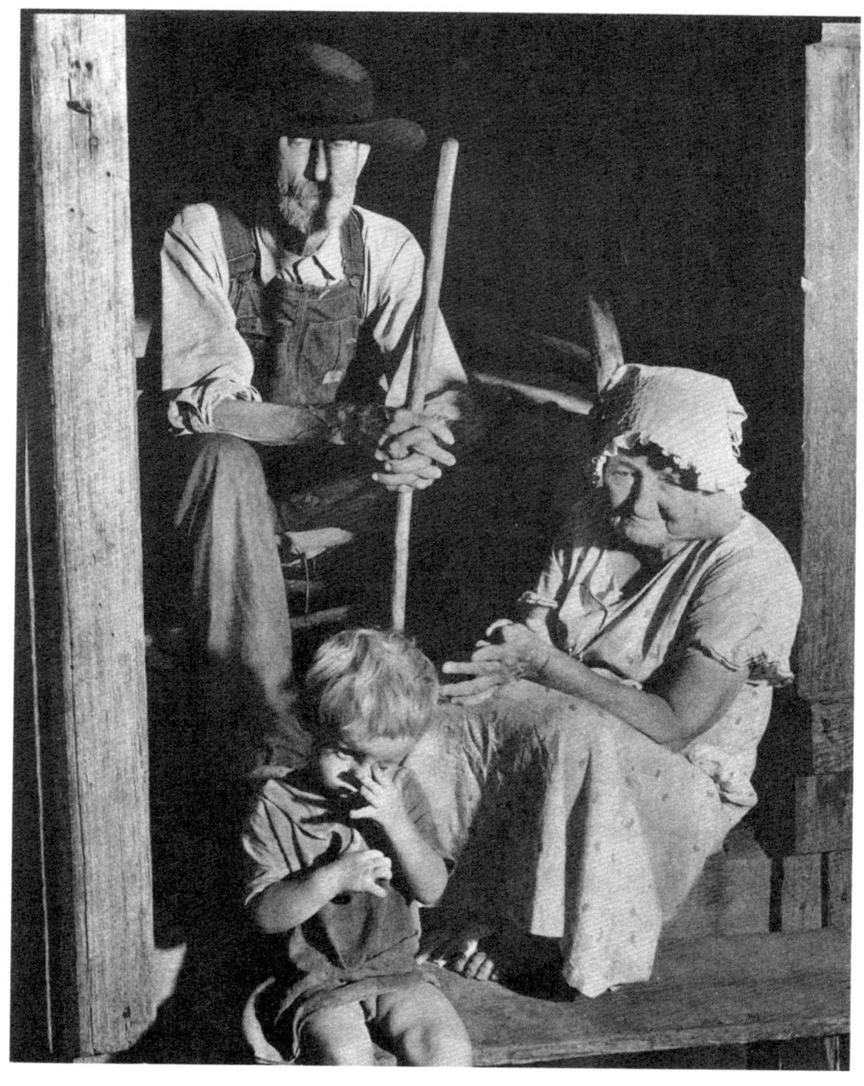

Figure 5.7 Margaret Bourke-White, Sweet Fern, Arkansas, You Have Seen Their Faces, 1937. Photo © Estate of Margaret Bourke- White / Licensed by VAGA, New York, NY.

예를 들어, 노인 부부와 어린아이가 등장하는 이 사진(그림 5.7; 1937년)을 보라. 남자는 지팡이를 쥐고 있는데, 이는 실명을 암시하는 것일 수 있으며, 여자와 어린 소녀의 위쪽이자 오른쪽에 앉아 있다. 맨발에 해진 드레스를 입은 여자는 목 왼쪽에 종양이 돌출되어 있으며, 너무 큰 셔츠만 입은 어린 소녀은 눈을 비비고 있는데, 이는 트라코마(trachoma, 모래 눈 병)를 나타내는 것일 수 있다. 트라코마는 1930년대 빈곤 지역사회에서 흔했으며, 실명을 유발하는 세균성 감염이다. 어두워진 문틀의 전경에 배치되어 프레임을 가득 채운 이 가족 그룹의 캡션은 "스위트 펀, 아칸소. '가난한 사람들은 지나쳐져요.'"이다. 뉴딜 정책이 이 가족들을 간과했을지는 몰라도, 버크-화이트는 그렇지 않았다. 그녀는 자신의 자서전에서 "여기에 바로 절망의 마비가 새겨진 얼굴들이 있었다. 이들은 내가 그냥 지나칠 수 없는 얼굴들이었다"고 썼다.[50] 극적인 조명과 구도를 통해 버크-화이트는 관람객의 주의를 이 상징적인 가족 그룹에 집중시킨다. 이 인물들은 자율성이 없다. 그들 중 누구도 건강한 신체가 아니며, 그들은 늙고 장애가 있거나 어리고 의존적이지만, 함께 장애가 심화시킨 빈곤의 신체적 영향을 폭로하는 신체 재현의 힘을 예시한다. 그들의 절망을 과장하기 위해 구성된 첨부된 캡션은 실제 생활 경험의 현실을 폭로하며, 프랭클린 D. 루스벨트 대통령의 구호, 회복, 개혁 정책에 호소한다.

비록 루스벨트 대통령의 뉴딜 정책이 궁핍한 사람들을 돕고, 경제를 강화하며, 빈곤과 실업을 근절하기 위해 고안되었지만, 장애인들은 체계적으로 무시되었다. 뉴딜 정책에 따르면, "사회 프로그램은 단순히 궁핍한 사람들에게 자선을 베푸는 것 이상으로 전체 국가 공동체의 복지와 안보를 향상시켜야 한다."[51] 이러한 레토릭에도 불구하고, 뉴딜 프로그램은 장애인들을 배제했으며, 비록 루스벨트 대통령이 어린 시절 소아마비로 인해 이동에 장애가 있었음에도 불구하고, 그는 자신의 장애를 역경을 극복한 능력의 증거로서의 경우를 제외하고는 대중의 시선으로부터 크게 숨겼다.[52] 신체의 물리적인 능력과 움직일 수 있는 능력은 대공황 시기에 최고로 중요했는데, 이는 수백만 명의 농민들이 일시적인 이주 노동자로서 일자리를 찾거나 도시에서 공장 노동자로서 고용을 확보하기 위해 집을 떠나야 했기 때문이다. 버크-화이트의 ≪You Have Seen Their Faces≫ 사진들은 빈곤으로 인해 손상된 신체, 즉 움직이거나 일할 수 없는 사람들의 이미지를 포함함으로써 사회적 불평등을 물질적인 용어로 나타낸다. 그녀는 이러한 이미지들을 포함함으로써, 대공황으로 인해 악화된 국가적 불안에 맞서고, 노동의 도덕적 의무뿐만 아니라 경제적 및 신체적 독립을 인격의 적절한 척도로 정상화하는 것에 도전한다. 비록 그녀의 사진들이 오늘날의 기준으로는 극적이고, 꾸며낸 것처럼 보이거나, 심지어 착취적으로 보일 수 있지만, 그녀는 연방 후원을 받은 FSA 사진가들을 포함한 많은 이들이 그들을 무시했을 때, 장애인들에게 초점을 맞췄다. 많은 학자들이 주장했듯이 그녀가 피사체들을 이용했다기보다는, 나는 그녀가 자신의 사진들을 사용하여 사회 정책의 한계를 확대하고 빈곤이 신체 위와 신체를 통해 어떻게 새겨지는지를 보여주었다고 주장한다.[53]

1933년에 버크-화이트는 레치워스 빌리지를 위한 홍보 자료를 만들기 위해 고용되었다. 그녀는 후원자의 만족을 위해 의뢰를 완수했지만, 동시에 기관과 그 정책에 대한 미묘한 비판을 포함시키는 데도 성공했다. 그녀가 이 이미지들에 전복적인 함의를 불어넣었듯이, 그녀는 ≪You Have Seen Their Faces≫에서 피사체들의 신체성(corporeality)을 강조하여 확대된 연방 구호 프로그램의 필요성을 역설했다. 장애인들이 일관되게 대중의 시선으로부터 숨겨지고, 심지어 미국 대통령조차 자신의 장애를 감추던 시기에, 버크-화이트는 장애인들을 정면으로 내세웠고, 그들을 딸과 아들, 어머니와 아버지, 자매와 형제, 돌보는 사람(caregivers)과 가족 구성원으로서, 그리고 고려할 가치가 있는 상호 의존적인 공동체의 일부로서 보여주었다. 포토저널리즘의 선구자이자 사회 개혁을 선동하는 포토 에세이의 수사적 힘을 옹호했던 버크-화이트의 작업은 사진 역사에 지대한 영향을 미쳤으며, W. 유진 스미스, 스티븐 셰임스, 대니 라이언을 포함한 다른 사진가들이 규범적인 문화에 의해 소외된 사람들에게 렌즈를 집중할 수 있도록 문을 열었다.

주석(Notes)

[1] S.L. Harrison, Twentieth Century Journalists: America's Opinion Makers (New York: University Press of America, 2002), 176. 마거릿 버크-화이트는 여러 모노그래프, 전기, 그리고 자서전의 주제였다. 다음을 참조하라: Susan G. Rubin, Margaret Bourke-White: Her Pictures Were Her Life (New York: Abrams, 1999); Vicki Goldberg, Margaret Bourke-White: A Biography (New York: Harper & Row, 1986); and Margaret Bourke-White, Portrait of Myself (New York: Simon and Schuster, 1963).

[2] Sean Callahan, Margaret Bourke-White: Photographer (Boston: Bulfinch Press, 1998), 11 and 19.

[3] Goldberg, Biography, 158-159 and 208.

[4] 버크-화이트의 빈곤 이미지에 대한 더 자세한 내용은 다음을 참조하라: Maren Stange, Symbols of Ideal Life: Social Documentary Photography in America, 1890-1950 (Cambridge: Cambridge University Press, 1989); Winfried Fluck, "Poor Like Us: Poverty and Recognition in American Photography", Amerikastudien/American Studies 55, no. 1 (2010): 63-93; Robert E. Snyder, "Erskine Caldwell and Margaret Bourke-White: You Have Seen Their Faces", Prospects 11 (1986): 393-405; Tom Jacobs, "Poeticizing the Political Image: Caldwell, Bourke-White, and the Recasting of Phototextual Expression", in Reading Erskine Caldwell: New Essays, ed. Robert L. McDonald (Jefferson: McFarland and Company, 2006), 92-113; and Carol Shloss, "The Privilege of Perception", Virginia Quarterly Review 56, no. 4 (1980): 596-611. 시각 문화에서 장애 재현에 대한 더 자세한 내용은 다음을 참조하라: Robert Bogdan, Picturing Disability: Beggar, Freak, Citizen, and Other Photographic Rhetoric (Syracuse: Syracuse University Press, 2012); Ann Millett-Gallant, The Disabled Body in Contemporary Art (New York: Palgrave Macmillan, 2010); Rosemarie Garland-Thomson, Extraordinary Bodies: Figuring Physical Disability in American Culture and Literature (New York: Columbia University Press, 1997); and Staring: How We Look (New York: Oxford University Press, 2009).

[5] 비록 보그단(Bogdan)은 버크-화이트의 레치워스 사진을 논하지만, 그녀의 You Have Seen Their Faces 이미지는 논하지 않는다.

[6] Works Progress Administration, WPA Workers' Handbook (1936).

[7] Paul K. Longmore and David Goldberger, "The League of the Physically Handicapped and the Great Depression: A Case Study in the New Disability History", Journal of American History 87, no. 3 (December 2000): 894.

[8] Longmore and Goldberger, "League of the Physically Handicapped", 894.

[9] Allison C. Carey, On the Margins of Citizenship: Intellectual Disability and Civil Rights in Twentieth-century America (Philadelphia: Temple University Press, 2009), 52.

[10] James W. Trent, Jr., Inventing the Feeble Mind: A History of Mental Retardation in the United States (Berkeley: University of California Press, 1994), 185.

[11] Albert Deutsch, The Shame of the States (New York: Harcourt Brace, 1948), 132; and

Trent, Inventing the Feeble Mind, 102.

[12] Trent, Inventing the Feeble Mind, 102.

[13] Annual Report of the Board of Managers of Letchworth Village, vol. 13 (1922): 10; Deutsch, The Shame of the States, 132-134; and Trent, Inventing the Feeble Mind, 258.

[14] Allan Goldstein, "Letchworth's True Story on Display at King's Daughters Library this Month", Rockland County Times, accessed March 15, 2012. http://www.rocklandtimes.com/2012/03/15/letchworths-true-story-on-display-at-kings-daughters-library-this-month/

[15] Correspondence Margaret Bourke-White to Franklin Kirkbride, January 24, 1933, Margaret Bourke-White Papers, Box 26, Folder "Letchworth Village", Special Collections Research Center, Syracuse University Libraries; and Trent, Inventing the Feeble Mind, 225.

[16] Trent, Inventing the Feeble Mind, 88.

[17] 버크-화이트는 1933년 연례 보고서를 위한 사진을 의뢰받았지만, 그녀의 사진은 26번째, 30번째, 40번째 연례 보고서에도 포함되었다. Margaret Bourke-White Papers, Box 26, Folder "Letchworth Village", Special Collections Research Center, Syracuse University Libraries. 또한 다음을 참조하라: Bogdan, Picturing Disability, 69; and Trent, Inventing the Feeble Mind, 225.

[18] Bogdan, Picturing Disability, 71.

[19] 어빙 하버만(Irving Haberman, 1916-2003)은 CBS 뉴스 에이전시에서 일했던 잘 알려진 20세기 포토저널리스트였다. 그의 레치워스 빌리지 사진들은 앨버트 도이치의 Shame of the States (1948)에 재출판되기 전에 뉴욕 일간지 PM에 처음 등장했다. Trent, Inventing the Feeble Mind, 226을 참조.

[20] John Edwin Mason, "Picturing the Beloved Country: Margaret Bourke-White, 'Life' Magazine, and South Africa, 1949-1950", Kronos 38 (2012): 154-176.

[21] Trent, Inventing the Feeble Mind, 88.

[22] Charles S. Little, "Letchworth Village: The Newest State Institution for the Feebleminded and Epileptic", The Survey 27 (1912): 1872.

[23] Trent, Inventing the Feeble Mind, 110.

[24] Little, "Letchworth Village", 1869.

[25] Finding Guide, Letchworth Village Records, Rare Book and Manuscript Library, Columbia University Libraries Archival Collections, MS \#0771.

[26] Finding Guide, Letchworth Village Records, Rare Book and Manuscript Library, Columbia University Libraries Archival Collections, MS \#0771.

[27] Trent, Inventing the Feeble Mind, 103 and 109.

[28] 13번째 연례 보고서는 그해에 입원한 환자의 수를 나열한다. 506명 중 317명이 5세에서 16세 사이였고, 11명은 5세 미만이었다. Annual Report of the Board of Managers of Letchworth Village 13 (Albany: J.B. Lyons Company, 1922), 15.

[29] 벤 샨(Ben Shahn)의 A One-Legged Man Sitting in Front of a Building, Natchez, Mississippi, October 1935는 예외이다. 그럼에도 불구하고, 농업 안정국(Farm Security Administration) 컬렉션의 약 160,000장의 사진 중 눈에 보이는 신체장애를 가진 사람들을 특징으로 하는 사진은 거의 없다.

[30] Mary Jane Appel, "The Duplicate File: New Insights into the FSA", Archives of American Art Journal 54, no. 1 (2015): 6. FSA 사진에 대한 학술 연구는 광범위하다. 개요는 다음을 참조하라: Roy Emerson Stryker, In This Proud Land: America 1935-1943 as Seen in the FSA Photographs (Greenwich, CT: New York Graphic Society, 1973); Cara A. Finnigan, Picturing Poverty: Print Culture and FSA Photographs (Washington D.C.: Smithsonian Books, 2003); Carl Fleischhauer and Beverly Brannan, Documenting America (Berkeley: University of California Press, 1988); William Stott, Documentary Expression and Thirties America (Chicago: University of Chicago Press, 1973); James Curtis, Mind's Eye, Mind's Truth: FSA Photography Reconsidered (Philadelphia: Temple University Press, 1989); James Guimond, American Photography and the American Dream (Chapel Hill: University of North Carolina Press, 1991); John Raeburn, A Staggering Revolution: A Cultural History of Thirties Photography (Urbana: University of Illinois Press, 2006); and Paula Rabinowitz, They Must Be Represented: The Politics of Documentary (New York: Verso, 1994).

[31] Guimond, American Photography, 120.

[32] Linda Gordon, Dorothea Lange: A Life Beyond Limits (New York: W. W. Norton & Company, 2011), 4.

[33] 도로시아 랭은 농업 안정국의 가장 다작인 사진작가 중 한 명이었다. 그녀의 사진들, Hoe Culture, Aniston, Alabama, 1936 및 Migratory Cotton Picker, Eloy, Arizona, 1940은 노동자들의 손을 클로즈업하며, Feet of Negro Cotton Hoer Near Clarksdale, Mississippi, 1937 및 Sharecropper Boy, Chesnee, South Carolina, 1937은 노동자들의 발을 특징으로 한다.

[34] Garland-Thomson, Extraordinary Bodies, 41.

[35] Longmore and Goldberger, "League of the Physically Handicapped", 895.

[36] Thomas Fahy, "Worn, Damaged Bodies in Literature and Photography of the Great Depression", Journal of American Culture 26, no. 1 (2003): 15.

[37] William Faulkner, The Sound and the Fury, 1929 (New York: Random House, 1984).

[38] Carey, On the Margins, 64.

[39] John Steinbeck, Of Mice and Men, 1937 (New York: Bantam Books, 1955), 2, 3.

[40] Steinbeck, Of Mice and Men, 73.

[41] You Have Seen Their Faces에 대한 문헌은 다음을 참조하라: James Goodwin, "The Depression Era in Black and White: Four American Photo-Texts", Criticism: A Quarterly for Literature and the Arts 40, no. 20 (1998): 273-307; Carol Shloss, In Visible Light: Photography and the American Writer, 1840-1940 (New York: Oxford University Press, 1987), 181-187; Raeburn, A Staggering Revolution, 207-226; Guimond, American Photography and the American Dream, 117-120; Jeff Allred, American Modernism and Depression (New York: Oxford University Press, 2010), 59-91; Bill Mullen and Sherry Lee Linkon, Radical Revisions: Rereading 1930s Culture (Urbana: University of Illinois Press, 1996); Jane M. Rabb, Literature and Photography Interactions, 1840-1990: A Critical Anthology (Albuquerque: University of New Mexico Press, 1995); and Robert E. Snyder, "Erskine Caldwell and Margaret Bourke-White: You Have Seen Their Faces", Prospects 11 (1986): 248-281.

[42] Bourke-White, Portrait of Myself, 113.

[43] John Rogers Puckett, Five Photo-Textual Documentaries from the Great Depression, (Ann Arbor: UMI Research Press, 1984), 23-24.

[44] Natalie Wilson, "Social Injustice Embodied: Caldwell and the Grotesque", in Reading Erskine Caldwell: New Essays, ed. Robert L. McDonald (Jefferson: McFarland and Company, 2006), 126.

[45] Stott, Documentary Expression and Thirties America, 22C, and Shloss, "The Privilege of Perception", 601-602.

[46] Alan Trachtenburg foreword to Erskine Caldwell and Margaret Bourke-White, You Have Seen Their Faces (Athens: University of Georgia Press, 1989), vii.

[47] James Curtis, Mind's Eye, Mind's Truth: FSA Photography Reconsidered (Philadelphia: Temple University Press, 1989); Errol Morris, Believing Is Seeing (Observations on the Mysteries of Photography (New York: Penguin Press, 2011); and Miles Orvell, The Real Thing: Imitation and Authenticity in American Culture, 1880-1940 (Chapel Hill: University of North Carolina Press, 1989).

[48] Happy Hollow는 애틀랜타에서 북동쪽으로 약 30마일 떨어진 곳에 위치한 실제 장소이다. Caldwell and Bourke-White, You Have Seen Their Faces (New York: Modern Age Books, 1937).

[49] Bourke-White, Portrait of Myself, 127.

[50] Bourke-White, Portrait of Myself, 111.

[51] Carey, On the Margins, 94.

[52] Longmore and Goldberger, "The League of the Physically Handicapped", 893.

[53] 버크-화이트가 피사체를 착취했다고 주장한 학자들은 다음을 포함한다: Stott, Documentary Expression and Thirties America, 220, and Shloss, "The Privilege of Perception", 601-602.

6 제2차 세계대전 이후 사진 속 장애 재현

Timothy W. Hiles

제2차 세계 대전 이후 시대에, 장애인 개인들에 대한 사진적 재현은 계층적 선입견과 고정관념을 강화하는 묘사에서, 대표적인 "정상"의 지배에 의문을 제기하는 묘사로 현저하게 변화했다. 이러한 변화와 함께, 장애인들을 의학적 변칙이라는 시각적 구성 내에서 재현하는 것에서 벗어나, 지배적인 구조에 의문을 제기하는 도발자로서 제시하는 것으로 바뀌었다. 미국 사회의 다른 편견적 구성에 대한 사진적 인식이 증가함에 따라, 이 이미지들은 개별적인 경험을 점점 더 고려하고 미리 정해진 연극적 서사를 찬탈한 더 넓은 인식의 변화를 나타낸다. 장애학 연구자 로즈마리 갈런드-톰슨(Rosemarie Garland-Thomson)이 입증했듯이, 사진 콘텐츠는 장애인에 대한 우리의 인식에 상당한 영향을 미친다.**[1]** 미술사 방법론에 깊이 뿌리를 둔 이 연구는 형식적 특징, 즉 제시 방식에 사용된 시각 언어가 콘텐츠 해석에 어떻게 영향을 미치는지에 초점을 맞출 것이다. 구체적으로, 이 연구는 격리, 통합, 그리고 궁극적으로 장애를 가진 "타자(other)"에 대한 확장된 시각을 구현하는 세 가지 별개의 시각적 구성을 식별할 것이며, 이는 시민권 시대(the Civil Rights Era)1)라고 알려지게 된 시기에 차이에 대한 인식이 증가하는 것과

1) 역자주: 시민권 시대는 주로 1950년대와 1960년대 동안 아프리카계 미국인과 기타 소외된 그룹들이 평등한 권리와 사회적 정의를 위해 싸운 미국 역사에서 중요한 시기를 말함. 이 시대는 인종 차별과 차별을 끝내기 위한 일련의 사건, 시위, 법적 변화로 특징지어질 수 있음. 시민권 운동 시대의 주요 사건들은 다음과 같음. 1) 브라운 대 교육위원회 사건(1954년): 공립학교에서 인종 차별을 위헌으로 선언한 대법원 결정. 2) 몽고메리 버스 보이콧(1955~1956년): 마틴 루터 킹 주니어가 이끈 공공 버스에서의 인종 차별에 대한 항의. 3) 워싱턴

일치한다.

첫 번째 구성은 분리를 구현하며, 이는 건강한 정상인의 특권적인 위치를 유지하는 계층적 구조에 기여했다. 푸코적 의미에서, 여기서의 현실은 고립된, 사회적으로 구성된 시각 언어 속에 잠겨 있다.[2] 두 번째 구성은 이러한 장애에 대한 전통적인 묘사를 버리고, 규범적인 구조 내에서 장애인을 더욱 포괄적으로 보여준다. 그 결과는 장애를 가진 "타자"에 대한 더 평등주의적인 재현이지만, 여전히 집단적인 정상의 구조적 계층을 유지한다. 세 번째 구성은 차이를 사회의 정당한 측면으로 재현함으로써 정상을 재정의한다. 이 구성은 장애인들을 대표적인 정상의 지배에 의문을 제기하는 도발자로서 제시하며, 결핍이라는 의학적 모델을 넘어 장애에 대한 우리의 이해를 확장한다. 장애인을 인위적으로 구성된 외부인이 아니라 다면적인 사회의 실질적이고 통합적인 부분으로 묘사함으로써, 이 사진들은 장애가 더 포괄적인 정상의 일부가 되는 사회에 대한 확장된 이해에 기여했다. 이러한 시각적 구성들은 종합적으로 장애인에 대한 보다 포괄적인 제시를 향한 일종의 진보를 나타내는 것으로 해석될 수 있다. 그러나 우리가 보게 될 것처럼, 이러한 각 구성 내에는 문화적 편견의 복잡한 작용이 내재되어 있으며, 이는 좋든 나쁘든 장애인에 대한 우리의 인식을 계속해서 재현하고 영향을 미친다.

시각적 구조를 통한 "타자"의 격리

1977년, 떠오르는 장애학 연구 분야의 학자들인 로버트 보그단(Robert Bogdan)과 더글러스 비클렌(Douglas Biklen)은 장애의 개념을 객관적인 손상의 징표라기보다는 주로 사회적 구성물로 인식했다.[3] 그들은 편견적이고 차별적인 대우를 전면에 내세우고, 신체적으로 "정상"이라는 특권적인 상태 밖에 있는 사람들을 열등한 지위로 격하시켰던 특정한 가정과 고정관념에 주의를 환기시켰다.[4] 제2차

행진(1963년): 마틴 루터 킹 주니어가 유명한 "I Have a Dream" 연설을 한 직업과 자유를 위한 대규모 시위. 4) 시민권 법(1964년): 인종, 피부색, 종교, 성별 또는 출신 국가를 기준으로 한 차별을 금지한 법률. 5) 투표권 법(1965년): 아프리카계 미국인들이 투표권을 행사할 수 없도록 하는 법적 장벽을 극복하기 위한 법률.

세계 대전 직후 수십 년간의 장애인 사진들은 신체적 또는 정신적으로 인지된 주류 밖에 있는 사람들에 대한 선입견과 고정관념이 분리와 불평등한 대우를 조장했다는 보그단과 비클렌의 전제를 뒷받침하는 시각적 단서를 제공한다. 이러한 사진에 사용된 시각 언어는 언어학자이자 기호학자인 페르디낭 드 소쉬르(Ferdinand de Saussure)의 이항 대립(binary opposition)의 관계적 개념—개념의 관습적인 의미가 다른 개념과의 관계에 의해 결정되는 구조주의적 개념—으로 이해될 수 있다. 이 시각적 구성에서 장애의 개념은 그 반대, 즉 건강한 신체를 가진 정상으로 간주되는 것과의 구별에 의해 정의된다.[5] 이 구성을 이해하는 데 마찬가지로 중요한 것은 철학자 자크 데리다(Jacques Derrida)의, 대립쌍이 본질적으로 부호화된 계층을 내포한다는 확장된 이해이다. 예를 들어, 정상이 비정상과의 대립 속에서 스스로를 정의한다면, 그것은 또한 정의하는 집단("정상")이 "타자"를 평가절하하는 계층을 가정하게 된다. 장애 연구 학자인 메이리언 코커(Mairian Corker)와 톰 셰익스피어(Tom Shakespeare)에 따르면, 이러한 평가절하는 장애와 그 시각적 재현에 관한 계층적 사회적 구성을 이해하는 데 필수적이다.[6] 이 사진들을 이해하는 데 또한 중요한 것은 철학자 미셸 푸코(Michel Foucault)가 "생체 권력(bio-power)"이라고 명명한 것에 대한 인식이다. 여기서 계층 구조의 확립된 정점(평균적 정상)은 일탈을 문제로 규정하고 범주화함으로써 설명하며, 이 과정은 "비정상"[7]을 종속시킴으로써 "정상"을 유지한다. 이러한 의미에서, 사진은 진실성(verity)의 환상—장애인에 대한 미리 정해진 개념을 실제로 고수하는 "진짜" 묘사—을 통해 이를 실증함으로써 그 종속을 정당화할 수 있다.

이러한 구성 내의 사진들은 장애인들을 "타자"로서의 지위를 유지시키고 건강한 "정상인"의 지배적인 관점을 강화하는 방식으로 묘사한다. 1951년 라이프(Life) 잡지에 실린, 뇌성마비 아동의 통합을 돕기 위해 특별히 개발된 맨해튼 학교인 P.S. 135[2]에 대한 랄프 모스(Ralph Morse)의 사진들은 통합보다는 분리라는 단일한

2) 역자주: P.S. 135 (공립학교 135)는 P.S. 35 (공립학교 35)라고도 함. 뉴욕시 맨해튼의 터틀베이 지역에 있는 이스트 51번가의 931 First Avenue에 위치한 역사적인 학교 건물임. 1892년에 James Beekman의 재산인 "Mount Pleasant" 부지에 지어졌음. 이 학교는 로마네스크 양식의 리바이벌 스타일로 George W. Debevoise에 의해 설계되었으며, 커뮤니티

인식에 기여하는 사례이다.[8] "뇌성마비: 한때 무력하다고 여겨졌으나, 그 피해자들은 이제 정상적인 삶에 적응할 수 있다"는 기사 제목을 설명하는 것처럼 보이는 초기 무캡션의 전면 이미지에서, 어두운 형태가 사진을 지배한다. 그의 긴장된 신체는 앞에 있는 창문의 빛에 의해 실루엣 처리되어 있다. 강조되는 것은 그를 개별화하고 인간화할 그의 얼굴이 아니라, 그의 과장되게 아치형을 이루는 등, 불안정하게 굽은 다리, 힘껏 뻗은 팔과 손—즉 그를 시각적으로 "비정상"으로 정의하는 특징들이다. 낮은 카메라 앵글과 힘을 주는 사지는 그의 형태를 과장하고 왜곡하여, 마치 1930년대와 40년대 영화에 등장했던 상징적인 괴물들을 연상시키듯이 거의 압도적인 지점에 이르게 한다.[9] 이 이미지는 "정상적인 삶에 적응"하는 것을 강조하는 기사와 결합되어, 사진 속 개인을 외부인, 시각적으로 비정상적인 사람으로 확립한다. 이 이미지의 위협적인 성격은 특히 주목할 만한데, 여기서 다른 신체는 정상화를 기반으로 구축된 근대 세계의 정체성을 위협하는 일종의 이상 현상이 된다.[10] 구성적 장치를 통해 관람객은 특정한 미리 구성된 "정상" 인식으로부터의 관찰자가 된다. 말하자면, 이 사진은 개인을 살아 있고 변화하는 동사라기보다는 주로 미리 개념화되고 잘 정의된 명사로 제시한다. 뇌성마비 아동인 9세의 닐 코닉(Neil Koenig)은 단순히 상투적인 표현의 도구가 될 뿐이다.

센터, 노숙자 쉼터, 보육원, 유엔 국제 학교로 활용되었음. 1904년 건물 증축이 이루어졌고, 1980년 국가 사적지로 등록되었음. 건축가 코스타스 콘딜리스(Costas Kondylis)가 설계한 콘도미니엄 타워인 비크만 리젠트(The Beekman Regent)가 2000년 건물 외관 내부에 지어졌음.

Figure 6.1 Ralph Morse, Nine-Year-Old Neil Koenig, Who has Cerebra Palsy, Walking Unassisted, 1950. Published in Life magazine, April 30, 1951, p. 85. Getty Images.

물론, 사진 과정에 내재된 진실성은 이 이미지를 읽는 데 필수적인 역할을 한다. 사진은 결국 시간 속의 시각적 순간을 포착하며, 따라서 그 안에는 항상 현실의 요소가 있다. 그러나 우리의 분석에서 중요한 것은 우리가 보는 것이 장애인 개인이 아니라, 장애인 개인의 사진이라는 점을 인식하는 것이다. 이는 정상과 비정상을 구별하려는 포토저널리스트의 임무를 수행하고, 정의하고, 범주화하고, 종속시키려는 우리의 미리 정해진 욕구에 호소하는 시각적 구성물이다. 언어적 비유를 계속하자면, 여기서 사진은 인간 정체성의 가장 중요한 요소인 서술어, 즉 개별적인 되어감(becoming)의 순간을 부정하면서 정상에 대한 우리의 이해를 유지하는 의미 있는 대립 명사가 된다. 개인은 현실의 모조품(simulacrum)이 되어 집단적 정상을 강화하는 단순한 이미지가 됨으로써 살아 있음(Living)이 제거된다.

이러한 대상화와 예속은 모스(Morse)가 1951년 기사에 실은 제목 없는 사진에서 더욱 문자 그대로 명확하게 드러나는데, 캡션에 따르면 이 사진은 "정상 학생들"이 일방향 창문을 통해 "장애를 가진 급우들"을 지켜보는 모습을 보여준다(그림. 6.2).[11] 여기서 관람객의 시점은 "정상" 아이들의 시점이다. 우리는 그들이 뇌성마비 아동들을 지켜보는 모습을 마치 극장 좌석에 앉아 있는 것처럼 그들의 뒷모습을 본다. 이러한 시점 덕분에, 우리는 통일된 어둠 속에 드리워진 집단적인 정상의 일부가 되어, 우리 앞에서 펼쳐지는 타자, 즉 비정상(subnormal)의 연극적 발표를 지켜본다. 시각적 효과는 다음과 같이 명시된 기사에 암시된 계층적 구조를 뒷받침하면서, "정상" 아동들이 "장애인"으로 분류된 사람들에게 익숙해지도록 허용함으로써 그들의 계층적 역할을 유지하는 것이다. "교사들은 아이들이 자신들이 다른 아이들과는 결코 완전히 같아질 수 없다는 것을 깨닫기를 원한다. 따라서 P.S. 135의 대부분은 정상 학생들이 차지하고 있으며, 이들은 덜 운이 좋은 급우들과 어울리고 우정을 형성한다..."[12]

여기서 내 목적은 P.S. 135를 통합하려 했던 사람들의 선의를 폄하하려는 것이 아니다. 사실, 그 설립은 1950년에 뇌성마비 연구소에 참여했던 정형외과 의사 윌리엄 쿠퍼(William Cooper) 박사와 같은 많은 이해 관계자들(부모, 치료사, 의사 포함)이 표명한 문제들을 고려하기 위해 이루어졌다. 쿠퍼 박사는 "우리는 종종 우리가 단순히 장애나 기형의 집합체가 아니라 사람들을 다루고 있다는 사실을 잊는다. 이 아이들은 다른 아이들처럼 이상과 감정을 가지고 있으며, 그들처럼 자존감과 성취감을 필요로 한다"고 인정했다.[13] 장애에 대한 이러한 확장된 접근 방식의 이타주의에도 불구하고, 장애 이론가 크리스 드링크워터(Chris Drinkwater)가 입증했듯이, 통합 역시 정상화와 동질화(homogenization)3)를 증가시켜 권력 구조를 유지하는 측면으로 간주될 수 있으며, 이는 사회를 고치려는 더 넓은 욕구를 반영한다.[14] 격리는 이상을 제거하여 사회를 정화하는 전통적인 방식이었던 반면, 통합은 그 자비로움에도 불구하고 흡수를 통해 권력 구조를 확장하는 것으로 볼 수 있다. 이 이론은 전통적인 구조적 격리를 유지하고 비정상으로부터의 분리를 통해 정상의 계층 구조를 지속시키는 시각 언어를 담고 있는 이 사진들에 의해 뒷받침된다.

제2차 세계 대전 이후 사진 이미지에 의해 점차 주도되는 사회에서, 시각 언어는 문화적 고정관념을 강화하는 데 중요한 역할을 했다. 갈런드-톰슨(Garland-Thomson)이 언급했듯이, 사진은 장애에 대한 문화적 아이디어를 요약하고 영구화한다.[15] 이러한 권력 구조를 유지하는 데 따르는 결과는 푸코(Foucault)에 의해 인식되었는

---

3) 역자주: 동질화(homogenization)는 다양성을 줄이고 일관성을 만드는 과정을 의미함. 이 개념은 문화적 동질화의 맥락에서 자주 논의되며, 여기서 지역 문화는 지배적인 외부 문화에 의해 변형되거나 흡수됨. 이것은 문화 다양성의 상실과 단일한, 종종 서구의 문화 규범의 확산으로 이어질 수 있음. 데이비드 E. 오코너는 이를 "지역 문화가 지배적인 외부 문화에 의해 변형되거나 흡수되는 과정"이라고 정의함. 비평가들은 이 과정이 국가 정체성과 문화적 독창성을 약화시켜 더 동질화된 세계 문화를 초래할 수 있다고 주장함. 문화적 동질화는 국가의 정체성과 문화에 영향을 미칠 수 있으며, 이는 "글로벌 문화 산업과 다국적 미디어의 영향에 의해 침식"될 것임. 이 용어는 일반적으로 서양 문화가 다른 문화를 지배하고 파괴하는 맥락에서 사용됨. 서구(미국), 자본주의 문화의 지배라는 맥락에서 문화적 동질화 과정은 맥도날드화, 미국화 또는 서구화 및 문화 제국주의와 신식민주의의 한 형태로 비판받음. 이 과정에 비판적인 학자들은 현대 문화 동질화에서 미국 문화와 기업 자본주의의 지배를 강조하는 반면, 다른 학자들은 문화 동질화 과정이 일방통행이 아니며 실제로 여러 문화가 다양한 요소를 교환하는 것을 포함한다고 지적함. 문화 동질화 이론을 비판하는 사람들은 서로 다른 문화가 섞일 때 동질화는 단일 문화의 확산보다는 사람들이 다른 문화를 인식하고 그 요소를 채택함에 따라 다른 문화의 혼합에 관한 것이라고 지적함. 서구에 영향을 미친 비미국 문화의 예로는 월드 뮤직과 비미국 텔레비전의 대중화(라틴 아메리카 텔레노벨라, 일본 애니메이션, 인도 발리우드), 종교(이슬람교, 서구에서는 불교), 음식, 의복 등이 있지만, 대부분의 경우 다른 나라에 대한 서구의 영향력에 비해 미미함.

Figure 6.2 Ralph Morse, Normal Pupils Watching Their Handicapped Classmates through a One-Way Window, 1950. Published in Life magazine, April 30, 1951, p. 89. Getty Images.

데, 그는 종속된 개인들이 정상인에 의해 구성된 사회 구조와 자신을 동일시하는 경향이 있다고 이론화했다.[16] 아이러니하게도, P.S. 135에 대한 기사가 통합의 이점을 설명하려고 시도하는 동안에도, 사진들은 여전히 분리의 시각 언어에 깊이 빠져 있다. 심리학자 베아트리스 화이트(Beatrice White)는 9년 후 자신의 획기적인 연구 Physical Disability—A Psychological Approach에서, 통합 내에서의 이러한 분리조차도 정상과 비정상, "좋음과 나쁨"이라는 이항 대립을 조장하여 열등감과 차이의 감정으로 이어지고 정서적 및 지적 발달 지연에 기여한다는 사실을 인식했다.[17] 소아마비의 사회심리학적 영향을 경험했던 동시대 작가 레이먼드 골드만(Raymond Goldman)은 장애 아동에게 미치는 이러한 유형의 자각의 심리적 효과를 생생하게 묘사했는데:

이제 나는 내가 다른 아이들과 같지 않다는 사실을 완전히 깨닫게 되었다. 나는 이제 다리가 튼튼하고 균형 잡혀야 하지만 나의 다리는 앙상하고 기형이라는 것을 알았다. 나는 걸어야 하지만 그럴 수 없다는 것을 알았다. 나는 실로 내가 절름발이(cripple)이며, 강하고 곧은 사람들 사이에서 추방된 자(pariah)이며, 어른들에게는 동정의 대상이고 아이들에게는 경멸의 대상이라는 것을 배웠다.[18]

사진이 이 현상에 기여하는 바는 특히 주목할 만한데, 이는 관람객이 사진을 진실로 보는 경향이 있기 때문이다. 따라서 사진은 문화적 편향을 현실인 것처럼 재현함으로써 강력한 표상이 될 수 있다. 모스(Morse)의 사진의 시각 언어는 보그단과 비클렌이 그토록 우려했던 사회적 구성물을 강화하며, 실제로 통합을 위한 진지한 시도의 숨겨진 측면을 어느 정도 드러낸다. 정상화하려는 노력에도 불구하고, 구분은 더욱 두드러지게 되는데, 특히 기존의 고정관념을 실증하거나, 일부 경우에는 선입견에 부합하는 완전히 새로운 정체성을 창조하는 시각적 이미지를 통해서 그러하다.[19]

시각 언어: "타자"와 열린 형식 통합하기

1956년에 어린 나이에 소아마비(infantile paralysis, poliomyelitis)에 걸렸던 호주 소설가 앨런 마셜(Alan Marshall)은 사회적 구성물에 대해 다음과 같은 통찰력 있는 관찰을 했다. "절름발이(crippled)라는 이유로 겪는 고통은 어린 시절의 당신을 위한 것이 아니라, 당신을 쳐다보는 남자들과 여자들을 위해 남겨져 있다."[20] 어린 시절의 마셜은 자신의 차이를 현실로 받아들였다. 친구들이 자신을 유모차에 태워 길을 따라 끌어주는 것은 어린 동생이 울타리를 넘어가는 것을 돕는 것만큼이나 자연스러운 일이었다. "절름발이"인 것은 객관적인 상태였다. "고통"은 이러한 상태와 동일시되었지만, 어린 앨런에 의해서가 아니라 그의 상태를 문제화했던 성인들에 의해서였다. 그는 문제와 관련된 고정관념, 가정, 그리고 기존의 인식에 의해 정의되게 되었다. 마셜의 언급은 이러한 선입견의 부정적인 영향에 대한 점점 더 날카로운 인식을 반영한다. 같은 해, 맨해튼의 P.S. 135가 포함된 뇌성마비 부서에 대한 1956년 보고서에서, 통합과 통합이 "장애를 가진" 아동뿐만 아니라, 능력과 행동의 단순한 기준을 넘어선 분류에서 차이를 수용하게 된 "비장애" 아동에게도 이점이 있으며, 각 아동이 많은 이들 중 하나로서 역할을 할 수 있다는 것을 인지하게 되었다고 결정되었다.[21] 1950년대 중반까지, 고정관념적인 재현을 넘어선 개인의 인식 또한 장애인 사진의 중요한 측면이 되었다. 이러한 독립적인 언어로의 움직임은 시각적 정상성의 더 개방적인 형식으로 식별될 수 있는, 사진 이미지의 더 큰 아방가르드 경향의 일부이며, 이는 관람객과의 대화를 유도한다. 이 열린 형식은 연극적인 재현에 의존했던 차이의 부호화된 메시지를 피했다. 그것은 인식의 순간이나 미리 확립된 의미에 덜 의존하고, 일상적인 시각의 진부함(banality)[4]에 더 의존했다.

사진이라는 더 넓은 분야 내에서, 열린 형식의 사진(open-form photograph)은 1955년 인간 가족(Family of Man) 전시회 이후 더욱 두드러졌는데, 이 전시회는 더 직접적이고 문화적으로 구성된 이미지의 정점이었다. 뉴욕 현대 미술관에서 열린 이 중요하고 시대를 정의하는 전시회는 국제적 통합이라는 단일한 편집 주제를 전달하는 500장 이상의 사진을 제시했으며, 이는 큐레이터인 에드워드 스타이켄(Edward Steichen)이 "전 세계 인류의 본질적인 단일성을 비추는 거울"이라고 묘사한 것이다.[22] 이 전시회는 두 차례의 세계 대전으로 분열된 세계를 치유하는 데 도움을 주려는 중요한 시도였다. 하지만 이후, 많은 사진작가들은 타인의 편집 구성에 맞추기 위해 사진을 찍는다는 개념을 거부하기 시작했고, 대신 성장하는

4) 역자주: Banality는 예술과 미학의 맥락에서 평범함이나 진부함을 의미함. 이 개념은 특히 현대 미술에서 중요한 역할을 하며, 진부하거나 일상적인 것들이 예술작품으로 변형되는 과정을 통해 새로운 의미를 창출할 수 있음. banality는 다음과 같은 특징들을 포함할 수 있음. 1) 일상성: 평범하고 흔히 접할 수 있는 일상적인 사물이나 상황을 강조함. 2) 반복성: 반복적이고 진부한 주제나 이미지를 사용하여, 관객의 주의를 환기하고 새로운 해석을 유도함. 3) 사회적 비판: 진부한 요소들을 통해 사회적, 정치적, 문화적 비판을 담아낼 수 있음. 4) 낯설게 하기: 일상적이고 평범한 것들을 예술작품으로 제시하여, 관객이 새로운 시각으로 사물을 바라보게 함. 예컨대, 앤디 워홀(Andy Warhol)의 캠벨 수프 깡통(Campbell's Soup Cans)은 진부한 일상적인 물건을 예술 작품으로 변형시켜, 진부함의 미학적 의미를 탐구한 대표적인 사례임.

시각 언어에 대한 자신의 독특한 개별적 기여를 강조했다. 이것의 가장 주목할 만한 예는 로버트 프랭크(Robert Frank)의 작업에서 분명하게 나타나는데, 그는 미리 정해진 편집 서사 구조에서 벗어나 사진에 대한 더 개인화된 접근 방식을 제시했다.[23] 그의 저서 ≪The Americans≫(1959)에서 프랭크는 덜 연극적이고 고정관념적인 이미지를 제시했다. 이 사진들에 대한 초기 반응은 진부함(banality)이었다. 사람들은 이미지를 읽을 문화적 참조점을 찾기 어려워했다. 분명하게도, 이 사진들은 소설가이자 시인인 잭 케루악(Jack Kerouac)과 비트 운동(Beat movement)[5]과 연관되게 되었는데, 이는 명확하게 미리 정해진 재현이나 서사가 부족했기 때문이며, 대신 고정관념이나 편집상의 선입견에 도전하는 영원히 되어가는(ever-becoming) 이행의 순간에 의존했기 때문이다.

포토저널리즘 맥락에서 발표된 장애인 이미지에서, 이러한 형식은 미리 정해진 의미와 연극성에서 벗어나 시각적 통합을 위한 새로운 기회를 제시한다. 초기 사례는 1954년 라이프(Life) 잡지의 "지체 아동(Retarded Children)"이라는 기사에 수록된 코넬 카파(Cornell Capa)의 이미지에서 볼 수 있으며, 이 기사는 "무력하고 소외된 정신 지체 인구"를 통합하려는 시도를 언어적으로 묘사한다.[24] 비록 "공개적인 논의"를 하려는 명시된 의도는 진지했지만, 이 언어적 에세이는 P.S. 135에 대한 기사처럼 장애 아동을 포용해야 할 차이라기보다는 해결해야 할 문제로 관습적으로 묘사한다. 그러나 시각적으로 카파는 문제라는 개념에 모순되며, 대립을 통해 정상을 정의하는 이항적 소품으로 사용되기보다는 개인이 계층적 정상 내에 완전히 흡수되는 뚜렷한 통합을 구현하는 사진을 제시함으로써 모스(Morse)의 구조에서 벗어난다. 1954년 기사에 실린 카파의 한 이미지에서, 장애를 가진 소년이 그의 형제의 손을 잡고 넓은 잔디밭을 편안하게 걸어간다. 그림상으로 장애를 가진 소년과 그의 형제 사이에는 거의 구별할 수 있는 차이가 없다. 사진이 찍힌 거리는

---

5) 역자주: 1950년대 미국에서 발생한 반(反)문화적 문학 및 사회 운동임. 주로 잭 케루악, 앨런 긴즈버그 같은 작가들이 주도했으며, 물질주의와 사회적 획일성에 저항하고 자유, 영성, 즉흥성을 추구했음. 재즈 리듬에 심취하고 동양 철학에 관심을 가지며, 기성 체제에 대한 비판과 개인의 해방을 핵심 가치로 삼았음. 이들은 방랑과 새로운 경험을 통해 진정한 자아를 찾으려 했음. 비트 운동(1950년대)은 히피 문화(1960년대)의 선구자이자 직접적인 기반이 됨.

변칙성(anomalies)을 덜 강조하고, 대신 공원 같은 환경에서 통일감과 조화를 조성한다. 눈에 띄는 옷차림이나 행동 방식의 차이는 나이와 성숙도에 기인한다고 쉽게 돌릴 수 있다. 캡션을 읽은 후에야 비로소 사람들은 그 차이를 장애에 귀속시키기 시작한다. 같은 기사를 위한 카파의 또 다른 사진에서는 장애를 가진 아이가 식사 시간에 가족과 함께 있는 모습이 보인다. 높은 시점에서 촬영된 그녀는 아이와 다른 가족 구성원 사이에 인지할 수 있는 차이 없이 구성적으로 가족 단위에 동화된다. 모스(Morse)의 사진과 달리, 여기서는 고정관념적이고 미리 정해진 구조에 대한 언급이 회피된다. 이 이미지들은 극적인 충격 없이 평범해 보인다. 시각적으로, 기사의 피사체들은 콘텐츠와 형식 모두를 통해 주류, 즉 "정상"으로 흡수된다. 사실, 카파의 저녁 식탁 이미지와 마이런 H. 데이비스(Myron H. Davis)가 같은 해 초 라이프에 실었던 가족의 점심 식탁 사진 같은 다른 가족 이미지와의 구별을 찾는 것은 어려울 것이다.[25] 두 경우 모두, 가족은 개인을 고립시키기보다는 하나로 모으는 구성을 통해 통합된다. 이러한 구성에서 분명하게 드러나는 공통성은 이미지를 캡션의 언어와 비교할 때 더욱 강조되는데, 캡션은 "정상" 아동과 구성된 "비정상" 아동 간의 차이를 묘사함으로써 이항 대립을 통한 언어적 차별화를 유지한다. 걷고 있는 형제 이미지 아래에는 "찰스의 세 명의 정상적인 형제 중 한 명인 조셉(왼쪽, 15세)의 일요일 방문은 그가 레치워스 빌리지의 2,100에이커 부지를 산책하는 것을 즐길 수 있게 한다"는 설명이 있으며, 식탁 사진 아래의 캡션은 "아일린과 그녀의 가족이 저녁 식사를 한다. 그녀의 정상적인 여동생 주디(11세) 옆에 앉아 있는 아일린은 칼과 포크를 사용할 수 있다. 하지만 고기는 그녀를 위해 미리 잘라주어야 한다"고 명시한다.[26] 두 경우 모두, 장애를 가진 아동과 그의 또는 그녀의 "정상적인" 형제자매 사이에 명확한 언어적 구별이 이루어진다. 우리는 카파의 통합적인 시각 언어와 대조적으로 사진을 어떻게 읽어야 하는지에 대한 미리 정해진 코드에 의해 언어적으로 지시받는다. 찰스는 그가 부지를 산책하는 것을 "가능하게 해주는" "정상적인" 형제와 구별된다. 아일린은 그녀의 고기를 미리 잘라주어야 한다는 점을 지적함으로써 그녀의 "정상적인" 여동생과 차별화된다.

Figure 6.3 Cornell Capa, Sunday Visit, published in p. 121. Magnum Photos.

Figure 6.4 Cornell Capa, Eileen and Her Family, published in Life magazine, October 18, 1954, p. 124. Magnum Photos.

시각 언어에 대한 이러한 언어적 왜곡의 효과는 같은 기사에 실린 카파(Capa)의 사진, 즉 아일린이 침대에 앉아 생각에 잠긴 듯 하늘을 응시하는 모습(그림 6.5)에서 쉽게 드러난다. 시각적으로, 이 이미지는 정신과 확신의 극적인 순간을 나타내는 것으로 해석될 수 있다. 그러나 이러한 해석은 다음 캡션에 의해 변화하고 심지어 부정된다. 캡션은 다음과 같이 읽힌다. "정신 지체 아일린 선드하이머(Eileen Sundheimer)는 자신의 유아적인 세계에 빠져 텅 빈 채 허공을 응시한다." 이것은 참으로 강력한 문구이며, 용기와 확신의 순간으로 여겨질 수 있는 것을 이해할 수 없는 공허함의 순간으로 변형시킬 수 있다. 유사하게, 캡션이 카파의 이미지 아래에 배치될 때, 이는 사진 자체에서는 즉각적으로 명확하지 않은 장애 아동에 대한 고정관념적인 해석을 조장한다.

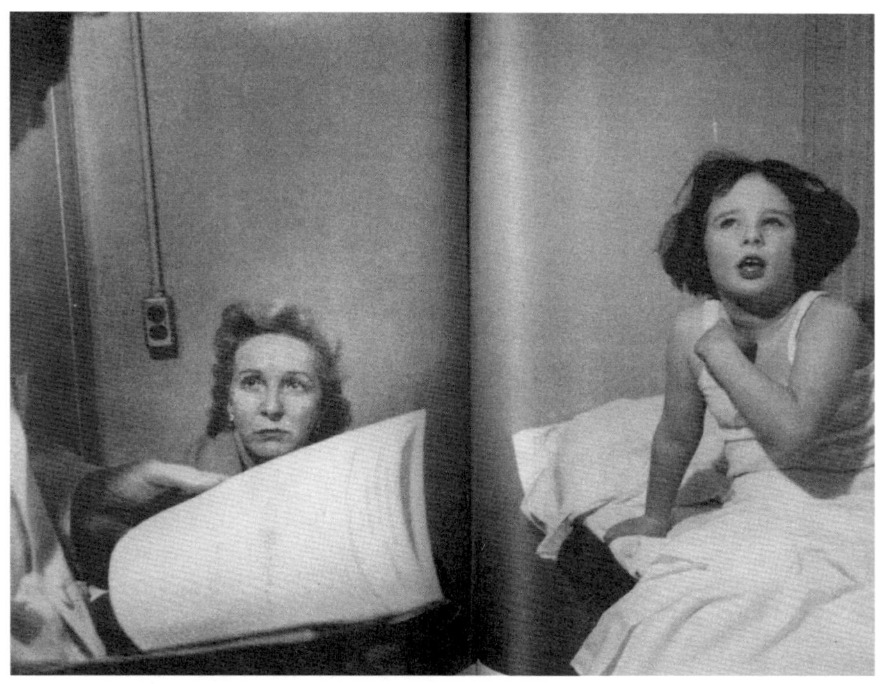

Figure 6.5 Cornell Capa, "Mentally Retarded Eileen Stares Emptily Out into Space, Lost in Her Own Infantile World", published in Life magazine, October 18, 1954, p. 123. Magnum Photos.

물론 카파(Capa)의 형식이 모스(Morse)의 형식보다 덜 지시적임에도 불구하고, 그것이 인지된 정상성이라는 그 자체의 시각적 코드를 구현하고 있다는 점에 주목해야 한다. 이러한 사진적 언어는 미국 생활에서 흔한 "정상"의 고정관념을 반영하는 동시대의 홍보 이미지와 비교될 수 있다. 이것의 한 예는, 아프리카계 미국인 야구 선수인 재키 로빈슨(Jackie Robinson)이 미국 스포츠계에 수용되는 것을 방해했던 만연한 인종차별에 대응하기 위해 1949년 니나 린(Nina Leen)이 촬영한 연출된 사진이다(그림 6.6). 여기서 로빈슨은 아마도 자신의 집일 앞 계단에 편안하게 앉아 사인을 하고 있다. 그의 아내 레이첼(Rachel)이 그의 옆에 서 있다. 그의 앞에는 세 명의 백인 아이들이 로빈슨이 사인을 해주기를 간절히 기다리며 줄을 서 있다. 로빈슨의 아들인 재키 주니어(Jackie Jr.)는 구성적으로 소년들 그룹 내에서 세발자전거에 앉아 인종적 화합의 그림을 형성한다. 이러한 맥락에서 고려될 때,

이 시각적 코드는 차이를 "정상"의 영역으로 흡수하려 시도함으로써 문제를 계속 야기하는데, 이는 지배적인 생체 권력 구조를 유지하기 때문이다.

Figure 6.6 Nina Leen, Jackie Robinson Signs Autographs, 1949. Getty Images.

정상(the norma)의 확장: "타자(the other)"와 "도발자(the provocateur[6])"를 해체하기

우리가 보았듯이, 캡션 없이 카파(Capa)의 사진들을 형식적으로 해석하는 것은 사진작가가 "정상"으로 간주되는 시각적 구조 내에서 "타자"를 제시하고 있음을 드러낸다. 1954년은 카파가 라이프(Life) 잡지와 함께한 마지막 해였으며, 이는 그가 연출되지 않고 구성된 서면 서사와 독립적으로 존재하는 사진의 가치를 점차 인식하게 된 그의 경력에서 주목할 만한 순간을 기록한다. 그가 나중에 '염려하는 사진을 위한 기금(Fund for Concerned Photography)'과 '국제 사진 센터(International Center of Photography)[7]'를 통해 더 넓은 맥락에서 홍보하게 될 이러한 관심은, 사진가들이 미리 정해진 편집 서사와 독립적으로 시각적 진술을 제시하도록 장려했다.[27] 이러한 목표를 향해, 그는 사진을 서면 언어와는 구별되는 시각 언어를 구현하는 것으로 고려하도록 촉진했다. 카파에게 사진은 "시각적 글쓰기(visual writing)"를 구성했으며, 이는 최상의 상태에서 서면 단어만큼 강력하고 독립적일 수 있었다.[28] 이러한 독자적인 시각 언어에 대한 관심은 W. 유진 스미스(W. Eugene Smith)와 같은 다른 사진가들도 공유했는데, 그는 편집자의 선입견에 맞추기 위해 사진을 통제하려는 시도를 거부했으며, 로버트 프랭크

6) 역자주: "Provocateur"는 프랑스어에서 유래한 단어로, 사람들을 고의로 도발하거나 충동질하여 논란이나 갈등을 일으키는 사람을 의미함. 정치적 맥락에서는 "provocateur"는 주로 다양한 목적을 위해 논란을 일으키거나 갈등을 조성하려는 사람을 가리킴. 다음과 같은 몇 가지 주요 역할이 있음. 1) 의제 설정: 특정 이슈를 부각시키고 주목을 끌어냄으로써 정치적 의제를 형성함. 2) 사회적 갈등 유발: 특정 사회적 그룹 간의 갈등을 조성하여 정치적 긴장을 높일 수 있음. 3) 대중의 반응 시험: 대중의 반응을 살피기 위해 극단적인 발언이나 행동을 할 수 있음. 4) 상대방 약화: 정치적 상대방을 약화시키거나 이미지를 손상시킬 목적으로 논란을 일으킬 수 있음.

7) 역자주: Concerned Photography Fund와 International Center of Photography (ICP)는 서로 깊은 관련이 있음. 1966년 코넬 카파가 그의 형인 유명한 사진기자 로버트 카파와 1950년대에 임무 중에 사망한 그의 동료들을 기리기 위해 설립했음. 이 기금은 이러한 사진가들의 유산을 보존하고 인도주의적 다큐멘터리 작업을 촉진하는 것을 목표로 하였음. Concerned Photography의 개념은 단순히 사건을 기록하는 것뿐만 아니라 사회적 변화를 교육하고 영감을 주는 이미지의 창조를 의미함. ICP는 사진과 시각 문화가 사회 변화를 위한 촉매제가 되고 권한 부여의 매개체가 될 수 있는 방법을 탐구함으로써 이 사명을 계속 지원하고 있음.

(Robert Frank)는 라이프 잡지의 서사적 접근 방식에서 벗어나려는 관심을 표명했다.[29] 카파에 따르면 사진가가 "증인-예술가(witness-artist)"가 되어 자신의 이미지의 시각적 영향에 책임을 지게 되는 이러한 전환은, 사진가들이 서면 언어에서 분명하게 나타나는 패러다임적 문화 구조를 넘어서도록 장려하는 새로운 사진 접근 방식의 일부이다.[30]

이러한 독립적인 언어 접근 방식을 수용한 사진가 중에는 브루스 데이비슨(Bruce Davidson)이 있는데, 그는 미리 정해진 메시지를 전달하는 이미지, 즉 그가 말했듯이 "설교하는" 이미지를 의식적으로 피하고 대신 관람객이 의미를 찾도록 허용했다.[31] 서커스에서 연예인이자 구경거리로 고용된 왜소증 남성 지미 암스트롱(Jimmy Armstrong)을 담은 그의 사진들에서, 데이비슨은 암스트롱을 "타자"로서 미리 확립된 문화적 정체성 내에 위치시킬 시각적 구조를 피하고, 대신 관람객이 흔한 인간 경험과 공감할 수 있도록 하는 표현에 초점을 갖춘다. 따라서 관람객은 특정한 해석으로 유도되기보다는 이미지와의 대화로 초대된다. USA, Palisades, New Jersey, The Dwarf (in restaurant) 1958(그림 6.7)에서 암스트롱 씨는 식당에 앉아 샌드위치를 먹고 있다. 반쯤 감긴 눈꺼풀은 그의 피로를 드러내고, 흐트러진 셔츠와 헝클어진 머리는 아마도 고된 하루 노동을 보여준다. 이 모든 것은 위에서 오는 강한 조명에 의해 증폭되는데, 이는 그의 눈을 깊은 그림자 속으로 몰아넣고 깊은 나이 주름을 강조한다. 암스트롱 씨보다 약간 높은 위치, 그리고 테이블을 가로질러 있는 사진작가의 시점, 식당 배경, 심지어 구운 샌드위치까지 평범하고, 심지어 정상적이라고 말할 수 있는 장면을 전달한다. 이들은 평균적인 관람객이 식당에서 경험했을 법한 유사한 경험과 인식 가능하고 쉽게 연관된다. 관람객은 또한 초점이나 의도 없이 보이는 남자의 지친 시선에 공감할 수도 있다. 그러나 이 장면의 평범함은 왼쪽에 있는 남자에 의해 방해되는데, 그는 마치 서커스의 관람객에게서 연상될 수 있는 당혹감과 호기심이 뒤섞인 표정으로 암스트롱 씨를 응시한다. 여기서 응시는 관습적인 시각적 고정관념에 의존하지 않고 차이에 대한 우리의 인식에 대한 참조점을 제공한다. 이는 차이에 대한 흔한 인간의 반응인 응시(staring)를 전달한다. 또한 이 사진은 우리가 사회적 결과 없이 원하는 만큼 오랫동안 우리 자신의 응시를 하도록 초대한다.[32] 이러한 열린 형식에서, 사진작가는 자신의 개인적인 인식을 강조하는 동시에, 관람객이 미리 정해진 의미로 유도되기보다는 자신의 경험을 이미지 이해로 가져오도록 장려한다. 정상성이라는 회화적 언어에 기반한 이 미묘한 접근 방식은 서커스 공연자, 브루클린 십대 갱단, 뉴욕 이스트 100번가 주민들과 같은 하위 그룹을 포착한 1950년대 중반 이후의 데이비슨 작업에서 널리 퍼져 있다. 이것은 우리가 문화적 규범에 의해 지시받지 않고 사진작가의 관점을 인식할 수 있게 한다.

Figure 6.7 Bruce Davidson, USA, Palisades, New Jersey, The Dwarf (in restaurant), 1958. Magnum Photos.

Figure 6.8 Bruce Davidson, USA, Palisades, New Jersey, The Dwarf, 1958. Magnum Photos.

이 장을 시작했던 격리적인 형식과의 구별은 데이비슨(Davidson)의 1958년 사진—서커스 천막 밖에서 담배를 피우는 지미 암스트롱(Jimmy Armstrong)—(그림 6.8)을 모스(Morse)의 뇌성마비 소년 사진(그림 6.1)과 비교할 때 쉽게 명확해진다. 모스(Morse)의 후자 사진에서는, 모스가 소년을 매우 낮은 카메라 앵글에서 제시하여, 우리에게서 어색하게 멀어지는 아이의 어둡고, 괴물 같으며, 익명의 형태를 강조한다. 반면 데이비슨의 전자 사진은 암스트롱 씨를 위에서, 즉 사람들이 "정상적인" 높이라고 여길 수 있는 곳에서 정면 뷰로 제시한다. 따라서 그 효과는 그의 작은 키를 강조하여 암스트롱 씨를 괴물처럼 만드는 것이 아니라, 오히려 사람들이 그를 경험할 것이라고 예상하는 방식으로 그를 제시하는 것이다. 이러한 시점은 정상/비정상의 이항 대립을 통해 작동하는 미리 정해진 편집적 시각이라기보다는 해석을 유도하는 개별화된 관점을 제시한다는 점에서 공감적이다. 이것이 그의 연기자와 구경꾼으로서의 역할이 부정된다는 것을 의미하지는 않는다. 실제로 그가 입고 있는 의상과 광대 마스크에서 그 역할은 여전히 두드러진다.[33] 데이비슨이 포착한 것은 지미 암스트롱에 대한 그의 초기 반응, 즉 그가 시각적 반발과 매력이라고 묘사했던 것이다.[34] 그러나 인물의 자세, 입술에 물고 있는 담배에 대한 강조, 그리고 그의 눈에 비치는 깊고 먼 시선은 정의된 문화적 고정관념이라기보다는 인간 존재의 순간을 전달한다. 우리는 "정상적인" 행동의 영역 내에서 다중적인 해석으로 초대받는다. 정상과 비정상 사이의 이러한 다리는 사진에 접근하는 이항 대립 모델을 거부한다. 데이비슨의 사진에서는 우리가 의미를 가져오지만, 모스(Morse)의 이미지에서는 의미가 지시된다.

시각 언어와의 더 개방적인 대화로의 전환에도 불구하고, "정상(normal)"이라는 개념에 대한 의존은 여전히 사진적 언어의 중요한 측면으로 남아 있었다. 모스(Morse)의 P.S. 135 이미지가 신체적 비정상을 강조하여, 정상의 상태로 돌아갈 수 있도록 "문제"를 가능한 한 많이 교정하기 위해 차이를 재현했던 것처럼, 카파(Capa)와 데이비슨(Davidson)은 일상의 시각적 재현을 통해 장애인 개인에게 정상성을 부여하는 시각 언어를 수용했다. 비동일성(Dissimilarity)[8]이 정상이 되는 것

8) 역자주: Dissimilarity는 주로 차이와 구분의 본질을 탐구하는 데 집중함. 이는 사물이나 개

이다. 1960년대와 70년대 초반 동안 이러한 접근 방식은 장애 신체의 도발적인 성격을 점차 인식했다. 이는 인종과 마찬가지로 장애도 교정을 거부한다는 현실을 받아들인다.[35] 이 사진들은 장애인 개인들을 현저하게 다르게, 심지어 구경거리로까지 묘사하기 때문에, 그들을 구경거리로 재현하는 프릭 쇼(freak show) 전통을 지속함으로써 장애인들을 더욱 고립시키고 분리하는 역할을 하는 것으로 해석될 수 있다.[36] 그러나 오락의 목적으로 차이를 격리시켰던 엔프릭먼트(enfreakment, 괴물화)와 관련된 전통적인 이미지와 달리, 이 사진들은 "정상" 사회의 맥락 내에서 장애인 개인을 통합한다. 이러한 새로운 시각 언어 내에서 "스트리트 포토그래피"로 알려지게 된 장르가 필수적인 역할을 한다.

게리 위노그랜드(Garry Winogrand)의 사진, American Legion Convention, Dallas, 1964(그림 6.9)에서, 다리가 없는 한 남성이 붐비는 도시 환경 속의 거리를 스스로 끌면서 지나간다. 사진의 관습적인 황금 분할(golden section) 구도(3분의 2/3분의 1) 내에서 그의 위치는 그를 분명한 초점으로 만든다. 이러한 역할은 관람객의 상호적인 응시와 마주하는 그의 응시에 의해 강화된다. 흔한 거리 풍경 속의 수많은 인물 중 하나로 포착되었음에도 불구하고, 이 장애인 남성은 시각적인 정상

념 간의 차이점과 유사성을 이해하고, 이러한 차이점이 어떤 의미를 가지는지에 대한 질문을 제기함. 몇 가지 주요 철학적 관점은 다음과 같음: 1) 개체성과 정체성: 철학자들은 개체성과 정체성의 관계를 이해하기 위해 유사성과 차이를 연구함. 예컨대, 두 개체가 동일한 특성을 공유하는 경우에도 각각의 고유한 정체성이 어떻게 유지되는지 탐구함. 2) 변화와 일관성: 시간이 지남에 따라 사물이나 개념이 어떻게 변화하고, 그럼에도 불구하고 어떤 점에서 일관성을 유지하는지에 대한 문제를 다룸. 차이점이 발생할 때에도 기본적인 본질이 동일하게 유지될 수 있는지를 논의함. 3) 지식과 인식: 우리는 사물이나 개념 간의 차이를 어떻게 인식하고 이해하는지에 대한 문제를 다룸. 우리의 인식 체계가 어떻게 유사성과 차이를 구분하고, 이로 인해 얻는 지식의 본질에 대해 탐구함. 4) 윤리와 가치: 차이점이 윤리적 판단과 가치 평가에 어떤 영향을 미치는지에 대한 문제를 다룸. 다른 사람이나 문화 간의 차이를 어떻게 이해하고 존중할 것인지, 그리고 이로 인해 생길 수 있는 윤리적 딜레마를 탐구함. Dissimilarity와 관련된 유명한 철학자 중 한 명으로 Hannah Arendt가 있음. Arendt는 사회적 변화와 정치적 이슈에 대한 깊이 있는 연구를 했음. 그녀의 작품에서는 차이와 유사성의 본질을 탐구하며, 사회적 갈등과 인간의 존재에 대한 철학적 관점을 제시했음. 또 다른 유명한 철학자로는 Theodor W. Adorno가 있음. 그는 프랑크푸르트학파의 일원으로, 그의 비판적 이론에서도 차이와 유사성의 문제를 다루었음. 이 외에도 Friedrich Nietzsche와 Karl Marx도 차이와 유사성에 대한 철학적 관점을 제시한 인물들이라고 볼 수 있음. Nietzsche는 개인의 창조적 힘과 사회적 규범에 대한 도전을 강조했으며, Marx는 사회적 계급 갈등과 경제적 차이를 중심으로 이론을 발전시켰음.

속으로 흡수되지 않는다. 사실, 그의 차이점은 그가 도발자(provocateur)가 될 정도로 강조된다.[37] 장애학 연구가 데이비드 히비(David Hevey)는 위노그랜드의 이러한 유형의 이미지를 소비주의 사회에서 장애인 개인의 괴물화(enfreakment)에 대한 재현으로 해석했다. 히비는 또한 위노그랜드가 장애인을 묘사하는 것이 억압의 문제에 대해 의문을 제기하지 않은 채 남겨둔다고 지적한다. 비록 이것들이 고려해야 할 중요한 해석이지만, 우리는 또한 의문을 제기하지 않음이 이 이미지들에 포괄의 힘을 부여한다는 점도 고려해야 한다. 이 장애인 남성의 차이점은 마치 그것이 인간 공동체의 피할 수 없는 측면인 것처럼, 사실적인 방식으로 포착된다. 그의 장애에도 불구하고, 그는 정상적인 상태의 일부가 되는데, 독특한 사람들로 가득 찬 붐비는 도시 거리의 수많은 개인 중 한 명이 되는 것이다. 이것은 위노그랜드가 차이를 무시한다는 의미가 아니다. 오히려 그는 그것을 즐기는 것처럼 보인다. 이 장애인 남성은 일상적인 배경 속에서도 여전히 뚜렷하다. 그는 시각적인 도발자가 되지만, 도시 거리의 다양한 인물 중 일부로서 그러하다. 그의 존재는 다양한 인간 공동체에 대한 우리의 이해를 확장한다.[38]

Figure 6.9 Garry Winogrand, American Legion Convention, Dallas, 1964. © The Estate of Garry Winogrand, courtesy Fraenkel Gallery, San Francisco.

데이비슨(Davidson)의 식당에 있는 지미 암스트롱(Jimmy Armstrong) 이미지에서와 같이, 응시는 차이에 대한 우리의 이해에 기여하지만, 위노그랜드(Winogrand)의 사진에서는 응시가 "타자"로부터 오기 때문에 대립적이고 불안하게 만드는 도발적인 것이다. 그것은 차이에 대한 우리의 인식을 강화하고 우리의 상호적이고 장기간의 응시를 유도한다. 주목했듯이, 관람객의 응시는 배제의 외적 표현, 즉 장애인을 깎아내릴 가능성이 있는 계층적 구조의 격리 및 강화의 한 형태로 해석될 수 있다. 반대로, 사진 속 인물을 응시하도록 하는 초대는 차이에 대한 인식과 수용을 요구하는 것으로 볼 수 있다. 위노그랜드는 대결과 인정을 강요한다. 이 장애인 남성은 정상을 정의하는 데 도움이 되는 대립의 대표자로서 격리되지도 않았고, 정상 속으로 흡수되지도 않았다. 오히려 도발자로서의 그의 역할은 더 큰 다양성의 맥락을 참조한다. 더욱이, 위노그랜드의 사진은 풍부한 차이점을 제공한다. 장애인 남성의 왼쪽에는 젊고 편안한 걸음걸이로 아프리카계 미국인 남성이 걷고 있다.[39] 대조적으로, 그와 마주보는 곳에는 지팡이를 든 나이 든 남성이 있다. 그의 모자로 보아, 우리는 그가 아메리칸 리전(American Legion)의 회원, 또는 적어도 그 하위 그룹과 관련이 있다고 추정하는데, 이는 수많은 인물들의 다중성과 대조되는 유사성의 리듬을 형성하는 다른 세 명의 남성들도 마찬가지이다. 리저네어(legionnaire) 뒤에는 나이 든 여성이 서 있고, 그녀 뒤에는 자신감 있는 자세와 태도가 마찬가지로 상호적인 응시를 유도하는 젊은 남성이 있으며, 오른쪽 전경에는 담배를 피우는 나이 든 남성도 그러하다. 사실, 이 세 남성 모두 그들의 응시를 통해 우리의 차이 인정을 유도한다. 그러므로 이 장애인 남성은 많은 이들 중 하나가 된다.

폴 맥도노프(Paul McDonough)의 사진들도 통합된 배경 내에서의 다중성을 포용한다. 예를 들어, Blind Man, Old Woman, Hari Krishnas,[9] NYC 1972에서, 시각

9) 역자주: Hari Krishnas는 하레 크리슈나 운동(Hare Krishna Movement)으로 알려진 국제 크리슈나 의식 협회(International Society for Krishna Consciousness, ISKCON)의 구성원들을 의미함. 이 운동은 1966년 뉴욕시에서 A. C. Bhaktivedanta Swami Prabhupada에 의해 설립되었음. 하레 크리슈나 운동은 힌두교의 가우디야 바이슈나바 전통을 따르며, 주로 크리슈나 경외와 찬송을 중심으로 활동함. 이들은 보통 "하레 크리슈나" 만트라를 노래하거나 낭송하며, 종교적 의식을 수행함. 또한, 이 운동은 채식주의, 명상, 윤리적인 삶을 중

장애인 남성, 노년의 여성, 그리고 네 명의 하레 크리슈나(Hari Krishna) 신도들이 구성적 반원 형태로 형식적으로 한데 모인다. 시각 장애인 남성의 뒤로 젖혀진 머리는 건물 창문을 통해 보이는 세 명의 하레 크리슈나 그룹으로 이어진다. 왼쪽에 있는 네 번째 하레 크리슈나는 건물의 모서리에 의해 다른 사람들로부터 분리되어 있다. 삭발한 머리와 전통적인 의복으로 구별되는 그는 드럼을 치며 앞으로 나아간다. 구성적으로, 그의 뒤에 있는 택시의 선은 지팡이에 기대어 카메라 쪽으로 걸어오는 노년의 여성에게로 이어진다. 이러한 회화적 일관성에도 불구하고, 각 인물은 통합된 이야기 속의 등장인물이라기보다는 개인으로 남아 있다. 시각 장애인 남성은 자신의 공간 내에서 우유 상자 위에 앉아 있다. 비록 오른손에 구걸을 위한 컵을 들고 있지만, 장면은 그에 관한 것이 아니다. 그의 머리는 상호 작용을 암시하지 않는 자세로 뒤로 젖혀져 있다. 비록 세 명의 하레 크리슈나 신도들이 구성적으로 그와 연결되어 있지만, 그들은 두 장의 유리창에 의해 분리되어 있다. 그의 오른쪽에 있는 하레 크리슈나 남성은 동료들과 분리되어 있으며, 비록 그가 형식적으로 노년의 여성과 연결되어 있지만, 그녀와는 뚜렷하게 분리되어 있다. 그들은 사람이지 고정관념이 아니다. 프릭 쇼(freak show)라는 개념에 모순되게, 다른 사람들의 맥락 내에서, 이 다양한 개인들은 함께 정상성이라고 여겨질 수 있는 어떤 유사성을 창조한다. 즉, 차이가 정상인 것이다. 그리고 맥도노프가 언급했듯이, "'정상'보다 더 이상한 것은 없다(There is nothing stranger than the 'normal.')."[40]

맥락과 결론

여기서 제시된 세 가지 시각적 구성은 전후 기간 동안 장애인 개인을 사진으로 재현하는 데 대한 더 복잡하고 미묘한 접근 방식의 진행을 형성한다. 물론 이 사진들은 진공 상태에서 만들어지지 않았다. 그것들은 장애인과 그들의 문제가, 특히

요시함. 하레 크리슈나 운동은 전 세계적으로 많은 추종자와 지지자를 가지고 있으며, 특히 거리에서 찬송을 통해 그들의 존재를 알리는 것으로 유명함.

비영리 단체, 공공 정책, 그리고 행동주의를 통해, 점차 가시화되었던 미국의 주목할 만한 시대의 한 측면을 나타낸다. 어린 나이에 소아마비에 걸렸던 프랭클린 D. 루즈벨트 대통령은 장애를 고정관념을 넘어 보는 분위기를 조성하는 데 도움을 주었다. 비록 잘 기록되어 있듯이, 호의적인 언론과 공격적인 비밀경호국이 휠체어를 타거나 목발을 짚은 루즈벨트 대통령의 사진적 재현 공개를 크게 통제했지만, 그의 상태를 묘사하는 많은 기사들이 발표되었다.[41] 게다가, 그의 조직인 국립 소아마비 재단(National Foundation for Infantile Paralysis, 1938)의 마치 오브 다임스(March of Dimes) 기금 모금 노력은 향후 30년 동안 미국 전역의 거의 모든 마을과 도시에 장애 아동의 이미지를 배치했다. 동시에, 다른 비영리 단체들—예를 들어 국립 뇌성마비 재단(National Foundation for Cerebral Palsy, 1948년 다음 해에 연합 뇌성마비(United Cerebral Palsy)가 됨), 근이영양증 협회(Muscular Dystrophy Association, 1950), 그리고 전국 정신지체 시민 협회(National Association for Retarded Citizens, 1950)—은 "정상"으로 간주되는 범위 밖에 있는 사람들이 어떻게 이해되고 대우받아야 하는지에 대한 재평가의 필요성에 대한 인식에 기여했다. 1962년에 유니스 케네디 슈라이버(Eunice Kennedy Shriver)가 설립한 스페셜 올림픽은 1968년까지 국제적인 행사가 될 장애인 선수들을 포용함으로써 이러한 인식을 상당히 확장했다. 정부의 이러한 인식에 대한 기여는 더 신중했지만, 이 시대 동안 신체적, 정신적 장애인의 사회적 및 제도적 격리를 다루기 위한 조치들이 취해졌다. 정부는 1973년 재활법(Rehabilitation Act)의 평등 접근 조항에서 정점에 달한 수많은 직업 재활 수정안(Vocational Rehabilitation Amendments)에서 입증되듯이, 장애인의 훈련과 고용을 촉진하는 중요한 목소리가 되었다. 존 F. 케네디 대통령은 그의 누나 로즈마리(Rosemary)의 정신 장애에 대한 헌정으로 1963년에 대통령 정신 지체 패널(President's Panel on Mental Retardation)을 설립했다. 1966년 린든 B. 존슨 대통령 하에서는 대통령 정신 지체 위원회(President's Committee on Mental Retardation)가 여러 중요한 공익 광고를 발행함으로써 인식 제고를 모색했다. 시민권을 위한 정치적 행동주의 또한 차별과 그 영향을 인식하는 데 중요한 역할을 했다. 1963년에 에드 로버츠(Ed Roberts)는 그의 소아마비 관련

제한된 신체 능력 때문에 입학을 거부한 캘리포니아 대학교 버클리 캠퍼스의 결정에 항의했다. 그의 노력은 오늘날까지도 전국 수백만 명의 장애인 개인에게 지원을 제공하는 자립 생활 운동(Independent Living Movement)으로 이어졌다. 1970년에 리처드 M. 닉슨 대통령이 재활법에 거부권을 행사했을 때, 많은 미국 도시에서 시위가 열렸고, 궁극적으로 의회의 거부권 기각으로 이어졌다. 그리고 1977년에 신체적 또는 정신적 핸디캡에 기반한 연방 고용 차별을 금지하는 재활법 제504조의 궁극적인 이행을 이끈 것도 다시 한번 이루어진 시위였다.

이는 여기서 제시된 회화적 변형이 “정상(normal)”이라는 동질적인 개념(homogeneous idea)에 대한 오해 위에 구축된 사회 구조의 억압적인 성격에 대한 인식이 증가한 전후 시대에 일어났음을 말해준다. 전쟁 직후 시대에 장애인을 범주화하고 종속시켰던 고정관념의 입증에서부터, 장애인을 시각적인 일상 속으로 흡수하려는 시도와 더 확장되고 다양한 인구에 대한 궁극적인 인식에 이르기까지, 정상이라는 개념은 끊임없이 도전받았다. 여느 언어와 마찬가지로, 사진은 전달자의 의도, 수신자의 경험, 그리고 의미가 식별되는 사회 구조를 기반으로 구축된 복잡한 형태의 커뮤니케이션이다. 그러나 이 매체의 뚜렷한 특징은 사진 과정의 가정된 진실성이다. 가장 조작된 이미지에서조차 잠재적인 현실감이 사진에 수반된다. 사진의 이러한 측면에 대한 인식이 그 분석에 매우 중요한데, 우리가 보았듯이, 사진은 사회의 편견을 재현하고, 강화하며, 그리고 그 해체에 기여할 잠재력을 가지고 있기 때문이다.

주석(Notes)

[1] Rosemarie Garland-Thomson, "Seeing the Disabled: Visual Rhetorics of Disability in Popular Photography", in The New Disability History: American Perspectives, ed. Paul K. Longmore and Lauri Umansky (New York: New York University Press, 2001), 335-374.

[2] "푸코적(Foucauldian)"이라는 용어는 철학자이자 사회 이론가인 미셸 푸코(Michel Foucault, 1926-1984)가 제안한 개념과 사상을 나타낸다. 특히, 여기서는 권력 관계가 고려되는 '정상' 범주 밖에 있는 사람들에게 어떻게 영향을 미치고 그들을 정의하는 데 일조하는지를 다루는 푸코 사상의 측면을 가리킨다. 가장 주목할 만하게, 푸코는 이 주제들을 Madness and Civilization, 1961; Birth of the Clinic, 1963; Discipline and Punish, 1975; The History of Sexuality, 1976, 1983, 1984에서 다루었다.

[3] R. Bogdan and D. Biklen, "Handicapism", Social Policy 7, no. 5 (March/April 1977): 14-19.

[4] 손상(impairment)과 장애(disability)의 구분에 대한 논의는 Michael Oliver와 Colin Barnes, The New Politics of Disablement (New York: Palgrave Macmillan, 2012), 20-27을 참조.

[5] 페르디낭 드 소쉬르(Ferdinand de Saussure, 1857-1913)는 스위스 언어학자이자 기호학자로, 언어를 관계적이고 차별적인 기호의 형식적 체계로 분석했으며, 기호는 다른 기호와의 관계 속에서만 이해될 수 있다고 보았다. 여기서 나의 적용에서 기호는 "장애"이며, 이는 장애가 아닌 것, 즉 '비장애인' 또는 '정상'에 의해 정의될 것이다.

[6] Jacques Derrida, Writing and Difference, trans. A. Bass (London: Routledge and Kegan Paul, 1990); Mairian Corker and Tom Shakespeare, Disability/Postmodernity: Embodying Disability Theory (London: Continuum, 2002), 7.

[7] Shelley Tremain, "Foucault, Governmentality, and Critical Disability Theory", in Foucault and the Government of Disability, ed. Shelley Tremain, 2nd edition (Ann Arbor: University of Michigan Press, 2015), 3-7.

[8] "Cerebral Palsy: Once Considered Hopeless, Its Victims Now Can Make Adjustment to Normal Life", Life, April 30, 1951, 85-91.

[9] 여기서 나는 특별히 드라큘라(Dracula, 1931)에서 벨라 루고시(Bela Lugosi)가 연기한 드라큘라 백작의 긴장되고 위협적인 손; 프랑켄슈타인(Frankenstein, 1931)과 프랑켄슈타인의 신부(Bride of Frankenstein, 1935)에서 보리스 칼로프(Boris Karloff)가 연기한 프랑켄슈타인의 뻣뻣한 다리와 팔, 그리고 옹이진 손; 그리고 울프 맨(The Wolf Man, 1941)에서 론 채니(Lon Chaney)가 발톱이 달린 늑대인간을 묘사한 것을 가리킨다.

[10] Maarten Simons and Jan Masschelein, "Inclusive Education for Exclusive Pupils: A Critical Analysis of the Government of the Exceptional", in Foucault and the Government of Disability, ed. Shelley Tremain (Ann Arbor: University of Michigan Press, 2005), 208-228을 참조.

[11] "Cerebral Palsy: Once Considered Hopeless ...", 89.

[12] "Cerebral Palsy: Once Considered Hopeless ...", 89.

[13] 쿠퍼 박사(Dr. Cooper) 그의 논평에서 P.S. 135를 언급했다. William Cooper, "The Clinic

School", in Proceedings: Cerebral Palsy Institute, November 1950 (New York: Association for the Aid of Crippled Children, 1950), 37.

[14] Chris Drinkwater, "Supported Living and the Production of Individuals", in Foucault and the Government of Disability, ed. Shelley Tremain (Ann Arbor: University of Michigan Press, 2005), 229–244.

[15] Rosemarie Garland-Thomson, "Seeing the Disabled: Visual Rhetorics of Disability in Popular Photography", 336.

[16] See Tremain's application of Foucault's analysis of power structure to disability in Tremain, "Foucault, Governmentality, and Critical Disability Theory", 6–7.

[17] Beatrice A. Wright, Physical Disability—A Psychological Approach (New York: Harper & Brothers, 1960): 144–148.

[18] Raymond Leslie Goldman, Even the Night (New York: Macmillan, 1947), 38–39.

[19] Davide Sparti, "Making Up People: On Some Looping Effects of the Human Kind—Institutional Reflexivity or Social Control?", European Journal of Social Theory 4, no. 3 (2001): 331–349.

[20] Alan Marshall, I Can Jump Puddles (London: Secker & Warburg, 1956), 73.

[21] The Cerebral Palsy Program of the New York City Schools (New York: Coordinating Council for Cerebral Palsy in New York City, 1956), 29, accessed Hathi Trust Digital Library, February 15, 2015, http://catalog.hathitrust.org/Record/001578963.

[22] The Family of Man, prologue Carl Sandburg and intro. Edward Steichen (New York: Museum of Modern Art, 1955), 5.

[23] Robert Frank, The Americans (New York: Grove Press, 1959).

[24] "Retarded Children", Life, October 18, 1954, 119–127.

[25] Myron H. Davis, "Lunch in the Kitchen", Life, January 4, 1954, p. 8.

[26] "Retarded Children", 121, 124.

[27] 문어(文語)와 관련된 개념과 구별되는 시각적 언어 쪽으로 이러한 강조점의 변화를 주도한 주요 주창자 중 한 명은 Cornell Capa였다. 그는 1966년에 '관심 있는 사진 재단(Fund for Concerned Photography)'을 설립하고 1968년에 그의 관심 있는 사진가(Concerned Photographer) 시리즈 서적을 통해 사진가들의 작품을 출판하기 시작했다(Grossman Publishers, New York). 그는 또한 1974년에 국제 사진 센터(International Center of Photography)를 설립했다.

[28] The Concerned Photographer 2, ed. and intro. Cornell Capa (New York: Grossman Publishers, 1972): intro. See also the Capa interview in James Danziger and Barnaby Conrad III, Interviews with Master Photographers (New York: Paddington Press, 1977), 66–67을 참조.

[29] W. Eugene Smith, "Photographic Journalism", Photo Notes (June 1948): 4–5; James Guimond, American Photography and the American Dream (Chapel Hill: University of North Carolina Press, 1991), 219.

[30] The Concerned Photographer, ed. Cornell Capa (New York: Grossman Publishers, 1968), intro.

[31] The Concerned Photographer 2, 2.

[32] Timothy W. Hiles, "Shifting Perception: Photographing Disabled People during the

Civil Rights Era", Review of Disability Studies: An International Journal 10, no. 3/4 (2014): 33-38.

[33] Amanda Cachia, "Composing Dwarfism: Reframing Short Stature in Contemporary Photography", Review of Disability Studies: An International Journal 10, no. 3/4 (2014): 10-11.

[34] Bruce Davidson, Circus (Göttingen, Germany: Steidl, 2007), 5.

[35] David T. Mitchell and Sharon L. Snyder, The Body and Physical Difference: Discourses of Disability (Ann Arbor: University of Michigan Press, 1997), 3, for a discussion of this issue of disability.

[36] "freak show" 전통에 대해서는 Freakery: Cultural Spectacle of the Extraordinary Body, ed. Rosemarie Garland-Thomson (New York: New York University Press, 1996)을 참조.

[37] Hevey, The Enfreakment of Photography, 65-67.

[38] Tobin Siebers, Disability Aesthetics (Ann Arbor: University of Michigan Press, 2010), 3. 참조. Siebers는 "장애는 인간의 변이(variation)와 차이(difference)에 대한 우리의 시야를 확장하며, 미학의 역사에 소중한 전제들을 시험하는 관점들을 제시한다"고 주장했다.

[39] Rosemarie Garland-Thomson, Staring: How We Look (Oxford: Oxford University Press, 2009).

[40] Guy Anglade, "In Conversation: An Interview with Paul McDonough", Visura Magazine. com, July, 2011, accessed March 10, 2015, http://www.visuramagazine.com/interview-paul-mcdonough.

[41] Matthew Pressman, "Ambivalent Accomplices: How the Press Handled FDR's Disability and How FDR Handled the Press", The Journal of the Historical Society 13, no. 3 (September 2013): 325-359.

7

현대 예술의 거울로 비춰본 제1차 세계대전의 장애인 참전용사

오토 딕스(Otto Dix)의 회화 〈The Cripples〉(1920)가 야엘 바르타나(Yael Bartana)의 영화 〈Degenerate Art Lives〉(2010)에서 수용된 방식

Anne Marno

이 학제 간 미술사 및 장애학 장에서는 제1차 세계 대전 예술이 현대 예술에 미친 영향을 오토 딕스의 회화 〈The Cripples〉(1920)와 야엘 바르타나의 영화 〈Degenerate Art Lives〉(2010) 속 장애인 참전용사 모티프를 예시로 들어 논한다.[1] 이 장에서는 장애인 참전용사의 이미지가 각 사례에서 어떻게 구성되는지, 그가 예술가들과 동시대 담론에서 어떤 속성을 받는지, 그리고 해석이 어떻게 변화하는지 탐구한다. 딕스의 회화에서 장애인 참전용사 모티프가 여전히 제1차 세계 대전을 언급하며 1920년경 바이마르 공화국 사회에 대한 비판을 표현하는 것과 달리, 바르타나의 영화에서는 이러한 역사적 맥락에서 벗어나며, 전쟁 참전용사의 인물이 가자 전쟁의 테러와 폭력과 연결될 수 있다. 그러나 바르타나는 이스라엘의 사회 역사적 사건에 대한 비판을 훨씬 넘어선다. 이 영화에서 그녀는 딕스의 회화 속 장애인 참전용사들을 집단적인 힘이 되도록 동원하며, 영화는 이로써 나치 정권의 비방에 맞서는 현대 미술의 힘을 강력하게 주장한다.

오토 딕스(Otto Dix)의 회화 〈The Cripples〉는 그가 거리에 부상당한 참전용사들을 묘사하며 전쟁의 미화를 비판한다. 딕스 자신은 전쟁의 공포를 아주 잘 알고 있었다. 1891년 게라-운터하우스(튀링겐)의 노동 계급 가정에서 태어난 그는 드레스덴의 미술 공예 학교(Grossherzoglich-Sächsische Kunstgewerbeschule)에서 공부하던 중 1914년에 군 복무에 징집되었다.[2] 거의 4년 동안, 딕스는 서부 및 동부 전선 모두에서 기관총 부대의 지휘관이었다. 그는 1915년 가을의 제2차 샹파뉴 전투와 플랑드르의 솜 전투(1916~1917)를 포함한 수많은 전투에서 참호에서 복무했다.[3] 전쟁 후, 딕스는 드레스덴으로 돌아와 그곳의 미술 아카데미에서 공부했으며, 일시적으로 뒤셀도르프와 베를린에서 거주했다. 1927년에 그는 드레스덴 미술 아카데미의 교수로 임명되었다. 나치당이 집권하면서 딕스는 직위에서 해임되었고 퇴폐 예술가로 비난받았으며, 그의 작품들은 독일 전역의 퇴폐 예술 전시회에 전시되었다. 딕스는 남부 독일에서 내부 유배 생활을 했으며, 그곳에서 처음에는 란데그에서 살았고 1936년부터는 콘스탄스 호수의 헴멘호펜에서 살았다. 그는 1920년대에 제작된 제1차 세계 대전과 관련된 그의 예술 작품으로 독일 국경을 훨씬 넘어 잘 알려지게 되었다.

딕스(Dix)의 회화 〈The Cripples〉 (1920)[4]에서, 심각한 안면 부상 및/또는 절단된 사지를 가진 제복 입은 참전용사들이 주요 모티프이다. 딕스는 보철물을 사용하여 또는 보철물이 없는 상태로 일상생활에 어려움을 겪는 남성들을 묘사한다. 1920년의 〈The Cripples〉, 〈Prague Street〉, 그리고 〈The Skat Players〉에 등장하는 참전용사들은 "깊이 없는 캐릭터(cardboard characters)[1)]"와 "맹목적인 애국주의 꼭두각시(puppets of hooray-patriotism)"로 묘사되었다.[5] 이 작품들은 딕스가 베를린 다다이스트들과 교류한 것과 밀접하게 관련되어 있다. 여기서 그는 콜라주 기법을 사용하여, 유화로 그려진 캔버스 위에 다양한 재료를 붙인다.[6] 〈The Cripples〉[7](그림 7.1)에서 딕스는 전쟁으로 비참하게 상처 입은 네 명의 참전용사들이 목발이나 한 경우 수레의 도움을 받아 힘겹게 이동하는 일종의 퍼레이드를 묘사한다. 이로써 그는 다다이즘적인 방식으로 표현을 왜곡하는데, 예술적 스타일은 전혀 사실적이지 않으며 과장을 내포한다. 가장 왼쪽에 있는 남자는 양쪽 다리(그리고 한쪽 팔)가 절단되었고, 그의 의족(peg-leg prostheses)이 본래 자신의 다

1) 역자주: "Cardboard characters"는 깊이 없는 캐릭터를 의미함. 주로 문학, 영화, 연극 등에서 사용되며, 이 캐릭터들은 겉모습만 있고 성격이나 감정이 깊이 있게 묘사되지 않은 경우를 가리킴. 이런 캐릭터들은 종종 평면적이고 예측 가능하며, 진정한 인간적인 면모가 부족하다는 비판을 받음. 예컨대, 이야기 속에서 단순히 특정 역할을 수행하기 위해 존재하는 캐릭터나 고정된 성격을 가지고 있는 캐릭터를 가리킬 때 사용됨. 이러한 캐릭터들은 독자나 관객에게 감정적 공감을 불러일으키기 어렵고, 이야기의 복잡성이나 현실감을 떨어뜨릴 수 있음.

리 길이만큼 길지는 못했기 때문에 난쟁이처럼 보인다. 그의 비자발적인 미소는 입의 왼쪽 부분이 찢어진 것처럼 보이는 안면 부상에서 비롯된다. 딕스는 왼쪽에서 두 번째 인물을 전쟁 신경증 환자(War neurotic)[2]로 묘사한다. 그의 얼굴과 팔의 불규칙한 윤곽은 이 상태의 특징적인 증상이었던 떨림을 암시한다.[8] 그의 의족이 온전한 다리에 비해 훨씬 짧기 때문에 그는 상체를 기울여야만 앞으로 나아갈 수 있다.

세 번째 남자는 수레에 앉아 있는데, 왼쪽 팔과 양쪽 다리가 모두 절단되어 명백히 몸통만 남아 있으며, 한쪽 눈에는 안대를 착용하고 있다. 오른쪽에 있는 참전용사가 수레를 밀고 나간다. 그는 기이하게 과신전된(hyperextended) 의족을 착용하고 있으며, 그의 크기가 과장된 인공 눈은 관람자를 응시한다. 그의 하악골(mandibular) 보철물—아마도 "딕스 브랜드" 모델일 것—은 얼굴에 외부에서 나사로 조여진 것처럼 보인다.[9] 이 네 명의 참전용사들은 마치 자동인형이나 꼭두각시처럼 기계적으로 움직이는 것 같다.[10] 그들의 혐오감을 주는 시각적 외모에도 불구하고, 처음 세 남자는 자부심을 가지고 훈장과 휘장을 과시하며, 왼쪽 참전용사는 철십자 훈장을 달고 있다.[11] 배경에는 두 개의 창문이 있는 주택의 정면이 있고, 그 창문들 사이의 벽기둥 위에는 오토 딕스 자신의 측면 자화상이 있다. 오른쪽 경계선에 의해 잘린 "Schuma(신발 제조)"라는 글자가 새겨진 간판은 이 남성들이 주로 의족으로 이동하기 때문에 이제는 거의 필요하지 않을 사업(제화업)을 가리킨다.

---

2) 역자주: War neurotic은 전쟁으로 인해 발생하는 신경증적 상태를 의미함. 이 용어는 전쟁 중이나 전쟁 후에 겪는 심리적 외상과 관련된 증상을 나타냄. 외상 후 스트레스 장애(PTSD)의 일환으로 전쟁 신경증이 발생할 수 있고, 주요 증상으로는 다음과 같음. 1) 과도한 불안: 작은 자극에도 과도하게 불안해하거나 공포감을 느낄 수 있음. 2) 악몽: 전쟁 경험과 관련된 악몽을 꾸거나, 플래시백을 경험할 수 있음. 3) 감정적 무감각: 감정적으로 무감각해지고, 사회적 고립을 느낄 수 있음. 4) 과민 반응: 소리, 빛, 움직임에 과도하게 반응하는 경향이 있음. 5) 집중력 저하: 일상적인 활동에 집중하기 어려울 수 있음. 이 용어는 주로 1차 세계대전 이후로 사용되기 시작했으며, 전쟁으로 인한 심리적 충격과 그로 인한 증상들을 설명하기 위해 사용됨.

Figure 7.1 Otto Dix, The Cripples, 150 × 200 cm, oil on canvas, 1920, in: Beck, Rainer. Otto Dix 1891-1969: Zeit, Leben, Werk. Konstanz: Stadler, 1993, 69, fig. 114. Permission source: Artist Rights Society, New York. © 2015 Artists Rights Society (ARS), New York / VG Bild-Kunst, Bonn.

이 작품은 현대 예술 담론의 필수적인 특징을 보여준다. 1910년에서 1915년 사이에, 질병과 장애는 표현주의자들이 좋아하는 주제였다. 제1차 세계 대전의 시각 예술과 전후 기간에, 전쟁 부상 및 장애와 같은 문제들이 예술 작품에서 광범위하게 재현되었다. 바이마르 공화국의 시각 예술(그리고 문학)에서, 전쟁으로 인한 장애 신체는 특정한 목표와 특징적인 속성을 가진 담론의 대상이 되었다. 딕스 외에도, 막스 베크만(Max Beckmann),[12] 조지 그로스(George Grosz), 하인리히 회를레(Heinrich Hoerle), 에른스트 루트비히 키르히너(Ernst Ludwig Kirchner),[13] 에리히 헤켈(Erich Heckel),[14] 막스 페히슈타인(Max Pechstein),[15] 그리고 칼 슈미트-로틀루프(Karl Schmidt-Rottluff)를 포함한 수많은 예술가들이 이 모티프를 제시하는 작품들을 창작했다. 그들의 그림은 종종 평화주의적 사상을 표현하기 위해 만들어졌다. 진보적이거나 정치적으로 좌익 성향의 예술가들의 많은 작품에서, 전쟁 장애의 예술적 재현은 독일의 자본주의 시스템과 군국주의에 대한 비난으로 기능했다.[16] 목발을 짚고 다리나 양쪽 다리가 절단된 장애인은 바이마르 예술에서 특히 상징적인 모티프가 되었다.[17] 심각한 신체적 또는 심리적 부상 외에도, 예술가들은 장애인 참전용사들의 사회적 고통을 강조했는데, 그들은 종종 이러한 비참함을 낳은 군사 시스템을 공격하기 위해 매우 낮은 사회경제적 상태로 전락한 거지로 제시된다.[18] 더욱이, 많은 시각 예술가와 작가에 의한 장애인 참전용사의 표현은 참전용사들 자신을 비난하는 역할을 하기도 했다.[19] 예술가들은 그들을 전쟁과 사회적 무질서에 책임이 있는 군국주의자, 산업가, 그리고 부르주아 계층의 대리인들과 가깝고 교화 불가능한 존재로 냉소적으로 제시한다.[20]

딕스(Dix)가 〈The Cripples〉를 그렸을 당시와 그 이전 몇 년 동안, 잔혹하게 절단되고 심리적으로 외상을 입은 참전용사들은 전례 없는 규모로 일상적인 거리 풍경의 일부였다.[21] 이미 전쟁 중에도 사지가 절단된 참전용사는 사회 복지의 초점이었으며, 정교한 수술 절차와 병원 체류 후 사회 재통합을 목표로 했다.[22] 특히 고용으로의 재통합에 주의가 기울여졌으며, 또한 연금 청구를 낮게 유지하는 데에도 초점이 맞춰졌다.[23] 광범위한 부상 때문에, 장애인 참전용사들은 그들의 신체에 대한 수많은 재건 및 훈육 조치(예: 군사 훈련 및 체조 운동)를 견뎌야 했다. 부상 후 초기 절단과 같은 주요 수술적 개입 외에도, 그들은 수많은 후속 수술을 받았다. 이러한 개입과 적절한 보철물 장착은 생존을 확보하고 견딜 만한 건강 상태를 만들어냈을 뿐만 아니라, 일상생활과 직장에서 참전용사들의 유용성을 최적화하는 데에도 기여해야 했다.[24] 앞서 언급된 수술적 재건 조치에도 불구하고, 장애인 참전용사들을 사회와 노동력으로 재통합하려는 시도는 많은 경우 실패했다. 그들의 장애와 두려움을 주는 외모 때문에, 많은 참전용사들은 규칙적으로 일할 수 없었고 사회적으로 소외되었다.[25] 따라서 안면 및 외상성 뇌 손상을 입은 제1차 세계 대전 참전용사들은 재통합 과정에서 특별한 역할을 했다. 그들은 "강철 인간에 대한 테일러주의적 비전(Vision vom stahlemen Menschen)"[3)]에 적합

3) 역자주: 프레더릭 윈스로우 테일러의 과학적 관리 이론을 의미함. 테일러는 과학적 관리를 통해 산업 생산성을 극대화하려 했으며, 이를 통해 강철 공장의 노동자들이 더 효율적으로 일할 수 있도록 하려고 했음. 이러한 관점에서 "steel man"은 산업 노동자를 의미하며, 테일러의 관리 체계 아래에서 최적의 방식으로 더 많이 일하도록 설계된 개념임. 테일러의 이

하지 않았다.[26] 독일에서 참전용사들은 나라의 패배를 가시화했기 때문에 무시당하고 평가 절하되었다.[27] 딕스는 그의 회화 〈The Cripples〉에서 절단된 사지를 가진 참전용사들뿐만 아니라 두부 손상을 입은 참전용사들도 바이마르 사회의 사회적으로 배제된 외부인으로서 집중적으로 다룬다.[28]

에칭(식각)의 원형이었던 〈The Cripples〉는 오늘날 분실된 것으로 추정된다. 비록 이 대형 그림이 1920년 베를린에서 열린 국제 다다 박람회에 주요하게 전시되었음에도 불구하고, 언론은 이를 무시했다.[29] 시립 박물관(Stadtmuseum)이 이 그림을 구매했지만, 1924년에 "공포의 방(Schreckenskammer)[30]"4)이라고도 불렸던 "창고(Depot)"5)에서 사라졌다. 1933년에는 딕스의 회화 〈참호(The Trench)〉와 함께, 국민에게 적대적인 악의적인 예술가에 의한 영웅적 삶에 대한 조롱의 예시로 모든 퇴폐 예술 전시회에 전시되었다.[31]

이스라엘 예술가 야엘 바르타나(Yael Bartana)의 영화 〈Degenerate Art Lives〉(2010)는 딕스의 〈The Cripples〉에 대한 현대적 재해석이다. 이 영화는 딕스의 회화에서 장애인 참전용사 모티프를 차용하여 이 작품에 대한 새로운 관점을 연다. 바르타나(1970년 이스라엘 출생)는 주로 필름 및 비디오 예술가로 활동한다. 그녀는 텔아비브와 암스테르담에 거주한다.[32] 그녀의 작업은 그녀의 출신 국가를 배경으로 개인과 사회 간의 복잡한 관계에 초점을 맞춘다. 이로써 그녀는 문화적 정체성을 실질적으로 문제화한다.[33] 그녀의 사진, 영화 및 설치 작품에서 그녀는 이스라엘의 정체성 투쟁을 비판적으로 탐구한다.[34] 바르타나의 "폴란드 유대인

론은 작업을 분석하고 최적화하여 노동자들이 더 많은 생산을 달성할 수 있도록 하였으며, 이는 산업 공학과 생산 관리의 발전에 큰 영향을 미쳤음. 테일러리즘은 자본가 중심의 접근 방식으로, 노동자의 감정을 전혀 고려하지 않음. 테일러주의자들에게 노동자는 감정이 없는 생산수단에 불과함.

4) 역자주: "Schreckenskammer"는 독일어로 "공포의 방"을 의미함. 이 용어는 주로 중세 유럽에서 사용되었으며, 고문실이나 죄인을 심문하던 방을 가리킴. 이러한 방은 무서운 분위기와 고통스러운 경험을 연상시키기 때문에 "Schreckenskammer"라는 이름이 붙었음. 중세 시절, 이러한 공포의 방은 범죄자를 심문하고 처벌하는 장소로 사용되었으며, 다양한 고문 도구와 장치가 비치되어 있었음. 이를 통해 죄인을 심리적, 신체적으로 압박하여 자백을 얻거나 처벌을 행했음.

5) 역자주: 박물관의 저장고를 의미함. 이곳은 박물관의 주요 전시 외에 수집된 작품, 유물, 그리고 자료들을 보관하는 장소임. 보통 이러한 "Depot"는 공개되지 않은 수많은 작품과 유물을 안전하게 보관하고, 필요할 때 전시하거나 연구 목적으로 사용할 수 있도록 준비해 둠.

르네상스 운동(Jewish Renaissance Movement in Poland (JRMiP))"은 그녀가 330만 명의 유대인들이 폴란드로 돌아올 것을 요구하는 것으로, 독일에서 그녀의 가장 잘 알려진 멀티미디어 프로젝트이다.[35] 딕스와 대조적으로, 바르타나는 가자 전쟁의 전투 작전을 민간인으로서만 목격했다. 하지만, 이스라엘의 거의 모든 여성과 마찬가지로, 그녀는 군사 훈련을 받았다.

야엘 바르타나(Yael Bartana)는 그녀의 영화 〈Degenerate Art Lives〉에서 딕스(Dix)의 회화 〈The Cripples〉의 참전용사들을 애니메이션화한다(그림 7.2-7.4).[36] 그녀는 이스라엘에 거주하는 동안 이 작품을 만들었다.[37] 대조적인 시퀀스를 포함하는 이 영화에서, 구성은 단조로운 배경 소리(금속 소리를 연상시킴)뿐만 아니라 연기구름, 의수, 머리 장치 등 반복되는 모티프에 의해 하나로 묶인다. 바르타나는 딕스가 했던 것보다 참전용사들을 관람자에게 더 현존하게 만드는데, 그녀는 더 많은 참전용사들을 보여주고 더 많은 소음을 생성함으로써 그들의 존재에 대한 감각적 인식을 증대시키며, 이는 결국 집단적인 사건의 출현으로 최고조에 달한다—딕스의 회화 속 인물들은 마침내 일종의 장애인 참전용사 군대를 형성한다.

회화 속 인물들의 퍼레이드 배열은 이 영화 구성의 핵심 요소이다. 영화는 이 인물들이 스크린에 등장하면서 시작되며, 오른쪽에서 회색 영역으로 진입한다. 실루엣으로 제시된 인물들은 마치 먼 세계로 번역된 것처럼 추상적으로 보인다. 첫 번째 연속된 참전용사들 앞에 또 다른 연속된 참전용사들을 배치하고, 그 다음 더 앞쪽에 가까운 연속된 참전용사들을 배치함으로써 3차원 공간이 생성된다. 인물들이 배가되면서, 그들은 실루엣 같은 모습을 잃고 세부 사항이 가시화되어, 앞쪽에 가까울수록 딕스 회화 속 인물들로 더욱 인식 가능해진다—마치 이 현상이 구체화되고 따라서 현재로 가져와진 것처럼 말이다. 이 장면은 더욱 즉각적이 되면서 동시에 더욱 집단적이 된다. 공간적 집중은 위에서 내려다보는 시점에 의한 원근법의 확장과 일치하며, 이는 사건들의 3차원성을 강화하고 회화에서보다 더욱 강력하게 만든다. 동반되는 덜컹거리는 소리에 의해 강화된 이상하고 울퉁불퉁한 움직임의 인상은 인물들을 위에서 볼 때 증가한다. 그들은 딕스의 회화 속 인물들과 비교할 수 있는 기계 인간처럼 보인다. 눈 깜박임이나 연기 내뿜기와 같은 단일 움직임은 기계적으로 나타난다.

마침내 끝없이 이어지는 듯 보이는 장면의 전체적인 시점은 장애인들의 신체 파편에 대한 클로즈업 시점과 대비되는데, 이는 그들의 제복에 달린 훈장을 포함한 세부 사항을 보여준다. 클로즈업 시점에서는 소리가 증폭되는데, 이는 수레바퀴의 삐걱거리는 소리와 의족 및 신발 밑창에서 발생하는 긁는 소리를 모방한다. 변화하는 시점의 디자인은 관람자에게 개인의 분리를 인식하게 함과 동시에, 그 개인의 집단적인 사건 속으로의 통합도 인식하게 한다.

Figure 7.2 Section from Yael Bartana, Degenerate Art Lives (Entartete Kunst Lebt), 2010, video still, courtesy of Annet Gelink Gallery, Amsterdam, and Sommer Contemporary Art, Tel Aviv.

Figure 7.3 Section from Yael Bartana, Degenerate Art Lives (Entartete Kunst Lebf), 2010, video still, courtesy of Annet Gelink Gallery, Amsterdam, and Sommer Contemporary Art, Tel Aviv.

이 배경은 회색의 추상적인 영역으로, 이는 한편으로 사건들을 풍부한 색상의 미디어 표현이 아직 불가능했던 시기로 옮겨 놓는다. 다른 한편으로, 이 장면은 딕스가 회화의 배경에 제시한 주택의 정면을 제거함으로써 초월적이고 장소 불분명한 차원을 얻는다. 이러한 디자인으로 이 작품은 다양한 수준에서 양가적인 효과를 발휘한다. 즉, 제1차 세계 대전과 이 전쟁으로 인한 신체적 부상 및 트라우마에 대한 기억이 환기되지만, 이 영화는 또한 현대적인 문제들과도 관련된다. 더욱이, 바르타나는 작품의 제목인 〈Degenerate Art Lives〉에서 또 다른 의미의 지평을 보여주는데, 이는 영화가 끝나기 직전에 위에서 내려다보이는 참전용사들 스스로에 의해 형성되어 나타난다. 이 시점에서 관람자는 참전용사들의 머리/머리 장치를 먼 거리에서 본다. 그들은 밝고 어두운 색상으로, 단지 작은 "점"으로 나타나며, 이 "점"들은 "Entartete Kunst lebt[6)]"라는 단어를 블록 문자로 형성한다. 이로써 바

르타나는 이러한 종류의 예술에 대한 역사적 낙인찍기를 언급한다.[38]

이 작품은 특히 인터넷에서 논쟁과 대중의 반응의 주제가 되어 왔다. 다음 입장들이 지배적이며 중요한 해석들을 보여준다. 영화 〈Degenerate Art Lives〉는 딕스(Dix)의 회화에 대한 "재활성화 행위(Akt der Wiederherstellung)"[39]로 간주되며, 이는 새로운 해석(Lesarten)[7]을 가능하게 한다.[40] 이는 딕스의 전쟁 참전용사 회화(1920)에서 표현된 것과 같은 "잘못된 이상, 애국심, 민족주의, 그리고 영웅주의에 대한 비판(Kritik an falschen Idealen, Patriotismus, Nationalismus und Heldentum)"[41]으로 해석된다. 이러한 해석에 따르면, 바르타나(Bartana)는 과거의 예술 작품이 현재에도 여전히 활동적임을 명확히 하려는 의도를 가지고 있다.[42] 이러한 맥락에서, 바르타나의 영화가 딕스의 인물들이 더 나아가도록 허용한다고 주장된다: "바르타나의 작품에서 딕스의 불구자들은 그들만의 '퇴폐 예술' 형태를 만들어낸다. 얻어맞고, 부상당하고, 지친 그들은 자랑스럽게 그들의 승리, 즉 예술의 승리를 선언한다."[43] 다른 관람자들은 바르타나가 장애인 참전용사 또는 더 나아가 일반적인 장애인에 대한 대중의 인식을 높이기를 원한다고 주장한다.[44] 일부 평론가들은 전기적 관점에서 논하며 바르타나 작품의 전반적인 맥락을 강조한다. 그들에 따르면, 그녀는 세계화 속에서 사회화된 세대에 속하며, 이 세대는 사람들을 위한 국경이 돈과 상품을 위한 국경만큼 개방되기를 바란다. 그들은 그녀가 역사적으로 소수자의 억압을 야기했던 인종, 종교, 성별 및 국적을 기반으로 하는 구시대적인 고정 관념(Festschreibungen)을 극복하는 것을 목표로 한다고 주장한다.[45] 이러한 수용(해석)은 다양한 이해의 가능성을 보여주며, 이는 영화 자체가 복잡하고

6) 역자주: "Entartete Kunst lebt"는 독일어로 "퇴폐 예술은 살아 있다"를 의미함. 이 문구는 나치 독일 시절에 사용되던 용어로, 나치 정권이 "퇴폐 예술(Entartete Kunst)"이라 규정한 현대 예술을 비판하는 맥락에서 나온 것임. 나치는 이러한 예술 작품들을 타락하고 불순하다고 규정하여 억압하고 금지하려 했음. 하지만 "lebt"라는 단어는 "살아 있다"는 의미를 가지므로, 이 문구는 그럼에도 불구하고 퇴폐 예술은 여전히 살아남아 영향을 미치고 있다는 의미를 담고 있음. 이는 억압에도 불구하고 예술이 계속해서 생명력을 가지며, 사람들에게 영향을 끼치고 있다는 것을 강조하는 표현임. 역자주 79번 참조.

7) 역자주: "Lesarten"은 독일어로 "읽기 방식", "해석" 또는 "판본"을 의미함. 주로 문학 작품이나 고전 텍스트의 다양한 버전이나 해석을 가리킬 때 사용됨. 예컨대, 한 작품의 여러 판본들이 존재할 때, 각각의 판본을 "Lesarten"이라고 부를 수 있음. 또 다른 예로는, 동일한 텍스트에 대해 서로 다른 해석이 있을 때 이를 가리키는 말로도 사용됨.

다양한 해석에 열려 있다는 사실로 설명될 수 있다.

Figure 7.4 Section from Yael Bartana, Degenerate Art Lives (Entartete Kunst Lebt), 2010, video still, courtesy of Annet Gelink Gallery, Amsterdam, and Sommer Contemporary Art, Tel Aviv.

더욱이, 대중의 반응에서 다루어지지는 않았지만 해석을 위한 맥락으로서 또한 관련이 있는 것은 이스라엘의 오랜 트라우마 담론이다.[46] 이 트라우마 담론은 심리학 및 정신 의학 분야의 전문적인 담론을 통해 발생하지만, 사회 및 정치적 발전과도 연결되어 있으며, 어떤 면에서는 이스라엘 사회가 전쟁, 테러, 그리고 트라우마를 다루는 방식의 대표적인 모습이다.[47] 이스라엘의 트라우마 담론은 단순히 관련된 개별 참전용사들의 고통에 관한 것만이 아니라 국가적 트라우마이기도 하다—참전용사들의 고통은 광범위하게 정치화되었다.[48] 이 담론은 욤 키푸르 전쟁에서 군인들이 겪은 트라우마적 경험에 대한 반응으로 거슬러 올라갈 수 있다. 1973년에 일어난 이 전쟁에서 이스라엘은 이집트와 시리아로부터 예상치 못한 공격을 받았다.[49] 그때에야 비로소 이스라엘 군인들의 정신적 트라우마가 대중의 삶에서 주목받기 시작했다.[50] 제2차 팔레스타인 인티파다[8] 이후, 집단 폭력과 회복력이라는 개념이 중심적인 역할을 하는 강력한 담론이 발전했다.[51] 이 담론에서는 이질적인 요소들이 합쳐진다: 홀로코스트[52]의 역사적 과거와 관련된 이스라엘의 정체성 투쟁, 실제 사회 및 정치적 발전, 그리고 해외로부터의 영향이다. 이러한 맥락을 배경으로, 바르타나의 작품은 딕스와 유사하게 전반적인 전쟁에 대한 비판으로서, 그리고 더 나아가 특히 가자 전쟁에 대한 비판으로서 해석될 수 있다.

그러나 바르타나(Bartana)는 이스라엘의 사회 역사적 사건에 대한 비판을 훨씬 넘어선다.[53] 딕스(Dix)의 회화와 바르타나의 영화에서 신체적 부상 및 장애의 표현을 비교해 보면, 딕스의 작품에서 그 재현이 여전히 제1차 세계 대전과 그 전쟁의 영향을 신체에 보여주었던 참전용사들에 대한 역사적 언급을 가지고 있음이 분명하다. 반면, 바르타나의 영화에서 전쟁 참전용사는 역사적 언급으로부터 크게 단절되어 있다. 그녀의 영화에서 제1차 세계 대전의 원래 역사적 현실과 관련된 참전용사들의 삶의 경험은 암묵적으로만 다루어질 뿐이다. 바르타나는 딕스의 회화에서 네 명의 참전용사 시리즈만을 가져와서 역사적 장소를 희미하게 처리한다. 그녀는 그것을 2010년경 이스라엘의 일상생활 장면으로 대체하지 않는다. 대신, 익명의, 시간을 초월한 회색 영역에서 재연출이 일어나는데—이것이 메시지의 업데이트와 수정을 가능하게 한다. 이 회색 영역은 불확정적이고 일반적인 장소를 의미하며, 전 세계 어디에서나 가능할 수 있는 새로운 해석에 적합하다. 이 영역은

---

8) 역자주: 제2차 인티파다(Second Intifada), 또는 알-악사 인티파다(Al-Aqsa Intifada)는 2000년 9월 28일부터 2005년 2월 8일까지 지속된 주요 팔레스타인 분쟁임. 이 갈등은 2000년 캠프 데이비드 정상 회담의 실패와 이스라엘 정치인 아리엘 샤론의 템플 마운트(이슬람교에서 Haram al-Sharif로 알려짐) 방문을 포함한 일련의 사건들로 인해 촉발되었음. 제2차 인티파다는 제1차 인티파다보다 훨씬 폭력적이었으며, 자살 폭탄 테러, 총격전, 이스라엘 군과 팔레스타인 무장 세력 간의 충돌이 포함되었음. 이 분쟁 사태는 양측 모두에서 상당한 인명 피해를 초래했으며, 수천 명의 팔레스타인과 이스라엘인이 목숨을 잃었음. 이 분쟁은 궁극적으로 지정학적 상황에 변화를 가져왔으며, 이스라엘은 서안지구 장벽 건설과 가자 지구에서의 철수를 실시함. 2005년 샤름 엘-셰이크 정상 회담은 적대 행위를 줄이는 데 기여했지만, 근본적인 문제는 여전히 해결되지 않았음.

국가적, 시간적, 또는 구조적으로 전혀 정의되지 않는다. 이 전쟁 참전용사들은 이스라엘 사람인가 아니면 팔레스타인 사람인가? 아니면 일반적인 인간과 그들의 취약성이 재현되는가? 딕스의 회화가 그랬던 것처럼, 이 영화는 특정 개인을 보여주지 않고—특히 인물의 복제 때문에—오히려 역사 속에서 영구적으로 발생해 왔고 미래에도 새로운 형태와 발현으로 발생할 신체적 또는 정신적 파괴의 원형, 패턴을 보여준다. 바르타나는 개인이 아닌 대중의 현상을 제시한다.

회화에서 영화로의 전환에서 매체와 기법은 극적으로 변화했다. 딕스(Dix)는 그의 회화 〈The Cripples〉를 다다이즘 콜라주로 창작했으며, 따라서 다양한 재료로 실험했다. 오늘날, 회화 그 자체가 아니라 보존된 사진이 이 작품에 대한 우리의 관념을 형성하며, 이 사진에서는 원래의 물질성과 예술적 기법을 거의 식별할 수 없다. 영화에서는 표현이 새로운 차원을 얻는데, 여기에는 인물의 애니메이션, 3차원 공간, 그리고 소리(단, 색상은 아님)가 포함된다. 영화에서 소리의 생성은 확장된 형태의 인지 가능성을 야기한다. 이로써 시각적 경험과 청각적 경험 사이의 상호작용이 발생한다.

바르타나(Bartana)는 왜 딕스(Dix)의 영화 〈The Cripples〉를 자신의 영화를 위한 기반으로 선택했으며, 동일한 모티프를 가진 딕스의 해당 에칭(여기서 인물들은 반대 방향으로 진행한다)이나 현존하는 1920년작 회화 〈The Skat Players〉 또는 〈Prague Street〉는 선택하지 않았을까? 이에 대한 한 가지 이유는 이 회화가 나치에 의해 전례 없는 금지령의 대상이 되었고, 더 이상 존재하지 않기 때문이었다.[54] 그녀는 인물들을 회화 자체에서 가져온 것이 아니라 보존된 사진에서 가져옴으로써, 관람자에게 이러한 역사적 파괴를 인식하게 만든다.

딕스(Dix)의 회화와 바르타나(Bartana)의 영화를 비교하면 다음과 같은 측면이 명확해진다. 딕스의 회화에서 표현된 전쟁에 대한 비판은—다른 동시대 예술 작품과 비교할 수 있는데—오늘날의 관점에서 볼 때 군 당국에 대한 비판, 전쟁 구조에 공모한 참전용사들 자신에 대한 비판, 그리고 (1920년 딕스의 다른 장애인 참전용사 회화와 관련하여) 자본주의에 대한 비판 사이를 오간다. 나치 시대에 이 작품은 영웅적인 군인 신화에 대한 부정적인 해석 때문에 퇴폐 예술로 불법화되었다. 이러한 배경과 신체 장애인을 근절하려는 목적의 안락사(Euthanasia) 관행에 비추어 볼 때, 이 딕스 회화 억압의 전체적인 범위가 이해될 수 있다.

딕스(Dix)의 〈The Cripples〉처럼, 바르타나(Bartana)의 영화는 일반적으로 전쟁과 인간의 신체 및/또는 정신을 파괴하는 모든 형태의 폭력에 대한 비판으로 이해될 수 있다. 딕스와 마찬가지로 바르타나도 분명하게 편을 들지 않는다. 그녀는 서로에게 심각한 부상을 입힌 이스라엘 사회나 그와 대립하는 팔레스타인인들 중 어느 한쪽의 편을 드는 것을 피한다. 바르타나의 전체 작품 맥락에서 볼 때, 그녀는 이스라엘에서 장애인 참전용사들의 고통, 그리고 더 일반적으로 외상을 입은 인간에 초점을 맞추고자 한다고 추정할 수 있다. 이 작품에서 장애인 참전용사는 이러한 의미에서 그녀 자신, 그녀의 가족, 그리고 이스라엘 국민이 겪은 트라우마를 상징하는 일종의 상징적 인물로 해석될 수 있으며, 이 트라우마는 과거(홀로코스트)에까지 미치고 현재에도 계속되고 있다.[55] 이스라엘의 오랜 트라우마 담론과 관련하여, 영화에서 장애인 참전용사들을 대규모 출연으로 동원하는 것은 지속적인 폭력적 영향에 대한 저항의 표현이자 이스라엘 정체성 투쟁의 표현으로도 받아들여질 수 있다.

그러나 바르타나(Bartana)는 훨씬 더 나아가는 것을 목표로 한다. 그녀는 영화에 〈Degenerate Art Lives〉라는 제목을 붙임으로써, 한편으로는 나치에 의해 박해받은 예술가로서 딕스(Dix)와의 연대를 표현하고, 다른 한편으로는 나치에 의해 자행된 것과 같은 신체적 외모, 종교, 인종 등을 이유로 한 개인과 사회 집단의 모든 형태의 차별 및 소외에 반대하는 예술적 행위로 나치에 의한 회화의 역사적 금지령에 맞선다. 이로써, 그녀의 중대한 관심사는 딕스의 회화가 역사 속에서 스스로를 주장했다는 것을 입증하는 것이었다. 즉, 비록 사진만이 보존되었지만, 그 회화는 원래의 의도 때문뿐만 아니라 그것의 역사 때문에 현재까지도 여전히 활동적이라는 것이다.[56]

주석(Notes)

[1] 장애(Disability)는 다음에서 의학적 문제라기보다는 구성 개념으로서 새로운 장애학(Disability Studies)에 따라 이해될 것이다. Anne Klein, "Wie betreibt man Disability History? Methoden in Bewegung", in Disability History: Konstruktionen von Behinderung in der Geschichte. Eine Einfiihrung, ed. Elsbeth Bdsl, Anne Klein, and Anne Waldshmidt (Bielefeld: Transcript, 2010), 45를 참조하라; 또한 Rosemarie Garland-Thomson, "Andere Geschichten", in Der (im-) perfekte Mensch: Metamorphosen von Normalität und Abweichung, ed. Petra Lutz (Köln: Böhlau, 2003), 418-425를 참조.

[2] Otto Conzelmann, Der andere Dix. Sein Bild vom Menschen und vom Krieg (Stuttgart: Clett-Cotta, 1983), 254를 참조.

[3] Conzelmann, Der andere Dix, 68을 참조; 또한 Otto Dix의 군 복무 증명서, Deutsches Kunstarchiv, Nachlass Dix, Otto, I, A-2를 참조.

[4] 딕스(Dix)가 작품 제목에 사용한 차별적인 용어 "불구자(cripples)"는 이미 제1차 세계 대전 중에도 비판받았다. Maren Möhring, "Kriegsversehrte Körper: Zur Bedeutung der Sichtbarkeit von Behinderung", in Disability Studies, Kultursoziologie und Soziologie der Behinderung: Erkundungen in einem neuen Forschungsfeld, ed. Anne Waldschmidt and Werner Schneider (Bielefeld: Transcript, 2007), 177을 참조.

[5] "판지 인물(Pappkameraden)", "만세-애국심의 얼빠진 꼭두각시(narrische Marionetten des Hurrahpatriotismus)", Hanne Bergius, "Im Laboratorium der mechanischen Fiktionen: Zur unterschiedlichen Bewertung von Mensch und Maschine um 1920", in Die Nützlichen Künste: Gestaltende Technik und Bildende Kunst seit der Industriellen Revolution, ed. Tilmann Budensieg and Henning Rogge (Berlin: Quadriga-Verl., 1981), 292를 참조하라; 또한 Matthias Eberle, Der Weltkrieg und die Künstler der Weimarer Republik (Belser Chr., 1992), 46을 참조.

[6] Jung-Hee Kim, "Frauenbilder von Otto Dix: Wirklichkeit und Selbstbekenntnis" (PhD diss., University of Hamburg, 1994), 21을 참조.

[7] 이 회화의 또 다른 제목은 45% Fit for Work (45% erwerbsfähig)였다.

[8] 이 상태의 원인은 종종 폭발이나 가스 중독과 같은 외상적 경험이었다.

[9] 딕스(Dix)의 회화 〈스카트 플레이어들(The Skat Players)〉에서, 유사한 보철물에는 "딕스 브랜드(Dix Brand, Marke Dix)"라는 문구가 새겨져 있다.

[10] Bergius, "Im Laboratorium der mechanischen Fiktionen", 292를 참조; 또한 Eberle, Der Weltkrieg und die Künstler der Weimarer Republik, 46을 참조.

[11] Dietrich Schubert, "Krüppeldarstellungen im Werk von Otto Dix nach 1920", in Krieg und Utopie: Kunst, Literatur und Politik im Rheinland nach dem Ersten Weltkrieg, ed. Gertrude Cepl-Kaufmann Gerd Krumeich, and Ulla Sommers (Essen: Klartext-Verl., 2006), 298을 참조.

[12] 예를 들어, Max Beckmann의 석판화 The Way Home (Nachhauseweg)과 The Street (Die Straße)를 참조. 이들은 1919년 그의 석판화 연작 The Hell (Die Hölle)의 일부이며, Carol Poore, Disability in Twentieth-Century German Culture (Ann Arbor: Univ, of Michigan Press, 2010), 22에 있다.

[13] 예를 들어 Ernst Ludwig Kirchner의 Self-Portrait as a Soldier (Selbstporträt als Soldat) (1915)를 참조. 이 작품은 예술가를 부상당한 오른팔과 함께 제시한다; Poore, Disability in Twentieth-Century German Culture, 20 f.

[14] Erich Heckel의 에칭 Street in Ostende (Straße in Ostende), 1915를 참조. 이 작품은 목발을 짚은 두 명의 참전용사를 제시하며, 그의 목판화 Two Wounded (Zwei Verwundete)와 Wounded Sailor (Verwundeter Matrose), 둘 다 1915년작; 그리고 석판화 Mad Soldier (Irrer Soldat)와 Cripple at the Seaside (Krüppel am Meer), 둘 다 1916년작이다. Poore, Disability in Twentieth-Century German Culture, 20 f.

[15] Max Pechstein의 절단 환자 드로잉으로 제목이 The Gardener, Somme IX (Der Gärtner, Somme IX)인 작품을 참조하라. Poore, Disability in Twentieth-Century German Culture, 20 f.

[16] Poore, Disability in Twentieth-Century German Culture, 20.

[17] Poore, Disability in Twentieth-Century German Culture, 20.

[18] 사실, 국가는 장애인 참전용사들의 대다수를 지원했다. Poore, Disability in Twentieth-Century German Culture, 20. 이러한 작품들은 바이마르 공화국 창립 이래 독일에서 장애인들이 자조 그룹을 결성했다는 사실을 광범위하게 무시한다. 예를 들어, "신체 장애인 자조 연맹"(Selbsthilfebund der Körperbehinderten (1919-1931))이 있다. Petra Fuchs, "Von der Selbsthilfe zur Selbstaufgabe: Zur Emanzipationsgeschichte behinderter Menschen (1919-1945)", in Der (im-) perfekte Mensch: Metamorphosen von Normalität und Abweichung, ed. Petra Lutz, Thomas Macho, Gisela Staupe, and Heike Zirden (Köln: Böhlau, 2003), 436을 참조하라.

[19] Poore, Disability in Twentieth-Century German Culture, 28.

[20] Poore, Disability in Twentieth-Century German Culture, 29. 특징적인 예는 딕스(Dix)의 작품 The Cripples, The Skat Players, 그리고 Prague Street (1920)이다. 훈장과 휘장의 표현, 그리고 〈프라하 거리〉에 있는 "유대인 나가!(Juden Raus!)"라는 문구가 새겨진 전단지를 통해 딕스는 정치적 맥락과 더불어 장애인 참전용사들의 우익 민족주의적 정치적 신념을 암시한다. Brigitte Reinhard, "Dix—Maler der Tatsachen", in Otto Dix: Bestandskatalog, Gemälde, Aquarelle, Pastelle, Zeichnungen, Holzschnitte, Radierungen, Lithographien, ed. Johann-Karl Schmidt (Stuttgart: Cantz, 1989), 15. George Grosz의 풍자 작품에 대해서는 Poore, Disability in Twentieth-Century German Culture, 29를 참조.

[21] Möhring, "Kriegsversehrte Körper", 177을 참조.

[22] Sabine Kienitz, Beschädigte Helden: Kriegsinvalidität und Körperbilder 1914-1923 (Paderborn et al.: Schöningh, 2008), 157을 참조.

[23] Peter Riedesser and Axel Verderber, "Maschinengewehre hinter der Front": Zur Geschichte der deutschen Militärpsychiatrie (Frankfurt a. M.: Fischer-Taschenbuch-Verl., 1996), 92를 참조.

[24] Kienitz, Beschädigte Helden: Kriegsinvalidität und Körperbilder 1914-1923, 153을 참조.

[25] Sabine Kienitz, "Beschädigte Helden: Zur Politisierung des kriegsinvaliden Soldatenkörpers in der Weimarer Republik", in Der verlorene Frieden: Politik und Kriegskultur nach 1918, ed. Jost Dülffer and Gerd Krumeich (Essen: Klartext, 2002), 204 ff.를 참조.

[26] Michael Hagner, "Verwundete Gesichter, verletzte Gehirne: Zur Deformation des Kopfes im Ersten Weltkrieg", in Gesichter der Weimarer Republik: Eine physiognomische Kulturgeschichte, ed. Claudia Schmülders and Sander Gilman (Köln: DuMont, 2000), 85.

[27] Schubert, "Krüppeldarstellungen im Werk von Otto Dix nach 1920: Zynismus oder Sarkasmus?", 294를 참조; 제1차 세계 대전 부상자 신체에 대한 차별화된 관점은 Sabine Kienitz, "Der verwundete Körper als Emblem der Niederlage? Zur Symbolik der Figur der Kriegsinvaliden in der Weimarer Republik", in Kriegsniederlagen: Erfahrungen und Erinnerungen, ed. by Horst Carl, Hans-Henning Kortüm, Dieter Langewiesche, and Friedrich Lenger (Berlin: Akad. Verb, 2004), 341에서 찾을 수 있다. 이 텍스트 섹션에 대해서는 Anne Marno, "Otto Dix Radierzyklus Der Krieg (1924): Authentizität als Konstrukt" (PhD diss., University of Düsseldorf; Petersberg: Imhof; 2015), 섹션 2.1.7, S. 50-65를 참조.

[28] 장애인 참전용사의 배제와 차별은 딕스(Dix)의 회화 〈성냥팔이(The Match Seller)〉(1920)에서 특히 명확해지는데, 여기서 통행인들은 참전용사로부터 멀리 떨어져 움직이며 닥스훈트는 그에게 소변을 본다.

[29] Andreas Strobl, Otto Dix: Eine Malerkarriere der Zwanziger Jahre (Berlin: Reimer, 1996), 40을 참조.

[30] LöfHer는 이 용어를 설명하지 않으며, "창고(Depot)"가 언제부터 "공포의 방(Schreckenskammer)"이라고 불렸는지 언급하지 않는다. 그러나 이 창고에 딕스의 회화 〈불구자들〉과 다른 예술가들의 작품들이 대중으로부터 숨겨져 있다가 나치가 이 모든 작품들을 모아 퇴폐 예술 전시회에 전시했을 가능성이 높다.

[31] "악의적인, '민족의 적'인 예술가에 의한 '영웅적인' 삶에 대한 모욕의 증거품", Fritz LöfHer, Otto Dix: Leben und Werk (Dresden: Verl. der Kunst, 1960), 35, 39를 참조하라; 또한 Schubert, "Krüppeldarstellungen im Werk von Otto Dix nach 1920", 298 f.를 참조하라. LöfHer는 회화 〈불구자들〉이 1937년에 압수되어 1942년에 베를린에서 파괴되었을 가능성이 높다고 쓴다. LöfHer, Otto Dix 1891-1969: Oeuvre der Gemälde (Aurel Bongers KG: Recklinghausen, 1981), fig. 8 (카탈로그 내)을 참조.

[32] Isabella Marte, documenta 12: Katalog, Documenta Kassel, 16.06-23.09 2007 (Köln: Taschen, 2007), 332를 참조.

[33] Marte, documenta 12, 332를 참조.

[34] "Yael Bartana, Biography", 2015년 4월 21일 접속, [http://www.annetgelink.com/artists/5-yael-bartana/biography](https://www.google.com/search?q=http://www.annetgelink.com/artists/5-yael-bartana/biography%EB%A5%BC)를 참조.

[35] 이 프로젝트와 관련하여 바르타나(Bartana)는 2001년 베니스 비엔날레에서 포스터와 비디오를 선보였고, 이후 회의를 조직했다. Catrin Lorch, "Leben und arbeiten in Berlin: Die Künstlerin Yael Bartana macht Kunst aus Propaganda und politischen Symbolen", Süddeutsche Zeitung, Nr. 43, 2015년 2월 21일, 22일, 22.

[36] "Entartete Kunst Lebt (Degenerate Art Lives), 2010", 2015년 3월 3일 접속, http://www.annetgelink.com/artists/5-Yael-Bartana/works/video/12510/를 참조하라. 바르타나는 예루살렘의 베잘렐 예술 디자인 아카데미, 뉴욕의 스쿨 오브 비주얼 아츠, 그리고 암스테르담의 국립 미술 아카데미에서 공부했다. 그녀의 작품은 수많은 주요 박물관과 비엔날레에서 전시되었다. 이는 예를 들어 파리의 퐁피두 센터, 뉴욕의 구겐하임 미술관과 현대 미술관, 암스테르담의 스테델릭 미술관, 런던의 테이트 모던 컬렉션의 일부이다.

[37] Yael Bartana와 저자와의 대화, 2015년 7월 6일. 이 영화는 2014년 마인츠 미술관(Kunsthalle Mainz)의 "Les Gueules Cassees. Narben des Ersten Weltkrieges in der zeitgenössischen Kunst" 전시회에서 상영되었다. Markus Schinwald and Thomas D. Trummer, Les Gueules Cassees: Narben des Ersten Weltkrieges in der zeitgenössischen Kunst, 27.2.

-8.6.14, Kunsthalle Mainz, program을 참조하라; 또한 전시회: Crossings Dance Festival, Cologne, Germany, 2011, "Entartete Kunst Lebt (Degenerate Art Lives), 2010"; 베를린의 Martin Gropius Bau에서 열린 "Tür an Tür" 전시회를 참조.

[38] 독일의 나치 독재 기간 동안, "퇴폐 예술(Entartete Kunst)"이라는 용어는 나치의 예술 감상 및 미의 이상과 조화를 이루지 못하는 예술 작품 및 문화적 경향에 대해 전파되었다. 예를 들어, 이는 표현주의, 다다이즘, 입체파, 그리고 야수파의 예술 작품에 사용되었다.

[39] 게다가, 바르타나가 새로운 기술을 통한 파괴된 시각적 대상의 보존 및 재건의 관련성을 주제화하고자 한다고 추정된다. "berlinale forum 2011", 2015년 3월 4일 접속, [http://www.berlinale.de/external/de/filmarchiv/doku_pdf/20116216.pdf](https://www.google.com/search?q=http://www.berlinale.de/external/de/filmarchiv/doku_pdf/20116216.pdf).

[40] "Entartete Kunst lebt: Ein Animationsfilm", 2015년 2월 26일 접속, [http://www.din-al3.de/index.php?id=48](https://www.google.com/search?q=http://www.din-al3.de/index.php%3Fid%3D48); "Geführter Rundgang Kunst ohne Grenzen. tanzhaus nrw düsseldorf", 2015년 3월 4일 접속, [http://tanzhaus-nrw.de/main_pages/ gefuehrter-rundgang-kunst-ohne-grenzen](https://www.google.com/search?q=http://tanzhaus-nrw.de/main_pages/gefuehrter-rundgang-kunst-ohne-grenzen); "berlinale forum 2011"을 참조.

[41] "Was can you mach? Kunst, Filme, Konzerte, Lesungen, Gespräche, Comics zu jüdischen Identitäten in Europa heute", 2015년 3월 4일 접속, [http:// wascanyoumach.de/artist/yael-bartana/](https://www.google.com/search?q=http://wascanyoumach.de/artist/yael-bartana/).

[42] "Was can you mach?"를 참조.

[43] "바르타나의 작품에서 딕스의 불구자들은 그들만의 '퇴폐 예술' 형태를 만들어낸다. 얻어맞고, 부상당하고, 지친 그들은 자랑스럽게 그들의 승리, 즉 예술의 승리를 선언한다." "Entartete Kunst lebt: Ein Animationsfilm"; "berlinale forum 2011"을 참조.

[44] "Entartete Kunst lebt: Ein Animationsfilm"; "Geführter Rundgang Kunst ohne Grenzen"을 참조.

[45] Kolja Reicher, "Entartete Kunst lebt! Europa wird überwältigt sein: Die israelische Künstlerin Yael Bartana fordert die Rückkehr von 3,3 Millionen Juden nach Polen", Die Welt, 2012년 1월 6일, 2015년 3월 4일 접속. [http://www.welt.de/print/die_welt/kultur/article13800937/Entartete-Kunst-lebt.html](https://www.google.com/search?q=http://www.welt.de/print/die_welt/kultur/article13800937/Entartete-Kunst-lebt.html).

[46] 이 갈등에서 주로 네 가지 극단적인 집단 폭력 경험의 발현, 즉 전쟁, 군사 점령, 민중 봉기, 그리고 테러에 관한 것이다. Josée Brunner, Die Politik des Traumas. Gewalterfahrungen und psychisches Leid in den USA, in Deutschland und im Israel-Palästina-Konflikt (Berlin: Suhrkamp, 2014), 195를 참조.

[47] 예를 들어, Brunner, Die Politik des Traumas, 230 f를 참조; 미디어의 역할에 대해서는 ibid. S. 250 f를 참조하라; 또한 Sandrine Brenner Dijan, "Vom individuellen zum kulturellen Trauma: Terror und Trauma in den israelischen Tageszeitungen von 1993 bis 2003" (Master-diss., University of Tel Aviv, 2004)을 참조.

[48] 예를 들어, Keren Friedman-Peleg and Yoram Bilu, "From PTSD to National Trauma". The Case of the Israel Trauma Center for Victims of Terror and War", Transcultural

Psychiatry 48, no. 4 (2011): 416를 참조; 전쟁으로 인한 고통의 구성, 재현 및 대처와 관련하여 Yoram Bilu and Eliezer Witztum. War-Related Loss and Suffering in Israeli Society: A Historical Perspective (Bloomington: Indiana Univ. Press, 2000)도 참조.

[49] Brunner, Die Politik des Traumas, 212를 참조.

[50] Brunner, Die Politik des Traumas, 215를 참조.

[51] Brunner, Die Politik des Traumas, 274를 참조.

[52] Sara McDowell and Máiréad Braniff. Commemoration as Conflict. Space, Memory and Identity in Peace Processes (Basingstoke et al.: Palgrave Macmillan, 2014), 104, 112를 참조.

[53] Bartana가 인터뷰에서 밝힌 사회 비판 의도를 참조하라: "저는 사회에 도전하고 질문하기 위해 예술을 만들며, 그것이 예술가의 책임이라고 확실히 믿습니다. 저는 창의적인 작업이 작은 규모로 기회를 열고 변화를 가져올 수 있다고 생각합니다. 그것은 현상 유지를 약화시키는 강력한 도구입니다." http://www.aestheticamagazine.com/blog/interview-artist-yael-bartana/.

[54] Yael Bartana와 저자와의 대화, 2015년 7월 6일.

[55] Bartana의 쾰른 예술 활동을 참조하라: Holocaust für alle, [http://www.taz.de/\!118800/](https://www.google.com/search?q=http://www.taz.de/!118800/).

[56] 예술가는 2015년 7월 6일 인터뷰에서 그녀의 핵심 의도가 딕스의 회화를 "되살리고" "새로운 방식으로 회화를 경험"할 수 있도록 하는 것이라고 나에게 말했다.

장애화된 초현실주의[1)]

현대 예술에서 초현실주의적 은유(tropes)를 재구성하다

Nina Heindl

장애가 있는 예술가와 장애가 없는 예술가들은 초현실주의의 환상적이고 비합리적인 맥락이 장애 미학과 마찰할 때 어떤 일이 발생하는지 탐구해 왔다. 초현실주의에서 발산하는 정치는 때로는 장애 예술의 정치에 유용하기도 하고 때로는 상충하기도 한다. 초현실주의 예술가인 한스 벨머(Hans Bellmer), 자크-앙드레 부아파르(Jacques-André Boiffard), 브라사이(Brassai), 그리고 앙드레 마송(André Masson)의 도상학은 현대 예술가인 리사 부파노(Lisa Bufano), 춘샨 (샌디) 이(Chun-Shan (Sandie) Yi), 그리고 아르투르 즈미예프스키(Artur Zmijewski)의 퍼포먼스, 조각, 사진과 병치될 때 새로운 의미를 갖는다. 이 초현실주의자들과 현대 예술가들의 작품들은 몇 가지 비판적인 특징을 공유하는데, 그들 각자는 사마귀, 마네킹, 인형과 같은 다양한 모습으로 인간 및 비인간 신체 부위를 탐구하는 생생한 이미지를 실행하기 때문이다. 특히, 부파노의 소품과 보철물을 사용한 동물 같은 퍼포먼스는 마송의 회화에 나타난 사마귀 묘사와 섬뜩한 신체적, 은유적 유사성을 가지며, 춘샨[2)]의 두 발가락 발과 발의 사진은 부아파르와 브라사이의 초현실주의 사진에서 악명 높은 손, 발 및 기타 신체 부위의 노골적인 묘사에 대한 재고를 요구하고 요청한다. 즈미예프스키의 사진에 나타난 절단 환자와 비절단 환자의 신체가 혼합된 모습은 벨머의 〈인형(Poupée)〉 조각에 나타난 사지 및 육체의 형세

1) 역자주: 초현실주의를 무력화하다로도 번역이 가능함. 중의적 의미를 가지고 있음.
2) 역자주: 본문에는 Yi로 표현되어, '이'로 번역해야 하나, 국어적 혼동을 피하기 위하여 춘샨으로 번역하였음.

(constellations)[3)]를 연상시키며, 그의 작품은 이 장에서 내가 증진하고자 하는 바로 그 장애 정체성 정치에 대한 적대감을 나타낼 수 있다. 부파노, 춘샨, 즈미예프스키의 작품은 초현실주의의 비유와 도상학을 동시에 강화하고 불안정하게 만드는데, 이 현대 예술가들이 정신분석학과 비합리적인 아이디어를 더욱 복잡하고 신체적인 형태로 다루고 있기 때문이다. 초현실주의자들에게 관심을 끈 것은 장애의 이미지였지만, 장애와 초현실주의의 언어는 미술사와 장애 연구 분야 모두에서 거의 혼합되지 않았다. 궁극적으로 초현실주의적 비유를 활용하는 것은 장애인들이 자신들의 신체가 어떻게 묘사되고 있는지에 대한 주도권을 휘두르게 함으로써, 거리두기 시선으로부터 대상화되는 것을 피하게 하므로 그들에게 힘을 실어준다. 이러한 이유로, 장애가 있는 예술가와 장애가 없는 예술가에 의한 장애에 대한 현대적 재현은 초현실주의 자체의 매우 급진적인 노력을 흔들고 불안정하게 만들 수 있는데, 이는 내가 알기로 주로 장애가 없는 예술가들, 또는 장애인으로 자신을 규정하지 않거나 장애에 대해 깊이 알지 못했던 예술가들로 구성되었던 미술사 시기였기 때문이다.

---

3) 역자주: 저자가 사용한 'constellations'의 개념은 아도르노의 형세(Konstellation)에서 가져온 것으로 보임. 아도르노의 'constellations'는 개념의 한계를 극복하기 위해 제안한 방법임. 아도르노는 서구 철학과 문명의 역사에서 동일화 사고가 기본적인 문제로 작용한다고 주장함. 이는 개념이 비동일적인 것을 배제하게 되어 공허해지는 결과를 초래함. 그러나 형세를 통해 개념은 비동일적인 것을 배제하지 않고, 사물에 대한 브다 풍부한 서술이 가능해짐. 이 과정에서 사물의 역사적 경험을 읽어내고 해석하여 생생한 표현을 가능하게 함. 이러한 방식으로 아도르노는 사물의 복잡성과 다양성을 존중하며, 철학적 문제를 해결하려 함. 아도르노의 형세(Konstellation) 개념은 현대 철학에서 여러 방식으로 적용되고 있음. 1) 비판 이론: 아도르노의 형세 개념은 프랑크푸르트학파의 비판 이론에서 중요한 역할을 함. 형세를 통해 사회적, 경제적, 문화적 요소들이 어떻게 서로 영향을 미치고 구성되는지 분석함. 이는 현대 사회를 비판적으로 이해하는 데 중요한 도구로 사용됨. 2) 미학: 형세 개념은 예술 작품 분석에도 적용됨. 예술 작품을 개별 요소로 분해하는 대신, 전체적인 구성과 관계성을 중시하여 작품의 의미와 가치를 이해하는 접근법을 제공함. 이를 통해 예술 작품의 복잡성과 다면성을 보다 깊이 있게 해석할 수 있음. 3) 포스트모던 철학: 형세 개념은 포스트모던 철학에서 지식과 진리의 다원성을 강조하는 데 사용됨. 단일한 진리를 추구하기보다는 다양한 관점과 요소들이 어떻게 상호작용하는지를 이해하려는 시도로, 복잡한 현실을 보다 유연하게 설명하는 방법을 제공함. 4) 사회 연구: 현대 사회 연구데서도 형세 개념이 적용되어, 다양한 사회 현상들 간의 상호작용과 영향을 분석하는 데 사용됨. 이를 통해 사회적, 정치적, 경제적 문제들을 보다 입체적으로 이해하고 해결 방안을 모색할 수 있음.

초현실주의자들은 성욕, 에로티시즘, 도착증, 꿈 해석, 섬뜩함(uncanny), 히스테리, 죽음 충동, 트라우마, 충격, 그리고 거세에 대한 프로이트의 정신분석학 이론을 수용했다.[1] 초현실주의자들이 정신분석학에 관심을 가진 것은 경련적인 아름다움, 우아한 시체 게임(exquisite corpse) 등을 통한 경이로운 것의 표현을 낳았다. 신체가 어떻게 다루기 어렵고, 일탈적이며, 이상하게 제시될 수 있는지에 대한 그들의 관심은, 벨머(Bellmer), 브르통(Breton), 달리(Dali) 등의 작업을 통해, 생명이 없는 기계적인 인간 형태(예: 마법의 인형이나 마네킹)가 인간의 신체와 혼합될 수 있는 상상적인 구성에 책임이 있었던 이들 역시 초현실주의자들이었다는 점을 이해하게 한다.

초현실주의의 이미지는 어떻게 더 정치적인 기능을 발휘하도록 현대적 시점에서 재구성될 수 있으며, 동시에 그것의 에로틱하고 폭력적인 면을 유지할 수 있을까? 초현실주의자들은 불안정하게 하는 이미지와 기형(freak)의 구성을 자주 혼합했는데, 이는 가장 흔하게 장애와의 연관성을 소환했기 때문이다. 주류 사회는 종종 장애인이 바로 기형의 특성을 지니고 있다고 인식하여, 다른 사람들에게 두려움, 호기심, 경이로움과 같은 본능적인 정서적 반응을 촉발했다. 초현실주의자들은 이러한 모순되고 신비로운 자질에 매우 매료되었고, 따라서 그것들을 다작으로 활용했다. 이러한 점을 고려할 때, 장애 신체의 표현은 결국 극도로 제한적이고, 편향되며, 긴장된 것이 되었다. 초현실주의자들의 작품이 장애의 살아있는 경험의 현실과 얼마나 많이 달랐는지와 잠재적으로 착취적이었는지를 지적함으로써 그들의 작업을 즉각적으로 거부하기보다는, 나는 초현실주의의 미묘한 어휘를 밝혀내고 그것이 장애 예술에서 생산적으로 사용될 수 있음을 입증한다.

영국의 시각 연구 학자인 마쿼드 스미스(Marquard Smith)는 초현실주의자들이 반(反)부르주아 정치적 급진성에도 불구하고, 정신분석학과 진정으로 비판적으로 관여하지는 않았다고 느낀다. 즉, "그것에 도전하고, 변화시키고, 산산조각 내는 것"을 하지 않았다고 본다.[2] 그러나 현대의 장애가 있는 예술가와 장애가 없는 예술가들의 초현실주의의 영향을 받은 예술은 장애 신체에 대한 보다 대립적이고 개인적인 접근과 그들의 살아있는 경험을 통해 정신분석학—섬뜩함(uncanny)과 페티시—과 비판적으로 관여한다. 원래의 초현실주의자들이 멈춘 지점을 이어받아, 현대의 장애 예술은 초현실주의가 어떻게 동시에 강화되고 불안정해질 수 있는지를 보여준다. 실제로, 이 챕터에서 논의된 현대 예술가들의 작품들은 친숙하면서도 낯선 형태의 초현실주의처럼 보인다. 미술사학자 할 포스터(Hal Foster)는 "친숙한 것의 소외는 독일 용어의 바로 그 어원에서 섬뜩함(uncanny)의 본질이다. unheimlich(섬뜩한)는 heimlich(집과 같은, 친숙한)에서 파생된다"고 말한다.[3] 이 장의 맥락에서, 나는 "섬뜩한" 것을 형태와 능력 면에서 비정형적이며, 주류 내에서 게토화되어 있지만, 다른 어떤 표면상 자연적이거나 정상적인 신체보다 결코 덜 인간적이지 않은 신체로 해석한다. "섬뜩한"이라는 단어는 대중문화에서 "기형(freak)"의 동의어처럼 되었는데, 이는 두 용어 모두 초자연적이고, 으스스하며, 비범한 세계에서 나타나기 때문이며, 그 세계는 프랑켄슈타인이나 노트르담의 꼽추와 같은 캐릭터들이 거주한다. 이 캐릭터들이 실제 장애 신체의 모양과 형태와 유사한 신체적 비정형적 속성을 공유하는 것은 우연이 아니다. 장애 신체가 미디어에서 너무나 규칙적으로 허구적이고, 신비로우며, 무서운 형태로 묘사되어 왔기 때문에, 주류는 실제 장애인들이 이러한 유사하게 이상한 속성을 공유한다고 즉시 가정한다. 초현실주의자들은 그들의 예술 작품을 통해 우리의 일상생활 속의 이상함을 보여주려고 했다. 따라서 초현실주의가 친숙한 것을 낯설게, 즉 섬뜩하게 만들려고 했다면, 나는 장애 그 자체의 표면적인 이상함을 통해 초현실주의 비유(tropes)[4]의 친숙함을 더욱 낯설게 만들고자 한다. 정신분석학 또한 섬뜩함(Uncanny)[5]에 대한 오랜 역사적, 의학적 관심을 가져왔으며, 따라서 이

4) 역자주: "Surrealism's tropes"는 초현실주의의 비유 또는 초현실주의의 전형적 표현을 의미함. 여기서 "tropes"는 문학적 또는 예술적 표현에서 자주 사용되는 테마, 상징, 또는 기법을 가리킴. 따라서 "Surrealism's tropes"는 초현실주의 예술 운동에서 자주 사용되는 독특한 기법이나 주제를 나타냄. 초현실주의의 대표적인 비유나 표현은 다음과 같음. 1) 꿈과 무의식: 현실과 환상이 혼합된 장면이나 이미지. 2) 불가능한 현실: 현실에서는 불가능한 상황이나 장면을 묘사. 3) 낯선 조합: 익숙한 사물이나 이미지를 이상하게 조합하여 생기는 낯선 느낌. 4) 자동기술법: 무의식적으로 글을 쓰거나 그림을 그리는 기법. 이러한 비유들은 초현실주의 예술가들이 일상적인 현실을 넘어선 초현실적인 경험을 표현하는 데 사용됨.

5) 역자주: Uncanny는 익숙하면서도 동시에 낯선 느낌을 주는 상황이나 현상을 설명하는 개념임. 이 용어는 지크문트 프로이트가 1919년에 발표한 논문 "The Uncanny"에서 처음으로 심리학적 개념으로 소개되었음. 프로이트는 uncanny가 우리의 무의식적 감정과 관련이

분야에서 검토되고 연구되는 것은 과거에도 그리고 여전히 많은 경우에 장애 신체이다.

사마귀, 우아한 시체, 그리고 리사 부파노

초현실주의자들은 그들의 정치와 비전을 설명하는 방식으로 활용될 수 있는 강력한 특성을 가진 문화와 자연 속의 특정 형태에 주목했다. 예를 들어, 사마귀는 교미 중이나 교미 후 암컷이 수컷을 잡아먹는 짝짓기 의식 때문에 초현실주의자들에게 매력적이었다. 미술사학자 윌리엄 L. 프레슬리(William L. Pressly)는 "초현실주의자들은 이 식인 풍습의 결혼식에서 에로틱한 폭력의 잠재성을 보여주는 강렬한 이미지를 발견했다"고 말한다.[4] 사마귀는 식인 풍습, 섹스, 죽음을 상징하는 가장 부정적인 여성 원형, 즉 "거세하는 여성"을 구현했다. 따라서 사마귀는 매력적이면서 동시에 혐오스러울 수 있는 모순적인 특성을 구현할 수 있는 능력 때문에 초현실주의자들과 그들의 대안적인 꿈결 같은 세계에 대한 은유가 되었다. 초현실주의자들은 또한 변태(metamorphosis)에도 매우 관심이 많았는데, 이는 현실에 도전하고 대안적인 감각의 세계에 도달할 수 있었기 때문이다.[5] 사마귀는 여기서도 중요했는데, 이 곤충은 색상을 통해 자신을 위장할 수 있으며, 초현실주의자들은 사마귀가 자연과 하나가 되고 짝을 속여야 하는 필요성을 존경했기 때문이다. 사마귀는 특히 짝에게 조성하는 성적인 불안감에서 의인화적이고 은유적인 특성을 가지고 있기 때문에, 그녀의 활동은 초현실주의 예술가들의 마음속에서 쉽게 인간의 행동 패턴으로 이전되었다. 브르통(Breton)과 달리(Dali)는 그들의 많은 예술작품에 사마귀를 포함시켰으며, 마송(Masson)은 사마귀를 여러 번 묘사했다. 드로

있다고 보았으며, 특히 억압된 감정이나 공포가 다시 떠오를 때 경험된다고 주장했음. Uncanny의 주요 특징은 다음과 같음. 1) 낯설지만 익숙함: 익숙한 것에서 발생하는 불안감을 의미하며, 익숙한 것이 낯설게 느껴질 때 경험됨. 2) 이중적 감정: 두 가지 상반된 감정이 동시에 존재하여 혼란스러운 상태를 만들어냄. 3) 불쾌감: 일상적이지만 불쾌한 감정을 유발할 수 있는 요소가 포함됨. 4) 환상과 현실의 경계: 현실과 비현실의 경계가 모호해져 가며, 감정적인 혼란을 일으킴. 현대 미술, 문학, 영화 등에서는 이러한 uncanny 요소를 활용하여 관객이나 독자에게 깊은 심리적 반응을 일으키고, 작품의 의미를 더욱 풍부하게 만드는 데 사용됨.

잉 〈Le génie de l'espèce III〉(1939)에서 마송은 사마귀를 마치 무대를 가로질러 춤추고 도약하는 것처럼 묘사한다. 사마귀의 다리가 위치한 방식은 마치 공중 활강 중인 정력적인 발레리나의 극적으로 내던져진 팔다리로 착각될 수 있다.

이러한 묘사들은 현대 예술가 리사 부파노(Lisa Bufano)의 작품에 나타난다고 내가 믿는 사마귀의 모습과는 현저한 대조를 이룬다. 이 예술가는 퍼포먼스 기반의 작업에서 보철물과 소품을 사용하는데, 예를 들어 〈Home Is Not Home〉(2011)에서 퀸 앤 테이블 다리를 자신의 다리와 팔에 묶는 방식이다(그림 8.2). 그녀는 21세에 생명을 위협하는 포도상 구균 박테리아 감염으로 인해 양쪽 무릎 아래 절단 및 모든 손가락-엄지손가락 절단 장애인이 되었으며, 안타깝게도 2013년 40세의 나이로 자살했다. 그녀는 전 세계에서 공연했으며 2006년부터 2010년까지 액시스 댄스 컴퍼니(AXIS Dance Company)와 함께 투어했다. 한 예술가 진술서에서 부파노는 이 작품에서 대안적인 이동 방식, 신체적 차이, 그녀의 성 정체성, 그리고 보철 신체 부위의 대안적인 사용 또는 생기 부여를 탐구하는 방식으로 자신의 신체를 조작한다고 말했다.**[6]** 처음에, 부파노의 소품과 보철물을 사용한 퍼포먼스는 초현실주의자들의 사마귀 묘사와 섬뜩한 유사성을 가진다. 실제로, 여기서 부파노의 보철물은 Le génie de l'espèce III에 묘사된 사마귀 다리의 모양 및 형태와 매우 유사하게 보인다.

〈Home Is Not Home〉에서 부파노(Bufano)는 벌레 같은 방식으로 네 발로 맨 무대를 가로질러 움직이며, 흑백 그래픽의 가정 내 생활 공간 일러스트레이션이 배경의 스크린에 투사된다. 마치 잽싸게 움직이는 거미나 사마귀처럼, 영사기의 빛을 받을 때 그녀의 매혹적인 형체는 흰 스크린에 그림자를 드리우며, 그녀의 신체가 배경의 활성화된 가정 내부 공간과 동기화되어 실제 무대 공간을 가로질러 움직인다. 이러한 효과들은 그녀의 형체의 기괴함을 증폭시킨다.

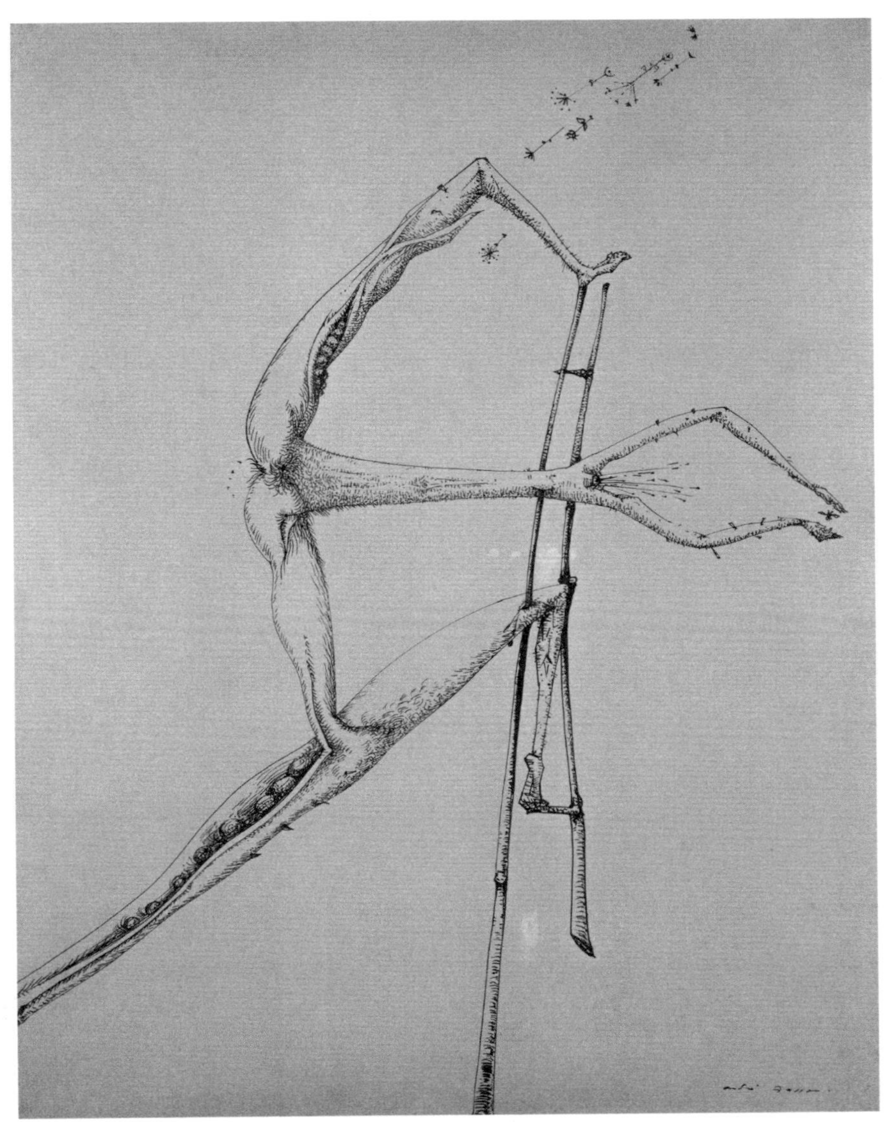

Figure 8.1 Andre Masson, Le genie de l'espece III, 64.5 × 19.3 cm, India ink, 1939, photo © Centre Pompidou, MNAM-CCI, Dist. RMN-Grand Palais / Philippe Migeat © 2015 Artists Rights Society (ARS), New York / ADAGR Paris.

부파노(Bufano)의 비정형적인, 절단된 신체에 대한 이러한 문자 그대로의 연출은 초현실주의 이미지에 어떻게 빛을 비출 수 있을까? 사마귀 자체의 형태에서 시작하여, 부파노의 변형과 그녀의 신체와 퀸 앤 가구[6]의 생명 없는 형태 사이의 혼합을 고려하는 것이 중요한데, 이 혼합에서 그녀는 인간 대신 동물이 된다. 부파노가 기어가는 방식으로 네 발로, 얼굴과 배를 위로 한 채 움직이는 방식 때문에, 그녀의 새로운 형태를 개미, 애벌레 또는 사마귀와 같은 많은 곤충이나 거미와 같은 거미류와 연관 짓기 쉬울 수 있다. 저명한 미술사학자 로잘린드 크라우스(Rosalind Krauss)는 그녀의 중요한 에세이 "코르푸스 델렉티(Corpus Delecti)[7]"에서 초현실주의 사진작가들을 신체 방향 상실의 대가로 논하며, 만 레이(Man Ray)의 사진의 경우 누드 신체가 짐승으로 드러났다고 주장한다. 그녀는 "[그] 신체는 인간으로 보일 수 없는데, 그것이 동물의 상태로 전락했기 때문이다"라고 쓴다.**[7]** 바타유(Bataille) 자신의 잡지 제목인 미노타우르(Minotaure)[8]는 인간/짐승을 언급한다. 그렇다면 부파노의 사마귀 같은 형태는 바로 이러한 본질적인 초현실주의적 비유 안에 속한다. 부파노는 또한 이 챕터에서 나중에 더 자세히 논의될 한스 벨머(Hans Bellmer)로부터 영감을 받았다.

---

6) 역자주: Queen Anne furniture는 18세기 초반 영국에서 유행한 가구 스타일을 의미함. 이 스타일은 우아하고 섬세한 디자인으로 유명하며, 주로 곡선 형태와 정교한 장식이 특징임. Queen Anne 스타일의 가구는 다음과 같은 특징을 가지고 있음: 1) 카브리올 다리: 동물의 다리를 본떠 만든 곡선형 다리. 2) 쉘 모티프: 조개껍데기 모양의 장식. 3) 가벼운 구조: 이전 시대의 무거운 가구와 달리 상대적으로 가볍고 날렵한 디자인. 4) 경쾌한 선: 부드럽고 흐르는 듯한 곡선.

7) 역자주: Corpus delicti는 라틴어로 "범죄의 본체"를 의미함. 법적 용어로, 이는 범죄가 실제로 발생했음을 입증하기 위해 필요한 물리적 증거나 요소를 가리킴. 예컨대, 살인 사건의 경우, 사체나 살해 도구 등이 corpus delicti가 될 수 있음. 이 용어는 범죄가 단순한 의혹이 아닌 실제로 일어났음을 증명하는 중요한 개념임.

8) 역자주: Minotaure는 Georges Bataille와 André Masson이 제안한 제목으로, 초현실주의 잡지임. 이 잡지는 Albert Skira와 E. Tériade에 의해 1933년부터 1939년까지 파리에서 발행되었음. Minotaure는 미술, 시, 문학, 예술사, 심리학적 연구 등 다양한 주제를 다루며, 초현실주의적인 작품과 글을 다루는 데 중점을 두었음. 이 잡지는 무수한 예술 작품의 고해상도 복사본을 포함하며, 1930년대의 기준에서도 고급스러운 잡지였음. Minotaure의 이름은 미노타우로스와 미로라는 상징에서 유래되었으며, 초현실주의 예술가들이 자주 사용한 주제였음.

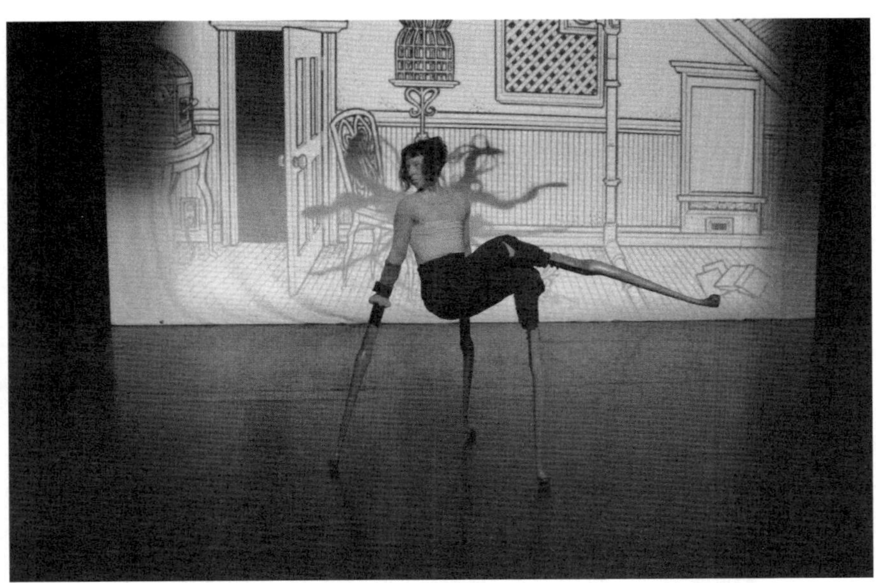

Figure 8.2 Lisa Bufano, Home Is Not Home, video still, 2011, courtesy Jason Tshantrre, photo by Jason Tshantrd.

부파노(Bufano)의 작품은 또한 상상적인 구현이 아니라 문자 그대로의 〈우아한 시체(Exquisite Corpse〉의 구현으로 보일 수 있다(그림 8.3). 이것은 초현실주의의 인기 있는 게임으로, 첫 번째 참가자가 드로잉의 일부를 그리고 나서 종이를 접어 자신의 기여가 일부 선을 제외하고 다음 참가자로부터 가려지도록 하고, 다음 참가자가 그것을 덧붙이는 방식이다. 이 과정은 모두가 끝날 때까지 계속되며, 종이를 펼치면 완성된 드로잉이 드러난다.[8] 부파노의 형태는 은유적인 〈Exquisite Corpse〉의 접힘을 담고 있는데, 부파노의 사지가 테이블 다리와 만나는 지점은 종이의 접힌 부분을 암시하기 때문이다. 살점과 가구 사이의 이러한 형태의 응고는 매끄럽지 않고, 오히려 생명 없는 형태를 통해 살아나는 신체들의 대안적인 세계를 가리킨다. 부파노는 가구를 의인화했으며, 그녀의 분리된 하이브리드는 장애를 가진 〈우아한 시체〉이다.

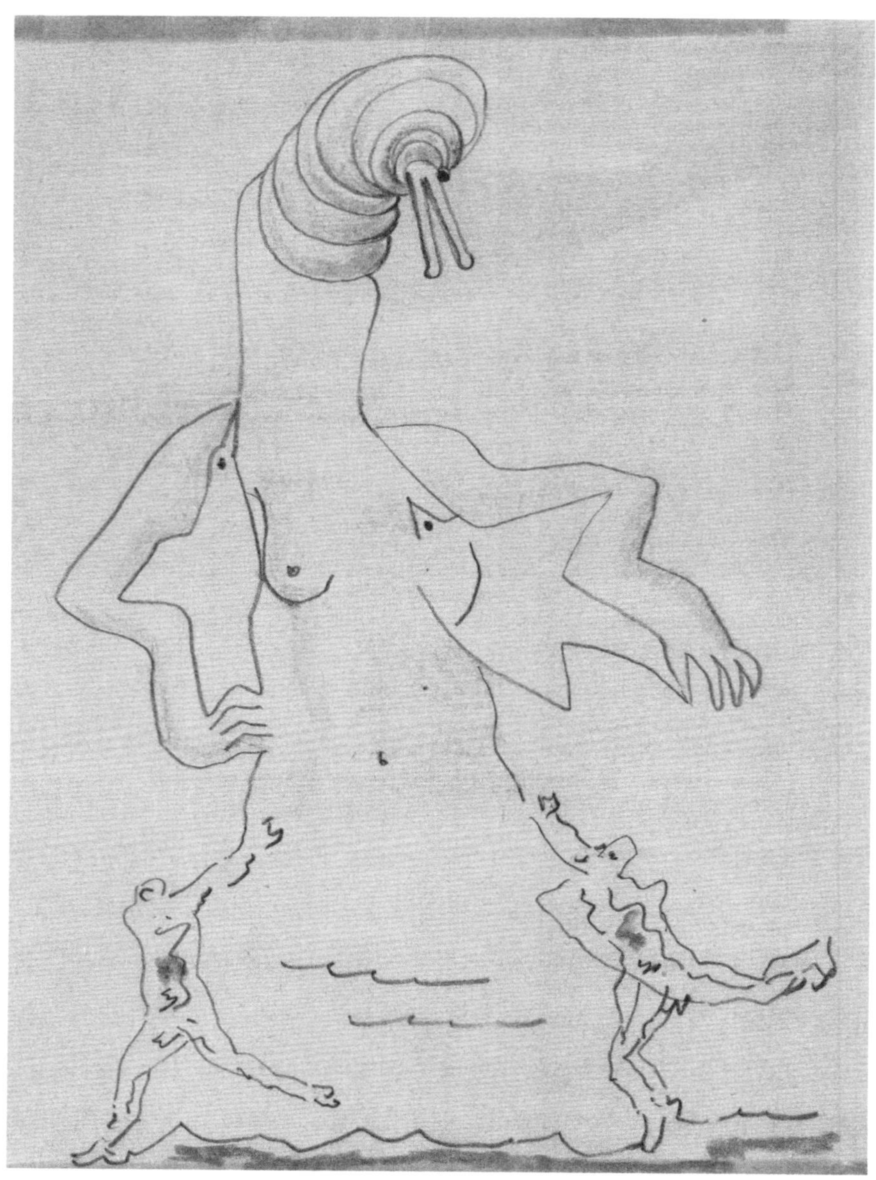

Figure 8.3 Andre Masson, Max Ernst, Max Morise, Exquisite Corpse, 20 × 15.5 cm, graphite and colored crayons on ivory wove paper, March 18, 1927, Lindy and Edwin Bergman Collection, 104.1991, The Art Institute of Chicago. Photography © The Art Institute of Chicago. © 2015 Artists Rights Society (ARS), New York / ADAGP, Paris.

이러한 의미에서, 부파노(Bufano)의 형상, 그녀의 움직임, 그리고 그녀의 전반적인 퍼포먼스는 복잡한 의미의 형세를 제공한다. 그녀의 형상이 어떤 진실에서도 벗어난 창조적인 예술 작품인 동시에, 절단 장애인으로서의 부파노의 형태의 현실은 부정될 수 없다. 부파노의 형태는 동시에 실제적이면서도 비현실적이며, 바로 이 지점에서 그녀의 작업은 초현실주의의 경계를 흐릿하게 만든다. 즉, 그녀가 작품에서 초현실주의적 비유를 사용하지만, 그녀의 신체 유형 또한 비유(트로프)이며 따라서 우리가 초현실주의 미학이라고 이해하는 것에서 자주 사용되어 왔기 때문이다.

사마귀의 미학과 현상학과의 신체적 유사점 외에도, 부파노(Bufano)는 그 특성을 취한다. 그녀는 마치 청중에게 주문(呪文)을 거는 것처럼 무대 주위를 엮어 다니며, 그녀의 팜므 파탈(femme fatale) 같은 매력을 통해 관객들을 끌어들인다. 부파노는 다음과 같이 주장했을 때 자신의 미학적 및 정치적 목표를 설명했다.

> 내가 감시당하는 것에 대한 나 자신의 공포와 불편함에도 불구하고(어쩌면 바로 그 때문에), 나는 변형된 신체를 가진 공연자로서 관람자들 앞에서 있는 것이 힘으로 발전될 수 있는 자기적(磁氣的) 긴장을 만들어낼 수 있음을 발견하고 있다. 나는 이 긴장을 신체적 차이의 방식을 과장함으로써 전달하려고 시도한다(예를 들어, 나 자신을 죽마 위에 서 있는 모습으로 제시하는 것이다).[9]

나는 그녀의 힘을 주는 춤을 마녀 같은 것으로 인식하는데, 그녀의 형태가 신비함, 경이로움, 위험, 마법의 요소를 가지고 있으며, 청중에게 호기심과 두려움, 끌림과 혐오를 잠재적으로 불러일으킬 수 있기 때문이다. 부파노(Bufano)는 다음과 같이 상세히 설명한다. "변형된 신체를 가진 공연자로서, 나는 청중에게 즉각적인 반응, 즉 매혹적이 될 수 있는 끌림/혐오의 측면이 있음을 발견한다."[10] 이러한 요소들은 초현실주의자들이 사마귀 및 그들이 페티시화한 다른 형태들에 대해 매우 매력적이라고 느꼈던 것들이다. 부파노는 그 자체가 섬뜩함(uncanny)을 구현하는데, 그녀의 모습이 어린 시절의 억압된 기억뿐만 아니라, 절단되거나 장애를 갖게 되는 것, 즉 그녀의 신체처럼 "불구가 되는 것에 대한 뿌리 깊은 두려움"을 불러일으킬 수 있기 때문이다. 이러한 방식으로 부파노는 브르통(Breton)의 "경련적인 아름다움(convulsive beauty)[9)]" 개념을 구현하게 될 수도 있는데, 그녀의 퍼포먼스가 매혹적이지만 그녀의 형태는 비정형적이며 많은 모순적인 특성을 구현할 수 있기 때문이다.[11] 예를 들어, 브르통은 경련적인 아름다움을 철도 사고의 트라우마와 연결시키는데, 이는 이성적인 마음을 탈선시키는 갑작스러운 충격, 쇼크, 또는 단락을 초래한다.[12] 경련적인 아름다움은 모순적인 특성을 특징으로 하는데, 이는 억압된 후 방출되는 어두운 욕망과 열정을 포함할 수 있기 때문이다. 그렇다면 부파노의 퍼포먼스의 아름다움은 그녀가 공포를 아름답게 해방시키는 방식이며, 그녀의 트라우마가 그녀가 자신의 형태와 움직임을 표현하는 데서 자유를 찾을 때 동시에 그녀를 아름답게 만든다는 점이다.

묶는 끈, 손가락, 발가락: 초현실주의 사진과 춘샨 (샌디) 이

춘샨 (샌디) 이(Chun-Shan (Sandie) Yi)의 작품 분석은 여성의 신체가 초현실주의 예술가들의 작품에서, 특히 한스 벨머(Hans Bellmer)의 작품에서 어떻게 변형되고 이상하게 만들어지는지에 대한 대화를 심화시킨다. 1958년에 벨머는 끈으로 묶인 여성의 몸통을 담은 일련의 흑백 사진을 찍었다(그림 8.4). 우니카 취른(Unica Zürn), 벨머의 협력자가 이 이미지들을 위해 포즈를 취했다. 묶음과 속박은 벨머와

9) 역자주: 안드레 브르통, 초현실주의의 창시자는 "경련적 아름다움(Convulsive Beauty)"을 초현실주의 미학의 중요한 측면으로 개념화했음. 그는 1937년 에세이 "미친 사랑(L'Amour fou)"에서 이 아이디어를 소개하며 "경련적 미는 에로틱하게 가려져 있고, 폭발적으로 고정되며, 마법적으로 우연히 나타날 것이다"라고 언급했음. 본질적으로, 경련적 아름다움은 충격을 주고, 혼란을 일으키며 강한 감정적 반응을 유발하는 능력으로 특징지어짐. 이는 예상치 못한 것, 비합리적인 것, 기묘한 것에서 아름다움을 찾는 것임. 이러한 유형의 아름다움은 전통적인 규범을 거부하고, 삶의 초현실적이고 신비로운 측면을 수용하며, 종종 경이로움과 매혹을 불러일으킴. 브르통에게 경련적 아름다움은 단순한 예술적 개념이 아니라 일상적인 사물과 상황이 비범하고 매력적인 것으로 변형될 수 있는 세계를 경험하는 방식이었음. 이는 논리적 제한에서 벗어나 무의식의 깊이를 탐구하는 초현실주의 목표를 반영함.

취른의 파트너십에서 반복되는 주제였으며, 이는 끈, 밧줄, 레이스, 코르셋으로 구성된 회화적 장면을 낳았고, 항문 삽입을 암시했다. 이 작품에 대해 미술사학자 수 테일러(Sue Taylor)는 다음과 같이 말한다.

> 속박 사진들은 ... 초상화가 아닌데, 취른(Zürn)의 얼굴이 예외 없이 액자에 의해 잘려 있거나 다른 방식으로 가려져 있기 때문이다. 평범한 침실이나 응접실이라는 완전히 평범한 배경 속에서, 이 사진들은 그녀의 벌거벗은 몸통이나 다리를 끈으로 단단히 묶어 제시하며, 그녀의 몸을 일련의 주름과 불룩 튀어나온 살점의 언덕으로 변형시킨다.[13]

테일러(Taylor)는 벨머(Bellmer)가 이 사진들을 여성 그리고 어머니라는 인물에게 더 가까워지기 위한 어떤 절박한 전략으로 창조했다고 믿는다.[14]

이 사진들이 여성의 신체를 가로지르는 팽팽한 끈이 그녀의 신체를 이상하게 만든다는 것을 전달하는 것은 사실이지만, 그 신체가 이미 "이상하거나" 또는 다르게 신체를 가진 경우에는 무슨 일이 일어나는가? 춘샨은 신체적, 사회적 경험과 사회적 낙인을 다루는 착용 가능한 예술(wearable art)을 만든다. 그녀의 작가 진술서에 따르면, 춘샨은 여러 세대에 걸쳐 그녀 자신을 포함하여 각 손에 두 개의 손가락과 각 발에 두 개의 발가락을 가지고 태어난 가족 구성원들로부터 영향을 받았다.[15] 따라서 춘샨의 작품은 종종 그녀의 신체의 비정형적인 외모에 초점을 맞춘 스트레스가 많고 대립적인 사회적 상호작용의 기억들을 중심으로 전개된다. 그녀의 장신구와 오브제를 만드는 과정은 초현실주의자들이 수행했던 과정과 유사하게, 예술가의 숨겨지고 무의식적인 감정과 고통을 분출시킨다. 금속, 직물, 발견된 오브제(found objects)[10]를 금속 세공, 크로셰(코바늘뜨기), 펠트 제작, 바느질

10) 역자주: "found objects"는 원래 예술적 목적을 위해 만들어지지 않은 일상적인 물건들이나 재료들을 말함. 이러한 물건들은 예술가에 의해 발견되어, 재해석되거나 변형되어 예술 작품의 일부로 통합됨. Found objects는 다양할 수 있으며, 이는 재활용품, 자연물, 산업 폐기물 또는 일상 생활에서 흔히 볼 수 있는 사물들일 수 있음. Found objects는 다음과 같은 예술적 맥락에서 사용됨: 1) 다다이즘: 마르셀 뒤샹은 "레디메이드"라는 개념을 도입하여 기존의 사물을 예술 작품으로 제시했음. 그의 유명한 작품인 "샘"(1923)은 단순한 소변기를 예술로 승화시킨 예시임. 2) 초현실주의: 예술가들은 무의식적인 연상과 꿈의 세계

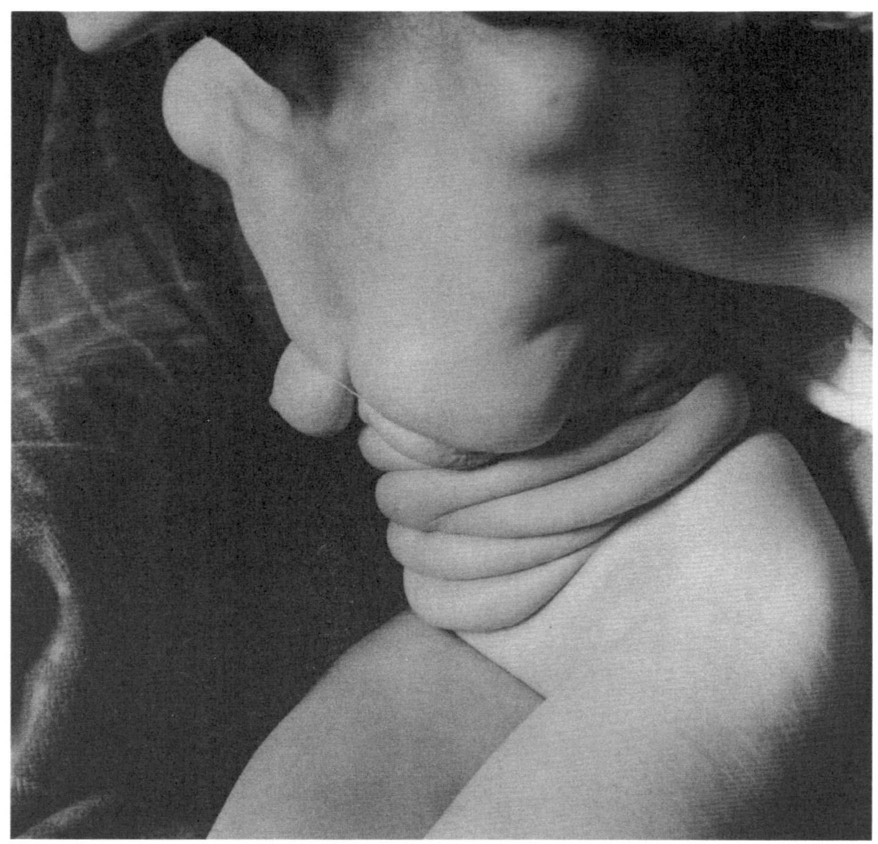

Figure 8.4 Hans Bellmer, Untitled (Unica Bound) 16.2 × 16.2 cm (6 3/8 × 6 3/8 in.), gelatin silver print, 1958, Ubu Gallery, New York. Photo by Joelle Jensen.

과 같은 손으로 하는 공예 지향적인 기법과 결합하여 사용함으로써, 예술가는 신체적 "변형(deformity)[11)]"에 부여된 고정관념과 가치 그리고 그것들이 개인의 행복에

를 탐구하기 위해 일상적인 사물들을 재배치하고 변형하였음. 3) 현대 예술: 많은 현대 예술가들은 친환경 예술 및 혼합 매체 작품을 창조하기 위해 found objects를 사용함. 이러한 방법은 예술가에게 창의력과 자원을 새롭게 발견하게 하며, 예술 작품에 독특하고 흥미로운 층을 추가함. Found objects는 예술적 표현과 해석의 범위를 확장하는 중요한 도구로 사용됨.

11) 역자주: "Deformity"는 예술적 맥락에서 종종 인간의 형태, 물체 또는 아이디어를 고의적으로 변경하거나 왜곡하여 사고를 자극하고, 감정을 불러일으키며, 아름다움과 정상성에 대한 기존의 개념에 도전하는 것을 의미함. 예술사 전반에서 예술가들은 다음과 같은 주제를 탐구하기 위해 변형을 사용했음: 1) 표현주의: 에곤 실레와 에드바르트 뭉크와 같은 예술가들은 강렬한 감정과 심리적 상태를 전달하기 위해 과장되고 외곡된 형태를 사용했음.

미치는 영향을 재검토한다.[16] 이러한 고정관념에는 장애 신체를 일관되게 기형(freak)과 연관시키고 축소하여 두려움에 기반한 편견적인 반응을 유발하는 것들이 포함된다.

춘샤의 사진 연작 〈Can I Be Sexy for Once?〉(2005; 그림 8.5)는 검은색 배경 위를 떠다니는 예술가의 다리를 묘사한다. 그녀는 돌과 같은 오브제를 만들어 각 발의 두 발가락 사이 공간에 삽입했다. 그녀는 이 오브제를 끈으로 묶었는데, 끈은 각 다리를 따라 종아리 중간까지 감아 올라가 매듭으로 묶여 있다. 이 끈은 돌과 같은 오브제를 예술가의 발가락 사이에 편안하게 놓이도록 고정시킨다. 춘샤의 장애 장식품 사진을 벨머(Bellmer)가 취른(Zürn)의 신체에 가한 속박 사진과 병치하면 생성적인 교차점이 드러난다. 첫 번째 미학적 연결은 분명하다—둘 다 끈을 일종의 속박, 또는 묶는 행위로 사용하고 있다. 그러나 벨머의 여성 신체 변형에 대한 충동은 춘샤과 정확히 공유되지 않을 수 있다. 왜냐하면 춘샤의 신체는 처음부터 표면적인 변형을 가지고 있기 때문이다. 그녀의 두 발가락 사이의 틈은 그녀의 빈 캔버스이며, 그녀는 신체를 그것이 아닌 다른 것으로 변이시킬 필요가 없다. 오히려 춘샤은 생명이 없는 오브제의 추가를 통해 자신의 발을 변형시키고 심지어 강화하는데, 이는 부파노(Bufano)와 그녀의 오렌지색 퀸 앤 다리를 떠올리게 한다. 실제로, 두 예술가 모두 아름다움과 완벽함에 대한 인식에 도전하기 위해 오브제가 신체의 불규칙성을 어떻게 강화하거나 강조할 수 있는지에 몰두하고 있는 것으로 보인다.

---

2) 초현실주의: 살바도르 달리와 다른 초현실주의자들은 무의식, 꿈, 기묘한 것을 탐구하기 위해 변형을 묘사했음. 3) 현대 및 현대 미술: 프랜시스 베이컨과 제니 사빌과 같은 예술가들은 인간의 취약성, 사회적 압력, 신체 이미지에 대해 논평하기 위해 왜곡을 사용했음. 예술가들은 변형을 수용함으로써 경계를 확장하고, 사회적 규범에 도전하며, 아름답거나 받아들여지는 것에 대한 새로운 관점을 제공할 수 있음. 이는 예술 세계에서 비판과 탐구를 위한 강력한 도구임.

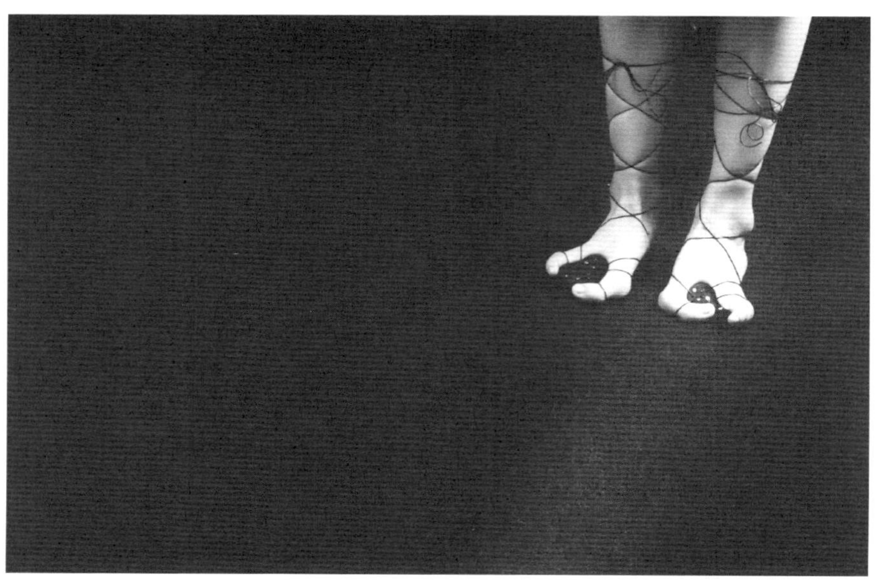

Figure 8.5 Chun-Shan (Sandie) Yi, Can I Be Sexy for Once? (no printed size), digital photo, 2005, courtesy the artist, photo by Cheng-Chang Kuo.

그럼에도 불구하고, 이 특이한 신발과 같은 패션 작품은 또한 이(Yi)의 작품을 초현실주의가 패션에 관심을 둔 영역과 성욕과의 불가분의 관계에 확고하게 안착시킨다. 취른(Zürn)의 가슴과 허리를 묶은 끈은 불편해 보이고, 혈액 순환을 막는 듯하여 폭력과 고문을 암시하지만, 이(Yi)의 다리는 장식된 것처럼 보인다. 크라우스(Krauss)는 초현실주의 패션이 예를 들어 여성 생식기 모양의 모자나 나비넥타이, 가터 등과 같은 다른 장신구를 인용하며, "성 정체성의 특이한 치환을 등록하는 성기 재작성 시스템"이라고 말한다.[17] 춘샨의 작품은 여성 신체의 소유에 대한 벨머(Bellmer)의 관심과는 다르지만, 자신의 신체를 축소하거나 숨기기보다는 오히려 강화하는 오브제를 만들 뿐만 아니라, 여성으로서의 그녀의 섹시함과 힘을 전달하는 부적 역할을 하는 오브제를 창조함으로써 자신의 신체를 소유하는 주체는 바로 춘샨이다. 매력적으로 보이거나 느끼고자 하는 춘샨의 욕망은 그녀의 해방과 주도권으로 입증되며, 이는 그녀의 거의 가학적 피학적인 의복(sadomasochistic garments)을 통해 전달된다. 그것들은 궁극적으로 그녀가 자신의 두 발가락 발

모두를 권위적으로 되찾는 행위를 보여준다. 이(Yi)가 힘을 찾는 통로는 초현실주의적 비유를 통해서이며, 그녀는 동시에 장애 예술 정치 내에서 자신의 정치적인 목적을 위해 그러한 비유를 재구성한다. 벨머의 사진에서 시연된 신체 변형의 개념을 거부하기보다는, 그녀는 개인적인 신체적 편안함의 기준과 자신이 정의한 미의 이상(self-defined ideals)이 스며들어 있는 새로운 신체적 지형을 재구성하고 교류하기 위한 도구로서 친밀하고 에로틱한 신체 장식을 제공한다.

이제 나는 춘샤의 작품을, 초현실주의 예술가들이 매우 섬뜩하다(uncanny)고 여겼던, 사진 속의 악명 높고 적나라한 손, 발 및 다른 신체 부위의 묘사와 병치(juxtapose)하고자 한다. 크라우스(Krauss)는 초현실주의의 메커니즘을 묘사하는데, 이는 인간에게 "적절한"—즉, 수직성(verticality)으로, 이는 인간을 짐승의 자세와 구분 짓는 곧추선 자세(upright posture)로 정의하는 기준—축을 정반대의 수평축으로 회전시킨 것이다.[18] 따라서 초현실주의자들은 역동적인 새로운 신체 이미지를 제공하기 위해 이러한 방향 축을 재구성하고자 했다. 그들은 수정주의적 미학을 수행하는 동시에, 겉보기에는 완전히 분리된 신체 부위 사이에 새로운 개념적, 생리학적 연결을 만들어냈다. 혁신적인 새로운 신체 배열을 통해, 초현실주의자들은 인간 형태가 항상 보이는 것과 같지는 않다는 점을 지적했다. 수많은 상징적인 사진들은 초현실주의자들이 신체 부위를 이상하고 낯설게 보이도록 혼동시키거나 추상화하려고 시도했음을 보여준다. 예를 들어, 자크-앙드레 부아파르(Jacques-André Boiffard)의 엄지발가락 시리즈 이미지(Gros Orteil(1929; 그림 8.6)) 또는 발가락 사이를 엮어 들어가는 손가락의 클로즈업(그림 8.8)과 같은 모든 이미지는 이러한 부속 기관들을 신체의 나머지 부분으로부터 완전히 고립시켰다. 춘샤의 이미지들에서는 유사점과 동시에 초현실주의자들의 작품과의 뚜렷한 차이점을 감지할 수 있는데, 이는 두 발가락 사이의 틈에 그녀의 장애 패션 오브제가 놓여 있는, 같은 묶인 발의 클로즈업(그림 8.7)에서부터 붉은색 배경에 대한 그녀의 두 손가락 손의 클로즈업 샷(그림 8.9)에 이르기까지 다양하다.

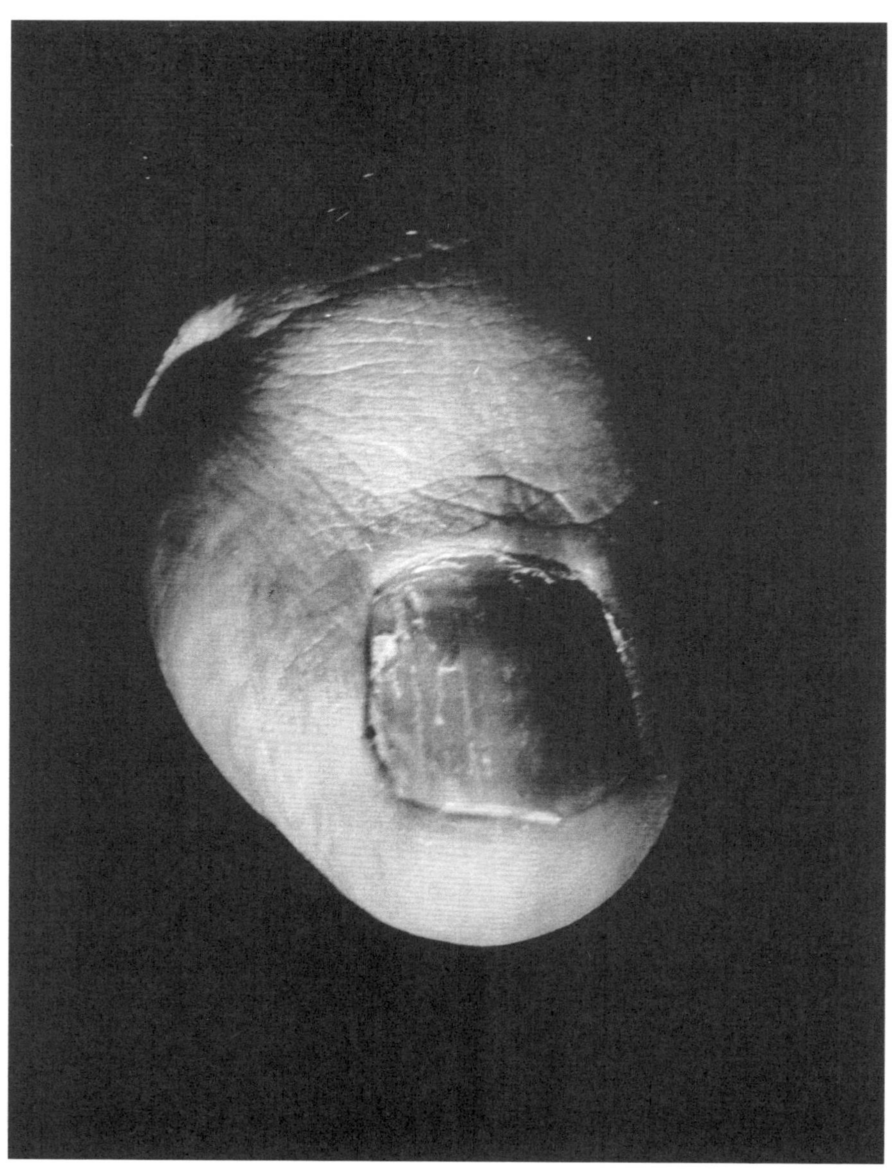

Figure 8.6 Jacques-André Boiffard, Gros orteil 31 × 23.9 cm, 젤라틴 실버 프린트, 1929, 사진 © Centre Pompidou MNAM-CCI, Dist. RMN-Grand Palais / Philippe Migeat © Mme Denise Boiffhrd, © 2015 Artlsts Rights Society (ARS), New York / ADAGP, Paris.

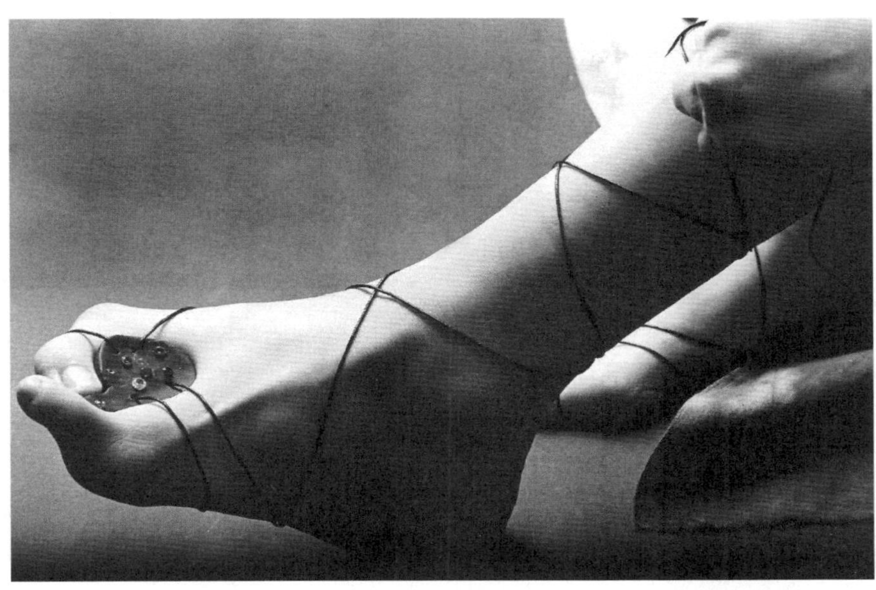

Figure 8.7 Chun-Shan (Sandie) Yi, Footgear Close-Up (no printed size), digital photo, 2005, courtesy the artist, photo by Cheng-Chang Kuo.

초현실주의자들과 춘샨 모두 혼란을 야기하지만, 초현실주의자들은 살점이 추상적이고 정의되지 않도록, 살점의 역동적이고 강제된 신체적 소요를 통해 불협화음적이고 불순종적인 신체 부위를 찾아야 했던 반면, 소위 일탈의 보금자리로서의 춘샨의 살점은 처음부터 거기에 존재한다. 초현실주의자들이 무의식적인 두려움을 조장하고 부추기기 위해 섬뜩한 것(uncanny)을 탐색했던 반면, 장애인으로 자신을 규정하는 한 개인 및 예술가인 춘샨은 주류 사회의 무의식적인 두려움을 정확히 활성화시키는 실제 신체를 가지고 있다. 두려움에서 비롯되는 것이 거세 공포—질이 음경의 거세된 버전이라는 생각—라면, 춘샨의 "없는" 손가락, 엄지손가락, 발가락(또는 부파노(Bufano)의 없는 다리, 손가락, 엄지손가락)은 바로 이 거세를 나타낼 수 있다. 그러나 거세 공포를 암시하는 질 대신, 우리는 전통적으로 "없는 것"으로 생각할 수 있는 것을 구현하기 위해 비정형적인 신체에 있는 다른 옹이 같은 살점의 형태를 본다. 춘샨의 비정형적인 수의 손가락과 발가락은 질의

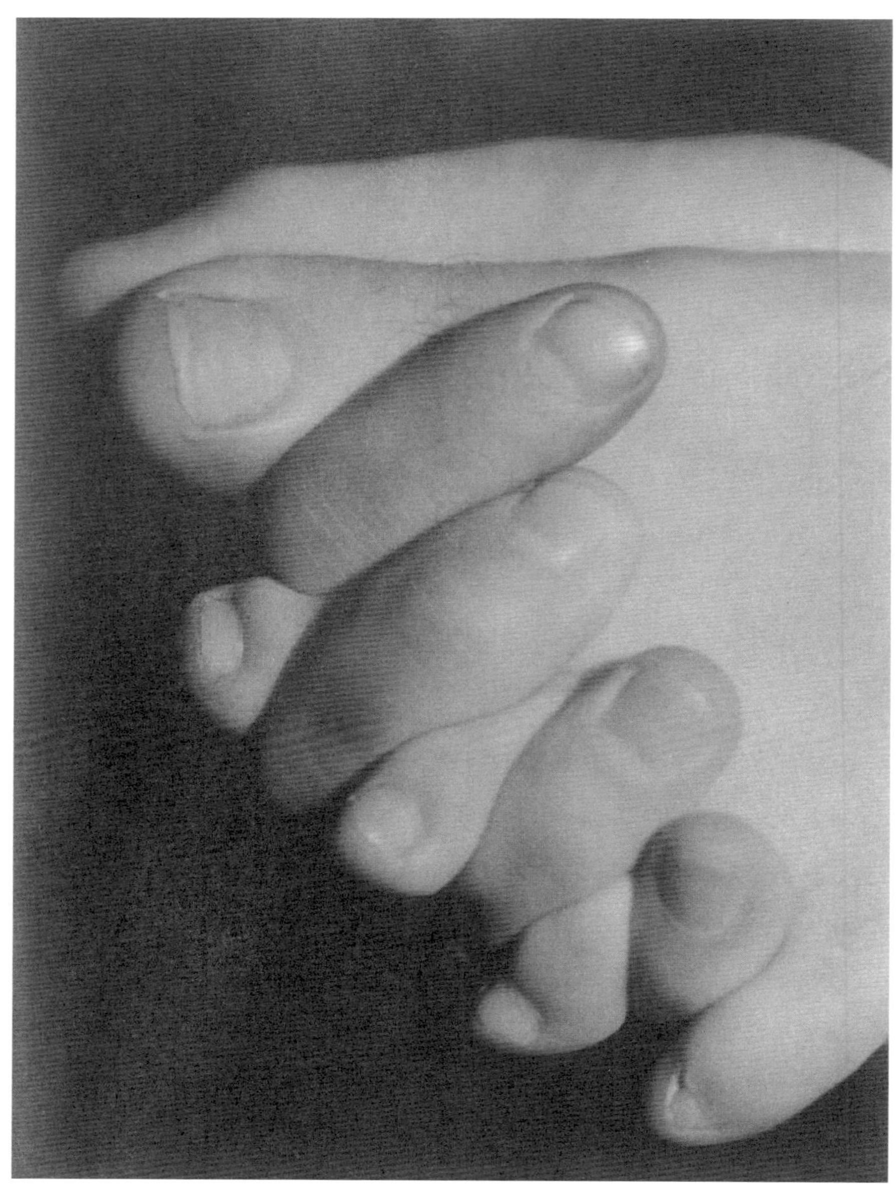

Figure 8.8 Jacques-Andre Boiffard, Sans titre, 23.8 × 17.8 cm, silver gelatine print, 1929, Photo © Centre Pompidou, MNAM-CCI, Dist. RMN-Grand Palais / Bertrand Prevost, © Mme Denise Boiffard © 2015 Artists Rights Society (ARS), New York / ADAGP, Paris.

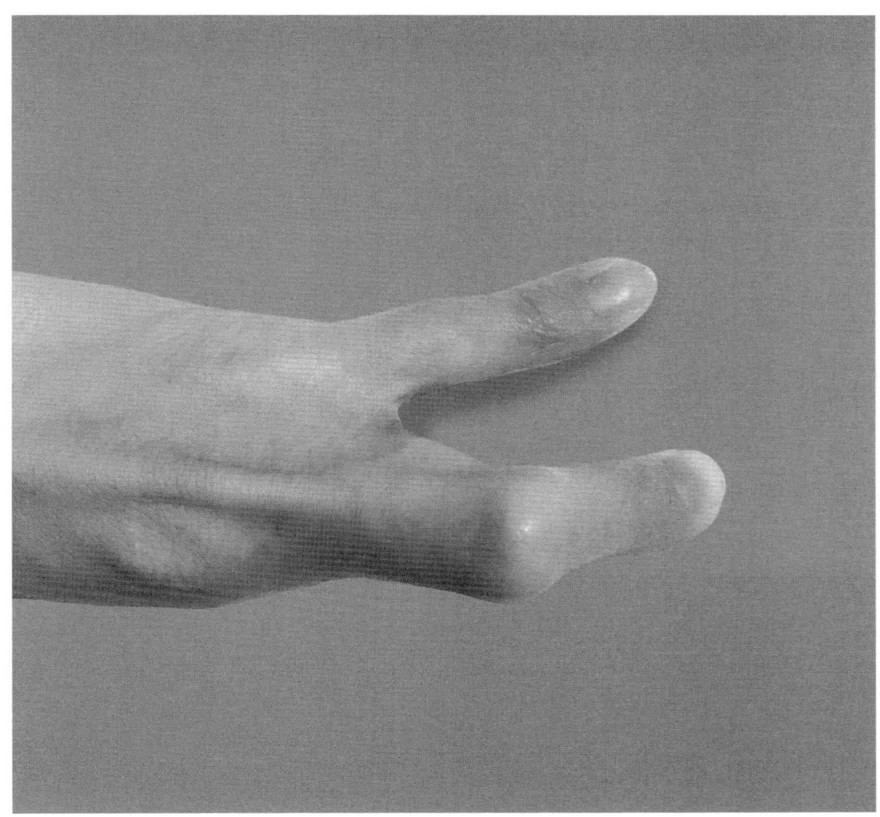

Figure 8.9 Chun-Shan (Sandie) Yi, Untitled (no printed size), digital photo, 2013, courtesy the artist, digital image edit by Shu-Ching Chou.

형태로 된 일종의 부재하는 음경을 전달하기보다는, 현재에 존재하는 살점이다. 하지만 춘샨의 형태는 여전히 또 다른 종류의 복잡한 에로틱한 부속 기관을 제공한다.

실제로, 초현실주의자들은 장애가 있고, 변형되었으며, 거세된 신체가 그러한 두려움을 유발한다는 것을 알고 있었으며, 그들이 그러한 섬뜩한 특성으로 악명 높은 예술을 탐색하고 창조하는 동안에도, 카메라 렌즈 앞에서 자신의 신체를 대상화하는 장애 예술가는 초현실주의자들이 결코 완전히 얻을 수 없었던 무언가를 하고 있는 것이다. 초현실주의자들은 "정상적인" 신체를 "비정상적인" 신체로 만들었고, 이러한 신체 변형과 과장을 통해 그러한 두려움을 갖는 것의 힘을 강조했다.

하지만 내가 아는 한, 초현실주의자들은 실제 장애 신체를 찾거나 촬영하지 않았다. 춘샨의 작품은 부파노(Bufano)의 작품처럼, 장애 예술가가 초현실주의적 비유를 차용하는 동시에, 실제 살아있는 신체의 묘사를 통해 복잡한 진정성의 특정 특성을 제공할 힘과 주도권을 가지고 있음을 보여준다. 이는 중앙 무대에서 기형(freak)에 대한 어떠한 수사도 부재한 장애 신체이다. 오히려 춘샨은 초현실주의자들이 유지했던 어떠한 낭만적인 거리—그들의 청중을 장애 신체의 정직함으로부터 안전하게 지키게 했던 거리—에서도 벗어난 대립적인 미학을 통해 이러한 타자성을 청중에게 보여준다. 초현실주의는 환상적이고, 암시적이며, 상징적인 것에 기반을 두었던 반면, 이 현대 예술가들은 자신의 신체적이고 의식적인 신체를 사용하여 그들에게 독특하고 개인적인 실제 신체 이미지와 경험을 표현한다.

더 나아가, 춘샨의 이미지들은 크라우스(Krauss)에 따르면 초현실주의자들이 상상적인 병치를 통해 추구했던 신체의 방향 상실 축에도 명시적으로 참여한다.[19] 그럼에도 불구하고, 이(Yi)의 신체는 이미 이전에 설명된 모든 특성에 따라 표면적으로 섬뜩한(uncanny) 상태이며, 초현실주의적 비유를 사용함으로써 더욱 그러하다. 예를 들어, 브라사이(Brassai)의 사진 〈Nu, la poitrine〉(1931~1932; 그림 8.10)을 춘샨의 〈Animal Instinct〉(2005; 그림 8.11)와 병치하여 고려해 보라. 크라우스는 브라사이와 만 레이(Man Ray)와 같은 사진작가들이 "가장 익숙한 지형이라고 생각했을 것의 지도를 다시 그리는 것"을 통해 인간의 신체를 낯설게 하는 것을 목표로 했다고 언급한다.[20] 브라사이의 여성 신체는 인간적이고 수직적이기보다는 앙와위(仰臥位)로 수평하게 누워 있는데, 이는 크라우스가 동물과 연관시키는 자세이다. 그녀의 머리는 뒤로 젖혀져서 길게 늘어진 목만이 보인다. 그녀의 가슴과 유두는 마치 동물의 뿔을 암시하듯이 돌출되어 있다. 춘샨의 자세는 브라사이 사진 속 여성과는 상당히 다른데, 브라사이가 관람자에게 친숙한 형태를 조각적인 오브제로 보도록 유도하려 했던 반면, 춘샨의 신체는 주도권을 가지고 살아나기 때문이다. 춘샨은 〈Animal Instinct〉(2005)에서 치타처럼 웅크리고 있으며, 거의 네 발로 서서 뛰어오를 준비가 되어 있어, 크라우스가 언급했던 규범적인 서 있는 수직성 대신 동물적인 수평성의 축을 강화한다.[21] 춘샨은 허리 위쪽은 누드이며,

허리에 얹은 그녀의 두 손가락 손과 대조되는 비정형적인 모양의 발을 자랑스럽게 드러낸다. 춘샨은 소외되고 대상화된 자신의 지위에 대해 힘을 얻는데, 이 예술가의 실제 삶의 모습은 일반적으로 아름답거나 매력적으로 여겨지지 않기 때문이다. 그러나 춘샨은 이 포즈와 조명 아래에서 자신의 신체를 매력적이고 유혹적으로 제시함으로써 아름다움의 개념을 뒤집는다.

춘샨은 자신의 신체에 독특한 보철 발가락을 장착함으로써 급진적인 활동가로서 공연하는데, 이 보철 발가락은 날카롭고, 펼쳐지는, "무장한" 보철 발톱(claw)이 되었다. 이 발톱은 그녀의 두 발가락 사이의 공간에 삽입되어 있으며, 각각의 동물 같은 발은 흔들리는 플랫폼-웨지 힐 위에 놓여 있다.

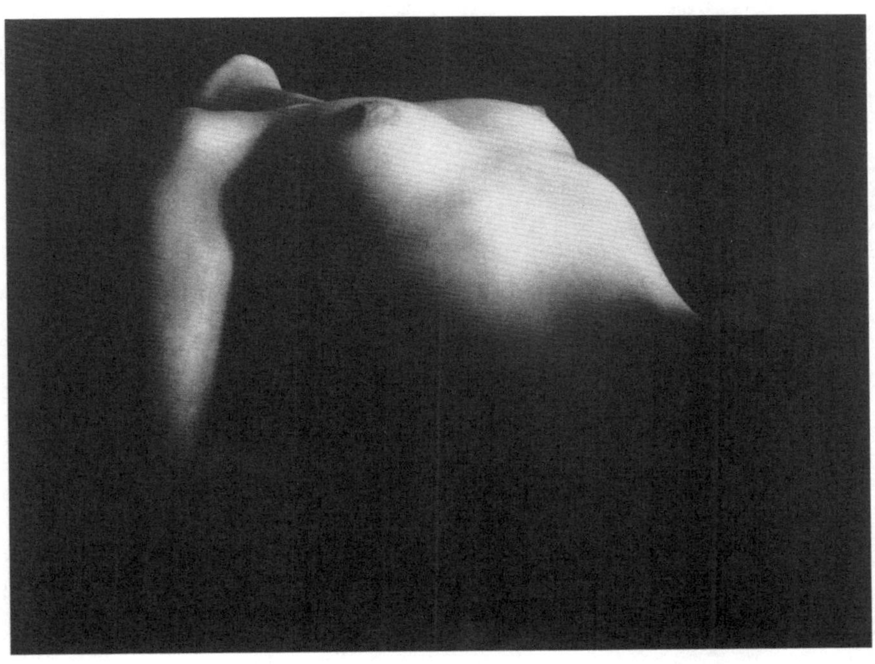

Figure 8.10 Brassai, Nu, la poitrine (no known original dimensions), silver gelatin print, 1931-1932 © RMN-Grand Palais / Michele Bellot, © Estate Brassar – RMN-Grand Palais, © 2015 Artists Rights Society (ARS), New York / ADAGR Paris.

Figure 8.11 Chun-Shan (Sandie) Yi, Animal Instinct, 78.7 × 55.8 cm (31 × 21 in.), digital chromogenic print, 2005, courtesy the artist, photo by Cheng-Chang Kuo.

Figure 8.12 Hans Bellmer, The Doll, 24.1 × 23.7 cm (9 1/2 × 9 5/16 in.), gelatin silver print, 1935-1937, Samuel J. Wagstaff, Jr. Fund © 2015 Artists Rights Society (ARS), New York / ADAGP, Paris.

벨머(Bellmer)와 즈미예프스키(Zmijewski)의 마네킹과 사지

초현실주의자들이 탐구하는 또 다른 주요 비유(트로프)는 마네킹 또는 인형이며, 인형의 생명 없는 형태가 섬뜩하게 그리고 기괴하게 인간 신체와 결합되는 방식이다. 인형은 조작된 질을 부여받아 없는 음경을 의미했기 때문에, 초현실주의자들에게 "거세 불안의 궁극적인 상징"이 되기로 의도되었다.[22] 특히 여성 마네킹이나 인형과 인간 신체의 융합은 또한 기술과 조작된 성욕의 혼합과 필연적으로 얽혀 있다. 이러한 의미에서, 미술사학자 E. L. 맥컬럼(E. L. McCallum)은 "페티시즘이 주체와 객체, 욕망과 지식 사이의 연결을 탐구하기 위한 대안적인 인식론적 모델을 제공할 수 있다"고 제안한다.[23] 페티시즘은 오브제에 특별한 힘을 부여하는 것이며, 정신분석학에서 페티시는 대체의 현상에 깊이 빠져 있었다. 이 맥락에서, 우리는 인형이 동시에 음경의 대체물이었음을 읽을 수 있다. 따라서 인형은 페티시적인 아이콘으로서 초현실주의자들에게 특별하고 모호한 힘을 가졌다. 이러한 강력한 인형들을 인간의 신체와 결합함으로써 무의식적이고 억압된 기억에 대해 어떤 지식을 얻을 수 있을까? 초현실주의자 한스 벨머(Hans Bellmer)는 이 질문을 탐구하며, 〈인형(Poupees)〉이라고 불리는 수많은 왜곡된 실물 크기의 여성 인형을 제작하고 사진을 찍었다. 이 인형들은 예술가에 의해 종종 조작되고 다양한 조합과 자세로 재조립되었으며, 미술사학자 하임 핑켈슈타인(Haim Finkelstein)은 그것들이 "전적인 복종(submission)과 전복(subversion) 둘 다를 구현했다[12)]"고 언급한

12) 역자주: "Submission"과 "subversion"은 각각 "복종"과 "전복"을 의미함. 이 두 개념은 종종 대조적으로 사용되며, 미학적 맥락에서도 흥미로운 의미를 가질 수 있음. 1) Submission: 미술과 문학에서 "submission"은 기존의 전통, 권위 또는 규범어 순응하거나 따르는 것을 의미함. 작품 속 인물이나 주제가 외부의 기대나 규범에 복종하는 모습을 보일 수 있음. 예컨대, 고전 미술에서 권위적인 인물이나 신화적 장면은 종종 권위에 대한 복종을 상징적으로 표현함. 2) Subversion: 반대로 "subversion"은 기존의 규범, 권위, 또는 전통을 전복하거나 도전하는 것을 의미함. 예술가는 고의적으로 규범을 깨고, 새로운 관점을 제시하며, 기존의 구조를 비판하는 방식으로 "subversion"을 표현할 수 있음. 예컨대, 현대 예술에서 대담한 주제나 기법을 통해 기존의 미학적 전통을 도전하는 작품들이 많이 있음. 이 두 개념은 종종 작품 내에서 상호작용하며, 예술가는 종종 submission과 subversion 사이의 긴장감을 통해 강한 메시지를 전달함. 예술가가 기존의 전통을 따르면서도 동시에 그것을 비판하거나 전복함으로써, 작품에 깊이와 복잡성을 부여할 수 있음. 이러한 접근법은 관객에게 생각할 거리를 제공하며, 예술이 사회적, 문화적 변화를 추구할 수 있는 힘을 보여줌.

다.[24] 실제로, 벨머는 여성 인물에 대한 지배력을 갖고 싶어 했지만, 동시에 그 팜므 파탈(femme fatale) 특성에 굴복하고 싶어 했다.

벨머(Bellmer)의 인형들이 같은 종류의 여러 사지를 가지거나, 때로는 아예 사지가 없는 것은 매우 흥미롭다. 여기에 보이는 이미지(그림 8.12)의 경우, 누드 마네킹은 팔이 없다. 그녀의 생식기는 매우 두드러지게 노출되어 있고, 그녀의 가슴이 돌출되어 있어 머리를 가리고 있는데, 그 머리는 그녀의 뒤틀린 몸통과 연결할 만한 목이 없는 것처럼 보인다. 벨머는 이 동일한 마네킹과 다른 많은 마네킹들을 다양한 가정 공간, 레이스 배경, 때로는 야외에서 수많은 사진을 찍었다. 이 작품에 대해 미술사학자 앨리슨 드 프렌(Allison de Fren)은 다음과 같이 쓴다. "종종 뒤틀리거나 마구 흔들리는 사지의 섬뜩한 이중성은 히스테리의 분절 해체와 경련적인 시각성을 모두 전달하며, 벨머는 다른 많은 초현실주의자들과 마찬가지로 여기에 매료되었다."[25] 드 프렌은 초현실주의자들이 그토록 계속 매료되었던 겉보기에는 모순되는 특성을 강조하는데, 이는 다시 아름다움과 혐오감을 모두 구현하는 장애 신체와 연관되어 있거나 있었다. 벨머의 작품에서 대부분의 경우 마네킹은 그의 구도 속에서 홀로 있었지만, 때때로 벨머는 마네킹 옆에 자신을 충실한 동반자나 단순한 관음증적 관찰자로 등장하기도 한다.

초현실주의적 상상에서 마네킹과 인형의 지배적 위치는 현대 미술 실천에서 장애 신체의 이미지와의 비교를 정당화한다. 이는 인형/마네킹과 특정 장애 신체 사이에, 또는 일반적인 신체 사이에 자동적이거나 명확한 연결이 있는지에 대한 문제를 제기한다. 예를 들어, 초현실주의의 마네킹과 인형들은 소위 말해 일반적으로 장애를 가졌는가? 이전 구절에서 언급했듯이, 초현실주의자들은 실제 장애를 가진 신체를 찾아 사진을 찍으려 하지 않았고, 대신 이러한 신체를 창조하려는 욕구를 보여주었다. 예술가들, 또는 이 경우 초현실주의자들이 자신들의 상상력을 활성화하여 예술 작품을 실행했지만, 초현실주의자들이 묘사한 형태와 모양과 실제, 살을 가진 장애 신체를 병치했을 때의 유사성은 부인할 수 없다. 왜 허구적인 장애 신체와 실제 장애 신체는 더 실질적인 대화적 관계를 갖지 못했을까? 나는 이것이 수세기 동안 주류의, 비장애인 대중으로부터 장애 신체가 일반적으로 이끌어냈던 두려움, 호기심, 경이로움에 대한 나의 이전 논평으로 돌아간다고 제안하고 싶다. 상상력은 실제 장애 형태와 마주해야 하는 것보다 안전한 피난처이며, 실제로 나는 허구가 허용되는 과장을 위한 안전한 공간인 동시에, 예술가가 "타자"에 대한 호기심과 경이로움에 도취할 수 있고, 힘을 가진 장애 주체들의 반대하는 시선이나 정서적 반응의 가능성을 깔끔하게 회피할 수 있는 공간이라고 추측한다.

벨머(Bellmer)의 〈Poupees〉들은 겉보기에도 분절 해체된 신체들에 의해 현대의 시점에서 재구성된다. 벨머의 마네킹 사용은 치환(displacement) 행위이며, 마네킹은 조작되어 페티시로 나타난다. 초현실주의자들의 작품이 정신분석학과 가졌던 연결성을 고려할 때, 벨머의 마네킹을 페티시로 사용하는 것은 이 운동(movement)의 스타일과 주제에 영향을 미친다. 더 나아가, 벨머의 마네킹을 페티시로 사용하는 것은 장애 신체와 직접적으로 연결되는데, 장애 신체는 항상 이미 페티시 하위문화의 일부이며, 그곳에서는 장애인이 되고 싶어 하거나 장애인인 척하는, 또는 그들의 신체가 독특하기 때문에 장애인과 성관계를 갖는 일부의 잠재의식적인 욕망이 존재하기 때문이다. 벨머는 규범적인 여성 형태를 파열시키고 그것을 다른 남근적인 창조물로 만들어 자신의 무의식으로 되돌아가려는 수단을 추구했을 수 있지만, 신체와 신체 조각의 방향 상실을 탐구하는 현대 작품은 장애 수사학의 렌즈를 통해 신체에 대해 다른 무언가를 말할 수 있다.

이러한 아이디어들을 더 깊이 생각해 보기 위해, 나는 신체적 차이에 오랜 관심을 가지고 있지만, 그의 작품과 관련된 문헌에서 이에 대한 언급이 없는 것으로 보아 자신을 장애 예술가로 규정한 적 없는 폴란드 예술가 아르투르 즈미예프스키(Artur Zmijewski)의 작품을 살펴볼 것이다. 1998년에 그는 〈눈에는 눈(Oko za oko[13] 또는 An Eye for an Eye)〉(Undressed [lb]는 그림 8.13에서 볼 수 있다) 프로젝트를 개발했는데, 이는 대형 컬러 사진과 비디오로 구성되어 있다. 이 사진

13) 역자주: "Oko za oko"는 폴란드어로 "눈에는 눈"을 의미함. 이는 보복 또는 응징을 의미하는 표현으로, 고대 법전인 함무라비 법전에서 유래된 "눈에는 눈, 이에는 이" 원칙과 유사함. 이 원칙은 범죄나 불법 행위에 대한 처벌이 동일한 정도의 피해를 가해야 한다는 개념을 나타냄.

과 비디오는 팔다리가 절단된 나체의 남성들을 비장애인과 함께 묘사하는데, 연출된 사진과 영화 속에서 비장애인들은 산책하거나, 계단을 오르거나, 목욕하는 절단 환자들에게 자신들의 팔다리를 "빌려준다." 주인공들의 나체 신체는 예술가에 의해 복잡한 구성으로 조립되어 신체적 하이브리드를 만들어낸다. 관람자는 머리가 두 개인 남성, 두 쌍의 팔을 가진 남성 등을 보게 될 것이며, "건강한" 사람이 절단 환자에게 대체 팔다리를 제공하는 새로운 비장애인 유기체가 나타난다. 즈미예프스키 작품의 제목은 고대의 정의 집행 규칙을 상기시키지만, 예술가는 복수의 문제가 아닌 가능성의 문제에 관심을 둔다.[26] 이 작품에서 즈미예프스키는 한 사람이 다른 사람의 장애를 "보상"하는 것이 과연 가능한가와 같은 도전적인 질문을 제기한다. 즈미예프스키의 작품은 또한 신체들이 서로와 함께 그리고 서로와의 구성 속에서 움직이는 새로운 방식을 보여준다. 그의 주인공들은 서로와의 신체적, 감정적 만남을 통해 불안정해지고(destabilized) 다시 재안정화된다(restabilized). 두 남성의 다리, 피부, 손, 팔, 성기 및 기타 신체 부위 사이의 교환은 이동성, 부동성, 병리, 그리고 특히 장애에 대한 개념을 변화시키는 새로운 가능성을 창출한다. 이 신체들은 "지원"과 불충분함의 개념에 대한 새로운 개념과 언어의 필요성을 시사하며, 보철의 새로운 구성을 불러일으킨다. 여기서 보철은 다른 사람의 팔다리가 된다.

Figure 8.13 Artur Zmijewski, An Eye for an Eye (Undressed Ib), 100 × 100 cm (39 3/8 × 39 3/8 in.), color photograph, 1998, courtesy the artist and Galerie Peter Kilchmann, Zürich.

이 모든 것을 벨머(Bellmer)의 작품과 병치하는 것은 말하자면 엉킨 실타래를 푸는 일이어야 한다. 벨머의 형상들은 그 형태가 비정형적이라는 점에서 선천적으로 장애의 표시 또는 흔적을 구현한다. 실제로 즈미예프스키(Zmijewski)의 절단 환자와 비절단 환자 신체의 혼합은 〈인형(Poupees)〉의 사지와 살점의 구성을 본능적으로 연상시키는 것처럼 보인다. 그의 〈인형〉들은 또한 세상에서 잘못된 것들의 상징적인 부담을 나타내는 더 추상적인 특성 또는 특징을 드러낸다. 즉, 예를 들어 기괴한 특징들로 구성된 인형들을 통한 인류의 장애를 유발하는 조건들이다. 즈미예프스키의 작품은 벨머의 마네킹이 암시하는 장애 신체의 이러한 특성을 재현하려고 하는가? 아니면 즈미예프스키의 작품은 크라우스(Krauss)가 묘사하듯이, 축의 혼합을 통해 장애 신체가 낯설게 되는 브라사이(Brassai)의 작품과 더 유사한가? 여기서 신체 부위는 많은 비규범적인 각도와 위치에 있다.[27] 초현실주의자들의 이미지처럼, 즈미예프스키의 신체는 착시 현상을 일으키는데, 어떤 다리와 어떤 팔이 어떤 신체에 속하는지 판단하기 어렵기 때문이다. 즈미예프스키의 작품은 가장 강력하게 이러한 초현실주의적 비유에 도달하지만, 질문은 남아있다. 즈미예프스키는 초현실주의적 비유를 통해 자신의 장애 주체들에게 힘을 실어주고 있는가, 아니면 대신 주류 사회에서 두려움과 불안을 계속 불러일으키는 그들의 신체에 대한 환원적인 이국화(exotification)와 페티시화(fetishization)를 재생산하고 있는가? 즈미예프스키의 작품은 예술가의 정체성이 현대 미술 실천에서 장애 신체의 재현에 어떻게 복잡성과 모호성을 창출하는지를 보여준다. 즈미예프스키가 장애 예술가로 자신을 규정하지 않는다는 점을 고려할 때(부파노와 이와는 대조적으로), 예술가가 자신을 규정하는지 여부에 차이가 있는가? 그리고 이것이 작품의 정치적 의도에 어떤 식으로든 영향을 미치는가? 즈미예프스키는 장애 신체의, 또는 이 경우 절단된 신체의 주도권을 약화시키고 있는가? 즈미예프스키의 작품은 이러한 다양한 영역 사이의 위태로운 균형을 오가지만, 그것은 또한 초현실주의자들의 작품의 계보가 섬뜩함과의 연관성이 계속해서 영구화되고, 장애 신체가 매우 다른 형태로 유사한 초현실주의적 비유와 은유를 향해 확실히 도구화되는 현재의 맥락에서 살아있고 건재함을 지적한다. 다시 말해, 장애 신체는 현대 장애 예술 실천에서 주체이자 행위자이며, 미술사에서의 장애 담론이 재작성되고 계속 진화함에 따라 이러한 발전의 갑작스러운 변화와 흐름을 기록하는 것이 중요하다. 따라서 즈미예프스키의 초현실주의적 신체 이미지 사용은 부파노와 이의 그것과 비교했을 때, 절단 환자의 신체에서 겉보기에는 장애를 가진 형태와 모양을 통해 두려움과 혼란을 조장하려는 초현실주의적 욕망에 더 가까운 것으로 간주될 수 있지만, 여기서 즈미예프스키는 초현실주의자들과 달리 자신의 사진에 실제 장애 신체를 사용했다. 그는 장애 신체와 그것이 제공할 수 있는 예술적 가능성을 탐구하고 실험하는 것에 진정한 관심을 보이는 것처럼 보이지만, 그가 이러한 관심을 사용하는 방식은 여전히 의문으로 남는다. 부파노와 이가 자신의 장애 형태와 모양에 대한 개인적인 경험을 직접적으로 표현하는 반면, 즈미예프스키의 이미지는 그의 해석이 2인칭 또는 심지어 3인칭이라는 것을 알 때만 해석될 수 있으며, 이는 그들을 전략적으로 모호하게 남아있는 해석적 영역 안에 남겨든다. 이러한 양면성(ambivalence)[14)]은 예술가에게 환영받을 가능성이 있으며, 실제로 많은 현대 예술가들이 이런 식으로 작업하는 것을 즐기고 교훈주의(didacticism)를 싫어한다는 점을 고려할 때, 요점의 일부일 수도 있다.

결론

이 장에서 나는 초현실주의의 비유(트로프)를 장애 예술과 혼합하여, 주류 미술사에서 대중적인 한 시기를 여전히 소외된 예술 운동과 겹치고 복잡하게 만들고자 시도했다. 마송과 벨머와 같은 예술가들의 역사적 작품을 부파노, 춘샤, 즈미예프

14) 역자주: Ambivalence는 두 가지 상반된 감정이나 태도가 동시에 존재하는 상태를 의미함. 이는 한 대상에 대해 긍정적 감정과 부정적 감정을 동시에 느끼는 경우를 설명함. 예컨대, 어떤 사람에 대해 사랑과 미움을 동시에 느끼는 상태가 ambivalence의 한 예임. Ambivalence는 심리학, 사회학, 철학 등 여러 분야에서 중요한 개념으로 다뤄짐. 이 개념은 인간의 복잡한 감정 구조를 이해하는 데 도움을 주며, 사람들이 특정 상황이나 사람에 대해 왜 혼란스러운 감정을 가질 수 있는지 설명함. 주요 특징은 다음과 같음. 1) 양가감정: 동일한 대상에 대해 상반된 감정을 느끼는 상태. 2) 심리적 갈등: 두 가지 감정 사이에서 갈등을 겪는 상황. 3) 복잡성: 인간의 감정이 단순하지 않음을 강조. 이 개념은 사람들이 자신과 타인의 감정을 더 깊이 이해하고, 복잡한 감정 상태를 다루는 데 도움이 됨.

스키와 같은 장애가 있는 예술가와 장애가 없는 예술가들의 현대 작품과 세심하게 병치함으로써, 에로티시즘, 도착증, 섬뜩함(uncanny), 히스테리, 나르시시즘, 억압, 트라우마, 충격, 거세 등과 같은 초현실주의의 용어들의 정의와 용법이 확장되고 재형성되기를 바란다. 장애 경험에 관한 예술 작품은 초현실주의적 맥락 내의 핵심적인 문제에 도달한다. 다시 말해, 장애 예술이 섬뜩한 것을 비틀어 표현하고 구현하기 때문에, 그것은 초현실주의 예술가들이 추구했던 것의 핵심에 도달함으로써 초현실주의와 정면으로 맞선다. 초현실주의 예술가들이 억압된 기억과 종종 두려움과 트라우마에 찌들어 있던 원초아(id) 속의 다른 내용물을 해방시키기 위해 충격을 주고 무의식을 건드리려 했던 반면, 장애를 재현하고 장애의 언어를 사용하는 예술은 다른 경우이다. 현대 예술에서 장애를 가진 인물 및/또는 형태는 존재론적 및 인식론적 의미 모두에서 항상 이미 표면적으로 초현실적이며, "되어가는(becoming)[15)]" 또는 변형되는(transforming) 목표를 향해 노력하지 않는다. 오히려 초현실주의의 비유를 과장하고, 전통적인 생명이 없는 형태와 생명이 있는 형태 모두에서 사마귀 또는 마네킹과 인형과 같은 도상학을 사용함으로써, 장애 예술가는 큰 힘을 발휘한다. 현대 예술 속 장애 신체에게 두 손가락 손이나 두 남녀가 얽힌 지지하는 신체는 절대적이다. 그것들은 핵심을 바로 찌른다. 특히 부파노와 이의 작품은 초현실적이고 상징적인 신체 대신 실제 육체를 가진 신체를 무대에 올린다. 그들의 작품은 또한 이러한 신체들 내에서의 그리고 신체들과의 개인적인 경험을 다룬다. 그들은 이러한 초현실주의적 비유를 창의적이고, 효과적이며, 본능

15) 역자주: 이와 관련해서 들뢰즈의 becoming 개념을 이해하는 것은 도움이 될 것임. 들뢰즈는 존재가 고정된 상태가 아니라, 끊임없이 변화하고 생성되는 과정이라고 보았음. 이에 관한 주요 특징은 다음과 같음. 1) 정체성의 부정: 들뢰즈는 고정된 정체성을 부정하고, 존재가 끊임없이 변화하고 있음을 강조했음. 이는 인간, 사물, 개념 모두에게 적용됨. 2) 과정과 흐름: becoming은 정지된 상태가 아니라, 끊임없이 흐르고 변화하는 과정임. 이는 시간의 흐름 속에서 존재가 어떻게 변하는지를 중시함. 3) 차이와 반복: 들뢰즈는 차이와 반복(Difference and Repetition)을 통해 becoming을 설명함. 차이는 고정된 본질을 넘어서 끊임없이 새로운 것들을 생성하는 과정이며, 반복은 동일한 것이 아니라 차이가 드러나는 방식으로 반복되는 것을 의미함. 리좀: 들뢰즈와 가타리가 함께 제안한 리좀(Rhizome) 개념은 비선형적이고 비위계적인 구조를 통해 존재와 변화를 설명함. 이는 고정된 중심 없이 다양한 방향으로 연결되고 확장되는 구조를 의미함. 창조적 생명력: becoming은 끊임없는 창조와 생성의 과정으로, 새로운 가능성과 변화를 열어가는 생명력을 강조함.

적으로 빠르게 입는 능력을 가지고 있으며, 그리고는 그만큼 빠르게 그 초현실주의적 비유, 다리, 팔, 손가락, 또는 발가락을 벗어 던져 떨어져 나가게 선택할 수 있다.

주석(Notes)

[1] Marquard Smith, The Erotic Doll: A Modern Fetish (London and New York: Yale University Press, 2013), 137.

[2] Smith, "Modernity's Outmodedness", 138.

[3] Hal Foster, *Compulsive Beauty* (Massachusetts, Cambridge: 1993), 7. 추가적인 정보를 위해서는 아래를 참조: Freud's seminal 1919 essay, "The Uncanny", in *The Standard Edition of the Complete Psychological Works of Sigmund Freud*, vol. 17, trans. and ed. James Strachey in collaboration with Anna Freud, assisted by Alix Strachey and Alan Tyson(London: The Hogarth Press, 1955), 219–252, and Ernst Jentsch's 1906 essay, "On the Psychology of the Uncanny", trans. Roy Sellars, *Angelaki* 2, no. 1 (1995): 7–16.

[4] William L. Pressly, "The Praying Mantis in Surrealist Art", The Art Bulletin 55, no. 4 (Dec. 1973): 600.

[5] Ruth Marks, "Surrealism's Praying Mantis and Castrating Woman", *Woman's Art Journal* 21, no. 1 (Spring/Summer 2000): 33.

[6] http://www.body-pixel.com/2008/05/24/lisa-bufano—-the-spiderwoman/, accessed June 14, 2014.

[7] Rosalind Krauss, "Corpus Delecti", October 33 (Summer 1985): 33.

[8] http://www.exquisitecorpse.com/definition/Morgue_%5Bthe_corpses%5D.html, accessed June 14,2014.

[9] http://www.body-pixel.com/2008/05/24/lisa-bufano—the-spiderwoman/, accessed June 14, 2014.

[10] Allison de Fren, "Technofetishism and the Uncanny Desires of A.S.F.R. (alt.sex.fetish.robots)", *Science Fiction Studies* 36, no. 3 (Nov. 2009): 404.

[11] The phrase "convulsive beauty" first appeared in André Breton's novel Nadja (1928) as well as in Mad Love (1937).

[12] de Fren, "Technofetishism", 404.

[13] Sue Taylor, "Transgression, Pornography, Scoptophilia, Hans Bellmer: The Anatomy of Anxiety (Massachusetts, Cambridge: The MIT Press, 2000)", 186.

[14] Taylor, "Transgression, Pornography, Scoptophillia", 186.

[15] https://www.accessliving.org/375, accessed June 14, 2014.

[16] Cachia, "What Can a Body Do?", http://exhibits.haverfdrd.edu/whatcanabodydo/, accessed June 14, 2014.

[17] Krauss, "Corpus Delecti", 40.

[18] Krauss, "Corpus Delecti", 40.

[19] Krauss, "Corpus Delecti", 40.

[20] Krauss, "Corpus Delecti", 40.

[21] Krauss, "Corpus Delecti", 40.

[22] Hal Foster, Rosalind Krauss, Yve-Alain Bois, Benjamin H. D. Buchloh, "1924", Art Since 1900: Modernism, Antimodernism, Postmodernism Volume 1, 1900-1944 (London and New York: Thames and Hudson, 2011), 195.

[23] de Fren, "Technofetishism", 411.

[24] Haim Finkelstein, "The Incarnation of Desire: Dali and the Surrealist Object", RES: Anthropology and Aesthetics 23 (Spring 1993): 116.

[25] de Fren, "Technofetishism", 412.

[26] http://www.polishculture-nyc.org/index.cfm?itemcategory=30817&personDetailId=77, accessed November 20, 2012.

[27] Krauss, "Corpus Delecti", 40.

9 댄디 빅토리아인[1]

잉카 쇼니바레(Yinka Shonibare)의 장애와 패싱(passing)의 알레고리

Elizabeth Howie

잉카 쇼니바레(Yinka Shonibare)는 〈빅토리아 댄디의 일기(Diary of a Victorian Dandy)〉(1998)에서 훌륭하고 멋지며, 매력적이고 세련되고, 자신감 있고 침착하며, 눈을 즐겁게 하는 향연이자, 우리가 찬탄하며 응시할 수밖에 없는 훌륭한 남성상으로 나타난다. 코르셋과 페티코트, 제복 입은 하인, 폭도 모자를 쓴 하녀, 당구, 살롱이 있는 빅토리아 시대 세계의 주인이며, 그가 함께 있는 모든 사람들에게 숭배받는 이 댄디의 권위와 위신은 의심할 여지가 없다. 〈일기〉는 5장의 크로모제닉 사진 연작(Chromogenic photographs[2])으로, 각각 72 × 90인치이며, 호화로운 19세기 저택에서 댄디로 군림하는 흑인 남성의 환락을 묘사한다. 댄디는 가장 일반

1) 역자주: "The dandy Victorian"은 빅토리아 시대(1837~1901) 동안 유행한 댄디즘(Dandyism) 또는 댄디(Dandy) 문화와 관련이 있음. 댄디는 세련된 패션, 세심한 자기 관리, 그리고 종종 비실용적인 생활방식을 고수한 남성을 지칭하는 용어임. The dandy Victorian의 주요 특징은 다음과 같음. 1) 패션: 댄디들은 세련되고 고급스러운 옷을 입는 데 많은 시간을 투자했음. 잘 맞는 정장, 실크 넥타이, 고급 소재의 옷 등을 통해 자신을 표현했음. 2) 자기 관리: 댄디들은 개인 위생과 외모 관리에 신경을 많이 썼음. 이는 머리 스타일링, 면도, 향수 사용 등 다양한 면에서 드러났음. 3) 문화적 취향: 댄디들은 예술, 문학, 음악 등에 대한 깊은 관심을 가졌으며, 세련된 취향을 자랑했음. 4) 라이프스타일: 댄디들은 종종 일상적 생활보다는 사교 활동에 많은 시간을 보냈으며, 자신을 표현하는 방식으로 삶을 살아갔음. 댄디즘의 대표적인 인물로는 오스카 와일드(Oscar Wilde)와 조지 브루멜(George Brummell) 등이 있음. 이들은 자신의 외모와 스타일을 통해 당시 사회에서 주목받았으며, 현대에도 여전히 많은 사람들이 이들의 영향을 받고 있음.

2) 역자주: "Chromogenic photograph"는 색을 생성하는 화학적 과정을 이용해 만들어진 사진을 의미함. 이 방식은 컬러 네거티브 필름이나 컬러 리버설 필름을 현상하여 이미지를 만드는 전통적인 필름 사진 기술 중 하나임. 이 과정을 통해 만들어진 사진은 선명한 색감과 높은 품질을 자랑함.

적인 의미에서 관찰과 혁신을 통해 뛰어나게 완벽한 개인적인 의복 및 행동 스타일을 발전시킨 문학적, 사회적 인물이며, 이는 그의 눈부신 사회적 상승을 용이하게 한다.[1] 댄디즘은 스타일에 관한 것이며, 계층뿐만 아니라 신체의 이상화와 활동에 대한 복잡한 관계와 갈등을 겪는 인종적 역사를 가지고 있어, 댄디를 정체성의 파악하기 어려움을 탐구하는 데 기반이 되는 이상적인 인물로 만든다.

〈일기〉에서 쇼니바레는 댄디의 전복적이고 반규범적인 계층 경계를 침범하고 조롱하듯 사회적 관습을 무시하는 능력을 탐구하면서 관람자의 시선을 능숙하게 조작한다.[2] 더욱이, 운동 장애를 가진 쇼니바레에게 댄디는 시선을 회복하고 장애라는 구경거리를 전문적으로 관리하는 완벽한 수단이다. 장애의 가시성과 재현에 대한 역사적 전통에 도전하면서, 쇼니바레는 인종의 가시성을 탐구하고, 나아가 가시성(visibility)과 정체성(identity)의 관계3)를 탐구한다. 가시성과 정체성의 관계는 사회적 정체성 사이의 전략적 미끄러짐과 사회적 경계의 위반을 허용하는 수행(performance)인 패싱(passing)4)이라는 주제를 제기한다.

3) 역자주: 가시성(Visibility)과 정체성(Identity)의 관계는 철학적, 미학적, 사회학적 논의에서 중요한 주제임. 이 관계는 개인이나 집단이 어떻게 사회에서 인식되고, 어떻게 그들의 정체성이 형성되는지에 큰 영향을 미침. 가시성과 정체성의 관계 1) 사회적 인식: 사람들은 특정한 방식으로 보일 때 특정한 정체성을 갖게 됨. 예컨대, 특정 복장이나 행동을 통해 자신을 특정 그룹에 속한 사람으로 보여줄 수 있음. 이는 사회적 정체성이 형성되는 중요한 요소임. 2) 기회와 제약: 가시성은 개인이나 집단이 사회에서 얻는 기회와 맞서는 제약을 결정할 수 있음. 예컨대, 주류 사회에서 눈에 띄는 소수 그룹은 차별이나 배제의 대상이 되기 쉬움. 3) 성별과 정체성: 성소수자 커뮤니티에서는 '패싱(passing)'이라는 개념이 중요함. 이는 자신의 성적 정체성을 숨기거나 다른 성으로 인식되게 하는 행동을 말함. 이로 인해 정체성과 가시성 사이의 복잡한 관계가 형성됨. 4) 문화적 표현: 예술, 패션, 문학 등 문화적 표현은 가시성을 통해 정체성을 구축하는 중요한 방법임. 예술 작품은 특정 사회적 그룹이나 정체성의 경험을 가시화하여 공감과 이해를 촉진할 수 있음. 주요 학자와 연구: 1) Judith Butler: 젠더 수행성과 가시성에 대해 논의한 학자로, 정체성과 가시성의 관계를 연구했음. 2) Michel Foucault: 권력과 지식의 관계를 통해 가시성과 사회적 통제에 대해 논의했음. 3) Stuart Hall: 문화 정체성과 가시성에 관한 연구를 통해 현대 사회에서의 정체성 형성을 다루었음.

4) 역자주: "passing"은 자신이 특정 사회적 정체성을 숨기거나 다른 정체성으로 인식되게 하는 행위를 의미함. 이 개념은 다양한 문맥에서 중요하게 다루어지며, 특히 인종, 성별, 성적 지향, 계급 등과 관련된 논의에서 자주 등장함. 주요 "passing"의 개념: 1) 인종적 Passing: 인종적 "passing"은 주로 역사적으로 피부색이 더 밝은 흑인이 사회에서 백인으로 인식되기 위해 자신의 인종적 정체성을 숨기는 행위를 의미함. 이는 사회적, 경제적 혜택을 얻기 위한 전략으로 사용될 때가 많음. 2) 성적 지향과 성별 Passing: 성적 지향과 성별의 "passing"은 자신이 실제로 가지고 있는 성적 지향이나 성별 정체성을 숨기고 다른 성적 지

물론 우리는 빅토리아 시대에는 컬러 사진이 불가능했으며 쇼니바레(Shonibare)가 빅토리아 시대 사람이 아님을 알고 있다. 예술가는 자신의 속임수를 분명하게 만든다. 이 사진은 관람자에게 흑인 남성, 즉 흑인 댄디가 빅토리아 시대에 그러한 완화되지 않은 찬양을 경험했을 가능성이 낮다는 것을 상기시켜 준다. 그것은 오랜 인종 억압의 역사가 낳은 비극이다. 그럼에도 불구하고, 그러한 장면은 이제 달콤하게 재미있을 수 있으며, 우리는 백인 인물들의 어리석은 숭배심에 약간의 경멸을 표하며 미소를 지을 수 있는 동시에, 댄디의 익살스러운 오만함에 감탄할 수 있다. 이는 빅토리아 시대에 대한 전형적인 할리우드 판타지에 대한 유쾌한 비틀림처럼 보인다.

쇼니바레(Shonibare)의 많은 작품은 특권과 착취, 타자성, 문화적 혼종성(cultural hybridity)[3]의 합류와 충돌, 그리고 그로 인해 발생하는 의미의 불확정성(indeterminacy)을 탐구한다. 그는 또한 정전(canonical)적인 미술사 및 문학 작품에 자주 반응하고 비판한다.[4] 그는 아프리카 왁스 프린트 직물로 만든 정교한 역사적 의상을 입은 애매한 인종의 베이지색 피부, 머리 없는 마네킹을 특징으로 하는 설치 작품으로 잘 알려져 있다. 예를 들어, 프라고나르(Fragonard)의 〈그네(The Swing)〉(1767)에 대한 그의 해석은 원작의 마이센(Meissen) 스타일의 여성을 네덜란드 왁스 천을 입은 머리 없는 마네킹으로 대체한다.[5] 이 직물은 본래 네덜란드에서 제조되었고 자바 바틱에서 영감을 받았지만, 어떤 면에서는 아프리카산인 척 가장한다. 그가 사용하는 다른 마네킹들처럼 이 마네킹도 가장하고 있다. 그들은 익숙한 부티크 인형의 버전처럼 보이지만, 사실 그들의 머리 없음은 완전히 옷을 입은 채 총을 쏘거나, 외발자전거를 타거나, 스캔들스러운 성적 활동에 참여할 때 잔혹한 폭력을 상징한다. 그들의 종종 활기 넘치는 자세와 단정한 의복은

향이나 성별로 인식되게 하는 것을 의미함. 예컨대, 성소수자 커뮤니티에서는 자신이 이성애자인 것처럼 행동하는 경우가 있음. 3) 계급적 Passing: 계급적 "passing"은 자신의 경제적 또는 사회적 계급을 숨기고 다른 계급으로 인식되게 하는 것을 의미함. 예컨대, 더 높은 사회적 지위를 가진 사람처럼 보이기 위해 특정한 복장이나 행동을 할 수 있음. 주요 학자와 연구: 1) Judith Butler: 젠더 수행성과 관련된 연구를 통해 "passing"의 개념을 논의했음. 2) E. Patrick Johnson: 인종적 "passing"과 성적 지향과 관련된 정체성 연구에서 이 개념을 다루었음. 3) Nella Larsen: 그녀의 소설 "Passing"에서 인종적 "passing"의 복잡한 심리적, 사회적 측면을 탐구했음.

그들이 폭력과 고통의 함의와 아프리카 식민지화에 대한 암시를 지니고 있음에도 불구하고 경쾌하고 낙관적으로 보이도록 가장하게 한다.[6] 언뜻 보기에 이 작품은 아름답고, 우아하며, 순진해 보이지만, 쇼니바레의 원작 조작은 착취와 폭력의 문제를 제기한다. 마찬가지로 〈일기〉를 구성하는 이미지들은 매력적이고, 아름답게 연출되고 촬영되었지만, 시각적으로 매혹적인 이 연작은 장애와 인종과 관련된 심각한 주제를 다룬다. 쇼니바레는 종종 시각적 즐거움과 유혹이라는 댄디적인 전략을 통해 모호한 외양의 복잡성을 탐구하며, 즐거운 이미지를 통해 심각한 주제를 다루려는 자신의 의도를 명확히 했다.[7] 그는 다음과 같이 언급했다. "사람들이 아프리카 출신 예술가를 볼 때, '아, 그가 시위를 하러 왔구나'라고 생각합니다... 하지만 저는 그것을 신사처럼 할 것입니다. 매우 멋져 보이게 할 것입니다."[8]

〈일기(Diary)〉에서 장애에 대한 그의 탐구는 다른 작품들에서 더욱 노골적이다. 예를 들어, 〈계몽의 시대(The Age of Enlightenment)〉(2008)는 실제로는 가지고 있지 않았던 목발이나 휠체어를 사용하고 보철 사지를 가진 장애가 있는 저명한 계몽주의 인물들을 특징으로 한다. 장애 이론가인 레너드 J. 데이비스(Lennard J. Davis)가 언급했듯이, "시각 예술은 정상성을 중심화하고 다른 신체를 주변화하는 훌륭한 역할을 해왔다."[9] 쇼니바레(Shonibare)는 정상성을 옆으로 비켜두고 차이를 중심화한다. 이 댄디는 흑인이자 장애인으로서 이중으로 주변화된다. 이 정체성들은 일부 유사점을 가지고 있지만, 그것들의 결합이 풍부한 대화를 창출한다.

하지만 의미의 층위는 훨씬 더 복잡하다. 페미니스트이자 사회 운동가인 벨 훅스(bell hooks)가 아프리카계 미국인 감독 오스카 미쇼(Oscar Michaux)에 대해 말한 내용은 쇼니바레(Shonibare)에게도 적용될 수 있다. "미쇼는 '흑인성(blackness)'에 대한 백인 우월주의적 재현에 도전하는 반패권적 예술을 생산하는 것을 목표로 했지만, 그는 흑인 재현을 '긍정적인' 이미지로 단순하게 환원하는 것에는 관심이 없었다."[10] 마찬가지로, 쇼니바레는 수정주의(revisionism)[5]에 관심이 없다고 언

5) 역자주: 예술에서 "revisionism"은 기존의 예술 사조나 예술가의 작품, 또는 역사적 해석에 대해 새로운 관점이나 해석을 제시하는 것을 의미함. 이는 기존의 예술적, 역사적 관념을 재평가하고, 새로운 관점에서 재해석하려는 시도를 포함함. 주요 특징은 다음과 같음. 1) 재해석(Reinterpretation): 과거의 예술 작품이나 예술 사조를 새로운 시각에서 분석하고 해석

급했는데, 그에게 그것은 작품이 "파괴와 예상치 못함에 더 가깝다"면 "단순히 설명적인 것"으로 보일 것이기 때문이다.[11] 또한 그는 자신의 작품이 역사 속에서 잊힌 흑인 댄디를 재발견하는 것에 관한 것도 아니라고 말했다. 대신, 쇼니바레는 관습적인 백인 댄디를 흑인 댄디로 대체하는 것을 인종뿐만 아니라 장애와 관련된 이데올로기의 무게를 전환하는 지렛대로 사용한다.

댄디의 자기 창조는 그의 관찰 능력을 통해 완성된다. 댄디의 예리한 관찰력이 그를 그 자신으로 만든다.[12] 그는 관찰될 뿐만 아니라 (그리고 숭배받을 뿐만 아니라) 관찰하기도 하며, 〈일기(Diary)〉에서 바라보는 것(looking)의 중요성이 분명히 강조된다. 하지만 우리의 오래 머무는 시선은 예술가의 신체적 장애를 분간하지 못할 수도 있는데, 그 증거는 즉시 명확하지 않을 수 있고 바로 눈앞에 숨어 있으며, 이는 세련되고 우아한 댄디의 전통적인 페르소나와 양립할 수 없는 장애이다. 사진들이 분명히 연출되었다는 사실은 사진이 보이는 것만큼 항상 진실하지는 않다는 것을 상기시키는 역할을 하며, 사실 일반적인 외양의 믿을 수 없음을 분명하게 다룬다. 쇼니바레(Shonibare)의 작품은 정체성이 고정된 것이 아니라 조건적이고 가변적이며, 종종 정체성의 특성이 비가시적인 반면 가시적인 특성은 다중적인 의미를 가진다는 방식을 인정하고 탐구한다.[13]

늦은 밤 방탕한 즐거움에서 회복하든, 도서관에서 사색하든, 당구에 돈을 걸든, 친밀한 콘서트에서 음악을 즐기든, 혹은 이른 아침의 쾌락주의적 행동을 냉담하게 무시하든, 댄디의 잘생기고 유행을 따르는 모습이 감출 수 있는 것은 쇼니바레(Shonibare)가 십 대 때 횡단성 척수염(transverse myelitis)에 걸려 나타난 눈에 띄는 영향일 수 있다. 이 상태는 부분 마비를 야기하여 그를 때때로 전동 휠체어나 지팡이를 필요로 하게 만들었으며, 머리가 영구적으로 오른쪽으로 기울어지게 했

함. 2) 비판적 접근(Critical Approach): 기존의 해석이나 관점을 비판적으로 검토하고, 그 한계나 문제점을 지적함. 3) 새로운 관점(New Perspectives): 시대적 변화나 새로운 연구 결과를 반영하여 기존의 관점을 업데이트하고 보완함. 예: 페미니즘 미술사: 기존의 남성 중심적 예술사 서술을 비판하고, 여성 예술가들의 기여를 재평가하는 시도. 포스트콜로니얼 미술사: 식민주의적 관점을 비판하고, 비서구 예술의 중요성과 가치를 재조명하는 연구. 주요학자는 다음과 같음. Linda Nochlin: 페미니즘 미술사에서 중요한 역할을 한 학자로, 기존의 미술사 서술을 비판하고 여성 예술가들의 기여를 재평가했음. Edward Said: 오리엔탈리즘 개념을 통해 서양 중심의 예술사 서술을 비판하고, 비서구 예술의 중요성을 강조했음.

고, 이는 예술가의 대부분 사진에서 매우 두드러지게 나타난다.[14] 하지만 이러한 특징들은 이미지 속에서 가시적이면서도 암시적이다. 예를 들어, 〈19시(19.00 Hours)〉(그림 9.4)에서 그는 우아한 지팡이에 의지해 서 있는데, 이는 어쩌면 세련된 척으로 읽힐 수 있다. 여기서 그의 머리 기울임은 댄디즘과 강한 우월감을 강조하도록 전략적으로 활용되어 병리학적인 해석을 방해한다. 〈일기(Diary)〉 속 다른 많은 인물들도 경청하거나 바라보는 것을 암시하는 방식으로 자신의 머리를 기울여, 댄디의 머리 기울임이 장애의 영향이 아닌 양식화된 퍼포먼스의 일부처럼 보이게 한다. 더욱이, 쇼니바레는 마치 예술가의 시각적 경험을 복제하는 것처럼 〈03시(03.00 Hours)〉(그림 9.5)와 〈11시(11.00 Hours)〉(그림 9.1)를 약간 기울어진 시점에서 촬영했다. 매일 그가 살고 있는 마비 대신, 댄디 쇼니바레는 활력, 힘, 불굴의 정신을 보여주는데—〈11시(11.00 Hours)〉(그림 9.1)에 그를 침대에 갇히게 하여 하인들의 도움을 필요로 하게 만드는 일시적인 불편함은 예외이다. 그러나 심지어 그것조차 일시적인 것처럼 보이는데, 바로 그 뒤에 〈14시(14.00 Hours)〉(그림 9.2)의 그의 승리적인 오후 출연이 이어지기 때문이다.

〈일기(Diary)〉 속 고독한 흑인 인물인 쇼니바레(Shonibare)의 댄디는 백인 귀족 계층의 문턱에 선 단순한 탄원자가 아니다. 문화사학자 재니스 체디(Janice Cheddie)가 지적하듯이, 쇼니바레의 작품은 "폐쇄적인 서구 권력 및 종속 시스템으로 진입하고자 하는 식민 주체의 욕망에서 비롯된 식민지 모방 행위가 아니다."[15] 대신 그녀는 쇼니바레의 작품이 문화적 정체성의 인위적이고 수행적인 본질을 드러낸다고 주장한다. 그의 작품은 가시성이 서구 문화에서 정체성과 주체성의 형성을 구성하는 방식에 도전한다.[16] 댄디즘, 인종, 장애에 대한 식별과 인식은 가시성에 기반을 두고 있으며, 쇼니바레의 작품은 이를 이용하는 동시에 제거한다.

쇼니바레(Shonibare)의 〈일기(Diary)〉는 영국 흑인 분장 민스트럴쇼(blackface minstrelsy)[6]의 유산과 장애에 대한 빅토리아 시대의 태도를 포함하여, 그것이 참

6) 역자주: Blackface minstrelsy는 19세기 초반에 시작된 연극 형태로, 주로 백인 배우들이 얼굴을 검게 칠한 후 흑인을 풍자하거나 희화하는 공연을 펼쳤음. 이 공연은 흑인의 노래,

조하는 역사에 대한 검토를 요구하는 환상이다. 더욱이, 그것은 경험에 대한 인식이 이데올로기적으로 구성되는 방식을 드러낸다. 장애를 가진 흑인 남성에 의해 연기된 댄디라는 겉보기의 비호환성에서 시작하여, 〈일기〉는 구경꾼 역할과 이미지의 소비에 대한 질문을 제기하고, 관객의 불신의 유예를 방해한다. 일반적인 코드가 뒤섞여, 관람자가 어떤 종류의 분리되고 객관적인 관찰 위치인 척하도록 허용하기를 거부한다.[17]

비장애인이 장애인을 촬영한 사진에서 흔히 그러하듯이, 비장애인에 의해 자신의 장애에 대한 의미가 구성되는 대신,[18] 쇼니바레(Shonibare)는 관람자의 시선을 장악함으로써, 부분적으로는 인종적 타자성을 연출함으로써, 쳐다보는 비장애인과 응시당하는 장애인 사이의 흔히 불평등한 권력 관계를 파괴한다. 실생활에서 쇼니바레의 기울어진 머리와 보행 장애가 놀라움 섞인 호기심의 시선을 유발할 수 있는 반면, 댄디로서의 쇼니바레는 경이로운 감탄의 멍한 시선을 이끌어낸다. 그는 댄디의 전형인, 단호하고 심지어 연극적인 우월감을 띤 태도로 관람자를 바라본다(그가 굽어볼 때).

역사적으로 장애 신체와 기형(freak)은 정상성이라는 신기루를 지탱하는 비정상을 정의하는 역할을 해왔다.[19] 장애학 연구자 로즈마리 갈런드-톰슨(Rosemarie Garland-Thomson)은 기형을 "인간 육체의 현 상태에 도전하는 비범한 신체"라고 설명하며,[20] 이는 관람자 자신의 관습적인 신체에 대한 감각을 강화하는 방식으로 전시된다. 댄디라는 역사적, 문학적 인물은 비범한 신체의 전시를 강조한다는

춤, 촌극 등을 포함하며, 흑인을 무식하게 묘사했음. 주요 특징 1) 흑인 풍자: 흑인을 풍자하거나 희화하는 내용이 주요 요소였음. 2) 백인 배우: 대부분의 배우들이 백인이었으며, 얼굴을 검게 칠해 흑인을 연기했음. 3) 인기: 19세기 중반에 인기를 끌었으나, 시간이 지나면서 인기가 떨어졌음. 1830년대에 간단한 막간의 익살극으로 시작되었으며, 이후 10년 동안 완전한 형태를 갖추게 되었음. 1850년대에서 1870년대에 가장 인기를 끌었으며, 미국과 영국에서 큰 관심을 받았으나, 20세기 초반에는 프로 엔터테인먼트로서의 지위를 잃었으며, 1960년대까지 아마추어 공연으로 남아 있었음. 이와 관련해서 Al Jolson과 The Jazz Singer와의 관계도 있음. The Jazz Singer(1927)는 미국 최초의 음성 영화로, Al Jolson이 주연을 맡았음. Jolson은 백인 배우로서 검은 얼굴을 칠고 흑인을 연기한 공연을 했음. 이 영화는 흑인 음악과 백인 문화 간의 상호작용을 보여주며, 흑인 음악이 미국 문화에 얼마나 큰 영향을 미쳤는지를 보여준다. 하지만, 이 과정에서 blackface minstrelsy의 인종차별적 요소가 부각되었음.

점에서 일종의 기형으로, 고정관념과 관습에 거주하면서도 이를 초월하여 경악 섞인 찬양을 이끌어낸다.[21] 쥘 아메데 바르베 도르빌리(Jules Amédée Barbey d'Aurevilley)—자신이 댄디였던 작가—는 댄디의 기형성을 다루기 위해 흥미로운 언어를 사용한다.[22] 바르베에게 댄디는 머리가 심장을 지배하는 괴물이었다. 갈런드-톰슨이 입증했듯이, 빅토리아 시대는 "기형(freak)"이라는 용어가 변칙적인 인간과 괴물과 연관되기 시작한 시기이다.[23] 갈런드-톰슨은 "시각적 공격, 규범적인 눈에는 충격적인 구경거리로서의 장애 신체의 이미지는 장애 경험의 정의적인 측면을 포착한다"고 지적한다.[24] 그러나 눈에 보이는 장애를 가진 사람의 신체가 문화적 관습에 의해 훈련된 규범적인 사람에게 혐오감이나 심지어 역겨움을 불러일으킬 수 있는 반면,[25] 댄디는 미학적 쾌락의 기형이다. 예를 들어, 퍼포먼스 학자 론다 개릴릭(Rhonda Garelick)에 따르면, 원조 댄디 보 브러멜(Beau Brummell)의 "가장 큰 성취는... 자신은 아무런 감정도 드러내지 않으면서 놀라움, 욕망, 질투를 유발하는 능력에 있었다"고 하며,[26] 이는 쇼니바레(Shonibare)의 댄디에 의해 충분히 입증된 재능이다. 문학 학자 말렌 트롬프(Marlene Trompe)가 언급했듯이, 기형 쇼는 대중이 그 진위 여부를 의심하도록 장려하는 방식으로 상식에 도전하는 기이한 것들을 제시했다.

> [이러한 심문적인 관행]은 기형 쇼를 상상과 현실 사이의 경계를 반복적으로 의문시하는 휘발성 있는 해석적 공간으로 만들었고, 나아가 인간 신체의 중요성을 명명하고 설명하는 의학 과학과 같은 담론의 권위, 그리고 모든 정상성 개념을 결정하는 주류 문화의 권위에 도전하게 만들었다.[27]

비범한 것의 전시와 관련된 이러한 해석의 휘발성(volatility)은 풍부한 모호성을 창출한다. 쇼니바레(Shonibare) 또한 댄디와 〈일기(Diary)〉의 경우에서 현실 대 상상의 불확정성을 전략적으로 사용하여, 마치 기형적인 댄디를 보기 위해 군중을 부르는 사이드쇼의 호객꾼(sideshow barker)처럼 이데올로기적 담론의 권위에 도전한다.

〈일기(Diary)〉에서 댄디가 흑인이라는 사실은 그를 댄디라는 더욱 변칙적인 하위 범주로 만든다. 올라우다 에퀴아노(Olaudah Equiano),[7] 오마이(Omai),[8] 심지어 영국을 여러 번 방문했던 프레더릭 더글러스(Frederick Douglass)[9]를 포함하여 잠재적으로 이 댄디의 발자취를 따랐을 수 있는 실제 역사적인 흑인 댄디를 식별하는 것이 가능할 수 있지만, 그들은 쇼니바레(Shonibare)의 댄디처럼 순수한 찬양의 대상이라기보다는 변칙적인 존재로 보였을 것이다.**[29]** 〈일기〉에서 쇼니바레는 자신의 동반자들이 그의 인종뿐만 아니라 장애를 얼마나 인지하고 있는지에 대한 질문을 열어둔다. 그들의 승인은 그들이 그를 건강한 "인종의 자랑"으로 인식하기 때문에 그가 특이하다는 사실에 기반을 두고 있는가? 아니면 그들은 장애를 가진 흑인 댄디에 아주 익숙한가? 그의 집단 내에서의 고립은 쇼니바레가 관심을 표명했던 댄디로서의 그의 외부자 지위와 관련이 있는가,**[30]** 아니면 그가 흑인이기 때문인가? 분명히 친구를 향한 눈을 크게 뜬 관찰이 오직 찬양만을 보여주는 댄디의 동반자들의 태도에는 조롱의 힌트가 전혀 없다.

---

7) 역자주: Olaudah Equiano(약 1745년 ~ 1797년 3월 31일)는 Gustavus Vassa라는 이름으로도 잘 알려진 작가이자 평화주의자였음. 그는 현재 나이지리아 남부 지역에서 태어났으며, 어린 시절에 납치되어 노예 상태로 팔려가 서인도 제도로 이송되었음. Equiano는 결국 자신의 자유를 사들였고, 영국의 평화주의 운동에서 중요한 인물이 되었음. 그의 자서전인 "The Interesting Narrative of the Life of Olaudah Equiano" (1789)는 노예 제도 폐지 운동에서 중요한 역할을 했음.

8) 역자주: Omai(약 1751년 ~ 1783년)는 폴리네시아 출신의 남성으로, 18세기 후반에 유럽으로 여행을 떠났음. 그는 탐험가 제임스 쿡 선장에 의해 영국으로 데려가졌으며, 영국 사회에서 유명 인사가 되었음. Omai의 여행과 유럽 사회와의 상호작용은 그 당시의 문화 간 교류에 대한 독특한 시각을 제공했음.

9) 역자주: Frederick Douglass(약 1818년 ~ 1895년 2월 20일)는 미국의 사회 개혁가, 평화주의자, 연설가, 작가, 정치인이었음. 메릴랜드주에서 노예 상태로 태어난 Douglass는 북부로 탈출하여 평화주의 운동에서 중요한 목소리가 되었음. 그의 자서전인 "Narrative of the Life of Frederick Douglass, an American Slave" (1845)는 그의 경험을 상세히 기술하였고, 미국 내 노예 제도 폐지 운동에 큰 영향을 미쳤음.

일기

댄디의 하루는 〈11시(11.00 Hours)〉(그림 9.1)에 시작되는데, 이때 댄디는 두꺼운 빨간색 로브와 깨끗한 술 달린 흰색 나이트캡을 입고 침대에 기대 누워 있으며, 몸이 불편한 듯 보인다. 니콜라 푸생(Nicolas Poussin)과 메인데르트 호베마(Meindert Hobbema)와 같은 17세기 바로크 예술가들의 풍경화가 그의 침실 벽을 장식하고 있다. 이불이 밀쳐져 있고, 벌어진 로브는 괴로울 정도로 뒤틀린 흰색 나이트가운을 드러내는데, 이는 불쾌감, 아마도 밤새 뒤척인 후의 메스꺼운 아침을 시사한다. 완벽하게 갖춰 입은 하인이 지켜보고 있는데, 그의 금 장식 긴 코트와 무릎 길이 바지 제복은 19세기 흑인 분장 댄디들이 입었던 18세기 스타일 의상과 유사하다.[31] 침대 왼편에는 하녀 한 명이 한쪽 무릎을 세워 환자에게 정성껏 몸을 숙이고 있으며, 아마도 그의 베개를 정리하려는 것 같다. 머리를 그녀 쪽으로 기울인 댄디는 온화하게 간청하는 듯 위를 올려다본다. 반대편에는 세 명의 하녀들이 그를 시중들고 있는데, 한 명은 액자에 담긴 물건, 아마도 거울을 심장에 대고 누른 채 댄디의 얼굴에서 눈을 떼지 못한다. 넓은 햇살 띠가 침대 발치와 댄디 자신을 비추며, 댄디가 계속 침대에 있기에는 약간 늦은 시간임을 암시한다. 분명히 어떤 질병, 아마도 유쾌하게 방탕했던 저녁의 증거일 수도 있는 것(이는 〈03시(03.00 Hours)〉(그림 9.5)에서 뒷받침되는 내용이다)이 그를 늦은 아침까지 침대에 갇히게 했다.

다음 출연인 〈14시(14.00 Hours)〉(그림 9.2) 무렵, 댄디는 모든 외양상 완전히 회복된 듯 보인다. 그는 호화롭게 꾸며진 서재에서 군림하고 있으며, 보이지 않는 창문을 통과한 빛은 이제 더 부드럽다. 가볍고 회청색인 직물의 3피스 정장을 우아하게 입고 서 있는 댄디는 분명히 침묵하고 있음에도 불구하고, 마치 방금 매혹적인 재치 있는 말을 내뱉은 것처럼 보인다. (우리는 놓쳤지만, 제복 입은 하인이 깃펜으로 포착했고) 이에 그의 늠름한 동료들은 미소, 박수, 그리고 승인의 몸짓으로 반응한다. 쇼니바레(Shonibare)는 댄디의 오른쪽 책장에 조각된 상아를 두어,

Figure 9.1 Yinka Shonibare, Diary of a Victorian Dandy: 11.00 Hours, 183 × 228.6 cm [72 × 90 in.], C-print, 1998. © Yinka Shonibare MBE. All Rights Reserved, DACS / ARS, NY 2015. Courtesy James Cohan, New York / Shanghai.

다른 모든 유럽식 장식 속에서 눈에 띄는 부족의 공예품을 배치함으로써 댄디의 인종적 차이뿐만 아니라 대부분 영국 부의 착취적인 식민지 기원을 관람자에게 상기시킨다. 출입구에서 엿듣는 제복 입은 하녀들은 열렬히, 황홀경에 빠져 경청한다. 늦은 아침의 명백한 병든 환자에서 오후의 웅변가로의 전환은 중요한 것이다. 만약 우리가 이 이미지들을 하나의 주기로 본다면, 우리는 댄디가 아마도 또 다른 늦은 아침을 맞이하겠지만, 결국 회복할 것임을 안다. 어쩌면 불쾌한 상태 역시 가장이었을 수도 있고, 매력을 발산할 또 다른 기회였을 수도 있으며, 그의 멋부린 허세와 계산된 대조였을 수도 있다.

〈17시(17.00 Hours)〉(그림 9.3)에는 댄디가 벽에 말 초상화가 장식된 도박방에 있는 것을 발견할 수 있다. 당구 게임과 관련된 격렬한 언쟁이 신사들을 차지한다. 주홍색 벨벳 더블 브레스티드 연미복에 약간 더 밝은 색조의 조끼, 거품 같은 자보

(jabot), 체크무늬 바지를 입은 댄디는 또한 거대한 진주로 장식된 드롭 귀걸이를 착용하고 있다. 조각된 상아처럼, 귀걸이는 그렇지 않아도 엄숙한 영국적인 장면에 이국적인 느낌을 더한다. 위에 매달린 검은색과 흰색 갓을 가진 눈에 띄는 램프들은 남성들 사이의 인종적 차이를 반복한다. 댄디는 테이블 건너편의 적수와 정면으로 맞서고 있다. 두 선수 모두 아마도 내기를 나타내는 종잇조각을 휘두르고 있으며, 하인은 더 많은 종이를 가지고 몸을 숙인다. 그러나 던디는 동요하지 않고 도전자를 용감하게 맞서고 있으며, 그의 동료 중 세 명은 기뻐하는 격려와 절대적인 확신을 가지고 지켜보고 있다. 여기서 댄디의 머리 기울임은 억제된 분노의 표현으로 다가온다.

Figure 9.2 Yinka Shonibare, Diary of a Victorian Dandy: 14.00 Hours, 183 × 228.6 cm [72 × 90 in.], C-print, 1998. © Yinka Shonibare MBE. All Fights Reserved, DACS / ARS, NY 2015. Courtesy James Cohan, New York / Shanghai.

Figure 9.3 Yinka Shonibare, Diary of a Victorian Dandy: 17.00 Hours, 183 × 228.6 cm [72 × 90 in.], C-print, 1998. © Yinka Shonibare MBE. All Rights Reserved, DACS / ARS, NY 2015. Courtesy James Cohan, New York / Shanghai.

〈19시(19.00 Hours)〉(그림 9.4)에는 댄디가 18세기 조상(백인) 초상화가 걸린 고급 응접실에 있는 것을 발견할 수 있다. 옅은 분홍색 벨벳 조끼와 페이즐리 실크 자카드 크라바트로 포인트를 준 고급스러운 검은색 연미복 정장을 입고, 댄디는 왼손을 지팡이에 가볍게 얹은 채 모여 있는 일행의 즐거운 관심을 한껏 받고 있다. 마치 관람자를 둘러보는 것처럼, 그는 머리를 뒤로 그리고 오른쪽으로 기울여, 자신의 동반자들의 찬양에 대한 위엄 있고, 어쩌면 약간 경멸적인 인정을 시사한다. 댄디처럼 정장을 차려입은 다른 신사들과, 깊게 파인 네크라인이 옅은 데콜테(가슴선)를 강조하는 코르셋과 크리놀린 치마를 입은 숙녀들 모두 그의 관심을 얻기 위해 경쟁한다. 복숭아색 옷을 입은 숙녀 한 명은 흰 장갑을 낀 손을 뻗어 댄디의 팔뚝을 부드럽게 만지고 있으며, 다른 산호색 옷을 입은 숙녀는 숨 막히는 듯 시선을 돌린 채, 장갑 낀 손으로 쿵쾅거리는 심장을 가리고 있다.

〈03시(03.00 Hours)〉(그림 9.5)에 댄디는 실신용 소파(Fainting couch[10])에 비스듬히 기대어 있다. 카메라 가까이에 있는 그는 〈19시(19.00 Hours)〉에서보다 훨씬 더 직접적으로 관람자를 응시한다. 음악이 있는 저녁은 분명히 성공적이었고, 이제 이른 새벽 시간에 댄디는 훨씬 더 친밀한 조건으로 응접실의 숭배를 경험한다. 〈11시(11.00 Hours)〉의 침실과는 다른 침실에서, 두 명의 귀족 숙녀가 코르셋과 속옷만 입은 채 그에게 기대고 애무하지만, 그는 수정 유리 와인잔을 한 손에 든 채 다른 한 손은 무릎 위에 올려두고 초연하게 있다. 그의 머리 기울임은 옆으로 그리고 대각선으로 그림 속으로 향하며, 관람자를 초대하는 것처럼 보임과 동시에, 자신의 머리카락을 부드럽게 쓰다듬는 그의 오른쪽 숙녀에게서 몸을 살짝 뒤로 뺀다. 그의 머리 위치와 얼굴 표정은 자신감, 혹은 아마도 오만함을 표현하며, 관람자가 자신의 초대를 받아들일 것에 대해 전혀 의심을 품지 않는다. 그의 남성 동료 세 명은 다른 숙녀들과 뛰놀고 있으며, 그중 한 명은 자신의 연인을 무시하고 정신이 팔린 채 댄디를 응시한다. 댄디가 주변에서 일어나는 일을 무시하는 동안에도, 이는 문자 그대로 온갖 종류의 성적 일탈을 포함하여 관람자의 눈에는 향연이다. 댄디는 자신의 재킷을 벗었지만, 넥타이는 온전하고 조끼는 단추가 채워져 있으며, 회중시계 줄은 옆으로 늘어져 있다. 그는 19세기 흑인 섹슈얼리티에 대한 원시적이고 통제되지 않는다는 고정관념적 믿음에 모순된다. 방탕함이 그의 주변에서 펼쳐지는 동안, 그는 무표정하고, 심지어 지루해하거나 경멸하는 듯하다. 그가 참여하고 있지는 않지만, 그의 신체는 분명히 욕망의 대상이다. 그의 섹슈얼리티에 취한 그의 동료들은 그에게 욕망하는 시선을 보내며, 그의 자극적인 존재가 주변에서 벌어지는 행위의 영감임을 암시한다.

---

10) 역자주: "Fainting couch"는 19세기와 20세기 초반에 유행한 가구로, 주로 여성들이 기절하거나 휴식을 취할 때 사용되던 긴 의자를 의미함. 긴 의자와 비슷하지만, 한쪽 끝이 높게 올라가 있고 다른 쪽 끝이 낮게 내려가 있는 형태로, 기절하거나 갑작스러운 피로를 느낄 때 편안하게 누울 수 있도록 디자인되었음. 주요 특징: 1) 긴 의자 형태: 한쪽 끝이 높게 올라가 있어 머리를 편안하게 기대거나 몸을 옆으로 눕히기에 적합함. 2) 우아한 디자인: 일반적으로 고급스러운 천과 장식이 사용되어 우아하고 화려한 디자인을 자랑함. 3) 여성용 가구: 19세기와 20세기 초반에 여성들이 특히 많이 사용했으며, 사회적 및 의학적 이유로 기절하거나 휴식을 취할 때 사용되었음.

Figure 9.4 Yinka Shonibare, Diary of a Victorian Dandy: 19.00 Hours, 183 × 228.6 cm [72 × 90 in.], C-print, 1998. Yinka Shonibare MBE. All Rights Reserved, DACS / ARS, NY 2015. Courtesy James Cohan, New York / Shanghai.

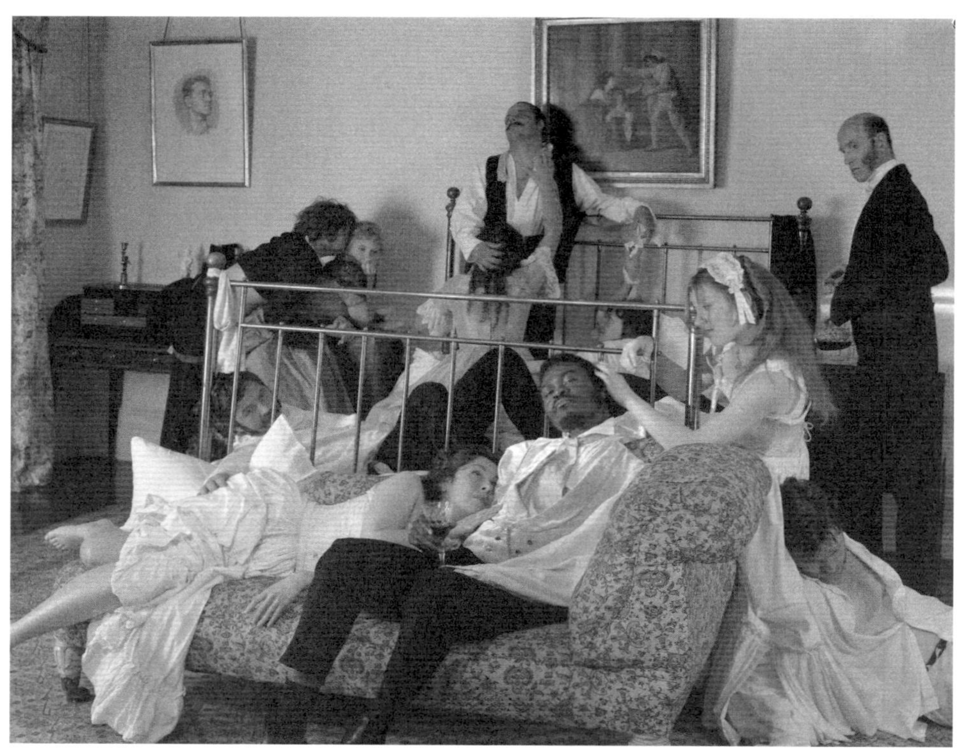

Figure 9.5 Yinka Shonibare, Diary of a Victorian Dandy: 03.00 Hours, 183 × 228.6 cm [72 × 90 in.], C-print, 1998. © Yinka Shonibare MBE. All Rights Reserved, DACS / ARS, NY 2015. Courtesy James Cohan, New York / Shanghai.

댄디

계층 위계에 도전하고, 게으름을 포용하며, 남성성의 문화적 이데올로기에 저항함으로써, 댄디는 자신이 깨는 바로 그 규칙들을 정복하고 숙달함으로써 거부하는 사람에 의해 수행되는 사회적 관습의 거부를 나타낸다.[32] 댄디는 이데올로기에 굴복하는 동시에 이데올로기가 그 앞에 굴복할 것을 요구하는, 공공연히 구성된 정체성이다. 쇼니바레(Shonibare)는 영화의 스틸컷, 혹은 어쩌면 무대극처럼 보이는 고도로 암호화된 장면들을 연출한다. 이 장면들은 양가성과 긴장감으로 가득 찬 인물인 댄디를 중심으로 전개되며, 이는 가시성과 정체성에 대한 이러한 탐구를 위한 완벽한 수단이다. 중요하게도, 이 연작의 제목은 이것이 신사의 일기가 아니라 댄디의 일기임을 명시하여, 다소 무정형일지라도 특정적인 일련의 특성을 나타낸다.

댄디라는 개념은 조지 "보[11)]" 브러멜(George "Beau" Brummell)에서 유래하며, 그는 과시보다는 우아함을 강조하여 복장 스타일을 급진적으로 단순화함으로써 19세기 초 남성들의 외모에 혁명을 일으켰다. 브러멜은 의복의 완벽함을 추구하는 데 지나쳤다. 보도에 따르면 그는 장갑 한 쌍을 만들기 위해 세 명의 다른 장갑 제조업자를 고용했는데, 손바닥, 손가락, 엄지 각각에 한 명씩이었다.[33] 이 장갑들은 다중 사회 집단과 정체성 사이에서 활동하는 댄디라는 인물의 혼종성에 대한 은유 역할을 할 수 있다. 브러멜의 사회적 상승은 매력과 재치에 의해 촉진되었고, 그의 스타일의 완벽함과 중독적으로 결합되었으며, 계층 간의 경계가 첨예하게 그어졌던 시기에 이루어졌기 때문에 전복적이었다. 댄디는 일반적으로 사회, 경제, 젠더와 관련된 새로운 불안정성에서 발생한 인물로 볼 수 있다.[34]

댄디는 타고나는 것이 아니라 만들어지고, 스스로 창조되지만, 이 변형은 눈에 띄지 않아야 한다. "댄디"는 속임수이며, 전략적으로 채택되고 마지막 세부 사항까지 무대 연출된 정체성으로, 그가 태어날 때부터 자연스럽게 누릴 수 없는 사회적 특권을 얻을 수 있도록 허용한다.[35] 댄디의 존재 이유는 항상 다른 누구보다 더 세련되고, 더 시크하며, 숭배받는 동시에 특수성 속에 갇히지 않도록 벗어나는 것이다. 그러나 그의 완벽함은 무목적적이도록 의도되었다. 따라서 댄디는 운동 장애를 가진 사람이 연기하기에 특히 잘 맞는 인물이다. 그는 행동하지 않고, 단순히 존재하며, 따라서 흠잡을 데 없이 우아하게 서 있는 것은 매우 적절하다.[36] 데이비스(Davis)가 주장했듯이, 장애를 식별하는 주요 양식 중 하나가 기능이라면, 댄디는 데이비스의 다른 양식, 즉 외양을 강조함으로써 그 수준에서 평가될 잠재성을 대부분 포기한 셈이다.[37]

---

11) 역자주: "Beau"라는 단어는 프랑스어에서 온 말로, 여러 가지 의미로 사용될 수 있음. 1) 연인: 특히 여성이 사귀는 남자 친구나 연인을 의미함. 예컨대, "Her beau took her to a fancy restaurant"는 "그녀의 연인이 그녀를 고급 식당에 데려갔다"는 뜻임. 2) 멋쟁이: 때로는 외모나 옷차림이 매우 멋진 사람을 지칭하기도 함. 예컨대, "He is a real beau"는 "그는 정말 멋쟁이야"라는 의미임. 3) 고전적 용어: 역사적으로는 사교계에서 매력적이고 세련된 남성을 의미했음.

쇼니바레(Shonibare)의 〈일기(Diary)〉는 18세기 풍자화가 윌리엄 호가스(William Hogarth)의 작품, 예를 들어 〈난봉꾼의 행진(The Rake's Progress)〉(1733)과 대화하고 있는데, 이 작품은 성격의 가독성(legibility)과 변동성(fluctuations)을 다룬다.[38] 이러한 언급을 통해, 쇼니바레의 작품은 가시성과 정체성의 관계의 복잡성을 보여주며, 질병이나 장애에 기반한 정체성의 유동성을 지적한다.[39] 그러나 쇼니바레가 지적했듯이 "아버지의 돈을 낭비하고, 빚을 지고, 결국 정신병원에서 생을 마치는" 호가스의 댄디 톰 레이크웰(Tom Rakewell)이나 궁핍한 프랑스 망명으로 끝난 브러멜(Brummell)과는 달리, 쇼니바레의 댄디는 번성한다.[40] 그는 댄디가 "거친 시간을 보내고, 거친 난교를 하지만, 처벌받지 않는다. 그는 부르주아 도덕성이라는 개념에 도전한다"고 언급한다.[41] 쇼니바레의 댄디는 정체성의 유동성을 탐구하는 영웅의 종종 위험한 이야기에 대안적인 결말을 제공한다.

댄디즘이 종종 18세기와 19세기 초와 연관되지만, 쇼니바레(Shonibare)는 자신의 댄디를 특정 빅토리아 시대에 맥락화한다. 〈일기(Diary)〉 속 인물들은 1860년과 1870년대 초, 즉 미국 남북전쟁과 그 직후 시대의 옷을 입고 있다.[42] 이는 그를 〈악의 꽃(The Flower's of Evil)〉(1857)과 〈현대 생활의 화가(The Painter of Modern Life)〉(1863)의 보들레르(Baudelaire)적 댄디 시대 직후에 위치시킨다. 퀴어 이론가 제레미 케이(Jeremy Kaye)가 지적하듯이, 보들레르의 영향을 받은 댄디들은 18세기의 댄디들보다 "규범적/병리학적" 및 "동성/이성"의 성문화에 더 도전했으며,[43] 따라서 쇼니바레 댄디의 역사적 맥락은 1860년대 빅토리아 시대 댄디들이 단순히 계층 이상에 도전했다는 사실을 반영한다. 1860년대와 1870년대는 또한 쇼니바레의 설치 작품 제목 중 하나인 소위 "아프리카 쟁탈전(scramble for Africa)"[44] 직전에 제국 확장 동안 영국 인종차별 이데올로기가 경직되던 시기였다. 이 의복들은 또한 데이비스(Davis)에 따르면, 바람직한 목표로서의 신체적 정상성 이데올로기가 출현했던 1840년대부터 1860년대까지의 기간이 끝날 무렵에 댄디를 위치시키는데, 이는 중산층 이데올로기의 발전에 도구적이었다.[45] 여러 면에서 정상성을 부인하는 쇼니바레의 댄디는 이러한 빅토리아 시대 이데올로기에 대한 일종의 저항을 수행한다.[46] 이 모든 요소들이 결합하여 쇼니바레 댄디의 구체적인 빅토리아 시대적 맥락을 비판적으로 중요하게 만든다.

댄디즘, 인종, 장애

정전적인 댄디(canonical dandy)는 자신의 사회적 명성에 너무 깊이 뿌리내려 정치 및 사회 문제에 관심이 없을 것이지만,[47] 쇼니바레(Shonibare)의 댄디는 그 문제들에 얽히는 것을 피할 수 없다. 전통적인 비장애인 백인 댄디가 아닌 장애를 가진 흑인 남성으로서, 쇼니바레는 자신의 허구적 분신을 빅토리아 시대에 논란의 대상이었던 담론에 깊이 심어 놓는다. 전통적인 댄디의 외모에 대한 쇼니바레의 가장 명백한 도전은 인종과 관련이 있으며, 댄디는 자신의 어두운 안색을 강조하기 위해 고급 옷장을 엄선한 것처럼 보인다. 〈17시(17.00 Hours)〉(그림 9.3)에서 당구를 치는 동안 그가 착용한 우아하고 거품 같은 크라바트는 그의 초콜릿색 피부를 돋보이게 한다. 〈03시(03.00 Hours)〉(그림 9.5)에서는 그의 풍부한 분홍색 벨벳, 더블 브레스티드 조끼와 넥타이가 그의 얼굴의 빛나는 호두색을 드러내고 그의 손톱의 분홍빛 진줏빛과 일치한다. 하인들을 포함한 다른 모든 사람은 백인이다. 여기에는 복종하는 역할을 하는 흑인이 없다.

댄디즘은 인종과 매우 복잡한 관계를 맺고 있는데, 이는 일반적으로 백인의 편견이 흑인을 도덕적으로나 지적으로 거의 본질적으로 장애가 있는 존재로 규정했던 시기에 번성했다. 이는 많은 영국 폐지론자들도 공유했던 믿음이었다.[48] 자유를 옹호하는 것은 인종 평등을 믿는 것과 동행하지 않았으며, 흑인의 열등성은 과학적 사실로 간주되었는데,[49] 이는 문명화된 식민지 개척자의 원시적인 식민지 주민에 대한 지배 이데올로기를 지지하는 것이었다.[50]

이 시기 동안, 장애는 열등함의 또 다른 표식으로 병리화되었다. 계층적 한계를 초월하기 위한 댄디의 전략적인 스타일 사용은 역사적으로 제도화된 억압을 극복하기 위해 분투하는 흑인들에게도 전략이 되어왔다. 많은 아프리카인들은 옷조차 없이 노예 상태로 왔으며, 그들은 노동자로서의 지위를 강화하는 거친 작업복이나, 혹은 자신들의 노예 상태를 재확인하는 제복이나 하인복을 받았다.[51] 해방된 노예들뿐만 아니라 프레더릭 더글러스(Frederick Douglass)와 같은 일부 저명한 흑인 지식인 개혁가들이 자신들의 인간성과 존중받을 가치를 주장하고자 했던 한 가지 방법은 옷을 통해서였다. 단정하게, 심지어 화려하게 옷을 입음으로써, 그들은 자신들의 주도권(agency)을 주장했다.[52] 미국의 흑인 남성들에게 화려한 복장을 입는 것은 또한 억압에 대한 저항의 한 형태였다.[53] 백인들은 때때로 이러한 행동을 백인 우월주의에 대한 도전이자 하찮은 노동에 대한 거부로 해석했으며,[54] 잘 차려입은 흑인 남성은 자신의 고급 의복이 훔친 것이 아니라 자신에게 속한 것임을 당국에 납득시킬 때까지 폭력, 박해, 심지어 체포에 직면할 수 있었다.[55] 백인들은 잘 차려입은 흑인 남성에게 잔혹하고 잔인하게 고정관념화하는 풍자로 반응했는데, 이는 어떤 옷으로도 그들이 흑인의 본질적인 열등함이라고 간주하는 것을 숨길 수 없다는 것을 암시했다. 이러한 풍자에는 등장인물들의 오해와 명백한 어리석음에서 입증되듯이, 흑인들을 서투르고, 부조화하며, 지적으로 장애가 있는 존재로 묘사하는 것이 포함되었다.

지나치게 과시적이고 취향이 나쁘게 옷을 입었지만, 자신이 스타일의 정점이라고 생각하는 흑인이라는 그러한 고정관념은 흑인 분장 민스트럴쇼(blackface minstrelsy)의 주요 요소가 되었다. 중요하게도, 흑인 분장 민스트럴쇼는 부분적으로 P. T. 바넘(P. T. Barnum)[12]에 의해 미국에서 대중화되었는데, 이는 그의 기이한 것들의 전시와 함께하는 사이드쇼 오락의 한 형태였다.[56] 흑인 분장 민스트럴쇼와 인간의 기이한 전시로 가장 잘 알려진 사이드쇼와의 이러한 연관성은 흑인성과

12) 역자주: P. T. Barnum (Phineas Taylor Barnum, 1810년 7월 5일 – 1891년 4월 7일)은 미국의 엔터테이너, 기업인, 정치인으로, 서커스와 대중문화에 큰 영향을 미친 인물 중 하나임. 그는 바넘 & 베일리 서커스를 설립하여 "세계에서 가장 위대한 쇼"를 창조했음. 바넘은 1834년 뉴욕으로 이주하여 박물관을 구입하고 바넘 아메리카 박물관으로 이름을 바꾸어 이색적인 전시물을 통해 사람들의 관심을 끌었음. 그는 피지 인어, 엄지 장군 톰, 미국 최초의 수족관 등을 전시하며 대중의 호기심을 자극했음. 바넘은 또한 스웨덴의 오페라 가수 제니 린드의 미국 투어를 홍보하고, 코네티컷 입법부에서 두 번의 임명을 받았으며, 브리지포트 시장으로 선출되어 도시의 수도 시설과 가스 등을 설치하고 주류와 매춘 관련 제도를 개선하는 데 노력했음. 그의 활동은 때로 과장과 오보를 사용한 홍보 방식으로 논란을 불러일으켰으며, 이색적인 인물과 장애인을 이용하여 수익을 창출한 것도 비판받았음. 휴잭맨이라는 배우가 등장했던 '위대한 쇼맨(The Greatest Showman, 2017)'이라는 영화가 그의 일대기에 대한 영화임.

장애의 19세기 연관성을 더욱 보여준다. 흑인 댄디는 영국 민스트럴 풍자의 주요 주제 중 하나였다.[57] 민스트럴쇼에서 댄디처럼 꾸민 흑인 남성은 백인 공연자들에 의해 흑인 분장을 하고 익살꾼으로 묘사되었는데, 이는 집 쿤(Zip Coon), 캐롤라인의 댄디 짐(Dandy Jim of Caroline), 롱 테일 블루(Long Tail Blue)13)와 같은 캐릭터들로 인격화되었으며,[58] 이러한 공연들은 흑인 남성성을 통제하고 존엄성으로 가는 한 가지 길을 우스꽝스럽게 만들었다.[59] 쇼니바레(Shonibare)의 댄디는 흑인이며 분명히 누구의 바보도 아니다.

흑인 분장 민스트럴쇼(Blackface minstrelsy)는 미국만큼이나 영국에서 인기가 있었으며, 20세기까지 훨씬 더 늦게 지속되었다. 1978년까지도 BBC 버라이어티 쇼인 〈흑백 민스트럴 쇼(The Black and White Minstrel Show)〉가 흑인 분장 민스트럴쇼의 인종차별적 공연을 계속했으며, 컬처 클럽(Culture Club)의 1984년 곡 “Do You Really Want to Hurt Me?” 비디오에는 흑인 분장을 한 흑인 공연자들의 “배심원단”이 포함되었다. 영국 민스트럴쇼는 미국과 마찬가지로 백인의 흑인 흉내에 기반을 두었다. 노예 제도가 영국 땅에서 번성하지 않았기 때문에, 영국 민스트럴쇼는 거의 전적으로 미국 민스트럴들, 남부 흑인 농장 생활에 대한 오해와 고정관념에 의존했다.[60] 영국 흑인 분장 민스트럴들은 자신들이 민스트럴쇼를 최고 수준으로 끌어올렸다고 믿었으며,[61] 거친 유머와 투박한 언어를 가진 미국 민스트럴쇼의 저속한 천박함이라고 그들이 인식했던 것을 피했다. 그럼에도 불구하고, 영국 민스트럴 공연자들은 인종차별적인 태도를 반영하고 형성하는, 매우 과장되고 고정관념화된 캐릭터를 계속해서 만들었다.[62] 이것은 특히 영국 민스트럴쇼가 미국 민스트럴쇼보다 훨씬 더 광범위한 청중에게 호소했다는 점에서 사실이었다. 미국에서는 흑인 분장 민스트럴쇼 관객이 주로 노동 계층의 백인 남성인

13) 역자주: Zip Coon, Dandy Jim of Caroline, and Long Tail Blue는 모두 흑인분장극에서 자주 등장하는 캐릭터와 관련이 있음. 1) Zip Coon: 이 캐릭터는 아프리카계 미국인을 조롱하는 흑인분장 극 노래로, 1834년에 처음 출판되었음. 이 노래는 “Turkey in the Straw”라는 노래의 멜로디와 연관되어 있음. 2) Dandy Jim of Caroline: 이 캐릭터는 남부 미국의 노예 제도를 풍자하는 흑인분장극 노래로, 1843년에 처음 출판되었음. 3) Long Tail Blue: 이 캐릭터는 흑인분장극에 자주 등장하는 ‘더니’ 캐릭터로, 고급스러운 옷을 입은 남자를 표현함. 이 캐릭터들은 흑인분장극 쇼에서 아프리카계 미국인을 조롱하는 데 사용되었으며, 이러한 공연은 아프리카계 미국인 문화를 왜곡된 형태로 전파하였음.

경향이 있었지만, 영국에서는 민스트럴쇼가 남녀 모두와 모든 계층에게 인기가 있었다.[63] 영국 민스트럴쇼에서 실제 아프리카계 미국인이 공연하는 경우는 거의 없었으며, 그들이 공연할 때도 관객은 종종 변장한 백인을 더 선호했다.[64] 더욱이, 영국 내 흑인 인구는 결코 많지 않았으며(18세기 후반에는 약 1만 명 정도), 19세기를 통틀어 감소했기 때문에,[65] 대부분의 영국인들은 흑인 분장 민스트럴쇼를 통해서만 흑인에 대한 지식을 얻었다.[66] 따라서 쇼니바레(Shonibare)의 〈일기(Diary)〉에 보이는 백인 귀족과 하인 모두 실제 흑인보다 민스트럴쇼에서 본 흑인에 대한 비하적인 캐리커처에 더 익숙했을 것이다. 초기 영국 흑인 분장 민스트럴들이 반노예제 정서를 포함했으며 획일적으로 인종차별적이라고 특징지을 수 없고,[67] 영국이 1830년대에 서구에서 노예 폐지 운동을 주도했지만, 1860년대에 이르러서는 인종차별이 만연했으며, 이는 흑인 열등감에 대한 믿음을 확인하는 "과학"에 의해 뒷받침되었다.[68] 영국 제국이 확장됨에 따라 흑인을 열등하다고 인식하도록 교육받은 영국인들은 흑인 분장 민스트럴쇼의 캐리커처와 대비하여 자신들을 백인으로 정의했다.[69] 민스트럴쇼가 남부 미국 흑인 문화를 풍자하는 것은 영국의 발전하는 제국주의와 밀접하게 관련되었다.[70]

대부분의 백인 빅토리아 시대 영국인들은 흑인 민스트럴쇼 댄디의 고정관념에 너무 많은 영향을 받았기 때문에 〈일기(Diary)〉에서처럼 쇼니바레(Shonibare)의 댄디에게 긍정적으로 반응하지 않았을 것이다.[71] 영국 흑인 분장 댄디들은 종종 18세기 영국 궁정 복장을 기반으로 한 무릎 길이 바지, 버클 달린 신발, 가루 묻힌 가발과 같은 의상을 입었는데, 이는 〈일기〉에서 댄디가 아닌 하인이 입은 의상과 유사하다. 영국 흑인 분장 댄디는 미국에서처럼 터무니없이 화려한 복장과 우스꽝스럽게 과장된 매너, 그리고 화려하지만 문법적으로 부정확한 말투로 묘사되었으며, 이는 종종 흑인 분장 미인(blackface belle[14]; 보통 백인 남성이 연기)을 추구하

14) 역자주: Blackface Belle는 흑인분장극 공연에서 자주 등장하는 여성 캐릭터를 의미함. 이 캐릭터는 백인 배우들이 검은 얼굴을 그리고 아프리카계 미국인 여성을 조롱하는 형태로 연기함. 이러한 캐릭터는 종종 과장되고 지나치게 화려한 옷을 입고 평범한 미인을 표현하며, 인종적 편견과 차별을 조장하는 데 사용되었음. "Belle"는 주로 아름답고 매력적인 여성을 의미하는 프랑스어임. 이 단어는 영어에서도 사용되며, 예컨대, "Southern belle"는 미국 남부의 아름답고 우아한 여성을 나타냄. "The belle of the ball"이라는 표현은 무도

는 데 사용되어 댄디의 섹슈얼리티를 강조하는 동시에 일탈적인 것으로 만들었다.[72] 민스트럴쇼는 또한 흑인 댄디의 백인 여성 추구를 풍자했는데, 이는 인종 간 성관계, 혼혈 자녀, 강간에 대한 두려움을 강조했으며, 동시에 흑인 남성이 백인 여성을 선호할 것이라는 가정에 기반을 두었다.[73] 이러한 고정관념이 느슨해지기 시작한 것은 19세기 후반과 20세기 초가 되어서였는데, 미국 흑인 보드빌(vaudeville)15) 공연자 조지 워커(George Walker)16)가 흑인 댄디의 존엄성을 되찾았을 때이다.[74] 이러한 인종차별, 흑인 분장 민스트럴쇼, 흑인 댄디의 배경은 쇼니바레가 선택한 역사적 배경을 훨씬 더 중요하게 만든다.

댄디는 너무 매력적이어서 모든 것이 그에게 주어지는 것으로 간주되었으며, 따라서 정전(canonical) 댄디의 가장 중요한 특성 중 하나는 그의 게으름이다.[75] 이 특성은 댄디가 흑인일 때 더 복잡해지며, 쇼니바레(Shonibare) 자신의 신체적 장애로 인해 더욱 문제화된다. 백인 댄디의 노동으로부터의 자유는 그의 정교하게 표현된 취향에 의해 정당화될 수 있지만, 흑인 댄디는 흑인 노동자의 게으름에 대한 고정관념으로 인해 괴로울 수 있다.[76] 영국 흑인 분장 민스트럴쇼에 의해 선전된 가장 두드러진 고정관념 중에는 빅토리아 시대 영국인들이 자신들을 근면하고 열심히 일하는 존재로 정체화했던 방식과는 대조적으로, 흑인들의 온순함,

---

회의 중심에 있는 가장 아름다운 여성을 뜻함.

15) 역자주: 보드빌은 19세기 말 프랑스에서 시작된 버라이어티 엔터테인먼트의 연극 장르임. 보드빌은 원래 코믹한 상황을 기반으로 한 심리적 또는 도덕적 의도가 없는 코미디였음. 극적인 구성 또는 가벼운 시, 노래와 춤이 산재해 있음. 1880년대 초반부터 1930년대 초반까지 미국과 캐나다에서 인기를 얻었으며 시간이 지남에 따라 변화했음. 어떤 면에서 빅토리아 시대 영국의 뮤직홀과 유사하며, 전형적인 북미 보드빌 공연은 그룹화된 일련의 관련 없는 내용으로 구성되었음. 공연 유형에는 대중 음악가와 클래식 음악가, 가수, 무용수, 코미디언, 훈련된 동물, 마술사, 복화술사, 스트롱맨, 여성 및 남성 분장자, 곡예사, 광대, 삽화 노래, 요술쟁이, 단막 연극 또는 연극의 장면, 운동선수, 강사 유명인, 음유시인 등이 다양하게 등장했음. "미국 쇼 비즈니스의 심장"이라고 불리는 보드빌은 수십 년 동안 북미에서 가장 인기 있는 엔터테인먼트 유형 중 하나였음.

16) 역자주: George Walker는 미국의 블랙 브로드웨이 배우, 감독, 프로듀서로, 배우와 감독으로서 흑인분장극 공연에서 주목받았음. 그는 1873년 미주리주 로렌스에서 태어났으며, 어릴 때부터 흑인분장극 및 의약품 쇼에서 공연을 시작했음. 1893년 샌프란시스코에서 Bert Williams를 만난 후, 두 사람은 Williams & Walker Company를 설립하여 아프리카계 미국인 배우들을 지원하고 신작을 제작하는 데 중점을 두었음. 그들은 흑인분장극의 표준적인 틀을 뒤흔들어 "Two Real Coons"라는 별칭으로 불리며 브로드웨이에서 큰 성공을 거두었음.

쾌락주의, 그리고 게으름이 있었다.[77] 그러나 댄디의 무목적성(purposelessness)은 그의 레퍼토리의 일부이다. 따라서 쇼니바레의 손상된 기동성(impaired mobility)은 무목적적인 댄디의 역할에 적합하다.

쇼니바레(Shonibare)의 댄디는 모든 댄디가 노력하는 찬양을 노력하지 않는 것처럼 보이면서 획득하며 승리한다. 그는 권리나 심지어 존중을 구할 필요가 없으며, 그것들을 이미 가지고 있다. 쇼니바레 댄디의 흑인성은 불평등의 표시가 아니라, 숭배를 위한 추가적인 영감으로 나타난다. 관람자의 즐거움은 처음에 그의 매력적인 매력에서 오고, 그다음에는 아마도 인종차별의 명백한 부재에서 올 것이다. 그럼에도 불구하고, 그의 사회 정복이 아무리 효과적일지라도, 인종차별의 역사는 그가 어떻게 이것을 성취했는지에 대한 질문을 속삭인다. 이 찬양은 그가 큰 역경을 극복했기 때문인가, 아니면 단순히 그가 너무 멋지기 때문인가? 그는 단지 타락한 낭비자에 불과한가?

장애에 대한 빅토리아 시대의 태도

장애에 대한 빅토리아 시대의 태도 또한 〈일기(Diary)〉의 특정 연대기적 배경과 관련이 있다. 19세기 중반 동안, 빅토리아 시대 문학은 장애의 재현을 포용했는데, 이는 산업 혁명 동안 남성다움과 남성성의 기준이 근면하고 열심히 일하며, 따라서 강하고 활동적인 쪽으로 변화했던 방식을 반영한다.[78] 문학 속 주인공들도 이를 따랐다. 새롭게 강조된 그들의 남성적인 힘에 대한 결과는 그들이 덜 감정적이었다는 것인데(감정은 여성적인 것으로 인식되었으므로), 또한 덜 말이 많았다. 영웅의 친구인 병약하거나 장애가 있는 남성은 근육질의 영웅에게 억압된 정서와 말을 제공했으며, 많은 소설들이 그러한 우정의 관습을 탐구하여 장애에 대한 빅토리아 시대 사람들의 매료를 보여주었다.[79] 댄디-병약자라는 인물이 19세기 말이 되어서야 등장했지만,[80] 병약한 친구 관습의 인기는 그럼에도 불구하고 〈일기〉의 역사적 시대 동안 남성 장애에 대한 인식을 지적한다. 이러한 인식의 일부에는 눈에 보이는 장애가 특히 혐오감을 불러일으킨다는 믿음이 포함되었고, 따라서 이는 장애를 가진 남성에게 추가적인 부담이었는데, 그는 질병이나 장애 자체만큼이나 타인의 혐오감으로 인해 고통받는다고 여겨졌다.[81] 빅토리아 시대 사람들은 질병과 장애를 고통과 동정심과 연관시켜, 장애 신체를 감정의 장소로 만들었다.[82] 이러한 믿음의 한 예는 영국 낭만파 시인 바이런 경(Lord Byron)의 섬세하고 시적인 천성이 그가 만곡족(club foot)을 가지고 태어난 결과라는 생각에 반영되어 있다.[83] 이러한 태도는 장애에 대한 빅토리아 시대의 동정심을 반영했는데, 특히 장애가 개인의 무모하거나 부주의한 행동이 아닌 운명의 결과였을 때 그러했으며, 이는 장애와 기형이 우스꽝스럽거나 사악하다고 여겼던 18세기의 믿음과는 대조적이었다.[84] 더욱이, 빅토리아 시대 사람들은 오늘날 우리처럼 장애 자체를 낙인으로 인식하지는 않았지만, 분명히 동정심이나 자선을 받을 가치가 있다고 여겼다.[85]

문학 속 병약자나 장애가 있는 남성은 일반적으로 강인한 상대보다 더 작고 약하게 묘사되었는데, 강인한 상대는 키가 크고, 어깨가 넓고, 가슴이 두꺼운 모습으로 더 균일하게 묘사되었다.[86] 건장한 주인공은 또한 자주 흰 피부에 금발로 특징지어진 반면, 장애가 있는 남성은 더 자주 어두운 안색과 검은 머리를 가졌다. 그렇다면 쇼니바레(Shonibare)의 댄디는 남성성과 장애에 대한 이러한 빅토리아 시대의 생각과 밀접하게 관련된다.[87] 그의 댄디는 키가 크고 강해 보이며, 필수적인 넓은 어깨와 두꺼운 가슴을 가지고 있는데, 문학적 영웅처럼 자신의 활력을 손상시키지 않는 장애를 가지고 있으며, 이는 눈에 잘 띄지 않을 수도 있다. 쇼니바레의 사진들은 남성의 반대되는 종류를 나타내거나 체현한다고 믿어졌던 신체적 특성이나 지위를 함께 가져오거나 심지어 병합한다(하나의 신체 안에서).

인종, 장애, 미술사

미술사적 재현에서 전통적으로 흑인과 장애를 가진 사람들은 주변화되거나 매혹적인 타자로서 자세히 관찰하기 위해 제시되는 경향이 있었다.[88] 인종적인 측면에서 쇼니바레(Shonibare)가 지적하듯이, "... 만약 당신이 그 시대의 그림을 본다면, 흑인의 얼굴은 앞에 있는 사람이 아닐 것이고, 하인이나 노예일 것이다."[89] 댄디처럼 차려입은 흑인 하인은 자신의 주인의 세련됨을 반영하는 동시에, "고도로 진화한" 백인 귀족들과는 대조적으로 종종 "원시적인" 대조를 제공했다. 화려한 복장과 힘든 노동으로부터의 명백한 자유가 주인의 막대한 번영을 나타내는 이러한 개인들은 특권 노예 또는 사치 노예라고 불렸다.[90] 종종 어린 소년일 때 노예화되어 멋 부림을 강요받았으며, 그들은 주인에 의해 격상되는 동시에 어리석거나 젠체하는 존재로 만들어졌고, 풍자와 캐리커처의 표적이 되는 경우가 적지 않았다.[91] 호가스(Hogarth)의 〈현대적인 결혼(Marriage a la Mode)〉(1743) 중 4장, '라 토일렛(La Toilette)'과 같이 예외도 있는데, 이는 단정한 하인복을 입은 흑인 하인이 그를 둘러싼 방탕한 백인들에게 부정적인 영향을 미치는 자신의 도덕적 감수성을 반영하는 것을 묘사한다.

재현에서 소외되는 것 외에도, 흑인들은 미술사에 의해 소외되기도 했다(그리고 현재도 그렇다). 미술사학자 데이비드 대비딘(David Dabydeen)은 다음과 같이 언급한다.

> 저는 1980년대 초에 윌리엄 호가스(William Hogarth)에 관해 쓰인 거의 모든 것을 읽었던 것으로 기억하지만, 그의 흑인 인물들에 대한 어떤 인정도, 그들의 복잡한 서사 속에서의 역할은 말할 것도 없고, 접한 적이 없다. ... 아이러니는 실제 흑인의 신체가 (노예로서) 수익성이 있었음에도 불구하고, 그들의 이미지에는 상응하는 가치가 부여되지 않아 간과되었다는 것이다. 또한 영국의 많은 대저택이 노예 제도의 수입으로 구입된 예술품으로 채워졌다는 인식도 전혀 없었다.[92]

쇼니바레(Shonibare)의 〈일기(Diary)〉의 배경이 페르시아 양탄자와 조각된 상아로 장식된 호화로운 저택이라는 점은 이러한 착취적인 식민지 시대 부의 원천에 주의를 환기시킨다. 더욱이, 2005년에 글을 쓴 대비딘(Dabydeen)은 흑인 역사가 영국 역사 서술에서 포괄적으로 다뤄지기 시작한 것은 1970년대가 되어서였으며, 예술 갤러리와 박물관이 흑인 이미지와 흑인 문화 관련 역사적 공예품의 중요성을 인정한 것은 그보다 훨씬 더 늦게 일어났다고 지적했다.[93] 쇼니바레는 희미하게나마 조롱의 대상조차 되지 않는 자신의 숭배받는 흑인 댄디를 통해 영국 예술에서 흑인을 묘사하는 전체 전통을 뒤집고 있으며, 그러한 이미지에서 그들의 등장에 대한 미술사적 재고를 요구하고 있다.

예술에서 장애 재현과 관련하여, 시버스(Siebers)는 현대 예술의 비대칭적이고, 불완전하며, 추상적인 것에 대한 관심이 가시적인 장애와 밀접한 연관성을 가진다고 주장했다. 더욱이, 그는 그러한 이미지가 추상화로 제시될 때는 실험적이고 아방가르드한 것으로 환영받지만, 장애에 대한 더 자연주의적이거나 사실적인 묘사는 마크 퀸(Marc Quinn)의 〈임신한 앨리슨 래퍼(Allison Lapper Pregnant)〉(2002)에 대한 그의 분석에서처럼 예술 자체가 병든 증상으로 간주된다는 점을 지적한다.[94]

패싱

쇼니바레(Shonibare)의 어두운 피부가 그가 쉽게 백인으로 패싱(passing)하는 것을 금지하겠지만, 〈일기(Diary)〉는 특정 백인의 세계에 매우 성공적으로 진입하는 흑인 남성을 묘사한다. 댄디는 복장과 외모를 사용하여 자신들의 본래 사회적 지위를 초월하기 때문에, 패싱으로 간주될 수 있으며, 이 용어는 미국의 노예 제도와 짐 크로우(Jim Crow) 시대 동안 인종적 패싱(Racial Passing)[17)]과 가장 강하게

17) 역자주: 인종적 패싱(Racial Passing)은 혼혈 인종 혈통을 가진 개인이 자신의 인종적 배경을 숨기거나 부인하고, 일반적으로 사회에서 더 우월한 것으로 간주되는 다른 인종의 구성원인 척하며 그들의 정체성을 가정하는 행위임. 주로 미국 노예제 및 짐 크로우(Jim Crow) 시대에, 법적으로는 흑인으로 분류되지만 외모가 백인과 유사했던 밝은 피부의 흑

연관된다. 이 시대에 법적으로 흑인으로 간주되었지만 백인처럼 보였던 혼혈 인종의 옅은 피부 개인들은 그렇지 않으면 얻을 수 없는 권리나 특권을 얻기 위해 일시적으로든 영구적으로든 새로운 정체성을 가정했다. 패싱은 자신의 타고난 정체성과 종종 본래 가족과의 단절을 의미하며, 이는 지불해야 할 힘든 대가이다. 소설가이자 문화 비평가인 투레(Touré)는 다음과 같이 쓴다.

> ... 일단 그 선을 넘으면, 그들은 대놓고 숨어 있는 도망자이며, 자신들 자신과 자신들의 역사로부터 도피하고, 가족과 단절되며, 인종차별로부터는 해방되지만 그것의 폭로가 거짓말 위에 세워진 삶과 지배적인 문화 속에서 훔친 위치를 끝장낼 비밀에 사슬로 묶여 있다... 그들은 허클베리 핀(Huck Finn)의 독립성,[18] 격동하는 정체성, 자신의 세계를 파괴할 수 있는 비밀, 타인에 의해 정의되기를 거부하는 태도, 그리고 극소수만이 가질 수 있는 인종에 대한 유리한 관점을 가지고 있다.**[95]**

실제로, 문학 학자 일레인 긴즈버그(Elaine Ginsberg)가 지적하듯이, "패싱은 정체성에 관한 것이다. 정체성의 창조나 부과(Imposition), 채택이나 거부, 그리고 그에 수반되는 보상이나 처벌에 관한 것이다."**[96]** 패싱에서 새로운 정체성의 창조는 다른 정체성의 포기 또는 최소한 억압을 요구한다.

패싱에서 위험에 처한 정체성의 가시성이라는 문제의 이면은 때때로 개인의 주

인들이 억압을 피하고 교육, 직업, 사회적 특권 등 그렇지 않으면 접근 불가능했던 이점을 얻기 위해 이 전략을 사용했음. 패싱은 종종 본래의 가족 및 공동체와의 단절을 수반하는 전략적인 수행이며, 정체성의 유동성을 보여줌.

18) 역자주: "Huck Finn의 독립성"은 마크 트웨인의 소설 "허클베리 핀의 모험"에서 주인공 허클베리 핀이 보여주는 자유와 독립성을 의미함. Huck은 엄격한 사회 규범이나 전통에 얽매이지 않고 자신의 방식대로 살아가기를 추구함. 그의 독립성은 다음과 같은 요소들로 잘 드러남. 1) 자유의 추구: Huck은 아버지의 학대에서 도망치고 문명화된 사회의 속박에서 벗어나기 위해 모험을 떠남. 그는 미시시피 강을 따라 자유를 찾아가는 여정을 시작함. 2) 도덕적 독립성: Huck은 종종 사회적 규범과 자신의 도덕적 신념 사이에서 갈등을 겪다. 예를 들어, 탈출한 노예 Jim을 도와주는 것이 법적으로는 잘못되었지만, Huck은 자신의 도덕적 직관에 따라 Jim을 돕기로 결정함. 3) 개인의 판단력: Huck은 자신의 판단력과 경험을 믿고 의지함. 그는 자신만의 방법으로 문제를 해결하고, 주변의 성인들이 제공하는 조언보다는 자신의 직관에 따라 행동함. 4) 자연과의 연대감: Huck은 자연 속에서 자신을 자유롭고 독립적이라고 느낌. 그는 도시의 규범과 규칙에서 벗어나 자연 속에서 진정한 자유를 경험함.

요 정체성 인식이 가시적이지 않을 수 있다는 것이다. 젠더학 연구자 리사 워커(Lisa Walker)는 "가시적인 것을 특권화하려는 충동은 종종 지배적인 이데올로기가 소수자 정체성을 부정적으로 정의하는 데 사용해 온 차이의 기표를 되찾으려는 필요에서 발생한다"고 지적한다.[97] 예를 들어, 피부색이나 가시적인 장애에 기반한 정체성 주장은 집단이 자신의 정체성을 주장하도록 허용한다. 그러나 이 전략은 차이의 기표가 가시적이지 않은 집단의 구성원이나, 다른 정체성의 표식이 가시적인 구성원을 문제적으로 보이지 않게 만들 수도 있다.[98] 비판 이론가 마저리 가버(Margery Garber)는 이러한 상황을 "범주 위기(category crises)"라고 언급하는데, 이는 외모와 행동이 정체성과 관련되는 방식이 일치하지 않는 상황이다.[100] 따라서 댄디즘은 계층 장벽을 넘어서는 것을 용이하게 하고, 규칙을 따르는 동시에 어기는 것에서 범주 위기의 전략적 사용일 수 있다. 댄디는 정체성 간의 구별이 무너지는 지점을 활용할 기술을 가지고 있으며, 〈일기(Diary)〉는 댄디가 공연하는 다양한 무대를 통해 이를 강조한다. 그 무대는 병약자, 웅변가, 도박꾼, 정장 차림의 인기인, 그리고 금욕적인 욕망의 선동가로서이다. 댄디는 식별 가능한 정체성 사이의 공간에서 편안함을 느낀다. 그리고 쇼니바레의 작품에서 즐거워 보이는 만큼, 이것은 게임이 아니라 저항의 한 형태이다.[101]

패싱은 또한 장애 이론에서도 역할을 하며, 이 중 일부는 장애의 가시성에 관한 것이다. 쇼니바레(Shonibare)의 장애처럼 많은 장애와 손상은 시각적으로 즉시 명백하지 않아, 패싱 또는 커밍아웃의 경계에 대한 지속적인 협상, 즉 장애 발표가 적절하거나 유용한지 여부에 대한 끊임없는 재평가를 요구한다. 장애가 있음에도 불구하고 비장애인인 척 패싱하는 것은 유용할 수 있지만, 문학 학자 엘렌 새뮤얼스(Ellen Samuels)가 말했듯이, "깊은 오인식과 내적 부조화의 감각"을 야기할 수도 있다.[102] 긴즈버그(Ginsberg)는 "패싱은 신체가 정체성 이해 가능성(identic intelligibility)의 장소라는 문화적 논리에 대한 재고를 강제한다"고 지적하며,[103] 이는 〈일기(Diary)〉가 탐구하는 것의 핵심이다. 다중적으로 패싱하는 댄디가 상징하는 판단 불가능성은 어떤 확고한 정체성 인식에도 저항한다. 이러한 정체성 경제에서 패싱은 지배적인 이데올로기에 동화하는 것으로, 보수적이며, 순응적인 것으로 인식된다.[104] 비가시적인 장애를 가진 사람이 게으르거나, 기만적이거나, 특권의식이 있는 것으로 오해받아, 증명이나 문서를 제출하도록 강요받거나 심지어 믿지 않는 낯선 사람들의 괴롭힘을 경험할 때 문제가 발생한다. 그러나 새뮤얼스는 "패싱이 전복적인 관행이 될 수 있다… 패싱하는 주체는 동화하는 희생자가 아니라, 정체성의 경계를 넘나듦으로써 그 불안정성을 드러내는 저항적인 인물"로 읽힐 수 있다는 것을 입증한다.[106] 이는 쇼니바레의 댄디가 차지하는 경계 공간인 것처럼 보인다.

특히 사진술은 장애의 패싱(passing)을 용이하게 하는 능력을 가지고 있다. 장애학 연구자 마크 제프리스(Mark Jeffreys)는 자신의 형제의 결혼식 날 찍은 사진에 대한 복잡한 감정을 적는다. 취약성 골병(brittle bone disease)을 안고 사는 그와 그의 아버지는 넘어지면 재앙이 될 수 있는 위태로운 상태로 서 있었다. "당시 저의 취약한 뼈는 저를 상당히 잘 지탱하고 있었기에, 저는 건방진 표정으로 앞에 서 있는데, 아마도 제가 (비장애인으로) 패싱할 수 있다는 것을 알았기 때문일 것이다." 그의 형제 피터는 이분 척추를 가지고 태어났지만, "부분적인 마비가 단순한 힙스터[19]의 구부정한 자세처럼 보이도록 서 있었다."[107] 두 다리 없이 태어난 신랑은 평소 휠체어를 사용했지만, 그 행사를 위해 의족을 착용하고 조심스럽게 균형을 잡았다. 제프리스는 말한다. "우리는 우리의 장애가 틀에 갇히게 되면, 우리의 장애가 우리를 틀에 가둘 것이며, 그것들 뒤로 사라지지 않기 위해 우리는 그것들을 배제하고 싶었다."[108] 하지만 비장애인인 척 패싱하는 것, 즉 한계를 가진 신체를 부인하는 것은 사회의 편견에 대한 일종의 공모 형태일 수 있다. 제프리스는 장애가 제시할 수 있는 구경거리뿐만 아니라 그 구경거리를 조작하는 복잡성을 집중적으로 인식하고 있다.

분명히 쇼니바레(Shonibare)의 댄디는 구경거리이며, 동반자들이 자신에게 던지는 황홀한 시선을 자신의 당연한 몫으로 받아들인다. 이 이미지들은 장시간 동안

19) 역자주: 힙스터(Hipster)는 유행이나 대중의 큰 흐름(주류 문화)을 따르지 않고, 자신들만의 고유한 취향과 독특한 문화적 코드를 추구하는 부류의 사람들을 일컫는 용어임. 이들은 주로 인디 음악, 독립 영화, 빈티지 패션, 특이한 헤어스타일 등 비주류(서브컬처)적 요소에 관심을 가지며, 자신들의 다름을 중요하게 여김.

보이고, 응시되고(gaze), 주목(stare)되도록 설계되었다. 갈런드-톰슨(Garland-Thomson)이 "장애는 예상되는 주변 맥락 속에서 손상이라는 특이한 (따라서 이상한) 표시를 병치시킴으로써 시각적으로 작동한다"고 말했듯이,[109] 여기서는 역설적으로 손상이 아니라 다중적인 특이성이 차이의 충격으로 눈을 놀라게 한다. 즉, 댄디의 절묘한 완벽함과 그의 인종적 차이가 일반적인 긴장과 위계를 만들어내지 못하는 것이다. 쇼니바레는 댄디가 관객으로부터 갈망했던 감탄의 충격을 전문적으로 포섭했다. 가장 중요한 것은, 쇼니바레가 장애의 증거를 정말로 숨기지 않았으며, 단지 그것에 주의를 기울이지 않도록 했을 뿐이라는 것이다.

사진상으로, 장애 이론가 데이비드 히비(David Hevey)는 장애인들이 "거의 전적으로 '타자성'의 상징으로, 그들과 아무런 관련이 없는 그리고 그들의 비통합을 그들의 손상의 자연적인 부산물로 여기는 방정식 속에 배치되어" 재현된다고 관찰한다.[110] 이러한 타인에 의한 재현의 오랜 전통에 직면했을 때, 자신을 재현하고자 하는 장애인에게 어떤 선택지가 있는가?[111] 갈런드-톰슨(Garland-Thomson)이 지적했듯이, "실제 장애 신체가 부재할 때, 사진술은 응시를 양식화하고, 전시의 관습을 과장하고 고정시키며, 관람자와 관람 대상 사이의 상호작용 또는 자발성의 가능성을 제거한다."[112] 따라서 사진술은 관람자가 보복에 대한 걱정 없이 마음껏 응시하도록 해방시킨다.[113] 댄디는 응시의 전문적인 스타일리스트이며, 〈일기(Diary)〉에서 보듯이 자신의 순전한 장엄함으로 상호작용을 제거하는 경향이 있다. 〈일기〉가 나쁜 매너에 대한 걱정으로부터 자유로운, 오래 응시하는 것을 조장한다는 것을 알고, 쇼니바레(Shonibare)는 시선, 응시, 장애의 문제와 사회가 언제 지속적인 바라보기를 용인하고 용인하지 않는지에 대해 의도적으로 다룬다. 갈런드-톰슨은 인간이 사실 응시에 관해서는 다소 무력하다고 주장한다. 그녀는 "이상함이나 특이성은 매혹적이면서도 골치 아픈 것"이라고 쓰며, 전통적인 백인 댄디는 반드시 이상하지는 않더라도 이미 특이한 인물이다.[114] 우리는 낯선 광경을 응시하도록 타고났으며, 빅토리아 시대 흑인 댄디는 분명히 그 자격을 갖춘다.

갈런드-톰슨(Garland-Thomson)은 응시가 세계를 길들이는 방식, 즉 낯선 것을 처리하는 방식이라고 주장한다. 우리는 새롭고 낯선 것에 의해 위협을 받으며,

이는 신경 전달 물질 도파민이 흐르게 한다. 응시를 통해 우리는 알 수 없는 것을 익숙한 것과 화해시키려고 시도한다.[115] 낯선 어떤 것이 우리의 눈을 사로잡을 때 처음의 응시를 막을 수 없으며, 우리가 할 수 있는 모든 것은 응시의 통제를 되찾고, 응시를 금지하는 예의 바른 사회의 규칙을 따라 시선을 돌리는 것이다. 그러나 여기서는 쇼니바레(Shonibare)의 멋진 신사에게 우리의 눈을 잔뜩 줄 수 있으며, 사실 선량하고 모범적인 예술 관람자로서 우리는 그래야 한다. 하지만 쇼니바레가 자신의 이미지를 아름다움과 사치로 가득 채워 조장하는 관람자의 응시, 즉 집어삼키는 시선은 실제 세계에서는 그의 신체적 변칙성 때문에 의심할 여지없이 우리의 주의를 끌 그의 외모의 측면들을 최소한 처음에는 인지하는 데 실패한다.

구성된 정체성

젠더학 연구자 앤 파우스토-스털링(Anne Fausto-Sterling)이 주장하듯이, 신체는 "문화적 효과에 의해 창조된 신체적 사실"이다.[116] 젠더학 연구자 말렌 트롬프(Marlene Tromp)는 이를 상세히 설명하며 다음과 같이 설명한다.

> [규범적이든 아니든] 신체는 문화적 맥락에 의해 구조화된다. 이것이 '신체'가 단순히 담론적이거나, 이해하거나 형상화할 신체나 잠재적인 신체적 차이가 없다거나, 또는 이러한 구성이 다중적이고 미끄럽지 않다는 것을 의미하지는 않는다. 오히려, 이것은 신체와 그 특성이 특정 사회적, 개념적 시스템 내에서만 의미를 갖게 되며, 신체는 사실상 맥락에 의해 결정된다는 것을 시사한다.[117]

정체성을 구획하도록 지정된 표식들은 생물학적이라기보다는 문화적인 차이이다. 차이는 존재하지만, 그것들의 의미와 위계화는 문화적으로 구성된다. 댄디는 자신의 정체성을 구성하고 재창조하는 인물로, 그 정체성이 사용될 환경을 영원히 자신이 통제하도록 확인한다. 쇼니바레(Shonibare)는 댄디로 자처하며, 흑인 댄디로서 그림 안에서 그리고 장애를 가진 남성으로서 우리 세계 안에서 모두 구경거리인 인간 예술 작품으로서 우리에게 자신을 바라보도록, 심지어 응시하도록 요청한다. 〈일기(Diary)〉가 원래 런던 지하철에 포스터 형태로 전시되었는데, 이곳에서 통근자들은 기차를 기다리는 동안 주변의 광고를 자세히 보는 것 외에는 할 일이 전혀 없는 경우가 많다는 점에 주목할 가치가 있다. 더욱이, 그리고 아이러니하게도, 런던 지하철은 접근성이 좋지 않은 것으로 알려져 있으므로, 이 관람자들은 장애가 없는 사람들일 가능성이 더 높았다. 〈일기〉는 응시, 심지어 구경꾼(gawking[118])의 응시의 대상으로 댄디를 탐구한다. 미술사학자 W.J.T. 미첼(W.J.T. Mitchell)이 지적했듯이, 예술 작품은 우리에게 자신을 바라보도록 요청하는 대상이다.[119] 〈일기〉에서 그를 동반하는 인물들의 숭배하는 시선 또한 우리가 지속적인 바라보기에 참여하도록 장려한다. 쇼니바레는 댄디로서, 흑인 댄디로서 그림 안에서 그리고 장애를 가진 남성으로서 우리 세계 안에서 모두 구경거리인 인간 예술 작품으로서 우리에게 자신을 바라보도록, 심지어 응시하도록 요청한다. 동시에, 그는 갈런드-톰슨에게 "억압적인 사회적 관계로서 장애를 창조하는 몸짓"인 응시를 거부한다.[120]

쇼니바레(Shonibare)의 〈빅토리아 시대 댄디의 일기(Diary of a Victorian Dandy)〉는 자신을 비장애인이나 상류층이며 백인으로 패싱(passing)하는 것으로 재해석했다기보다는, 가시성과 정체성에 대한 탐구이다. 쇼니바레의 댄디는 백인으로 위장하지 않지만, 〈일기〉의 연출은 "인종이 일반적인 함의를 갖지 않거나 고정관념적인 위계질서에 빠지지 않는" 환경을 결과로 낳는다.[121] 댄디적인 매력을 지닌 쇼니바레는 우리에게 정체성의 범주에 대한 우리의 불안이 역사적이며 뿌리 깊다는 것을 두려움 없이 보여주며, 단호하지만 정중하게 이 역사에 주목해 줄 것을 요청하고, 그런 다음 크게 관대함을 보이며 자신의 세계로 우리를 환영한다. 그의 댄디적인 패싱에 대한 탐구는 정체성의 다른 측면을 부정하는 자아의 재창조가 아니라, 대신 우리가 서로에 대해 생각하는 방식을 너무나 자주 구조화하는 정체성의 제한에 강력하게 저항하는 것이다.

주석(Notes)

[1] 문학과 역사에서 Dandies는 주로 남성이다. Dandyism과 Gender를 다루는 학문에는 Miranda Gill의 "The Myth of the Female Dandy", (French Studies LXI, no. 2 (2007): 167-181)와 Rhonda K. Garelick의 Rising Star: Dandyism, Gender, and Performance in the Fin de Siecle (Princeton, NJ: Princeton University Press, 1998)이 포함된다.

[2] Barbara J. Black, "The Pleasure of Your Company in Late-Victorian Clubland", Nineteenth-Century Contexts 32, no. 4 (Dec. 2010), 283쪽.

[3] Anna Marie Pena, "A Terrible Beauty: Politics, Sex, and the Decline of Empires", C Magazine 114 (Summer 2012), 19쪽.

[4] Jane Wilkinson, "Prospero's Magic or Prospero's Monsters? Disabling Empire in David Dabydeen and Yinka Shonibare", Textus XXIII (2010), 498쪽.

[5] The Saving, after Fragonard, 2001년.

[6] 예를 들어: How to Blow Up Two Heads at Once (Ladies), 2006년; Lady on Unicycle, 2005년; Gallantry and Criminal Conversation, 2002년.

[7] Jaap Guldemond와 Gabriele Mackert, "To Entertain and Provoke: Western Influences in the Work of Yinka Shonibare", in Yinka Shonibare: Double Dutch, Guldemond와 Mackert ed. (Rotterdam: NAi Publishers, 2004), 41쪽.

[8] Guldemond와 Mackert, "To Entertain and Provoke", 41쪽.

[9] Lennard J. Davis, "Nude Venuses, Medusa's Body, and Phantom Limbs: Disability and Visuality", in The Body and Physical Difference, David Mitchell과 Sharon L. Snyder ed. (University of Michigan Press, 1997), 63쪽.

[10] bell hooks, Black Looks: Race and Representation (South End Press: Boston, 1992), 133쪽.

[11] Anthony Downey, "Setting the Stage: Yinka Shonibare MBE in Conversation with Anthony Downey", in Yinka Shonibare MBE, Rachel Kent ed. (New York and London: Prestel, 2014), 48쪽에서 인용됨.

[12] Monica Miller, Slaves to Fashion: Black Dandyism and the Styling of Black Diasporic Identity (Durham and London: Duke University Press, 2009), 9쪽.

[13] Ellen Samuels, "My Body, My Closet: Invisible Disability and the Limits of Coming-Out Discourse", GLQ: A Journal of Lesbian and Gay Studies 9, no. 1-2 (2003), 238쪽. Samuels를 따라, 저는 주변화되거나 비가시적인 정체성이 아닌 표식되지 않은 정체성을 언급하기 위해 Disability와 관련하여 "nonvisible"이라는 용어를 사용한다.

[14] Deborah Sontag, "Headless Bodies from a Bottomless Imagination", The New York Times, 2009년 6월 17일 접속.

[15] Janice Cheddie, "A Note: Yinka Shonibare: Dress Tells the Woman's Story", Fashion Theory 4, no. 3 (2000): 352쪽.

[16] Samuels, "My Body, My Closet", 236쪽.

[17] Shonibare와 관련하여 Spectatorship에 대한 이러한 생각들은 Lisa Bloom, "Introducing With Other Eyes: Looking at Race and Gender in Visual Culture", in With Other Eyes:

Looking at Race and Gender in Visual Culture, Bloom ed. (Minneapolis: University of Minnesota Press, 1999), 4쪽에서 영감을 받았다.

[18] David Hevey, "The Enfreakment of Photography", in The Disability Studies Reader, Lennard J. Davis ed. (New York and London: 1997), 345쪽.

[19] Garland-Thomson, "Seeing the Disabled: Visual Rhetorics of Disability in Popular Photography", in The New Disability History: American Perspectives, Paul K. Longmore와 Lauri Umansky ed. (New York: New York University Press, 2001), 348쪽.

[20] Garland-Thomson, "Staring at the Other", Disability Studies Quarterly 25, no. 4 (Fall 2005), http://dsq-sds.org/article/view/610 /787

[21] Rhonda K. Garelick, "The Layered Look: Coco Chanel and Contagious Celebrity", in Dandies: Fashion and Finesse in Art and Culture, Susan Fillin-Yeh ed. (New York: NYU Press, 2001), 36쪽.

[22] "Un de ces monstres chez qui la tete est au-dessus du Coeur", Gill, 176쪽.

[23] Garland-Thomson, Freakery: Cultural Spectacles of the Extraordinary Body (New York: New York University Press, 1996), 4쪽.

[24] Garland-Thomson, Extraordinary Bodies, 25쪽; 또한 Siebers, Disability Aesthetics (Minneapolis: University of Michigan Press, 2010), 1쪽; Lennard J. Davis, Enforcing Normalcy: Disability, Deafness, and the Body (New York: Verso, 1995), 12쪽 참조.

[25] Davis, Enforcing Normalcy, 12쪽.

[26] Garelick, "The Layered Look", 36쪽.

[27] Marlene Trompe, "'Introduction: Toward Situating the Victorian Freak", in Victorian Freaks: The Social Context of Freakery in Britain, Trompe ed. (Columbus: The Ohio State University Press, 2008), 8쪽.

[28] Robert Nowatzki, Representing African Americans in Transatlantic Abolitionism and Blackface (Baton Rouge: Louisiana State University Press, 2010), 55쪽.

[29] Rachel Kent, "Time and Transformation in the Art of Yinka Shonibare", in Yinka Shonibare MBE, 17쪽.

[30] Downey, "Setting the Stage", 48쪽.

[31] Michael Pickering, Blackface Minstrelsy in Britain (London: Ashgate, 2008), 21쪽은 Blackface를 한 백인 영국 공연자들의 그룹이었던 〈Coloured Opera Troupe〉가 입은 Costumes를 이렇게 묘사한다.

[32] Nigel Lezama, "The Nineteenth-Century Dandy's Heroic Renunciation throu h P ion", Critical Studies in Fashion and Beauty 3, nos. 1 and 2 (2012): 90쪽.

[33] Garelick, "The Layered Look", 36쪽.

[34] Lezama, "The Nineteenth-Century Dandy's Heroic Renunciation", 88쪽.

[35] Miller, Slaves to Fashion, 9쪽. Rachel Dolezal을 둘러싼 최근 사건들이 보여주듯이, 인종의 채택은 훨씬 더 복잡하다.

[36] Carter Ratcliff, "Dandyism and Abstraction in a Universe Defined by Newton", in Fillin-Yeh, 101-102쪽 참조. Thomas Carlyle의 말을 인용한다: "Dandy의 바람은 'a visual object, or a thing that will reflect rays of light' 이상이 되지 않는 것이다. 'Your silver or your gold... he solicits not; simply the glance of your eyes ... [D]o but look at him, and he is contented.'" Carlyle, Sartor Resartus: The Life and Opinions of

Herr Teufelsdroch, Kerry McSweeney와 Peter Sabor ed. (1836; Oxford: Oxford University Press, 1987), 207, 212-215쪽 인용.

[37] Davis, Enforcing Normalcy, 11쪽.

[38] Miller, Slaves to Fashion, 69쪽.

[39] Karen Bourrier, The Measure of Manliness: Disability and Masculinity in the MidVictorian Novel (Detroit: Michigan University Press, 2015), 17쪽.

[40] Clive Kellner, "Interview with Yinka Shonibare", in Yinka Shonibare (Johannesburg: Camouflage/Coartnews Publishing, 2001), 9쪽, Kent, 9쪽에서 인용됨.

[41] Kellner, "Interview with Yinka Shonibare", 9쪽, Kent, 16쪽에서 인용됨.

[42] John Peacock, Men's Fashion: The Complete Sourcebook (London, Thames and Hudson: 1996), 86-87쪽 참조.

[43] Jeremy Kaye, "Twenty-First-Century Victorian Dandy: What Metrosexuality and the Heterosexual Matrix Reveal about Victorian Men", The Journal of Popular Culture 42, no. 1 (2009): 121쪽.

[44] Pickering, Blackface Minstrelsy, 113-114쪽; Nowatzki, Representing African Americans, 2쪽.

[45] Davis, Enforcing Normalcy, 130쪽.

[46] Davis, "Constructing Normalcy", in The Disability Studies Reader, Davis ed. (New York: Routledge, 2013), 10, 11쪽.

[47] Kaye, "Twenty-First-Century Victorian Dandy", 120쪽.

[48] Nowatzki, Representing African Americans, 11쪽.

[49] Nowatzki, Representing African Americans, 65쪽.

[50] Pickering, Blackface Minstrelsy, 124쪽.

[51] Miller, Slaves to Fashion, 66, 87, 91쪽.

[52] Miller, Slaves to Fashion, Chapter 2: Crimes of Fashion, 77-136쪽 참조.

[53] Barbara L. Webb, "The Black Dandyism of George Walker: A Case Study in Genealogical Method", The Drama Review 45, no. 4 (Winter 2001): 12쪽.

[54] Webb, "The Black Dandyism of George Walker", 18쪽; Elie Reynolds Weatherup, "Understanding Dandyism in Three Acts: A Comparison of the Revolutionary Performances of Beau Brummell, George Walker, and Zoot Suit Culture" (PhD Dissertation, University of California-San Diego, 2011), 124쪽.

[55] Webb, "The Black Dandyism of George Walker", 12, 16쪽.

[56] Weatherup, "Understanding Dandyism in Three Acts", 76쪽; Pickering, Blackface Minstrelsy, 61쪽.

[57] Pickering, Blackface Minstrelsy, 20쪽.

[58] Webb, "The Black Dandyism of George Walker", 9쪽.

[59] Webb, "The Black Dandyism of George Walker", 11쪽.

[60] Nowatzki, Representing African Americans, 44쪽.

[61] Nowatzki, Representing African Americans, 63쪽.

[62] Pickering, Blackface Minstrelsy, 2-3쪽; Nowatzki, 63-64쪽.

[63] Pickering, Blackface Minstrelsy, 3-4, 23쪽.

[64] Nowatzki, Representing African Americans, 73쪽.

[65] Pickering, Blackface Minstrelsy, 75, 123쪽.

[66] Pickering, Blackface Minstrelsy, 75쪽.

[67] Nowatzki, Representing African Americans, 7쪽.

[68] Nowatzki, Representing African Americans, 65쪽.

[69] Pickering, Blackface Minstrelsy, 110-111쪽.

[70] Pickering, Blackface Minstrelsy, 114쪽.

[71] Pickering, Blackface Minstrelsy, 21쪽.

[72] Pickering, Blackface Minstrelsy, 134쪽.

[73] Nowatzki, Representing African Americans, 33쪽.

[74] Webb, "The Black Dandyism of George Walker", 15쪽.

[75] Weatherup, "Understanding Dandyism in Three Acts", 11쪽.

[76] Elisa F. Glick, "Harlem's Queer Dandy: African-American Modernism and the Artifice of Blackness", Modern Fiction Studies 49, no. 3 (Fall 2003): 420쪽.

[77] Nowatzki, Representing African Americans, 142쪽; Pickering, Blackface Minstrelsy, 113-114쪽.

[78] Bourrier, The Measure of Manliness, 2쪽.

[79] Bourrier, The Measure of Manliness, 2-3쪽. Bourrier의 책은 Charlotte Yonge의 The Heir of Redclyffe (1853), Dinah Mulock Craik의 John Halifax, Gentleman (1856), Charles Kingsley의 Westward Ho! (1855)와 Two Years Ago (1857), Thomas Hughes, Henry James의 The Portrait of a Lady (1881), George Eliot의 The Mill on the Floss (1860)를 포함한 작품들에서 Disability와 Strength의 Narrative Pairing을 탐구한다.

[80] Bourrier, The Measure of Manliness, 23쪽.

[81] Bourrier, The Measure of Manliness, 4쪽.

[82] Bourrier, The Measure of Manliness, 3쪽.

[83] Bourrier, The Measure of Manliness, 5쪽.

[84] Bourrier, The Measure of Manliness, 10, 14쪽.

[85] Bourrier, The Measure of Manliness, 16쪽.

[86] Bourrier, The Measure of Manliness, 8쪽.

[87] Bourrier, The Measure of Manliness, 7쪽.

[88] Black Victorians 또한 Photography에서 과소 대표되었다. 런던의 Autograph ABP가 기획한 "Black Chronicles I"과 "Black Chronicles II"라는 최근 전시회는 실제로 존재하는 Photographs를 탐구했다.

[89] Guldemond와 Mackert, "To Entertain and Provoke", 38쪽.

[90] Miller, Slaves to Fashion, 39; 48-55, 278-280쪽.

[91] Miller, Slaves to Fashion, 49쪽.

[92] David Dabydeen, Black Victorians: Black People in British Art, Jan Marsh ed. (London; Ashgate, 2005), 9쪽 서문.

[93] Dabydeen, Black Victorians 서문, 9쪽.

[94] Siebers, Disability Aesthetics, 42쪽.

[95] Touré, "Do Not Pass", The New York Times Book Review, 2010년 2월 21일, 23쪽.

[96] Elaine Ginsberg, Passing and the Fictions of Identity 서문, Ginsberg ed. (Durham: Duke University Press, 1996), 2쪽.

[97] Lisa Walker, Looking Like What You Are: Sexual Style, Race, and Lesbian Identity (New York: New York University Press, 2001), 209-210쪽, Samuels, "My Body, My Closet", 244쪽에서 인용됨.

[98] Walker, Looking Like What You Are, 209-210쪽.

[99] Margery Garber, Vested Interests: Cross-Dressing and Cultural Anxiety (New York and London: Routledge, 1992), 16쪽, Samuels, "My Body, My Closet", 244쪽에서 인용됨.

[100] Samuels, "My Body, My Closet", 244쪽, Garber의 Vested Interests, 16-17쪽을 인용하는 Ginsberg의 Passing, 8쪽을 인용함.

[101] Samuels, "My Body, My Closet", 250쪽에서 이러한 In-Between States를 점유하는 것에 대해 논한다.

[102] Samuels, "My Body, My Closet", 239쪽.

[103] Ginsburg, Passing, 4쪽, Samuels에서 인용됨.

[104] Samuels, "My Body, My Closet", 247쪽.

[105] Samuels, "My Body, My Closet", 247쪽.

[106] Samuels, "My Body, My Closet", 243.

[107] Mark Jeffreys, "The Visible Cripple (Scars and Other Disfiguring Displays Included)", in Disability Studies: Enabling the Humanities, ed. Sharon L. Snyder, Brenda Jo Brueggemann, and Rosemarie Garland-Thomson (New York: Modern Language Association, 2002), 37.

[108] Jeffreys, "The Visible Cripple", 37.

[109] Garland-Thomson, "The Politics of Staring: Visual Rhetorics of Disability in Popular Photography", in Disability Studies: Enabling the Humanities, ed. Sharon L. Snyder, Brenda Jo Brueggeman, and Rosemarie Garland-Thomson (New York: Modern Language Association, 2002), 59.

[110] Hevey, The Enfreakment of Photography, 333.

[111] Brenda Brueggeman은 "Interlude I: On (Almost) Passing", The Disability Studies Reader, ed. Lennard J. Davis (New York: Routledge, 2006), 320에서 다음과 같이 논평한다. "우리가 우리 자신을 어떻게 표현해야 할지 모른다는 것이 장애가 우리에게 안겨준 다섯 번째 문제이다. 불완전하고 이제는 명백히 불안정한 장애의 얼굴을 마주할 때, 우리는 거기에 무엇을 그려 넣어야 할지 확신하지 못한다. ... 우리가 장애에 대해 말하고, 행동하고, 믿는 것이 갑자기 우리 자신에 대해 말하고, 행동하고, 믿는 것이 되기 시작한다. 이러한 표상들은 끈적끈적해지고 있다—또한 까다롭다."

[112] Garland-Thomson, "Politics", 59.

[113] Garland-Thomson, "Politics", 59.

[114] Miller, Slaves to Fashion, 69.

[115] Garland-Thomson, "Staring", 18.

[116] Anne Fausto-Sterling, Sexing the Body: Gender Politics and the Construction of Sexuality (New York: Basic Books, 2000), 21.

[117] Marlene Trompe and Karyn Valerius, "Toward Situating the Victorian Freak",

Victorian Freaks, ed. Trompe, 3.

[118] Garland-Thomson, "Politics", 57.

[119] Garland-Thomson, Staring: How We Look (Oxford: Oxford University Press, 2009), 7, referring to WJT Mitchell (2005).

[120] Rosemarie Garland-Thomson, Extraordinary Bodies: Figuring Physical Disability in American Culture and Literature (New York: Columbia University Press, 1997), 26. See also Davis on the power of this look, Enforcing Normalcy, 12.

[121] Ann Millett-Gallant, personal communication.

10 장애 섹슈얼리티를 만들어내기

노미 램의 "불의 벽"의 시각적 언어

Shayda Kafai

사회문화적 맥락이든 의학화된 맥락이든 장애인은 심각하게 비성애화되었다(desexualized). 섹슈얼리티에 대한 이러한 폭력적인 소거는 급진적인 가시성과 정치화된 목소리를 필요로 하는 결핍을 만들어낸다. 장애학은 장애에 대한 의료 모델이 장애인을 침묵시키고 그들을 성적 소수자로 만든다는 것을 규명했다.[1] 문헌은 확실히 이러한 퇴보적 신화에 계속 도전하고 있지만,[2] 이 장에서는 특히 퍼포먼스 아트가 장애인 커뮤니티를 위한 성적 권한 부여(empowerment)와 성적 문화를 만들어내는 생산적인 장소 역할을 하는 방법을 살펴본다. 특히, 저는 제 논의를 샌프란시스코에 거주하는 퍼포먼스 아티스트 노미 램의 작품에 기반을 둘 것이다. 그는 스스로를 "나쁜 엉덩이, 뚱뚱한 엉덩이, 유대인 레즈비언 절단자 ... 페미니스트, 댄서, 퍼포먼스 아티스트, 작가"라고 정의한다.[3] 노미는 자신의 신체와 성적 취향을 예술 작품 전면에 내세워 자신의 성적 취향을 존중하고 장애인에게 자주 돌려지는 비성애화에 대한 대안을 만들어낸다.[4] 노미의 퍼포먼스 예술은 장애인의 정체성과 신체가 성적으로 보이지 않게 되는 폭력적이고 체계적인 방식에 대한 대안을 제시한다. 그녀의 예술 창작 실천은 부분적으로 성적 가시성이라는 정치적이고 급진적인 행위에 기반을 두고 있다.

노미의 2008년 공연 "불의 벽(Wall of Fire)"은 장애인 커뮤니티에서 성적 취향에 대한 논의를 촉진하는 대담하고 에로틱한 언어를 제공함으로써 예술 작품이자 예술행동주의(activism)[1)]의 두 가지 역할을 한다. 노미는 장애인의 몸을 성적이고 정치화된 것으로 다시 쓸 뿐만 아니라, 성적 행위에 대한 논의를 살찐 몸으로 확대한다.[5] 노미의 "불의 벽"은 장애인의 성적 취향을 제한하는 서구 문화의 능력주의(Ableist)적이고 체격주의(Sizeist)적인 명령을 도발적으로 다시 새겨 넣다.

노미의 퍼포먼스 예술에 중요한 에로티시즘과 섹슈얼리티의 주제를 밝히기 전에, 먼저 퍼포먼스 예술과 장애 퍼포먼스 예술을 한 분야로 정의하는 것이 중요하다.[6] 퍼포먼스 라이브 아트 1960년 이래라는 제목의 퍼포먼스 예술에 대한 광범위한 개요에서 미술사학자 로즈리 골드버그는 퍼포먼스 예술의 궤적을 일상에 도전하고 정치화하려는 욕구에 두고 있다.[7] 골드버그에게 이러한 퍼포먼스는 "정치적 또는 경제적 계층의 변화로 인한 더 광범위한 문화적 경련을 표현하는 수단"으로 기능한다.[8] 따라서 이러한 맥락에서 퍼포먼스 예술은 정치적 분위기를 지니고 있으며 정체성 중심 예술을 탐구할 수 있는 비옥한 장소 역할을 한다. 노미의 "불의 벽"은 뚱뚱하고 절단된 여성으로서 그녀의 정체성 간의 상호 연결을 탐구하는 예술을 창조한다. 퍼포먼스 예술이 정치적, 문화적 규범에 도전하고 이를 변화시키는 방법을 촉진한다는 골드버그의 평가와 유사하게, 노미는 우리가 여성성, 장애, 섹슈얼리티를 보는 방식을 확장하고자 한다. "불의 벽"은 신체성에 대한 해석을 바꾸고 복잡하게 만들 것을 촉구하는 퍼포먼스가 된다.

퍼포먼스 아트의 핵심은 라이브 퍼포먼스로, 이 정의는 녹음되고 재생되는 퍼포먼스를 고려하거나 이를 위한 길을 마련하지 않는다.[9] 그러나 이 제한된 정의를 넘어서 퍼포먼스 아트를 정의할 수 있는 하나의 간단한 방법은 없다. 골드버그는 퍼포먼스 아트의 학문적, 예술적 한계를 "연극과 달리 공연자는 예술가이고 배우와 같은 캐릭터가 아니며, 내용은 거의 전통적인 줄거리나 내러티브를 따르지 않는다"고 주장함으로써 식별한다. 퍼포먼스는 몇 분에서 몇 시간까지 지속되는 일련의

1) 역자주: "Activism"은 사회적, 정치적 또는 환경적 변화를 추구하는 활동을 의미함. 개인이나 집단이 어떤 목표나 신념을 위해 적극적으로 행동하는 것을 말함. 예컨대, 인권 운동, 환경 보호 운동, 성평등을 위한 활동 등이 모두 activism의 일환임. 이러한 활동은 시위, 캠페인, 교육 프로그램 등을 통해 이루어질 수 있으며, 주로 사회적 부조리를 개선하거나 변화를 이끌어내기 위해 노력함. 예술적 맥락에서 보면, 예술가들은 자신의 작품을 통해 사회적 메시지를 전달하고, 관객들에게 문제를 인식하게 하여 변화를 촉구할 수 있음. 이때 예술적 표현은 강력한 도구가 됨.

친밀한 제스처나 대규모 시각 연극(Visual theatre)[2)]일 수 있다.[10] 비록 이 정의는 여러 구멍이 있지만, 골드버그의 퍼포먼스 아트 프레이밍은 정체성 때문에 주변부로 제한되어 온 개인을 규제하고 징계하는 낙인, 고정관념, 억압에 초점을 맞추기 위해 노력하면서 정치적, 문화적 인식을 높이는 통합적 속성에 대해 이야기한다.

장애 문화[11]에 기반을 둔, 장애인 권리 운동과 장애인 예술 제작[12]의 독특한 혼합인 장애인 퍼포먼스 아트는 에이블리즘의 정치적, 사회문화적, 의학적 선언을 다시 쓰려고 한다. 인종 차별, 성 차별, 계급 차별, 이성애주의와 유사하게 에이블리즘는 장애인에 대해 행사되는 제도화된 억압 형태를 말한다. 차이에 대한 편협함으로 인해 지속되는 에이블리즘은 모든 변산(variations)을 판단하는 규범적인 신체적, 정신적, 정서적 기준이 있다고 주장한다. 우리는 데이비드 미첼과 샤론 스나이더의 1995년 다큐멘터리 Vital Signs[13]에서 에이블리즘에 도전하는 방법으로 장애 문화가 퍼포먼스 아트를 사용하는 것을 볼 수 있다. 미첼과 스나이더에게 장애인 퍼포먼스 아트는 장애인을 결함이 있고 수동적인 사회적 부담으로 잘못 묘사하는 에이블리즘적 구성과 대조적으로 장애인 정체성을 조각해 낸다.[14] 다른 형태의 예술이나 예술행동주의와 달리, 장애학자이자 퍼포먼스 아티스트인 페트라 쿠퍼스는 퍼포먼스 아트가 "실험실", 즉 비옥하고 변형적인 성장의 장소 역할을 한다고 단언한다. 그녀는 "퍼포먼스 상황의 실험실에서 이러한 지식을 재검토하고 계속해서 의문을 제기할 수 있다"고 강조한다.[15] 쿠퍼스에게 퍼포먼스 아트는 관객이 단순히 언어를 사용하는 것보다 더 복잡하고 역동적인 방식으로 새로운 관점에 접근할 수 있게 해준다.[16] 이러한 환경에서 장애인 퍼포먼스 아티스트는 장애와 관련된 의미를 정치적으로 의식적이고 변형적인 서사로 대체할 수 있다.[17]

장애 문화의 퇴행적이고 에이블리즘적 고정관념에 도전하는 목표를 공연적으로 확장한 장애인 퍼포먼스 아트는 예술가가 자신의 실제 경험을 반영하는 통합적이

2) 역자주: "Visual theatre"는 시각적 요소를 강조하는 연극 형태로, 텍스트와 대사를 중심으로 하는 전통적인 연극과는 달리 시각적 이미지를 통해 이야기를 전달함. 무대 디자인, 조명, 의상, 소품 등 다양한 시각적 요소들이 중요한 역할을 하며, 배우의 몸짓과 움직임도 중요한 표현 수단이 됨. 이러한 연극 형태는 관객에게 강력한 감정적 경험을 제공하며, 종종 추상적이거나 비유적인 이야기를 전달하는 데 효과적임.

고 정치적인 장애 묘사를 만들 수 있도록 한다.[18] 여기에 장애인 퍼포먼스 아트의 가장 유익한 결과 중 하나가 있다: 그것은 장애의 퍼포먼스를 정체성으로서의 항의 영역으로 격상시키는 반항적인 분위기를 조성하고, 신체가 "소동을 일으키고(cause commotion)" 낙인을 다시 쓸 수 있도록 하는 것이다.[19] 퍼포먼스 아티스트이자 활동가인 노미는 자신의 예술을 통해 장애인 정체성과 신체성에 대한 에이블리즘적 표현을 비성애화(desexualized)하여 다시 쓴다. 교차적 정체성을 정치화함으로써 "Wall of Fire"는 항의와 유혹이 동시에 이루어지는 성적 맥락을 만듭니다. 여기서 저는 이러한 제도화된 섹슈얼리티의 제거를 무성애(asexuality)가 아닌 비성애(desexuality)라고 부르기로 했다는 점을 언급해야 한다. 이러한 수정은 전략적이다. 모든 장애인이 무성애자이고 성적 욕망이 없다고 일반화하는 대신, "무성애자"라는 용어는 장애인이 유치하고 성적 지향이 없다고 가정한다는 것을 암시한다.[20] 물론 일부 장애인은 무성애자로 규정할 수 있지만, 저는 여기서 서구 문화에서 일어나는 장애인의 무성애화 과정이 만연하다는 점에 더 관심이 있다.

노미의 예술 창작에는 많은 정치적, 활동적 뿌리가 있다. 가장 두드러진 점은 그녀가 예술가이며 퍼포먼스 프로젝트 Sins Invalid의 활동적인 멤버라는 것이다. 샌프란시스코 베이 지역에 기반을 둔 Sins Invalid는 퀴어 및/또는 젠더 비순응자(gender-variant)로 정체성을 밝힌 유색인종 장애인 예술가의 퍼포먼스 아트를 지원한다.[21] 제가 노미의 공연을 처음 본 것은 2013년 캘리포니아 오클랜드에서 Sins Invalid가 주최한 이벤트인 Crip Soiree and Speakeasy에서 그녀가 노래하고 아코디언을 연주하고 있는 모습이었다. Sins Invalid의 창의적이고 정치화된 맥락에 기반을 둔 그녀의 퍼포먼스 작업은 Fat Liberation 운동에서 영감을 받은 신체 이미지에 기반을 두고 있다. Fat Pride Movement라고도 불리는 Fat Liberation Movement는 Women's Liberation Movement와 비슷한 궤적을 따른다. 비만 연구 탐구에서 비만 운동가이자 변호사인 산드라 소로베이와 여성학 교수 에스더 로스브룸은 비만과 비만인에 대한 고정관념이 도전받기 시작한 순간으로 1969년 National Association to Advance Fat Acceptance가 설립된 것을 지적한다.[22] 노미의 퍼포먼스 아트는 이 역사의 중요한 연장선이다.

노미가 수많은 활동가와 사회 정의 운동에서 영향을 받은 작업을 하는 것처럼, 그녀는 또한 여러 예술 장르에 참여한다. Riot Grrrl[3)]의 자체 제작 매거진(Self-made zines)[4)]에 영향을 받은 노미는 1990년대에 인기 있는 e-매거진(electronic zine) I'm So Fucking Beautiful을 시작했다. 소녀와 여성성에 관련된 고정관념을 다시 쓰고자 하는 풀뿌리 청소년 문화로서, Riot Grrrl 운동은 노미에게 자신의 몸과 정체성을 정치적으로 보는 데 필요한 틀을 제공했다.**[23]** 그녀는 자신의 신체 이미지 서사를 성찰함으로써 서양 문화의 체격 차별, 개인의 체격에 따른 차별을 비판하고, "fat"이라는 단어를 정치화된 정체성으로 되찾자고 촉구할 수 있는 힘을 얻었다. 노미는 그녀의 글 덕분에 1997년 Ms. 매거진의 올해의 여성상을 수상했다. 그 후로 그녀는 샌프란시스코를 기반으로 하는 페미니스트 구술 문학 공연 그룹(feminist spoken word collective)인 Sister Spit과 함께 1999년 투어를 하며 언어, 정체성, 정치, 퍼포먼스의 교차점을 탐구했다. 노미는 또한 음악 제작에 참여하고 있으며 두 개의 자체 발매 앨범을 가지고 있다. 첫 번째는 Talent Show에서 발매된 1999년 펑크 록 앨범 Anthem이고, 두 번째는 2002년 Yoyo Recordings에서 발매된 일렉트로니카 앨범 Effigy이다. 이러한 장르는 뚜렷이 구별되지만 노미의 "Wall of Fire"는 그녀의 정치 활동가와 장르를 넘나드는 능력이 합쳐진 퍼포먼스이다. 친밀감, 노래, 움직임을 통해 노미는 청중과 정치적으로 소통한다.

2008년 그녀가 "Wall of Fire"를 공연할 때 무대 조명이 켜지면서, 우리는 노미가 노래를 시작하기 전에 깊이 숨을 들이쉬는 것을 처음 듣는다.**[24]** 즉시, 어두워진 공간에서 후두와 멈춤, 즉 소리가 멈추는 순간에, 우리는 그녀의 몸에서 나는 소리

---

3) 역자주: "Riot Grrrl"은 1990년대 초반에 미국에서 시작된 페미니스트 펑크 운동과 음악 장르를 의미함. 이 운동은 페미니즘과 사회적, 정치적 이슈를 다루면서 여성의 목소리를 증대시키고자 했음. Riot Grrrl 운동은 DIY(Do It Yourself) 정신을 바탕으로, 자신들만의 zine을 만들고, 밴드를 결성하며, 여성의 권리와 관련된 여러 활동을 전개했음. 음악적 장르로서의 Riot Grrrl은 강렬한 펑크 록 사운드와 도발적인 가사를 특징으로 하며, 대표적인 밴드로는 Bikini Kill, Bratmobile, Sleater-Kinney 등이 있음. 이 운동은 페미니즘의 새로운 물결을 형성하며, 여성과 성소수자들의 권익을 옹호하는 중요한 역할을 했음.

4) 역자주: "Self-made zines"는 직접 만든 소규모 출판물이나 잡지를 의미함. "Zine"이라는 단어는 "Magazine"의 축약형으로, 일반적으로 소규모로 제작되고 자주 비상업적인 성격을 가지고 있는 출판물을 지칭함. Zine은 주로 특정 주제나 관심사에 대해 열정을 가진 사람들이 직접 제작하며, 개인적인 이야기, 예술, 음악, 정치 등 다양한 주제를 다룸.

에 빠져든다. 그녀는 테이블 옆에 서서 왼팔은 리버브 머신에 올려놓고 오른손은 마이크를 입 가까이에 대고 있다. 처음에 노미는 청중에게 자신의 장애를 드러내지 않다. 그녀는 몸에 꼭 맞는 빨간색 네글리제를 입고 무대에 앉아 있다. 꽉 끼는 빨간색 원단과 레이스로 장식되어 있고, 가슴 위로는 얇은 빨간색 원단이, 소매는 어깨 너머로 내려와 노미의 드레스는 정욕을 전달한다. 그녀는 빨간색과 흰색 줄무늬가 있는 무릎 높이 양말을 신고 있고, 몇 개의 곱슬한 머리카락을 제외한 머리카락은 뒤로 묶었다. 그녀의 몸은 희미한 빛 속에서 빛납니다. 노미가 노래를 부르기 시작한다: "스트로크-원-투-쓰리 / 브레스-원-투-쓰리 / 스트르크-원-투-쓰리 / 브레스-원-투-쓰리[5)]"**[25]** 이 대사는 그녀의 입술에서 천천히, 명상적으로 흘러나온다.

그녀의 목소리에 이끌려 그녀의 드레스가 내 눈을 사로잡았다. 그녀는 무시할 수 없는 색상을 입기로 했고, 이는 그녀의 Fat Liberation 정치와 관련된 결정이었다. 여기서 나는 Fat 운동가이자 패션니스타인 레슬리 킨젤이 그녀의 책 Two Whole Cakes: How to Stop Dieting and Learn to Love Your Body에서 탐구한 Fat 운동과 패션 사이의 연관성을 떠올렸다. Kinzel은 "옷은 좋든 나쁘든 언어이다. 각 옷은 날실과 씨실 사이의 직물에 직접 짜인 인코딩된 의미를 지닌다"고 주장한다.**[26]** 옷을 언어, 즉 동사로 위치시키는 것은 강력한 제스처이다. 체격주의 문화가 옷과 뚱뚱한 몸 사이에 만드는 관계를 고려하면, 이 이름 바꾸기(renaming)가 킨젤에게, 그리고 확장하여 노미에게 얼마나 특별한 가치가 있는지 알 수 있다. 주요 쇼핑몰과 매장에서 플러스 사이즈 의류 옵션은 종종 매우 제한적이거나, 있다 하더라도 여성스럽고, 색상이 칙칙하거나, 몸에 꼭 맞지 않다. 킨젤은 패션을 사용하여 사이즈 차별적 언어에 반항하며 "fatshion"을 새로운 종류의 행동주의로 명명했다. "Fatshion(뚱뚱함 + 패션)은 가시성을 높이는 수단이다."**[27]** 킨젤에 따르면, Fatshion은 뚱뚱한 몸을 게으르고, 건강에 해롭고, 매력적이지 않은 것으로 강화하는 문화적 담론에

---

5) 역자주: "Stroke-one-two-three / Breathe-one-two-three"는 수영하는 동안의 동작을 설명하는 표현임. 특히 자유형(Freestyle) 수영에서 팔을 저을 때와 호흡할 때의 리듬을 나타냄. "Stroke-one-two-three"는 팔을 세 번 저으라는 의미이고, "Breathe-one-two-three"는 세 번 팔을 저은 후에 숨을 쉬라는 의미임. 이런 식으로 팔을 저을 때와 호흡할 때의 리듬을 유지하면서 수영함.

개입하고,[28] 뚱뚱한 몸을 숨기고 보이지 않게 해야 한다는 낙인에 시각적으로 도전한다. 칙칙하고 헐렁한 옷을 입는 것을 거부하고 대신 빨간색 선드레스를 입는 것을 선택함으로써, 노미는 특정 신체가 성적이고 바람직한 것으로 인정받거나 볼 자격이 없다는 체격 차별적 원칙에 맞서 싸운다.[29] 이런 식으로 노미는 공연의 처음 30초 동안 뚱뚱한 가시성에 대한 급진적인 서사를 만들어 건설적인 분위기를 조성한다.

그녀의 공연은 시각적으로 비만 행동주의와 가시성에 대한 암시로 시작하지만, 노미는 전략적으로 그녀의 장애를 보이지 않게 유지한다. 그녀가 리버브 머신에서 첫 번째 연을 반복해서 연주하기 시작하면, 그녀는 "stroke"와 "breathe"라는 단어를 반복하고 겹쳐 놓다. 그녀가 이 단어들을 말할 때, 그녀는 관객을 바라보며 아래를 내려다본다. 노미의 드레스, 이 단어들을 제공하는 벨벳, 그리고 희미한 조명은 친밀감을 조성한다. 그녀는 관객인 나에게 내가 에로틱한 공간에 들어가고 있다는 신호를 보낸다. 노미는 무대의 조명이 최대 밝기로 올라가는 동안 계속 노래를 부른다. 그녀가 유연하게 자리에 앉자, 그녀의 드레스의 틈새가 그녀의 왼쪽 허벅지 위로 올라간다. 노미는 치마를 천천히 그리고 의도적으로 들어올려 허벅지를 더 드러내는데, 이 행동은 우리가 그녀의 왼쪽 다리에 집중하도록 촉구한다. 그녀의 왼쪽 허벅지에는 반사되지만 오른쪽 허벅지에는 반사되지 않는 빛의 갑작스러운 변화로, 우리는 노미가 의족을 착용하고 있다는 것을 알 수 있다. 그녀는 마이크를 내려놓고 루프가 배경에서 재생되는 동안 유혹적으로 그녀의 드레스를 허벅지 위로 들어올린다. 노미는 그녀의 보철물에서 뒤로 기대어 다리를 몸 앞에 잡고 마치 그녀가 청중에게 제물로 바치는 것처럼 보인다. 그녀의 목소리를 계속 녹음하면서 노미는 다리를 들어올려 쓰다듬고 드럼처럼 사용하기 시작한다(그림 10.1). 때리는 소리(slaps)는 리드미컬하고 의도적이다. 그녀는 청중을 냉정하게 바라보며 움직이지 않다.

그녀가 다리, 즉 보철물을 도구로 사용하면, 그녀는 그것을 바닥에 놓고 마이크에 손을 뻗다. 노미는 붉은 드레스를 입고 꽤 눈에 띄었지만, 보철물을 제거하는 것은 생성적인 순간(generative moment)으로 작용한다. 그녀의 몸은 관객인 우리가 성적이고 에로틱한 장애인 여성이 어떤 모습인지에 대한 이해를 넓히기를 요구한다.

Figure 10.1 Nomy Lamm performing "Wall of Fire" in Sins Invalid 2008 show. Photograph by Richard Downing © 2008. Courtesy of Sins Invalid.

"불의 벽"에서 에로티시즘의 서사를 조각하는 것은 노미에게 정치적 행위이다. 뚱뚱하고 몸이 불편한 여성으로서, 그녀의 예술은 에이블리즘 문화가 보이지 않고 존재하지 않는 섹슈얼리티를 위한 공간을 만들고 존중하는 섹슈얼 문화를 만드는 데 투자된다. "crip"이라는 용어는 경멸적인 용어인 "cripple"을 되찾고 장애인과 연대자 모두가 채택하는 정체성으로 사용된다. Crip은 모든 장애를 포함하는 유동적인 용어이다; crip이라고 생각하는 사람은 종종 장애인 문화, 정치, 행동주의 간의 상호 연결을 인정한다.[30] 내가 노미에게 몸이 불편한 여성으로서 에로티시즘과 섹슈얼리티를 수행하는 것의 중요성에 대해 물었을 때, 그녀는 "섹슈얼리티는 마법이며, 그것은 우리가 안에서부터 세상으로 우리 자신을 짜넣는 방식이며, 장애인은 자신의 섹슈얼리티를 주장하기 위해 열심히 노력해야 하므로 우리가 세상에 가져오는 것이 강력하고 집중적이다."라고 말했다.[31] 그녀의 드레스, 그녀의 보철물 제거, 그리고 그녀의 목소리의 반복적인 벨벳 루프는 모든 신체를 포함하는 급진적인 성 문화를 만들어낸다. 이것이 그녀의 집중적인 짜임새의 중요성이다: 그녀의 퍼포먼스와 그 에로티시즘의 가시성은 장애인이 비성적, 수동적, 유아적, 의존적이라고 여겨질 때 발생하는 보이지 않음의 위험을 청중에게 상기시킨다.

페미니스트 철학자 마그릿 쉴드릭은 우리의 성적 틀이 그토록 제한적인 한 가지 이유는 장애인을 성적으로 이해하기조차 힘들기 때문이라고 주장한다. 왜냐하면 성행위는 성인의 독립성과 관련된 행위이기 때문이다. 쉴드릭에게 장애가 있는 성적 신체는 "생각할 수 있는 한계를 넘어선다."[32] 장애에 대한 의료 모델의 핵심 측면은 장애인이 수동적이고 제한적인 존재로 읽히기 때문에 그 개인은 성적 정체성을 가질 수 없다는 믿음이다.[33] 특히 장애인 공동체 내에서 성교육이 부족하고 병원, 의사 사무실, 요양 시설에서 장애인이 지나치게 눈에 띄는 것(hyper-visibility)은 모두 비성애화(desexualization) 과정을 복잡하게 만든다. 장애학자 토빈 시버스는 이러한 의학적 위치가 사생활에 대한 접근을 제한하고 대신 장애인의 신체를 규제된 관찰 및 통제 상태로 만든다고 주장한다: "이 의학적 공공성(publicness) 구역은 장애인에게 공식적으로 사적인(private) 것으로 간주되는 모든 것을 대체한다."[34] 이곳에서는 신체적 탐험이나 섹슈얼리티와 섹스에 밀접하

게 연결된 독립적인 의사 결정, 자기 결정을 위한 여지가 없다.[35]

노미의 "불의 벽"은 이러한 허위 사실들의 실타래를 당긴다. 그녀의 퍼포먼스 시작 1분 안에, 관객인 우리는 수정(revision)의 여정을 겪는다. 그녀의 몸 전체는 온전하다는 것에 대한 에이블리즘적 관념에 도전하며, 탈성애화(desexualization)의 서사를 매혹적으로 교란시키는 에로틱한 풍경을 만들어낸다. 그녀의 퍼포먼스 시작은 탈성애화된 장애인 몸에 대한 신화의 허위성과 구성된 본질에 우리의 관심을 집중시킨다. 그리고 이는 진정으로 급진적인 행위이다—장애를 가진 여성으로서 나 역시 목소리를 얻게 된다. 여기서 노미는 성적 주체성(sexual agency)의 원칙들과 동맹을 맺기 시작한다. 퀴어 이론 및 장애학 연구자인 애비 윌커슨(Abby Wilkerson)은 장애인을 탈성애화된 존재로 규정하는 것은 억압적이며 정치적 개입을 필요로 한다고 주장한다. 윌커슨은 성생활의 정치적 가치를 보여주는 방법으로 성적 주체성을 정의한다.

> 단순히 성행위를 선택하고, 참여하거나, 거부할 수 있는 능력으로서가 아니라, 그보다 더 심오한 선(善)으로서, 여러 면에서 사회에 기반을 둔다. 이는 성적인 존재로서의 자신감뿐만 아니라 다른 사람들이 자신의 정체성을 인정하고 존중해 주는 더 큰 사회적 차원까지도 포함한다.[36]

성적 주체성을 행사하는 것은 자신 안에 확고히 자리 잡는 것, 자신의 몸을 성적인 것으로 인식하는 것, 그리고 욕망하는 개인으로서의 권리를 실천하는 것을 의미한다. 윌커슨은 섹슈얼리티가 장애학과 장애인 권리 운동 내에서 모두 중요한 정치적 문제로 다루어져야 한다고 촉구하며 이 주장을 확장한다.[37]

공연이 계속되면서 첫 번째 연이 배경에서 반복되면서 노미는 "마법이 숨쉬고 마법이 찾아온다 / 나는 마법의 정리를 믿는다 / 나를 네 안의 성소로 데려가 / 네가 오는 걸 지켜볼 거야 / 네가 오는 걸 지켜볼 거야."라고 노래하기 시작한다.[38] 음악은 농염하다. 베이스가 심장 박동처럼 반복적으로 울린다. 그녀가 처음 두 줄을 부를 때 "와(come)"라는 단어를 말할 때 그녀의 입술에 미소가 피어오른다. 와와 사정(come and cum)이라는 단어의 장난으로 그녀의 공연과 가사의 에로티시즘은 틀림없다. 이것은 유혹의 노래, 욕망의 노래이다. 무대의 박스에 앉아 있는 동안 그녀의 오른쪽 다리는 몸을 흔들면서 박자에 맞춰 리듬을 유지한다. 그녀의 손은 솟아오르는 가슴 아래, 배 위에 올려져 있다. 공연 중 한 지점에서 음악과 가사가 반복되는 동안 노미는 마이크 코드를 조심스럽게 잡아당겨 손으로 접고 감싼다(그림 10.2). 여기서 그녀는 우리에게 촉각을 상기시키며 손가락의 도발로 우리를 유혹한다. 그녀는 이러한 움직임으로 우리를 유혹한다. 윌커슨이 성적 행위를 구현하라는 요청과 유사하게 노미는 퍼포먼스 아트에서 섹슈얼리티와 장애를 통합하여 둘 다 서로 대화할 수 있고 대화해야 한다고 주장한다. 그들은 하나의 무대에서 하나의 몸으로 함께 참여해야 한다.

인터뷰 중에 나는 노미에게 "불의 벽"에서의 섹슈얼리티 공연, 성적 행위의 정치, 그리고 그녀의 인공 다리에 대해 이야기해 달라고 부탁했다. 그녀는 나에게 다음과 같이 말했다.

> 나에게 있어서 나의 성적 행위를 주장할 수 있다는 것은 어떤 면에서 불 속으로 걸어 들어가는 것을 의미했다. 제 욕망을 주장하는 것은 정말 무서운 일들이었고, ... 그것은 꽤 오랜 과정이었다. 공연은 내 삶에서 사물을 현실로 만들기 위해 사용해 온 의식이었다... 내 다리는 대부분의 관계에서 남근처럼 생겼는데, 그것과 함께 사람들과 성관계를 할 수 있기 때문이다. 의학화된 신체 부위로 쾌락을 되찾는 것은 매우 건강한 일이다.[39]

노미는 퍼포먼스를 현실을 형성하는 의례적인 공간으로 인식하며, 지식들이 재검토되는 장소로서 퍼포먼스를 규정했던 쿠퍼스의 틀과 유사점을 이끌어낸다. 이 경우, 노미는 불 속으로 들어감으로써 자신의 몸에 대한 에이블리즘의 강압적인 탈성애화를 재검토할 수 있다. 불은 장애와 섹슈얼리티에 대해 만들어진 지식을 바꾸기 위해 그녀가 반드시 지나야 하는 긴장의 장소이다. 이러한 목소리가 크고 눈에 띄는 방식으로 자신의 성적 회복을 수행함으로써, 노미는 억압을 풀고 수치심의 침묵시키는 영향력에 맞선다. 섹슈얼리티와 장애의 맥락에서 수치심은 의심할 여지없이 개인들을 검열하고, 그들을 그들의 몸으로부터 멀어지게 하고 분리시키는 에이블리즘의 폭력적인 부분이다.[40] 여기서 성적인 수치심은 단호한 힘이 된다. 노미는 퍼포먼스를 의례적인 도구로 사용하여, 그녀의 몸과 성생활에 사회적, 의학적, 이데올로기적으로 연결되어 온 고통스럽고 고립시키는 함의들을 다시 쓴다. 예를 들어, 그녀는 절단된 다리에 대해 말할 때 그것을 남근(phallus)이라고 지칭한다. 성관계 중 파트너를 관통하는 데 사용되는 이 다리는 능동적으로 성적이며, 성행위를 한다. 자신의 욕망을 평가절하하는 문화에 머무는 대신, 노미는 은유적인 불 속으로 걸어 들어가는 위험을 감수하며 자신의 섹슈얼리티를 되찾는다. 이 불을 통과하는 길은 성적인 수치심이 불태우는 방식에서 환원적이고 전체화된다는 것을 암시한다. 만약 허용한다면, 불은 섹슈얼리티를 근절하고 그것을 생각할 수 없는 것으로 축소시킬 수 있다. 그러나 그녀의 퍼포먼스가 보여주듯이, 불은 양분되는 실체이다. 그것은 확산되는 과정에서 또한 해방시키고 정화시킨다.

"불의 벽"은 성적 취향에 대한 이념과 에이블리즘적 규정을 바꾸고 휘두르는 퍼포먼스의 능력을 보여준다. 퍼포먼스는 노미가 자신의 몸, 정체성, 성적 취향을 되찾는 곳이다. 그것은 그녀에게 성적 행위가 장애인에게 가능할 뿐만 아니라 필수적인, 스스로 만들고 스스로 싸운 현실로의 여정을 제공하는 장소이다. 그녀는 자신의 성적 취향을 주장하기 위해 불 속으로 들어가야 하기 때문에, 노미의 퍼포먼스는 장애인 커뮤니티 내 개인에게 공격적으로 투사되는 비성애화를 풀기 위해 여전히 일어나야 할 엄청난 작업을 상기시켜 준다. 그녀의 세 번째 연은 이것을 암시한다: "이제 나는 달릴 수 없고 숨을 곳도 없어 / 나는 안으로 돌아가야 해 / 불의 벽은 너무 위압적이야 / 하지만 나는 내 것을 얻어야 하고 나는 기다리지 않을 거야."[41] 장애인의 몸을 비참하고 수동적이며 결함이 있고 사랑받을 가치가 없는 존재로 규정하는 사회문화적, 의학적 위협에도 불구하고, 노미는 이러한 고정관념을 뚫고 나간다. "나는 안으로 돌아가야 해"라는 충동은 장애인의 성적 욕망을 압축적으로 표현하는 수치심을 언급하는 반면, 노미는 "불의 벽"에서 자신의 성적 욕망을 가시성과 운동으로 수용함으로써 이를 극복한다: 흔들림, 노출된 어깨의 우아함, 스트로크, 아치형 등, 미소. 이러한 에로티시즘의 특징은 노미나 장애인 문화에만 국한되지 않다. 오히려 이러한 일반적인 성적 전형에 대한 그녀의 참여는 그녀의 성적 행위를 친숙하게 만든다. 이러한 정치화된 공연 공간에서 노미는 살찐, 불구의 여성을 욕망하는 존재로 선언한다. 그녀의 성적 문화는 비의료화되어 있으며, 그녀의 보철물 제거는 이러한 파멸을 말해준다. 그녀가 신체에서 의학적 요소를 벗기면서, 노미는 성적 취향을 표현하고자 하는 장애인에게 전통적으로 기인하는 의학적 요소와 보이지 않는 요소를 제거한다. 그녀는 "아! 내가 너 안으로 들어갈 거야"라고 노래할 때 이 문화에 대한 그녀의 입장을 선언한다.[42]

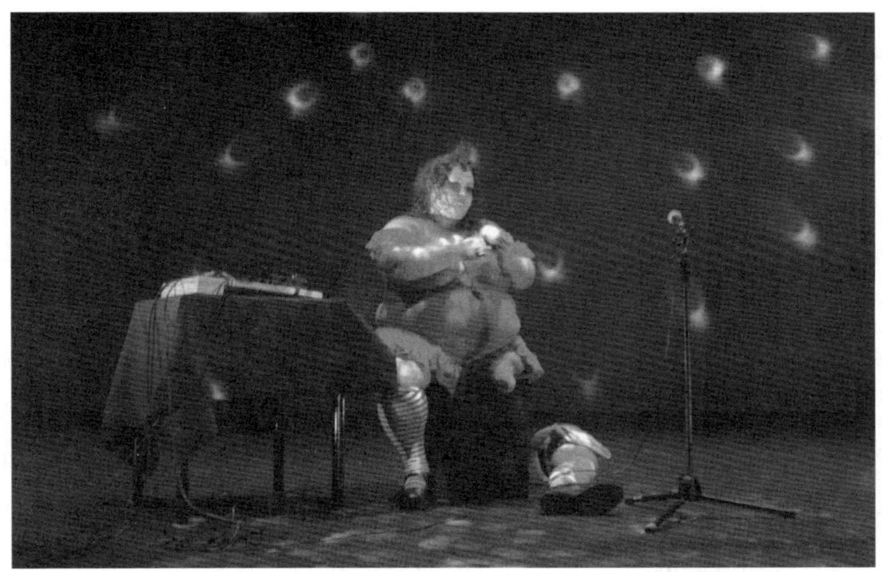

Figure 10.2 Nomy Lamm performing "Wall of Fire" in Sins Invalid 2008 show. Photograph by Richard Downing © 2008. Courtesy of Sins Invalid.

노미의 성적 문화 창조의 핵심은 신체적 완전성에 대한 에이블리즘 개념의 재등록과 복잡화이다. 그녀의 에로틱한 신체 풍경에서, 그녀의 보철물에서 나오는 것은 바라보기로 초대하기 때문에 성적이다. 노미는 그녀의 불구의 몸이 보인다고 주장함으로써, 19세기 미국 남북 전쟁 중에 시작된 담론에 반대한다. 이 담론은 보철물을 과잉 의료화, 재활, 그리고 패싱에 뿌리를 두고 있다.[43] 부상당한 군인을 치료한 후, 의사 올리버 웬델 홈즈는 장애가 있는 신체는 "손상된" 신체이며, 따라서 남북 전쟁 이후의 미국에 이상적인 시민상을 효과적으로 반영하지 못한다고 주장했다. 홈즈는 자신의 연구와 해결책을 미국의 발명가이자 절단자 B. 프랭크 팔머가 만든 보철물에 집중했다. 전통적인 의족과는 달리, 팔머의 다리는 자연스러운 다리처럼 보이도록 만들어졌다. 홈즈는 장애와 부재의 명백한 표시인 의족을 괴상하다고 보았다. 그것은 신체적 완전성의 환상을 산산이 부수는 신호였다.[44] 보철물에 대한 현대적 탐구에서 미술사학자이자 문화 연구자인 마르퀴즈 스미스는 보철물의 목표는 "테이블에 앉은 사람을 건강한 사람으로 바꾸는 것... [그리고] 없어진 신체 부위를 숨기는 것"이어야 한다고 주장한다.[45] 이 설명에서 가장 독이 되는 것은 19세기에 장애인의 신체를 불완전하고 손상되었으며 고쳐야 한다고 규정한 것을 계속한다는 것이다.

노미는 이러한 보철적 수사학, 즉 전체성과 비장애성의 구성된 필수성과 공격적이고 비열한 것으로 여겨지는 비전체적 신체의 에이블리즘적 구성을 그녀의 성적 행위로 산산이 부수어 버립니다. 그녀는 "자연스럽고" 미적으로 기분 좋은 신체는 전체적이어야 하거나 전체로 여겨져야 한다는 믿음에 도전한다. "불의 벽"의 처음 50초 안에 그녀의 불구의 절단된 신체를 눈에 띄게 공유하면서, 노미가 보철 다리를 제거하는 것은 정치적 제스처가 된다. 그녀는 신체의 의료적 틀 안에 머무르는 대신, 의학과의 문자적이고 비유적인 단절인 자신의 서사를 만들어낸다. 노미는 자신의 장애를 숨기기를 거부하면서, 시각적으로 정확한 다리 복제품을 착용하지 않고 대신 다리의 부재를 드러내는 것은 괴상하고 참을 수 없다는 홈즈의 주장에 과감하게 도전한다. 그녀는 이러한 믿음을 구체화하고 그것을 망가뜨리며, 그 뒤를 이어 변형된 무언가를 드러낸다. 신체는 전체적일 필요가 없고, 장애가 없는 틀을 복제할 필요가 없다. 몸은 단순히 존재할 수 있다.

공연 중반쯤에 노미는 가슴을 먼저 내밀고 유연하게 서 있다. 그녀는 미소가 입가에 퍼지면서 한 쪽에서 다른 쪽으로 흔들린다. 무대 위의 조명이 천천히 어두워지면서 그녀의 서 있는 몸에는 하나의 조명만 비추고, 그녀는 의족을 옆으로 뻗다. 그녀는 "우리는 화상을 입는 게 너무 무서워 / 하지만 우리가 불이 되면 다치지 않을 거야"라고 노래한다. 그녀가 이 대사를 세 번째 반복할 때, 그녀는 절단된 다리를 잡고 무대와 평행하게 들어올린다. 노미는 빛에 후광이 비추고 한쪽 다리로 균형을 잡으며 서 있다. 그녀는 천천히 다리를 놓으며 앉아서 "이게 내 꿈이야, 그래, 이게 내 욕망이야 / 오 불의 벽"이라고 계속한다.[46] 여기서 우리는 "불의 벽"에서 그림자를 사용한다는 것을 알게 된다. 노미의 공연에 두 번째 차원을 더하면, 카메라가 뒤로 물러나면서 무대 벽에 크게 투사된 그녀의 그림자가 보이다(그림 10.3).

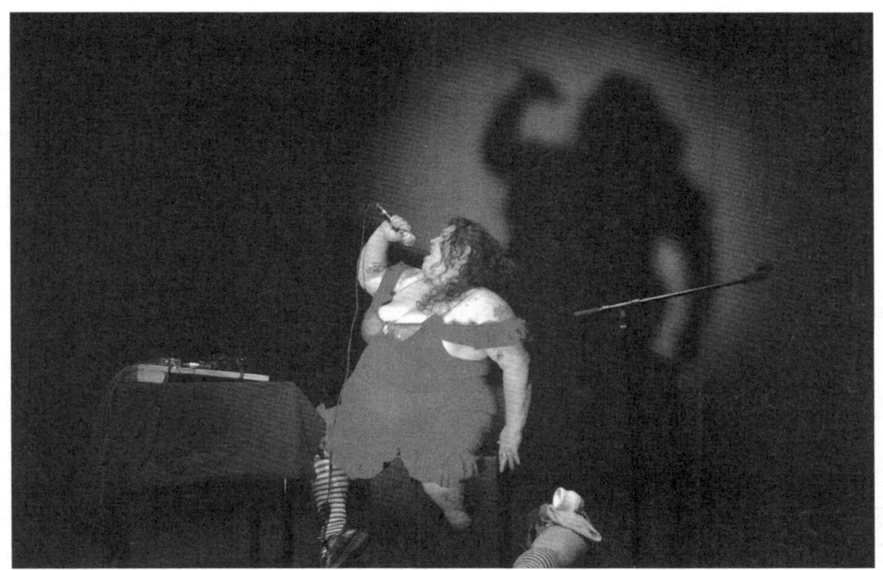

Figure 10.3 Nomy Lamm performing "Wall of Fire" in Sins Invalid 2008 show. Photograph by Richard Downing © 2008. Courtesy of Sins Invalid.

노미의 노래하고, 관능적이고, 춤추는 몸에 대한 이러한 투사는 그녀의 가사에서 말했듯이 그녀가 불이 될 때 나타나는 것이다. 여기서 그림자의 역할은 심오하다. 먼저 무대에서 또 다른 수준의 친밀감을 만들어낸다. 우리는 빛이 무대 뒤에서 그녀의 그림자를 반사하는 방식을 목격할 수 있으며, 친밀감의 순간에 종종 나타나는 신체 윤곽이다. 친밀감의 언어를 이어가면서 그림자의 에로티시즘은 노미의 몸을 보이게 만든다. 그녀 뒤에 투사된 그녀의 그림자, 그녀 몸의 투영체(parameters)는 현실(life)보다 크게 보이다. 그녀의 뚱뚱하고 불구(Crip)가 있는 몸의 그림자가 벽 위에서 휘어져 춤을 춘다. 이 친밀한 장소에서 그녀의 성적 취향은 그녀의 성적 취향을 바람직하지 않고 상상할 수 없는 것으로 위치시키는 에이블리즘적이고 체격주의적인 틀과 다르다. 벽에 투사된 윤곽, 그림자와 빛의 혼합에서 그녀는 관능적이고 현존한다. 그녀는 여기에 있다.

음악과 가사가 반복되는 것을 멈추자, 노미는 마이크를 다시 스탠드에 올려놓다. 음악은 유혹적인 심장 박동에서 1920년대의 희극 음악을 연상시키는 장난기 어린 피아노로 바뀐다. 관객은 음악의 장난기에 즉시 박수, 환호, 휘파람으로 반응한다. 나는 지켜보면서 환호하고 미소 짓다. 이러한 집단적 에너지에서 노미는 유혹적으로 남은 팔다리와 의족 사이에 흡인력을 만들어 주는 소재인 흡입 라이너 양말을 꺼내 허벅지 위쪽에 다시 씌우기 시작한다. 관객에게 수줍게 미소를 지으며 그녀의 어깨가 움직이기 시작한다. 그녀는 바닥에서 의족을 집어 들고 그 앞에 선다. 그녀의 드레스의 대조, 그녀의 다리의 창백한 피부와 대조되는 붉은색은 극명한다. 그녀의 다리에 발을 디딘 후, 관객은 박수를 치기 시작한다. 노미는 무대에서 돌기 전에 팔과 왼쪽 다리를 들어올린다. 그녀는 미소가 되고, 몸과 붉은색의 움직이는 흐릿함이 된다.

노미에게 장애인을 존중하고 장애인을 위한 공간을 마련하는 성적 문화를 공개적으로 개발하는 것은 정치적이다. 그녀의 예술 창작 실천(art-making praxis)에서 가장 급진적인 것은 그녀가 성적 주체를 에이블리즘과 체격주의의 퇴보적 틀에도 불구하고 젠더퀴어, 뚱뚱하고 불구인 여성으로 정의하는 방식이다. 무대에 오르면서 노미는 에로틱하고 성적인 존재로 여겨질 권리를 주장한다. 윌커슨이 장애인 섹슈얼리티를 정치화하자고 요구한 것과 유사하게, 노미는 자신의 섹슈얼리티가 보이지 않고 생각할 수 없는 상태로 남아야 한다는 에이블리즘의 요구를 맹렬히 무너뜨립니다. 이런 식으로 "불의 벽"은 변화의 표현이다. 이 과정에 대해 논의할 때 노미는 "우리가 아름다움과 쾌락을 주장하는 데는 혁명적이고 세상을 바꾸는 요소가 있다... 제 섹슈얼리티는 싸워 왔다."라고 말했다.[47] 실제로 불의 벽을 여행하는 것은 전투, 회춘, 재생을 나타낸다. 관객으로서 우리는 불 속에서 고정관념을 버리고 공연 공간에서 나가 자신의 몸을 맹렬히 주장하도록 초대받다. 노미는 우리도 성적 지향을 위해 어떻게 싸울 수 있는지에 대한 로드맵을 제공하며, 선택한다면 에로티시즘에 접근하고 받아들일 수 있다는 것을 상기시켜 준다. 우리는 더 이상 의학화될 필요가 없다. 우리는 욕망하는 몸이 될 수 있다.

주석(Notes)

[1] 장애학자 Tom Shakespeare, Kath Gillespie-Sells, 그리고 Dominic Davies가 수행한 1990년대의 주요 연구는 장애인 개인에게 성생활을 불가능하게 만드는 기관들을 탐구했습니다. 그들의 인터뷰와 분석은 The Sexual Politics of Disability: Untold Desires (London: Cassell, 1996)라는 책으로 출판되었다. 이 비판적인 텍스트는 성과 성생활이 비장애인의 특권이 아니라 모든 인간의 권리로 간주되어야 한다고 촉구한다.

[2] 성과 섹슈얼리티, 그리고 장애의 교차점을 탐구하는 장애학자들로는 Eli Clare, Exile and Pride: Disability, Queerness, and Liberation (Cambridge: South End Press, 1999); Barbara Waxman Fiduccia, "Current Issues in Sexuality and the Disability Movement", Sexuality and Disability 18, no. 3 (2000), 167–174; Victoria Kannen, "Identity Treason: Race, Disability, Queerness and the Ethics of (Post) Identity Practices", Culture, Theory, and Critique 49, no. 2 (2008), 149–163; Robert McRuer, Crip Theory: Cultural Signs of Queerness and Disability (New York: New York University Press, 2006); Ellen Samuels, "My Body, My Closet: Invisible Disability and the Limits of the Coming-Out Discourse", GLQ: A Journal of Lesbian and Gay Studies 9, no. 1–2 (2003), 233–255; Carrie Sandahl, "Queering the Crip or Cripping the Queer: Intersections of Queer and Crip Identities in Solo Autobiographical Performance", A Journal of Lesbian and Gay Studies 9, no. 1–2 (2003), 25–56; Mark Sherry, "Overlaps and Contradictions Between Queer Theory and Disability Studies", Disability & Society 19, no. 7 (2004), 769–783; Abby L. Wilkerson, "Disability, Sex Radicalism, and Political Agency", NWSA Journal 14, no. 3 (2002), 33–57. 등이 있다.

[3] Nolose.org accessed December 1, 2013.

[4] 저자나 예술가에게 국한된 전통적인 행위인 성 대신 Nomy를 그녀의 이름으로 언급하기로 결정했다. 이는 Nomy의 정체성을 강화하고 그녀가 연구 대상 이상의 존재임을 강조하기 위한 방식이다.

[5] 나는 여기서 "fat"이라는 단어를 경멸적인 용어가 아닌 정치적인 용어로 사용하며, 이는 팻 스터디(fat studies)와 팻 해방 운동(Fat Liberation movement)에서 사용되는 재구성(reframing)이다.

[6] 뉴욕 대학교와 노스웨스턴 대학교의 정보를 통해 독자적인 역사를 가진 퍼포먼스 아트는 연극, 연기, 일상적이고 평범한 것들의 공연을 포함한 다양한 장르를 포괄한다.

[7] RoseLee Goldberg, Performance Live Art Since 1960 (New York: Harry N. Abrams Publishers, 1998), 39.

[8] Goldberg, Performance Live Art Since 1960, 39.

[9] Laurie Carlos, introduction to RoseLee Goldberg, Performance Live Art Since 1960 (New York: Harry N. Abrams Publishers, 1998), 12.

[10] RoseLee Goldberg, "Performance Art from Futurism to the Present", in The Twentieth Century Performance Reader, ed. Teresa Brayshaw and Noel Witts (New York: Routledge, 2013), 214.

[11] 장애 문화에 대한 역사적 정보는 Colin Barnes, "Effective Change: Disability, Art, and Culture?", presented at Finding the Spotlight Conference, Liverpool Institute for the

Performing Arts, May 28–31, 2003; Colin Barnes and Geof Mercer, "Disability Culture: Assimilation or Inclusion?", in Handbook of Disability Studies, ed. Gary L. Albrecht, Katherine D. Seelman, and Michael Bury (Thousand Oaks: Sage, 2001), 515–535; Petra Kuppers, Disability Culture and Community Performance: Find a Strange and Twisted Shape (New York: Palgrave Macmillan, 2011)를 참조.

[12] Barnes, "Effecting Change: Disability, Art, and Culture?", 13.

[13] Vital Signs가 장애 퍼포먼스 아트의 중요한 시작점이었지만, 그것이 장애 공동체의 모든 얼굴을 담아내지는 못했다. David Mitchell과 Sharon Snyder가 1995년에 감독한 이 다큐멘터리에서 유색인종 장애 예술가들은 담론적으로 지워져 있다.

[14] Simi Linton, Claiming Disability: Knowledge and Identity (New York: New York University Press, 1998), 11.

[15] Petra Kuppers, Disability and Contemporary Performance: Bodies on the Edge (Routledge: New York, 2004), 3.

[16] Kuppers, Disability and Contemporary Performance, 2.

[17] Susan Crutchfield and Marcy Epstein, introduction to Points of Contact: Disability, Art, and Culture, ed. Crutchfield and Epstein (Ann Arbor: University of Michigan Press, 2009), 18.

[18] Crutchfield and Epstein, Points of Contact: Disability, Art, and Culture, 18.

[19] Carrie Sandahl and Philip Auslander, introduction to Bodies in Commotion: Disability and Performance, ed. Sandahl and Auslander (Ann Arbor: University of Michigan Press, 2005), 2.

[20] See Eunjung Kim, "Asexuality in Disability Narratives", Sexualities 14 (2011), 479–493.

[21] Leroy F. Moore Jr., Patty Berne, Todd Herman, and Amanda Coslor가 공동 설립한 Sins Invalid는 장애 정의(disability justice) 프레임워크 하에서 기능하는 퍼포먼스 프로젝트로, 정치적인 예술 창작을 통해 신체성과 정체성에 대한 능력주의(ableist) 패러다임을 탐구하고 도전한다.

[22] Esther Rothblum and Sondra Solovay, introduction to The Fat Studies Reader, ed. Rothblum and Solovay (New York: New York University Press, 2009), 4.

[23] Mary Celeste Kearney, "The Missing Links", in Sexing the Groove, ed. Sheila Whiteley (New York: Routledge, 1997), 210.

[24] 나는 "Wall of Fire"의 이 원본, 2008년 버전을 Sins Invalid 웹사이트(www.sinsinvalid.org)에서 온라인으로 보았다. 대부분의 퍼포먼스 아트 정의는 그것이 라이브로 목격되는 것이라고 주장하지만, 미리 녹화된 퍼포먼스를 보거나 관람 모임을 갖는 것의 접근성에 대해 많은 이야기를 할 수 있다. 어떤 사람들은 감정적인 울림이 다르다고 주장할 수 있지만, 우리는 퍼포먼스 작품을 보는 행위 자체에 내재된 환기 과정(evocative process)을 잊어서는 안 된다. 예를 들어, 나는 내 책상에 혼자 앉아 있었음에도 Nomy의 퍼포먼스를 강력하게 느끼고 경험했다.

[25] Nomy Lamm, "Wall of Fire" (2008, Oakland, Sins Invalid), performance.

[26] Lesley Kinzel, "Standing Out Is Okay: An Excerpt from Two Whole Cakes", Bitch Magazine 54 (2012), 46.

[27] Kinzel, "Standing Out is Okay", 49.

[28] Amy E. Farrell, Fat Shame: Stigma and the Fat Body in American Culture (New York:

New York University Press, 2011), 6.

[29] Samantha Murray, "Locating Aesthetics: Sexing the Fat Woman", Social Semiotics 14(2004), 239.

[30] Sandahl, "Queering the Crip or Cripping the Queer?", 25.

[31] Nomy Lamm, e-mail message to author, January 31, 2015.

[32] Margrit Shildrick, "Contested Pleasures: The Sociopolitical Economy of Disability and Sexuality", Sexuality Research and Social Policy 4 (2007), 53.

[33] Tobin Siebers, Disability Theory (Ann Arbor: University of Michigan Press, 2008), 142.

[34] Siebers, Disability Theory, 147.

[35] Shakespeare, Gillespie-Sells, and Davies, The Sexual Politics of Disability: Untold Desires; Tobin Siebers, Disability Theory (Ann Arbor: University of Michigan Press, 2008); Wilkerson, "Disability, Sex Radicalism, and Political Agency."

[36] Wilkerson, "Disability, Sex Radicalism, and Political Agency", 195.

[37] Wilkerson, "Disability, Sex Radicalism, and Political Agency", 195.

[38] Lamm, "Wall of Fire", performance.

[39] Lamm, Skype interview with the author, April 4, 2014.

[40] Wilkerson, "Disability, Sex Radicalism, and Political Agency", 207.

[41] Lamm, "Wall of Fire", performance.

[42] Lamm, "Wall of Fire", performance.

[43] Lisa Herschbach, "Prosthetic Reconstructions: Making the Industry, Remaking the Body, Modeling the Nation", History Workshop Journal 44 (1997), 22–57; Sarah S. Jain, "The Prosthetic Imagination: Enabling and Disabling the Prosthesis Trope," Science, Technology, & Human Values 24, no. 1 (1999), 31–54; Steven L. Kruzman, "Presence and Prosthesis: A Response to Nelson and Wright", Cultural Anthropology 16, no. 3 (2001), 374–387.

[44] David D. Yuan, "Disfigurement and Reconstruction in Oliver Holmes's 'The Human Wheel, Its Spokes and Felloes'", in The Body and Physical Difference: Discourses of Disability, ed. David T. Mitchell and Sharon L. Snyder (Ann Arbor: The University of Michigan Press, 1997), 72, 80.

[45] Marquard Smith, "The Vulnerable Articulate: James Gillingham, Aimee Mullins, and Matthew Barney", in The Prosthetic Impulse: From a Posthuman Present to a Biocultural Future, ed. Marquard Smith and Joanne Morra (Columbia: Massachusetts Institute of Technology, 2006), 50.

[46] Lamm, "Wall of Fire" (2008, Oakland, Sins Invalid), performance.

[47] Nomy Lamm, e-mail message to author, January 31, 2015.

찾아보기

역자 약력

홍성두

단국대학교 특수교육과를 졸업하고 단국대학교 대학원에서 석사학위, 서울대학교 대학원에서 박사학위를 취득하였다. 주요 저서로는 『개정 교육과정에 따른 특수교육 수학교육론』, 『교육의 이해』 등 공저를 출간하였다. 현재 서울교육대학교 유아·특수교육과 교수이다.

류재만

서울교육대학교를 졸업하고 한양대학교 대학원, 단국대학교 대학원에서 석사학위, 홍익대학교 대학원에서 박사학위를 취득하였다. 주요 저서로는 『미술 교육학』, 『우리 미술교육의 이론과 실제』, 『박물관 교육학』, 『재미있는 문화유산 수업』, 『우리 미술 감상 수업』, 『세계 미술 감상 수업』 등 단독 및 공저를 출간하였다. 한국미술교육학회장, 한국초등미술교육학회장, 국립민속박물관 운영위원, 한국문화예술교육진흥원 중앙교육위원, 서울 특별시교육청 문화예술교육자문위원을 역임하였다. 현재 서울교육대학교 명예교수, 아세아태평양교육문화융복합회 회장이다.

장애와 미술사
Disability and Art History

2026년 3월 2일 1판 1쇄 인쇄
2026년 3월 5일 1판 1쇄 발행

편저자 : Ann Millett-Gallant
and Elizabeth Howie
공역자 : 홍성두 류재만
발행자 : 한 정 주
발행처 : 교육과학사

역자와의 협의하에 인지생략

경기도 파주시 광인사길 71
전화 (031)955-6956~8/팩스 (031)955-6037
Home-page : www.kyoyookbook.co.kr
E-mail : kyoyookbook@daum.net
등록 : 1970년 5월 18일 제2-73호

낙장·파본은 교환해 드립니다.
Printed in Korea.

정가 23,000 원
ISBN 978-89-254-2036-3